U0905487

# 通俗常言疏證

孫錦標 著
張復安 校點

中州古籍出版社
·鄭州·

**圖書在版編目（CIP）數據**

通俗常言疏證 / (清) 孫錦標著；張復安校點. —鄭州：中州古籍出版社，2018.9
ISBN 978-7-5348-7924-1

Ⅰ.①通… Ⅱ.①孫… ②張… Ⅲ.①漢語－社會習慣語－研究 Ⅳ.①H136.4

中國版本圖書館CIP數據核字（2018）第164908號

出　版　中州古籍出版社
地址：河南省鄭州市經五路66號
郵編：450002
電話：0371-65788693
經　銷　新華書店
印　刷　鄭州市毛莊印刷廠
版　次　2018年9月第1版
印　次　2018年9月第1次印刷
開　本　890毫米×1240毫米　1 / 32
印　張　22.25印張
字　數　460千字
定　價　89.00元

# 校點説明

《通俗常言疏證》系清末孫錦標撰。全書共分四册，分爲天地、天文、時日、地理、水火、宫室、朝署、家族、交際、親戚、婦女、流品、鬼神、仙佛、釋道、盜賊、年齒、蹤跡、性情、智愚、善惡、獄訟、頭面、身體、言語、心意、貧富、人事、文事、武備、禍福、醫病、死喪、貨財、服飾、飲食、戲玩、什物、植物、動物等四十部類，收六千多詞條。

本書搜集廣泛，内容豐富，是滙集通俗常言的一部很有價值的書。該書取材於先秦至近代的典籍，特别是宋元的隨筆、元明清的戲曲、小説尤多。正如編者所説："凡經史子集，以及詞曲小説家言，均資採擇。"而且還記録了許多傳聞的通俗常言。追溯語源，找出出處和不同用法的例證，爲後來的研究者開拓了道路。應當指出的是，該書在輯録小説、戲曲的語詞，特别是列舉謡諺方面，比其他的類書更多、更全。它對研究我國的語言的發展是很有借鑒作用的。所收録的語詞中，也有極少量的糟粕，應當予以批判並舍棄，這是需要讀者鑒别與選擇的。

兹據一九二五年南通翰墨林本進行標點。在標點整理過程中，覈對了詞條書證，凡引文有誤者，均予釐正。如語詞"臺閣"，引《武林舊事》："有以木牀鐵（擎）〔檠〕爲仙佛〔鬼神〕

之類，駕空飛動，謂之臺閣。”其中“擎”應爲“檠”，並少“鬼神”二字。再如語詞“家兄”，引《晉書·何充傳》：“家兄在廬江定佳。”經覈對《晉書·何充傳》應是“家兄在郡定佳，廬江人咸稱之”。爲盡量保持是書概貌，我們做了如下技術處理：一、引文不確，但又無害其意、且文通字順者，一般不予改動；二、有些語詞所引書證，僅述大意，並非原文，如語詞“昭君和番”引《漢宮秋》劇中大意，一般難於校訂，便保持原樣；三、有些詞語所引書證，並非其源，僅僅是一個書證罷了。指出這一點的目的，是請讀者在引用該書的書證時，要覈對原文，或尋求其源。

在標點過程中，衍者删之，脱者補入。但並不删去衍文的原字，衹給加上個圓括號；增上的字加個方括號，以便識别。例如語詞“前程萬里”，引《南楚新聞》：“魏公，崔相鉉之子也。”經覈對，顯然少一個“子”字，就加上，標點作：

魏公〔子〕，崔相鉉之子也。

再如語詞“内兄弟”，引顔真卿《家廟碑銘》：“祖昭甫上書，與内弟殷仲容齊名。”這裏的“上”字，顯然是“工”字之誤，因此，標點作：

祖昭甫（上）〔工〕書，與内弟殷仲容齊名。

同時，有些語詞所引書證的章回，與今通行本不盡一致，如語詞“呼風唤雨”，引《水滸》十四回：“善能呼風唤雨，駕霧騰雲。”今通行本作“十五回”，余皆類同，都比通行本少一回。

關於本書的標點，按照標點符號的一般用法。該書有的地方已有斷句，有的地方尚無，即使有斷句的地方，也有不確之處。如語詞“衆生好度人難度”，引《莊子·德充符》：“受命於天，惟舜獨也，正幸能正生，以正衆生。”參考他書，聯系上下文意思，標點作：

受命於天，惟舜獨也正，幸能正生，以正衆生。

爲使讀者檢索方便起見，另爲本書的語詞編製了索引，附於書後。

由於本人才疏學淺，疏漏錯誤之處在所難免，誠懇地敬希專家及讀者教正。在點校此書的過程中，關宏炎、黃策鼎力相助，又得到另外一些同志的指導與帮助，於此，表示敬意與感謝！

張復安

二〇一八年五月

# 目　錄

# 後序

孫師好治方言，嘗著《南通方言疏證》。既復充類衍目，自經傳至詞曲小説，搜摭殆遍，部次竟，名曰《通俗常言疏證》。徵引務洞其原，意有所會，則掀髯而笑。往往掖稿過戚鄗，即座上口講指畫，汩汩然不休，僕從驚視，至匿笑其絮聒，亦弗之覺；遇徒友，無論其人注聽與否，輒引肘爲之稱説。昂性迂拙，尤樂親先生。閒研求方言聲韻之變化，就而討論，時或然昂之説也。是編搜輯垂十年，稿經五易，皆手自繕録。每際盛暑，汗淋熱蒸，蝨攢蠹膚，而伏几自若；冬寒硯冰冱結，指皸瘃艱於屈伸，猶呵凍作字如蠅頭，筆畫不少苟。蓋以是娱老而非自苦，且欲以喻諸人。於戲！此先生之心也。

甲子四月望日　受業徐昂謹撰

# 自序

聞之宋鄧肅云：“外國之功，在文書簡，簡故速。中國之患，在文書繁，繁故遲。”其論碻矣。而要有故，外國文字語言合而一，故簡且速；中國文字語言分而二，故繁且遲。況今所謂外國，有在宋所謂外國之外者，而中國猶是中國也。中國文字，凡見於書籍中者，有典有則，不雜鄙俚之辭，此學士大夫之雅言也。若常言，則《爾雅》、《方言》所輯皆是，流傳迄今，口口常言，往往有出於經史子集而習焉不察者。當時引常言入雅言，後人即借雅言爲常言也。古書引諺，所在而是，不僅“有錢生，無錢死”二語，漢諺至今存也。自魏晉以迄六朝，自隋唐以迄五代，文人記載，務爲雅言，市語街談，乃若縣禁。釋氏語録，宋人始沿之以講學。元人詞曲小説，則流傳俗語羼入尤多。元距今裁五百餘年耳，宜今天下所常言者，元人語十占六七。余爲此書，以元人爲先河，使人知事有相承，因而求之，以通古籍，不盡墮文字爲白話，或亦通俗教育之一助。或謂既名“通俗常言注”，何以有云“江北語”者？不知“其諸”、“登來”，《公羊》有“齊人語也”之例，通人之言通，或又名從主人之義乎！質之大雅君子，呵譙乎否也！

甲子二月朔日　孫錦標撰

# 例言

一、是編專爲常言作證，故凡經史子集，以及詞曲小説家言，均資採擇。即前輯之《南通方言疏證》，亦用百分之一二。

一、所引皆古代國語，宋元語最多。近代新名詞概不闌入。

一、所引或有屢見者，第注見某類而已。間有彼此均注，忘削而存者。

一、引書籍中成語一字不易者固多，或因述平日所聞，更改一二字亦有之，不敢杜撰。

一、前人已著之書，多有未得碻證，而以意爲之者。其實有證據在，特未能檢出耳。茲欲正其誤，必先攷其實，非妄指前人瑕疵也。

一、常言之謂爲三等社會所常言，故文人學士、農工商賈、婦人女子，多有人人能道之者。他省亦然，不必限以方隅也。

一、用爲材料，宜於尺牘及語體，與歐美常言往往暗合，亦可藉爲中外人酬答之談助。

一、注音處，如更音庚、朝音潮，下文如有更字、朝字，即不復注。餘皆倣此。

一、查書自民國二、三年始，首尾八九年，稿凡四五易，不期速成，但求的當，故疑者闕之，有至近日始覓得者。蓋搜索之難如此。

一、因隨見隨録，不暇再究原始，如謂必始於此，恐又授後人以口實矣。

編者自識

# 天地

**一　開天闢地**　《論語》注：“天開於子，地闢於丑，人生於寅。”清·黄周星《補張靈、崔瑩合傳》：“此開天闢地第一喫緊事也。”

**二　歡天喜地**　元·張國賓《合汗衫》劇:“往常我哥哥見我，歡天喜地。”《長生殿》劇：“前日萬歲爺，同楊娘娘遊幸曲江，歡天喜地。”

**三　通天徹地**　《水滸》五十一回:“正是‘要除起霧興雲法，須請通天徹地人’。”

**四　頂天立地**　元人《風雪漁樵記》劇:“你是一個男子漢，頂天立地。”《長生殿》劇：“要思量做一個頂天立地的男兒，做一樁定國安邦的事業。”

**五　驚天動地**　《朱子語録》:“聖人做事，須要驚天動地。”明·郎瑛《七修類稿》:“諺語有至理。御史初至，則曰驚天動地；過幾時，則曰昏天黑地；去時，則曰寂天寞地。此言其無才者也。”《鐵冠圖》劇：“半夜三更，什麽人如此驚天動地的敲門！”

**六　謝天謝地**　邵子《擊壤集》：“每日清晨一炷香，謝天謝地謝三光。”元·李致遠《風雨還牢》劇：“我可便謝天謝地謝神祇。”《琵琶記》劇：“旦云：‘謝天謝地，且喜里正去了。’”

**七　昏天黑地**　見上“驚天動地”。

**八　别有天地**　李白詩：“桃花流水窅然去，别有天地非人間。”

**九　天地玄黄**　《千字文》：“天地玄黄，宇宙洪荒。”《琵琶記》劇：“天地玄黄，略記得兩三行。”

**十　天地交泰**　《易·泰卦》：“象曰：‘天地交泰，后以財成天地之道，輔相天地之宜，以左右民。’”《金陵雜志》：“五月十四、十五、十六三日，相傳爲天地交泰之期，最忌夫婦房事。”按《易》云“天五地六”，當以五月十五、十六二日爲天地交泰之期。

**一一　奪天地造化**　《關尹子》：“人之力有可以奪天地造化者。”《三國志演義》四九回：“此人有奪天地造化之法。”

**一二　天干地支**　《爾雅疏》：“甲至癸爲十日，爲陽；寅至丑爲十二辰，爲陰。”《白虎通》：“甲乙者幹也，子丑者枝也，通作十干十二支。”《爾雅疏·釋天》：“太歲在甲曰閼逢，在乙曰旃蒙，在丙曰柔兆，在丁曰强圉，在戊曰著雍，在己曰屠維，在庚曰上章，在辛曰重光，在壬曰玄黓，在癸曰昭陽，謂之歲陽，是爲天干。”又：“太歲在寅曰攝提格，在卯曰單閼，在辰曰執徐，在巳曰大荒落，在午曰敦牂，在未曰協洽，在申曰涒灘，在酉曰作噩，在戌曰閹茂，在亥曰大淵獻，在子曰困敦，在丑曰赤奮若，謂之歲陰，是爲地支。”按如時在上章涒灘之陬月，即庚申之正月也。他皆倣此。月名，見《時日》“正月”。

**一三　天文地理**　元·鄭德輝《王粲登樓》劇：“荆王云：‘賢士知天文，曉地理。’”

**一四　天圓地方**　《丹鉛總録》：“天形正圓如虛毬，地形正方如博骰。”

**一五　天高地厚**　《詩·小雅》：“謂天蓋高，不敢不局。謂地蓋厚，不敢不蹐。”元人《合同文字》劇：“難忘你這天高地厚情。”《春燈謎》劇：“老爺恩德地厚天高。”

**一六　天長地久**　《通俗編》：“‘天長地久’，見《老子》上篇。”白居易《長恨歌》：“天長地久有時盡，此恨緜緜無盡期。”

**一七　天造地設**　明·宋濂《閱江樓記》：“豈非天造地設，以俟大一統之君，而開千萬世之偉觀者歟！”

**一八　天經地義**　《孝經》：“夫孝，天之經也，地之義也，民之行也。”

**一九　天羅地網**　元·紀君祥《大報讐》劇：“便是脱卻天羅地網災。”《瑞筠圖》劇：“正是‘空中伸出挐雲手，提起天羅地網人’。”

**二〇　天牌地牌**　見《戲玩》。

**二一　天昏地暗**　《拜月亭記》劇：“可憐見子母每，天昏地暗。”《水滸》五三回：“天昏地暗，日色無光。”《蕩寇志》一百回：“這場惡戰，直殺得天昏地暗。”

**二二　天翻地覆**　朱子《中庸或問》：“三辰失行，則必天翻地覆。”《呂語集粹》：“閨門之中，少了個禮字，便自天翻地覆。”《長生殿》劇：“若説起漁陽兵起一事，真是天翻地覆，慘目傷心。”

**二三　天崩地裂**　《水滸》五四回：“石砲落處，天崩地陷，山倒石裂。”《蕩寇志》一百三五回：“只聽得天崩地裂的一聲響亮。”

**二四　天誅地滅**　《水滸》十四回：“若有私意，天誅地滅。”《石頭記》四十七回：“我若日久變了心，天誅地滅。”

**二五　天生一對，地生一雙**　見《家族》。

**二六　天不怕，地不怕**　《堅瓠集》："張小舍，居維亭，世爲公家弭盜。故吴諺有云：'天弗怕，地弗怕，只怕維亭張小舍。'"《石頭記》四五回："何曾像你天不怕，地不怕的了。"

**二七　天不容，地不載**　《南史·謝超宗傳》："褚淵墜水，超宗曰：'有天道焉，天所不容，地所不載。'"

**二八　天堂路，地獄門**　元人《度柳翠》劇："則俺那天堂路上生荆棘，都是你這地獄門前滑似油。"

**二九　上天無路，入地無門**　《五燈會元》西余柔、泐潭英俱有"上天無路，入地無門"二語。《拜月亭記》劇："上天天無路，入地地無門。"《水滸》三三回："閃得我如今'上天無路，入地無門'。"

**三〇　上有天堂，下有蘇杭**　《七修類稿》："諺曰：'上有天堂，下説蘇杭。'又曰：'蘇湖熟，天下足。'解者以湖不逮於杭，是矣。又解蘇在杭前，乃因樂天之詩曰'霅州殊冷僻，茂苑大繁雄。惟有錢唐郡，忙閒正適中'之故。予以諺語因欲押韻，故先蘇而後杭。解者以白詩證之，錯矣。殊不思諺非唐時語也。杭在唐，尚僻在一隅，未顯，何可相並？蘇自春秋以來，顯於吴。越惟入宋以後，繁華最盛，則蘇又不可及也。"按今人云："上有天堂，下有蘇杭。"

**三一　叫天不應，叫地不應**　《意中緣》劇："如今叫天不應，叫地不應，卻怎麽處？"

**三二　三十六天罡，七十二地煞**　見《盜賊》。

# 天文

**一　天有眼**　蔡琰《胡笳十八拍》：“爲天有眼兮，何不見我獨漂流。”《病玉緣》劇：“理該不害麻瘋，纔算得天公有眼。”

**二　天開眼**　見《婦女》“佛動心”。

**三　天門開**　《漢書·禮樂志》：“天門開，詄蕩蕩。”《晉書·乞伏載記》：“馮跋嘗夜見天門開，神光燭庭内。”

**四　天字一號**　《蕩寇志》百二八回：“使出那平生天字第一號的神力。”

**五　天道好還**　《老子》：“其事好還。”《桃花扇》劇：“天道好還，公論不泯。”好，去聲。

**六　天理難容**　元人《硃砂擔》劇：“纔見得冤冤相報，方信道天理難容。”

**七　天網恢恢**　《老子》：“天網恢恢，疏而不失。”元人《冤家債主》劇：“這的是天網恢恢，果然疏而不漏。”凡惡人有惡報者，俗有“天網恢恢”之語。

**八　天機不可漏洩**　《五燈會元》：“普月曰：‘杜口毗耶，已是天機漏洩。’”《雪中人》劇：“是天公妙權，是天公妙權，將人磨鍊，誰能參辨，天機不可洩漏。”《石頭記》

七八回：“他説天機不可漏洩。”

**九　天老爺**　見《朝署》“皇帝老爺”。

**一〇　天高皇帝遠**　見《朝署》。

**一一　天從人願**　《通俗編》：“人言人有願，願至天必成。按《書·泰誓》：‘民之所欲，天必從之。’實即‘天從人願’之語。”按所引近是，尚未的當。元·孟漢卿《魔合羅》劇：“便好道，人有所願，天必從之。”元·關漢卿《竇娥冤》劇：“你道是天公不可期，人心不可憐，不知皇天也肯從人願。”《病玉緣》劇：“只是小姐你既已到此，便算是天從人願了。”

**一二　天無絶人之路**　《豔雲亭》劇：“真正‘天無絶人之禄’。”元人《貨郎擔》劇：“果然道‘天無絶人之路’。”

**一三　天塳下來，自有長子頂**　馮汝弼《祐山雜説》：“余不習詩，會榜後，謂同年王柘湖曰：‘倘公入翰林，奈何？’柘湖笑作吴語曰：‘天坍自有茶長子。’”《鐵冠圖》劇：“丑云：‘自古道：“天攤下來，自有長的撐。”如今長人都去了，教我矮子做出甚麼事來！’”今江北人云：“天塳下來，自有長子頂。”塳音吞，入聲。

**一四　天有不測風雲，人有暫時禍福**　元人《合同文字》劇：“天有不測風雲，人有旦夕禍福。”又《長生殿》劇二語同。又《水滸》二五回：“‘天有不測風雲，人有暫時禍福’，誰保得長没事。”

**一五　擎天柱**　張説撰《姚崇碑》：“八柱擎天，高明之位列。”《風雲會》劇：“須得箇碧玉擎天柱。”《還魂記》劇：“小生是箇擎天柱，架海梁。”

**一六　破天荒**　《北夢瑣言》：“荆州每歲解送舉人，多不成名，曰‘天荒’。至劉蜕舍人，以荆解及第，爲‘破天荒’。”

《千金記》劇："若使山河成一統，設成奇技破天荒。"凡向所未有者，忽然有之，謂之"破天荒"。

**一七　玄天上帝**　《周禮·大宗伯》："以禋祀昊天上帝。"注："上帝，玄天也。"《雙珠記》劇："吾乃玉虛師相，北極玄天上帝是也。"又按，今之胡行者，人云："做玄天上帝的事。"

**一八　上帝有好生之德**　元人《碧桃花》劇："貧道念上帝好生之德。"《衣珠記》劇："我想上帝有好生之德，下官豈無恤民之心。"好，去聲。

**一九　普天之下**　《詩·小雅》："溥天之下，莫非王土。"按"溥"字，《孟子》引作"普"。《水滸》二八回："普天之下，没我一般的了。"

**二〇　替天行道**　《水滸》四一回："傳汝三卷天書，汝可替天行道。"元·秦簡夫《趙禮讓肥》劇："那片殺人心，可是替天行道？"

**二一　靠天喫飯**　見《飲食》。

**二二　惟天可表**　《衣珠記》劇："若忘此情，惟天可表。"《桃花扇》劇："耿耿臣心，惟天可表。"

**二三　登天的難**　《石頭記》十回："比登天的還難呢！"

**二四　皇天不負苦心人**　明·戚繼光《練兵實紀》："夫爲將者，上副君父之恩，中契僚寀之交，下服三軍之衆。惟有正此心術，光明正大，以實心行實事，純忠純孝，思思念念，在於忠君敬友，愛軍惡敵，强兵任難上做去。盡其在我，不以死生患難易其念。堅持積久，久則大，大則通，通則化，幽可以感動天地，轉移鬼神。君父寵之，僚寀敬之，三軍樂服，莫有異同，衆皆尊而親之。諺云：'皇天不負好心人，皇天不負苦心人。’是也。”

**二五　吉人自有天相**　《通俗編》：“《左傳·宣三年》：‘石癸曰：“姞，吉人也。姬姞偶，其子孫必蕃。”’又《昭四年》：‘晉楚惟天所相。’按元曲云：‘吉人天相。’蓋合二文爲一語。”按，此證非是，當引成語爲據。元人《泣江舟》劇：“孩兒放心，吉人自有天助。”《意中緣》劇：“吉人自有天相，小姐請自寬心。”相，去聲。

**二六　恨天不與人方便**　元人《百花亭》劇：“恨天公怎不與人方便。”

**二七　人有百算，天有一算**　《古謡諺》：“顧起元引諺云：‘人算不如天算。’”今人云“人有百算，天有一算”，本此。

**二八　海闊天空**　《小忽雷》劇：“一旦鷩禽脱兔，去向海闊天空。”《雪中人》劇：“煙霄上，任他去，海闊天空自來往。”《空谷香》劇：“聽一聲譙樓催命鼓，打的我海闊天空膽氣麄。”

**二九　飛上天去**　《小忽雷》劇：“不怕他飛上天去。”

**三〇　孫行者大鬧天宫**　《石頭記》十九回：“更有《孫行者大鬧天宫》、《姜子牙斬將封神》等類的戲文。”

**三一　出門看天色**　《夢筆生花·杭州俗語》：“出門看天色，進門看臉色。”

**三二　青天白日**　《朱子語類》：“聖人之心，如青天白日，更無些子蔽翳。”《朱子文集》：“武侯爲漢復讐之心，如青天白日，人人得而見之。”元人《盆兒鬼》劇：“怎麼青天白日，關着門哩？”

**三三　白日昇天**　《魏書·釋老志》：“累德增善，乃可白日昇天。”

**三四　頭上是天**　元人《陳州糶米》劇：“你的銀子本少，

我怎好多稱子你的，只是頭上有天哩。”明·楊繼盛詩：“飲酒讀書四十年，烏紗頭上是青天；男兒欲到凌煙閣，第一功名不愛錢。”

**三五　人定勝天**　蘇軾《三槐堂銘》：“吾聞之申包胥曰：‘人定者勝天，天定亦能勝人。’”

**三六　未定之天**　又：“盗跖之壽，孔顔之厄，是皆天之未定者也。”

**三七　坐井觀天**　韓愈《原道》：“坐井而觀天，曰天小，非天小也。彼以煦煦爲仁，孑孑爲義，其小之也固宜。”

**三八　無法無天**　《釵釧記》劇：“誣告枉罪，無法無天。”《石頭記》四五回：“這樣無法無天的忘八羔子。”

**三九　謀事在人，成事在天**　《三國志演義》百三回：“孔明曰：‘謀事在人，成事在天，不可强也。’”《雙珠記》劇：“姻緣姻緣，事非偶然。謀事在人，成事在天。”

**四〇　拆東天，補西天**　《雞肋編》：“陳無己詩云：‘拆東補西裳作帶。’”按，今人云：“拆東天，補西天。”本此。

**四一　東天扯到西天**　《通俗編·俚語集對》：“七碗跳到八碗裹；東天撦到西天頭。”按，撦與扯同。

**四二　拉天**　《夢筆生花·杭州俗語·雜對》：“量地；拉天。”按，拉讀臘，平聲。

**四三　談天**　《史記·孟荀列傳》“談天衍”，謂鄒衍也。

**四四　日精月華**　《道書》有服日精月華法。

**四五　風花雪月**　明·郎瑛《七修類稿》：“賒酒時，風花雪月；飲之時，流星趕月；討錢時，水底摸月。喻世之無賴者也。”又鍾嗣成《點鬼簿》，元·吴昌齡有《斷風花雪月》雜劇。元·喬孟符《金錢記》劇：“本是些風花雪月，都做了笞杖徒流。”按，此是指嫖賭之浪子也。

**四六　鏡花水月**　《巧團圓》劇：“比那鏡花水月還虛謊。”

**四七　水底撈月**　“水底摸月”，見上“風花雪月”。又《還魂記》劇：“怕似水中撈月，空裏拈花。”元·白仁甫《牆頭馬上》劇：“又教水底撈明月。”

**四八　月芽**　見下“涼月子”。

**四九　月裏娑婆樹**　元人《度柳翠》劇：“這月裏桫欏永長壽。”《殺狗記》劇：“兔兒踹壞了娑婆樹，月不好了。”按，以“月”爲“越”也。

**五〇　涼月子**　顧況詩：“涼月挂層峰。”《通俗編》：“月子之稱，始見於《酉陽雜俎》。”又《帝京景物略》謂新月曰“月芽兒”，可以互參“月子”之義。

**五一　花有清香月有陰**　蘇軾詩：“春宵一刻值千金，花有清香月有陰。”元人《碧桃花》劇：“古詩有云：‘花有清香月有陰。’此景是也。”

**五二　唐明皇遊月宫**　《明皇雜録》：“上與太真及葉法静，八月望日遊月宫，見龍樓鳳堞，金闕玉墀，冷氣逼人。後西川奏其夕有仙樂過。”

**五三　飛風**　見《朝署》。

**五四　盪風**　見《飲食》。

**五五　兩袖清風**　見《朝署》。

**五六　一路順風**　《蕩寇志》百二二回：“一路順風，毫無些打叉之事。”

**五七　打秋風**　明·郎瑛《七修類稿》：“米芾札中，有‘抽豐’二字，即世云‘秋風’之義。蓋彼處豐稔往抽分之耳。”《繡襦記》劇：“外云：‘想是“打抽豐”的。’小生云：‘没相干，是尋人的。’”《野獲編》載都城俗事對偶，以“打秋風”對“撞太歲”。蓋俗以自遠干求，曰“打秋風”；以依託官府，賺人財物，曰“撞太歲”也。

**五八　打頭風**　杜甫詩：“風急打船頭。”元稹詩：“船怕打頭風。”《通俗編》：“按，‘打’字舊在梗韻，讀若頂，今語仍然。”

**五九　破屋又遭連夜雨，行船正遇打頭風**　《琵琶記》劇：“屋漏更遭連夜雨，船遲又被打頭風。”今小説諸書，引作“破屋又遭連夜雨，行船正遇打頭風”。

**六〇　上風下風**　《左傳》“風馬牛”注：“馬逐上風而去，牛逐下風而來，故云不相及。”

**六一　喫西北風**　《傳燈録》：“藥山惟儼，問僧在南泉幾時？曰：‘粗經冬夏，然未曾上他食堂。’儼曰：‘口欲東南風耶？’”《蕩寇志》七一回注：“梁山一百八人，數十萬兵馬，都喝西北風過日子麽？”按今有“喫西北風”之語。

**六二　耳邊風**　見《言語》。

**六三　密不通風**　見《武備》“圍得密不通風”。

**六四　獄不通風**　見《獄訟》。

**六五　滿面春風**　見《頭面》。

**六六　殺風景**　李義山《雜俎》品目數十，其一曰“殺風景”。元·秦簡夫《東堂老》劇：“好殺風景也那！”

**六七　捕風捉影**　《漢書·郊祀志》：“求之盪盪，如係風捕影，終不可得。”明·黄石齋書：“武人掉舌，終是捕風捉影。”《意中緣》劇：“還只怕捕風捉影，追下遥天。”

**六八　無風起浪**　《傳燈録》：“僧問道堅：‘如何是祖師西來意？’道堅曰：‘洋瀾左蠡，無風浪起。’”今人以憑空生事者，謂之“無風起浪”。

**六九　甚風吹到來**　元·馬致遠《青衫淚》劇：“學士是甚風兒吹到來？”

**七〇　風吹鴨蛋殼，財去人安樂**　見《言語》“驢唇不對馬嘴”。

**七一　熱身子不可吹風**　見《醫病》。

**七二　風吹草動**　《通俗编》：“《晉書·劉曜載記》：‘崔岳謂曜曰：“四海脱有微風揺之者，英雄之魁，卿其人矣！”’按俗謂细事騷擾，曰‘風吹草動’，本此。”按，此説非是，且失於考據。“風吹草動”四字，自有出處。《一捧雪》劇：“若有些風吹草動，你就來報我知道。”《蜃中樓》劇：“萬一照管不到，有些風吹草動起來，怎麽了得？”按，“風吹草動”，謂走漏消息及敗壞聲名也。

**七三　風吹兩邊倒**　陸容《菽園雜記》：“‘牆頭一株草，風吹兩邊倒’，言中立派也。”

**七四　東風東倒，西風西倒**　《説苑·君道篇》：“東風則草靡而西，西風則草靡而東。”《通俗编》：“今人易其語云：‘東風東倒，西風西倒。’似誤。”

**七五　風口裏**　《荷花蕩》劇：“撑到前面風口裹去，叫小姐船只泊在此。”

**七六　風前之燭**　見《年齒》。

**七七　萬里無雲**　《西遊記》四五回：“收了雲霧，放出太陽光，照耀一天，萬里更無雲。”

**七八　雲淡風輕**　程顥詩：“雲淡風輕近午天。”

**七九　雲消雨散**　見唐·鄭濆《吹笛樓賦》。

**八〇　烏雲蓋頂**　《蕩寇志》九六回：“忽見烏雲蓋頂。”

**八一　雷厲風行**　見《朝署》。又《吕語集粹》："故君子之建白，以無智名勇功爲第一。至於雷厲風行，未嘗不用。譬之天道，以衝和鎮静爲常，疾風迅雷，間用之而已。"

**八二　風調雨順**　《唐書·禮儀志》："武王伐紂，五方神來受事，〔各以其職命焉。〕既而克殷，風調雨順。"清·梁章鉅《浪蹟續談》："王業《在閣知新録》：'凡寺門金剛，各執一物，俗謂風調雨順。執劍者風也，執琵琶者調也，執傘者雨也，執蛇者順也。'獨'順'字，思之不得其解。楊升菴《藝林伐山》云：'所執非蛇，乃蜃也。蜃形似蛇而大，字音如順。'然則《封神傳》之四大金剛，非無本矣。又，今人言'風調雨順'，必連舉'國泰民安'四字。記得《六研齋筆記》，載項子京藏芝蔴一粒，一面書'風調雨順'，一面書'國泰民安'。云出南宋宫中，異人所獻者，由來久矣。猶憶觀劇時，有一齣，忘其名。某縣令在任，頗作威福，去任之日，三班六役環送。令問曰：'自吾到此地，外間議論如何？'衆答曰：'自官到此，"風調雨順"。'復問曰：'我今去此地，外間議論又如何？'衆答曰：'官今去此，卻也"國泰民安"。'令爲嗒然。"

**八三　不是風，就是雨**　《石頭記》五七回："這獃子聽見風，就是雨。"今人多云："不是風，就是雨。"言信口胡談也。

**八四　斜風驟雨**　按段氏《六書音韻表》第二部陸韻平聲蕭宵肴豪，上聲篠小巧皓，去聲嘯笑效號。轉入第三部陸韻平聲尤幽，上聲有黝，去聲宥幼。故"斜風驟雨"，江北人讀"斜"若"邪"，讀"驟"若"少"。是韻得通轉也。

**八五　二十分龍廿一雨**　見《時日》。

**八六　清明時節雨紛紛**　杜牧詩："清明時節雨紛紛，路上行人欲斷魂。"

**八七　黄梅時節家家雨**　趙師秀詩："黄梅時節家家雨，青草池塘處處蛙。"

**八八　過了廟子不躲雨**　《儒林外史》十三回："你卻不要'過了廟子不下雨'。"今語作"不躲雨"。

**八九　陣頭雨**　《蜃中樓》劇："原來是箇陣頭，如今大雨下起來了。"

**九〇　長脚雨**　《夢筆生花·杭州俗語·雜對》："長腳雨；打頭風。"

**九一　傾盆大雨**　《西遊記》四五回："只見那大雨傾盆，自辰時下起，直下到午時前後。"

**九二　接接連連下雨**　見《時日》"年成不好"。

**九三　秋閣滬**　見《時日》。

**九四　未雨綢繆**　《詩·豳風》："迨天之未陰雨，徹彼桑土，綢繆牖户。"朱柏廬《治家格言》："宜未雨而綢繆，勿臨渴而掘井。"綢繆音籌謀。

**九五　久雨望庚晴**　《田家雜占》："久晴逢戊雨，久雨望庚晴。"

**九六　雨水勤**　《石頭記》四七回："我想今年夏天雨水勤。"

**九七　雨過天青**　《兩般秋雨盦隨筆》："'雨過天青雲破處，者般顔色作將來。'想見柴窰出様之巧。陸魯望詩：'九秋風露越窰開，奪得千峰翠色來。'此尚在柴窰之先，不知何時所作。"此言瓷器色也。又按清朝亮藍頂子，亦名"雨過天青"。

**九八　雨夾雪**　宋自遜詩："夾雪雨難晴。"

**九九　一捧雪**　清·梁章鉅《浪蹟續談》："《一捧雪》傳奇，他處少演者，余惟從蘇州得觀，蓋即蘇州事，故蘇人無不能言其本末。所謂莫懷古，謂莫好古玩，好古如以手捧雪，不可久也。沈德符《野獲編》云：‘嚴分宜勢熾時，以諸珍寶盈溢，遂及書畫古董。時鄢懋卿以總鹾使江淮，胡宗憲、趙文華以督兵使吴越，各奉承意旨，蒐取古玩，不遺餘力。傳聞有《清明上河圖》手卷，宋張擇端畫，在故相王文恪家，難以阿堵物動，乃託蘇州湯臣者往圖之。湯以善裝潢知名，客嚴門下，亦與婁江王思賢中丞往還。思賢名忬，弇州道人世貞之父。乃説王購之，王時鎮薊門，即命湯以善價購之，既不可得，遂屬蘇人黄彪，摹一本應命。黄亦畫家高手也。嚴時既得，珍爲異寶，用以爲諸畫壓卷，置酒會諸貴人賞之。有妒中丞者，直發其爲贋本。嚴世蕃大憤怒，頓恨中丞，謂有意紿之，禍本自此成。或云，即湯姓者怨弇州伯仲，自露始末，不知然否。’又王褱《廣彙》云：‘嚴世蕃嘗索古畫於王忬，云值千金，忬有臨幅，絶類真者以獻。乃有精於辨畫者，往來忬家，有所求，世貞斥之。此人知忬所獻畫非真蹟也，密以語世蕃。會大同有虜警，巡按方恪，劾忬失機，世蕃遂告嵩，票本論死。’《廣彙》所載稍略，而情節與《野獲編》相同。又，孫之騄《二申野録》注云：‘後世蕃受刑，弇州兄弟贖得其一體，熟而薦之父靈，大慟，兩人對食畢而後已。詩畫貽禍，一至於此，又有小人交構其間，釀成尤烈也。’按所云詩者，謂楊椒山死，弇州以詩弔之。刑部員外況叔祺，録以示嵩。所云畫，即《清明上河圖》也。又按，湯臣，即湯裱褙，今蘇州裝璜店，尚是其後人。聞乾隆間，尚有湯某者，精於此技。余初至蘇時，則羣推吴文玉者爲絶技。余所得字畫頗佳者，皆以付吴，其工值不論，而裝成自然精絶。繼至則文玉已故，有子繼其業，雖一蟹不如一蟹，然究係家傳，海内殆無第二家矣。”今有演《一捧雪》劇者，以“一捧雪”

爲杯名，非也。

**一〇〇　湯拌雪**　《通俗編》："《南史·王瑩傳》：'丈人一旨，如湯澆雪耳。'今人有'湯拌雪'之語，按拌當作秚，物之相合也，通作伴，以拌亦有相和意。若拌則訓捐棄，無可通理。而唐·張賁詩云：'應宜仙子胡麻拌。'豈非誤歟！"

**一〇一　雪等伴**　張伯雨詩："山留待伴雪。"《通俗編》引作"雪等伴"。按"等"、"待"皆從寺聲，故音義可通用也。

**一〇二　擔雪填井**　《普燈録》："多少癡禪和，擔雪去填井。"《七修類稿》："未娶時，越門跳井；既娶則擔雪填井；娶多生不能養育，則投河奔井。此言雖戲，皆深於理也。"

**一〇三　雪中送炭**　《宋史·太宗紀》："淳化四年，雨雪大寒，遣中使賜孤老貧窮米炭。"《意中緣》劇："人情澆薄，世態炎涼，只喜添錦上之花，誰肯送雪中之炭！"

**一〇四　雪花兒飄飄**　《花鼓》梆子腔："雪花兒飄飄，雪花兒飄飄，飄來飄去三尺三寸高。"又，江北俚語云："雪花見飄飄，饅頭兒燒燒。"

**一〇五　落雨落雪，凍殺老鼈**　《夢筆生花·杭州俗語·雜對》："夾雨夾雪，凍死老鼈；無酒無漿，不成道場。"又江北小兒云："落雨落雪，凍殺老鼈。"

**一〇六　各人自掃門前雪，莫管他人瓦上霜**　《桃花扇》劇："旁人勸我道：'各人自掃門前雪，莫管他人瓦上霜。'我回言道：'大風吹倒梧桐樹，也要旁人話短長。'"《古今譚概》載蜀人杜滑倡《酒令》，有"各人自掃門前雪，莫管他人瓦上霜"之句。按《琵琶記》劇，二語亦同。

**一〇七　曉星**　《説文通訓》注："太白金星，晨見東方，先日而出，蘇俗謂之'曉星'。又太白金星，夕見西方，後日而没，蘇俗謂之‘黄昏星’。”

**一〇八　黄昏星**　見上。

**一〇九　滿天星**　《綵樓記》劇：“稟先生哉，滿天星哩。”《石頭記》五四回：“又放了許多‘滿天星’。”按，上指星，下謂炮仗名。

**一一〇　過天星**　《巧團圓》劇：“自家非别，闖王部下一箇頭目，喚做‘過天星’是也。”此爲盗賊之綽號。俗又以流星爲“過天星”。

**一一一　福禄壽三星**　《牧羊記》劇：“姑壽年高，福禄壽三星照，見祥雲五色籠罩，願朱顔壽比長生不老。”

**一一二　文曲星，武曲星**　《水滸》楔子：“文曲星，乃是南衙開封府尹龍圖閣大學士包拯；武曲星，乃是征西夏國大元帥狄青。”

**一一三　財帛星**　《奈何天》劇：“他的財帛星，妻妾星，奴僕星，都是好的。”

**一一四　退財星**　又：“將來没好處，我只埋怨你這退財星。”

**一一五　喪門星，弔客星**　元人《桃花女》劇：“如今入了第三重門，正是‘喪門’、‘弔客’當直。”按此二凶星也。

**一一六　十月三十，犂星落地水成冰**　見《時日》。

**一一七　疾雷不及掩耳**　元人《連環計》劇：“如迅雷一發，不及掩耳，方能成事。”《六韜·軍勢篇》：“疾雷不及掩耳，迅電不及瞑目。”《三國志演義》五九回：“正所謂疾雷不及掩耳。”

**一一八　大發雷霆**　見《性情》。

**一一九　平地一聲雷**　《夷堅志》：“沈緯甫，温州瑞安人。久遊太學，不成名，罷歸鄉里。然遇科詔下，亦赴試。每不利，必仰而詬人曰：‘緯甫潦倒無成，爲鄉曲笑，五内分裂，天亦知我乎？’邑尉黄君挾兩妓，拏舟邀沈泛湖，使妓捧杯夾之曰：‘可唱“平地一聲雷”之詞，爲沈學士壽。’飲未釂，雲霧斗合，風雨驟至，俄有霹靂震沈氏之堂。黄尉驚悸得心疾，兩月小愈，出詣沈，沈猶舉手加額曰：‘先生所謂一聲雷也。’了不省悟。”《尋親記》劇：“平地一聲雷，桃浪煖已化龍魚。”《荆釵記》劇：“躍過禹門三級浪，管教平地一聲雷。”《奈何天》劇：“這樁喜事，若還是讀書讀出來，赴考赴出來的，就不爲奇了，妙在‘平地一聲雷’，方纔詫異。”

**一二〇　雷公電母**　《通俗編》：“王充《論衡》，但言雷公，不及電母。《道書》並言之，云雷公名江赫冲，電母名秀文英，其虚妄更不待辨矣。”元·尚仲賢《柳毅傳書》劇：“老龍云：‘我使雷公電母看去了。’”

**一二一　霍閃**　《山西通志》：“電曰閃。”原注：“貫列缺之倒景。”《漢書》注曰：“天閃也。”《通俗編》：“顧云詩：‘金蛇飛狀霍閃過。’《文選·海賦》：‘矆睒無度。’注引《説文》：‘矆，大視也。睒，暫視也。’”俗狀電光之疾，本無定字，用“霍閃”，似不若“矆睒”古雅。

**一二二　挂吼**　《説文》：“虹，螮蝀也。”通訓：“蘇俗有‘東吼日頭西吼雨’之諺，虹音轉如詬也。”《通俗編》：“《爾雅·釋天》注：‘江東呼螮蝀爲雩。’《音義》云：‘雩，于句切。’按今俗呼螮蝀若‘候’，或作‘吼’。《丹鉛録》作‘鱟’，《湖壖雜記》作‘蚼’，與螮蝀何涉耶？俗音蓋本‘于句’之切，而讀‘句’爲‘彀’耳。”按今俗多用“吼”字，所謂“挂吼”是也。

**一二三　燒霞**　《山西通志》：“霞曰燒。”原注：“早燒不出市，晚燒行千里。”

# 時日

**一　當初**　《容齋三筆》："衢州酒家壁，有題《油污衣》詩云：'縱饒洗徧千江水，争似當初不污時。'"

**二　没了期**　《五代史補》："錢鏐封吴越王，工役大興，或夜書府門曰：'没了期，没了期，修城纔罷又開池。'鏐見之，命吏續曰：'没了期，没了期，春衣纔罷又冬衣。'嗟怨頓息。"

**三　遥遥無期**　《桃花扇》劇："生云：'到幾時纔出來？'末云：'遥遥無期。'"

**四　光陰似箭**　《荆釵記》劇："不覺又是半年，真箇光陰似箭。"

**五　長遠**　《晉書·明帝紀》："若如今言，晉祚安得復長遠。"

**六　現在**　《周禮·御史》："凡數從政。"注云："其見在空缺者。"見音現。《新方言》："《説文》：'俔，閒見也，苦甸切。'此即今現在字。"

**七　近來**　陳陶《贈蓮花妓》詩："近來詩思清於水，老去風情薄似雲。"

**八　上頭**　《元典章》："延祐四年，奏百姓爲饑荒上頭，流移江南等路。"《通俗編》："按'上頭'，乃指謂其時之辭。"

**九　目前**　《列子·楊朱篇》："目前之事，或存或廢。"

**一〇　霎時候**　《説文》："霅，霅霅靁電皃。"段注："按馬融《廣成頌》：'霅爾雹落。'霅本音素洽反。今俗語云'霎時候'，霎即霅之俗字。"霎音札。

**一一　登時**　《魏志·管輅傳》注："注《易》之急，急於水火。水火之難，登時之驗；《易》之清濁，延於萬代。"今俗或讀登若等，登、等一聲之轉也。

**一二　當時**　《十洲記》："不死草形如菰草，人已死三日者，以草覆之，皆當時可活也。"當，去聲。

**一三　彼一時，此一時**　《孟子》："彼一時，此一時也。"《桃花扇》劇："小生云：'你前日勸我不可前進，今日爲何又來贊成？'丑云：'彼一時也，此一時也。'"

**一四　好時好節**　宋·陳慥《雪夜次韻》詩注："六一謂聖俞曰：'山婦云："好時好節，送詩擾人家。"不知吾輩所樂在此。'"

**一五　四時八節**　《隨巢子》："鬼神爲四時八節，以紀育人。"杜甫《贈四兄》詩："四時八節還拘禮，女拜弟妻男拜弟。"

**一六　限時限刻**　《邯鄲夢》劇："罪犯之人，限時限刻，人非土木，誰忍骨肉分離。"

**一七　日出卯時**　《通俗編》："杜預《左傳》注：'始分一日爲十二時，其名目但曰夜半，曰雞鳴，曰平旦，曰日出，曰食時，曰隅中，曰日中，曰日昳，曰晡時，曰日入，曰黄昏，曰人定，未借及十二支也。今恒言猶或兼之，曰夜半子時，雞鳴丑時，日出卯時，日入酉時，黄昏戌時，人定亥時，略得古之遺意。'"又按"夜半子時"，今人恒言"半夜之時"。

**一八　黄昏戌時**　見上。

**一九　半夜子時**　同上。

**二〇　十二箇時辰**　元人《殺狗勸夫》劇："捱一日，十二箇時辰，時忍飢。"

**二一　即日**　《史記·項羽紀》："項王即日因留沛公與飲。"按"即日"，當日也。

**二二　揀日不如撞日**　《意中緣》劇："自古道：'選日不如撞日。'既然相得中，也就是一箇好日子了。"《繡襦記》劇："'揀日不如撞日'，就是今日。"《蝴蝶夢》劇："'揀日不如撞日'，就是今日好。"

**二三　好時好日**　《荆釵記》劇："張娘娘，好時好日，吉祥的話説兩句。"

**二四　好日子**　見上"揀日不如撞日"。

**二五　日子**　《日知録》："漢人未有稱夜半爲子時者。古人文字，年月之下，必繫以朔，必言朔之第幾日某干支，故曰，朔，日子也。"

**二六　黄道日子**　《唐書·曆志》："以冬至赤道日度及約餘，依前求定差以減之，是爲黄道日度。"《杏花村》劇："今日正是黄道吉日，堪以起兵。"按近世看曆之訣曰："除、危、定、執、黄，建、滿、平、收、黑，成、開多可用，閉、破不相當。"蓋俗以除、危、定、執爲黄道日子，建、滿、平、收爲黑道日子是也。

**二七　黑道日子**　見上。

**二八　龍虎日子**　《通俗編》："《月令廣義》：'正月巳，二月亥，三月午，四月子，五月未，六月丑，七月申，八月寅，九月酉，十月卯，十一月戌，十二月辰，爲龍虎日。龍虎，厲神也，不宜干上宜制下。’按，如其説，則世以凡月寅辰日爲龍虎日，非是。”又按，科舉時代，亦以寅、辰日爲龍虎日子，擇此二日放榜，所謂“一舉首登龍虎榜”是也。

**二九　月忌日子**　《齊東野語》：“俗以初五、十四、二十三日爲月忌。蓋三日，乃《河圖》中數之中宫五數耳。五爲君象，故民庶不敢用。”今俗亦以此三日爲月忌日子，俗語云：“初五、十四、二十三，太上老君不煉丹。”

**三〇　楊公忌日**　清·梁章鉅《浪蹟續談》：“《軌論》云：‘宋術士楊救貧，習堪輿術，爲時俗所推。其説一年有十三日，百事禁忌，名曰楊公忌。然其日多賢哲誕生，如孔子及唐代宗、宋孝宗、孟嘗君、崔信明、蘇東坡之流。今用其日，亦未罹禍害。’按今人所傳楊公忌，以正月十三日爲始，餘每月皆隔前一日，惟七有兩日，一爲初一日，一爲二十九日，亦隔前一日也，故合爲十三日。然不信其説者多，憶余以十二月十九日完娶，家中親友，並以此爲楊公忌日，必不可用，先資政公毅然用之，余亦了不介意。後清河君佐余歷官中外，膺二品誥封，育五男四女，身享中壽，族中皆以爲有福全人，則又何忌之有乎？”

**三一　在家千日好**　《夢筆生花·杭州俗語·雜對》：“在家千日好；喫酒三年窮。”今俗有“在家千日好，出門一時難”之語。

**三二　度日如年**　《水滸》三四回：“正是度日如年，燒眉之急。”《春燈謎》劇：“啞口黄連，捱不過度日如年。”

**三三　遠年近日**　元人《誤放來生債》劇：“我將這遠年近日，欠少我錢鈔的文契，我都燒了。”

**三四　今日之下**　《兒孫福》劇：“我從前當軍，不想有今日之下。”

**三五　前兒**　清·孫點《歷下志遊》："鄉俗謂昨日爲昨兒，前日爲前兒，明日爲明兒，後日爲後兒，此口頭常語，無可考證者。"

**三六　昨兒**　見上。

**三七　明兒**　同上。

**三八　過歇兒**　洪亮吉《涇縣志》轉載《鄭志》云："稍待曰'過歇兒'。"

**三九　今朝**　又"熱曰涅，學曰鶴，今曰庚，縣曰院，臭曰湊，姐曰假，睡曰困，讀書曰念書，白晝曰日裏，晚間曰暗頭，或曰夜裏，指頭曰擲頭，鴉曰老哇，雀曰丫雀。"按，今朝，或讀若"庚朝"是也。

**四〇　外後朝**　《老學菴筆記》："後三日爲外後日，意其俗語耳。偶讀《唐逸史·裴老傳》，乃有此語。"按，"外後日"，即今人云"外後朝"也。

**四一　日裏**　見上"今朝"。

**四二　夜裏**　同上。

**四三　夜頭**　《四節記》劇："日裏挑水賣，夜頭看巷門。"

**四四　夜不收**　見《武備》。

**四五　更深半夜**　元人《殺狗勸夫》劇："更深半夜，你一箇婦人家，不是你來的時候。"更音庚。

**四六　半夜三更**　《宋史·趙昌言傳》："陳象與董儼，皆昌言同年，日夕會昌言家，京師爲之語曰：'陳三庚，董半夜。'"《十五貫》劇："半夜三更，什麽人在此行走。"

**四七　半更**　《通俗編》："'半更'，見《史記·滑稽傳》。"《簷雲樓雜説》："半更之設，自明孝陵始也。"

**四八　鬧五更**　《古樂府》有伏知道《從軍五更轉》，自一更至五更，各五言四句。《通俗編》：“今小曲有所謂《鬧五更》者，倣此。”

**四九　五更頭**　《閒中（古今）〔古今〕録》：“宋太祖建隆庚申受禪，後聞陳希夷‘只怕五更頭’之言，命宮中轉六更。”

**五〇　五更三點**　《水滸》楔子：“五更三點，天子駕坐紫宸殿。”

**五一　一刻值千金**　見《天文》“花有清香月有陰”。又《拜月亭記》劇：“那些箇一刻值千金價。”

**五二　失曉**　《水滸》一回：“太公問曰：‘客官失曉，好起了。’”

**五三　大清早起**　元人《看錢奴》劇：“大清早起，利市也不曾發，這兩箇老兒，就來叫化酒喫。”

**五四　大天白亮**　《四節記》劇：“直困到大天白亮，蹵起來躊躇躊躇。”

**五五　青天白日**　見《天文》。

**五六　今三明四**　《綴白裘雜齣》：“今日裹三，明日裹四，虚名兒牵挂。”

**五七　初五、十四、二十三，太上老君不煉丹**　見上“月忌日子”。《夢筆生花·杭州俗語》有“太上老君不煉丹”之語。余幼聞先父云：“初五、十四、二十三，太上老君不煉丹，此日諸事不宜用。”今按，杭州有是俗語，益信然矣。

**五八　七不出，八不歸**　《夢筆生花·杭州俗語·雜對》：“一遭生，兩遭熟；七不出，八不歸。”

**五九　初十邊**　梁同書《直語補證》：“《公羊傳·僖十六年》：‘是月者何，僅逮是月也。’注：‘是月邊也，魯人語，月之幾於盡也。’今俗猶有初十邊、二十邊、月盡邊之説。”

**六〇　二十邊**　見上。

**六一　初十頭裏**　《歐陽文忠公集》與姪簡云："二哥十頭出京，三五日到家。汝欲二十頭歸，何故更令郭天錫先歸也？"《通俗編》："按，自十一至十九日，俗皆謂之十頭。二十一至二十九，皆謂之二十頭。北宋時有斯言矣。"按，今人則以近初十日曰"初十頭裏"，近二十日曰"二十頭裏"，稍有不同也。

**六二　二十頭裏**　見上。

**六三　月半**　《日知録》："今人謂十五曰月半，古經已有之。《祭義》：'朔月月半，君巡牲。'"

**六四　十七八，殺隻鴨**　《杭州諺》："十七八，略搭搭。十八九，坐等守。"按謂月上時也。近聞常州人云："十七八，快手婆娘紮隻韈。"太倉人云："十七八，殺隻毛頭鴨。"淮南人云："十七八，殺隻鴨。"

**六五　十八九，坐等守**　見上。

**六六　二十倰僜，月上二更**　《杭州諺》："二十亨亨，月上二更。"注："亨讀虛郎切。"王思任《西湖竹枝詞》："南屏鐘罷黑稜層，二十亨亨月二更。"按《淮南》有"二十倰僜，月上二更"之語。《通俗編》云："今謂困倦步立不定，曰打䔐䕨。"䔐䕨與倰僜同。本武互、都鄧二切，今讀平聲若稜登矣。

**六七　二十分龍廿一雨**　《避暑録話》："吴越之俗，以五月二十日爲分龍日。"《埤雅》："五月分龍後，其龍各有分域，往往隔一轍而異，因謂之'隔轍雨'。"今俗有"二十分龍廿一雨"之諺。

**六八　龍多主旱**　《甲申雜記》："老人言歷日載幾龍治水，惟少爲雨多，以其龍數多，即雨少也。"《松窗百説》：

“壬申歲，樂清元日，賀令至客次者，二十一人。爐火爇爐至一邊盡，衆客環視，莫令止之。直舍吏至，始撲滅。僕平日嘗好犯衆，然亦方觀其理，徐笑謂鄰坐曰：‘一二客在，豈至是乎？今不救之罪，分於衆而難責，則皆莫之顧，況橫身犯衆，爲人肩利害耶？諺所謂“龍多乃旱”也。’按，吾鄉謂人多而事不理，云‘龍多旱，虎多亂’。又云‘一箇和尚挑水喫，兩箇和尚擡水喫，三箇和尚麽水喫’。吾鄉無音作麽，猶北音作毛也。”按“龍多乃旱”，他處多云“龍多主旱”。

**六九　念五日**　《金石文字記》：“開業碑陰，多宋人題名。有曰：‘元祐辛未念五日題。’以念爲廿，始見於此。”

**七〇　何年何月**　《青塚記》劇：“不知何年何月，何日何時，再得相見。”

**七一　一箇月**　《伊洛淵源録》：“朱光庭見明道先生，還謂人曰：‘光庭在春風中，坐了一箇月。’”王建《寄韋處士》詩：“一箇月來山水隔，不知茅店若爲居。”

**七二　大利月，小利月**　《夢筆生花·杭州俗語·雜對》：“大利月，小利月；陰貴人，陽貴人。”

**七三　月大月小**　《周髀算經》：“置小月二十九日，置大月三十日。”今人以大月爲月大，小月爲月小。

**七四　月頭月尾**　郭翼詩：“月頭月尾雨陰陰。”

**七五　年頭月尾**　林光朝詩：“年頭月尾無一事。”

**七六　正月**　《書·舜典》：“正月上日，受終於文祖。”集傳：“上日，朔日也。”又：“月正元日，舜格於文祖。”集傳：“月正，正月也；元日，朔日也。”《春秋》：“元年春王正月。”杜氏注：“隱公之始年，周王之正月也。”按正字皆不音征。杜佑《通典》云：“秦始皇名政，諱之，故正字從平聲。”據此則始皇以前，正皆音政矣。自漢而後，正亦當讀若政，不意漢人沿誤至今，未之改也。今宜讀若政，不必避秦諱也。《爾雅》：“正月爲陬，二月爲如，三月爲寎，四月爲余，五月爲皋，六月爲旦，七月爲相，八月爲壯，九月爲玄，十月爲陽，十一月爲辜，十二月爲涂。”此當與《天地》“天干地支”參看，年月之古義可考矣。

**七七　正月半**　《合縱記》劇：“若不是夫人勸，直要打到正月半。”

**七八　春三二月**　《琵琶記》劇：“如今春三二月，艷陽天氣。”《還魂記》劇：“辜負了春三二月天。”按《四節記》劇云：“春二三月煖洋洋。”此語爲人所罕道。

**七九　二月二，龍擡頭**　元人《風雪漁樵記》劇：“原來那相公寬洪大量，着我擡起頭來，我道：‘不敢擡頭。’他道：‘你爲甚麽不擡頭？’我道：‘我直到二月二，那時可是龍擡頭，我也不敢擡頭。’”《金陵雜志》：“二月初二日，相傳爲龍擡頭，有女出閣者，均於是日接取歸寧，俗謂之‘二月二，龍擡頭，家家接女訴冤讐’。”今江北亦有是俗，小兒諺云：“二月二，家家人家帶女兒。”

**八〇　二月二，家家人家帶女兒**　見上。

**八一　三月三，遂菜花兒賽牡丹**　清·顧禄《吴趨風土録》：“薺菜花，俗呼野菜花。諺有‘三月三，螞蟻上竈山’之語。三日，人家皆以野菜花置竈陘上，以厭蟲蚁。侵晨，村童叫賣不絶，或婦女簪髻上，以祈清目。俗呼眼亮花。”《金陵雜志》：“三月初三日，爲薺菜花生日，婦女均摘薺花，插於鬢邊，以爲紀念。諺云：‘三月三，遂菜花，賽牡丹，女人不插無錢用，女人一插米滿倉。’”今江北諺云：“三月三，遂菜花兒賽牡丹。”蓋江北呼“薺菜”爲“遂菜”耳。

**八二　太陽三月十九生**　《太陽經》：“太陽三月十九生，家家門口點天燈。”又曰：“有人敬我太陽星，合家大小保安寧；無人敬我太陽星，眼前就是地獄門。”按《太陽經》，皆是鄙俚之語，然當是明之遺老故意爲之，以爲明懷宗崩駕之紀念日也。蓋恐觸清之忌，故托言太陽星耳。《桃花扇》劇：“净拍地介：‘可憐聖主好崇禎！’哭説介：‘縊死煤山樹頂。’衆驚問介：‘有這等事，是那一日來？’净喘介：‘就是這這這三月十九日。’”據此則知《太陽經》必明之遺老爲之，其意亦可悲矣。

**八三　麥秀寒**　《梧潯雜佩》：“南方四月，雨後尚有餘寒，土人謂之‘麥秀寒’。”王勃《採蓮賦》：“麥雨微涼。”《徐陵集》亦有“麥冷”之語。

**八四　黄梅天**　《合縱記》劇：“我似做箇黄梅天，十八變。”

**八五　端午景**　清·厲秀芳《真州風土記》：“閨中製如肖生物，襟上佩之，曰老蔴人，即俗云‘端午景’也。”

**八六　五月十三，關公磨刀水**　《金陵雜志》：“五月十三日，相傳爲關王磨刀之期，人家相戒，不動刀砧。”又，江北以五月十三日下雨，謂之“關公磨刀水”。

**八七　五月十五、十六，天地交泰**　見《天地》。

**八八　六月裏的債，還得快**　《夢筆生花·杭州俗語·雜對》：“六月債，還得快；一根藤，纏殺人。”今俗有“六月裏的債，還得快”之語。

**八九　六月初三沿三陣**　《月令廣義》：“六月三日雨一陣，上晝耘田下晝困。”今江北有“六月初三沿三陣”之諺，言是日以三陣雨爲得宜也。

**九〇　六月初四，荷花生日**　《金陵雜志》：“六月初四日爲荷花生日，凡有池塘植荷者，以紙作燈燃之，放於中流，以爲祝嘏。”

**九一　六月六，狗子洗澡**　《餘冬序録》載：“姑蘇毛都憲理，訪楊祠部循吉，因洗浴，辭不出。後楊訪毛，亦以浴辭。楊索片紙書曰：‘君來顧我我洗浴，我往報君君洗浴，我洗浴時四月八，君洗浴時六月六。’蓋用俗語爲戲也。”按，俗以四月八日爲佛浴日，六月六日爲貓狗浴日。今俗多有“六月六，狗子洗澡”之諺，不及貓也。

**九二　六月不熱，五穀不結**　《羣芳譜》：“三伏宜熱，諺云：‘三伏不熱，五穀不結。’蓋當稿權之時，又當下壅，晴熱則苗旺，涼雨則苗没。”《古謠諺》：“吴中諺云：‘六月不熱，五穀不結。’”

**九三　天氣熱**　見《時日》“今朝”注。熱曰涅，今江浙間言天氣熱，多讀熱若涅。

**九四　天氣暑熱**　《蕩寇志》七八回：“現在天氣暑熱，軍馬多病。”

**九五　天氣熱殺**　《新方言》：“《小爾雅》：‘肆，極也。’蘇州謂甚熱曰‘熱得肆’，肆、殺去入相轉。”若通俗之語，則必云“天氣熱殺”矣。

**九六　天氣蔭涼**　又“《説文》：‘洞，滄也。滄，寒也。’洞音户褧、古迥二切。今直隸、山東、江淮、浙江，皆謂甚涼曰洞，讀如映，匣影二紐相迆也。”今人云“天氣蔭涼”，蔭、映音同，本由洞音轉也。

**九七　秋老虎**　清·顧禄《吴趨風土録》：“土俗以立秋

之朝夜占涼燠。諺云：‘朝立秋，凔颼颼。夜立秋，熱吽吽。’自是以後，或有時仍酷熱不可耐者，謂之‘秋老虎’。”

**九八　秋闊漉**　范成大《秋雷歎》注引諺云：“秋孛轆，損萬斛。”孛轆，謂雷聲也。今人以秋日久雨，謂之“秋闊漉”，尤與“損萬斛”之義相近。

**九九　十月朝**　《通俗編》：“今民間以新歲、寒食、十月朝上墓。據《程子遺書》拜墳則十月一日拜之，感霜露也。寒食則又從常祭禮，似時僅二次。而李之彦《東谷所見集》云：‘歲節非埽松也，祇賞梅耳；清明非省墓也，祇踏青耳。’因其所譏，可見宋世亦兼於新歲上墓。”《金陵雜志》：“十月初一日，謂之十月朝，府城隍出巡，俗傳可以消災增福。”

**一〇〇　十月三十，犂星落地水成冰**　《丹鉛録》：“犂星没，水生骨。”今江北人云“十月三十，犂星落地水成冰”是也。

**一〇一　冬至一陽生**　杜甫《小至》詩：“天時人事日相催，冬至陽生春又來。”《三國志演義》四九回：“曹操曰：‘冬至一陽生，來復之時，安得無東南風？’”

**一〇二　小陽春**　《初學記》：“十月天氣，和煖似春，故曰小春之月。”《通俗編》：“按《爾雅》十月爲陽月，因又曰‘小陽春’。”

**一〇三　臘八粥**　《春在堂隨筆》：“十二月初八日，僧寺作浴佛會，拜送七寶五味粥與門徒，謂之臘八粥。見《夢華録》。而《西湖遊覽志餘》云：‘十月八日，以白米和胡桃、榛松之類作粥，謂之臘八粥。’按《月令》臘先祖五祀，本在孟冬之月。《左傳》：‘虞不臘矣。’亦謂是十月。其下云：‘冬十二月丙子朔，晉滅虢。’杜注：‘周十二月，夏之十月是也。'然則十月初八，謂之臘八，亦古義矣。"

**一〇四　臘月裏**　元·李文蔚《燕青博魚》劇："搽旦云：'如今天氣熱，你便殺了我，到那寒冬臘月裏害腳冷，誰與你焐腳？'"

**一〇五　臘月底**　朱仕琇《答鄧悔菴書》："去歲臘月底，接到執事札一道。"

**一〇六　年成不好**　《石頭記》五三回："今年年成實在不好，從三月下雨起，接接連連直到八月。"《探親》梆子腔："我們鄉裏，雖然有幾畝薄産，卻是望天收，年成不好，就不中用了。"按古人云"年不順成"，今人則云"年成不好"，此雅俗之分也。

**一〇七　遇了荒年有熟年**　《夢筆生花·絃索樂府》："除了死法有活法，過了荒年有熟年。"

**一〇八　一年好似一年**　《奈何天》劇："後來祖父相沿積德，所以一年好似一年，一代富似一代。"

**一〇九　一年不如一年**　元·李直夫《虎頭牌》劇："我無墳也那無典，無喫也那無穿，一年不如一年。"

**一一〇　一年一度**　范成大詩："一年一度遊山寺。"

**一一一　一年半載**　元·孟漢卿《魔合羅》劇："多不到一年半載，但得些利便回來。"按《集韻》："載音宰，年也。"流俗讀若再，非也。

**一一二　三年五載**　《蝴蝶夢》劇："莫説三年五載，就是一世，也守得來的。"

**一一三　一年四季**　元·關漢卿《智斬魯齋郎》劇："一年四季春夏秋冬。"

**一一四　一年到頭**　《儒林外史》四一回："人都説地藏

菩薩，一年到頭把眼閉着。”

**一一五　三十年河東，三十年河西**　又四六回：“成老爹道：‘大先生！三十年河東，三十年河西。’”

**一一六　開年**　盧思道詩：“開年簡時日，上辛稱天吉。”

**一一七　守歲**　《杭州志》：“古有守歲之宴，言爲達曙飲也。今至夜分而止，故又謂之分歲。”

**一一八　百年難得歲朝春**　鹿門老人《紀歷撮要》：“夏至難逢端午日，百年難遇歲朝春。”今人云“百年難得歲朝春”，謂正月朔日立春也。

**一一九　兩春夾一冬，被窩裏煖烘烘**　《談薈》載：“立春在殘年。占云：‘兩春夾一冬，無被煖烘烘。’”按，今人云：“兩春夾一冬，被窩裏煖烘烘。”似較無被爲妥。

**一二〇　冬煖夏涼**　見《什物》“拔步牀”。

**一二一　春牛圖**　劉克莊詩：“今年臺曆無人寄，且就邨翁壁上看。”按，即俗云“春牛圖”也。

**一二二　一場春夢**　《侯鯖録》：“東坡行歌田間，饁婦曰：‘内翰昔日富貴，一場春夢。’坡然之，呼此媪爲春夢婆。”又《浣紗記》劇：“與時消息，隨勢變遷，都是一場春夢也。”

# 地理

**一　地主**　《左傳》："諸侯之會事既畢，侯伯致禮，地主會餼，以相辭也。"

**二　地頭**　《唐書·食貨志》："大歷元年，有地頭錢，每畝二十。"

**三　强龍難敵地頭蛇**　《西遊記》四五回："正是'强龍不壓地頭蛇'。"《玉搔頭》劇："'惡龍不敵地頭蛇'，古語從來道不差。"《洴澼百金方·選练篇》："鄉民勸諭，凡我居民，聽我勸諭，目下歲饑盜起，從今人家立誓，日日整頓器械，操演弓箭槍刀、神槍大砲等件，纔是禦備事體。小人虛張聲勢，捏造謠言，正要我們亂動，他好搶劫。略有見識的，怎會墮他術中。若是大家齊心守護，大家齊心救護，大家齊心擒捉，看他如何搶劫！俗云：'强龍難敵地頭蛇。'我們土著居民，道路熟便，他們就是强壯，道路生疏，終怕我們四面圍捉。倘家家相扶持，村村相聯絡，遇一賊來，大家齊心向前，不怕他不勦滅。"

**四　種田不離田頭**　《千金記》劇："讀書弗離案頭，種田弗離田頭。"今人又有諺曰："開店不離店頭，種田不離田頭。"

**五　五方雜處**　見《飲食》"孫春陽小菜"："吳門五方

雜處”。

**六　北方風氣剛勁**　見《武備》。

**七　當方土地當方靈**　《通俗編》：“‘當方’二字，見《周禮·大行人》‘時會以結諸侯之好’疏。按，今有‘當方土地當方靈’之諺。”又按，《夢筆生花·杭州俗語》作“當方土地當方靈”，謂鄉鎮之有勢力者。當，去聲。

**八　地方**　《晉書·孝懷帝紀》：“蒲子地方，馬生人。”

**九　地方官**　見《朝署》。

**一〇　地方鬼**　《閱微草堂筆記》：“貝勒春暉主人，言熱河碧霞元君廟，兩廂塑地獄變相，西廂一鬼卒慘淡可畏，俗所謂地方鬼也。有人見其出買雜物，如柴炭之類，往往堆積於廟内。問之土人，信然。”

**一一　地理鬼**　見《鬼神》。

**一二　人傑地靈**　王勃《滕王閣序》：“物華天寶，龍光射牛斗之墟。人傑地靈，徐孺下陳蕃之榻。”

**一三　本地風光**　《石頭記》四九回：“誰知不必遠尋，就是本地風光。”

**一四　田地**　《朱子語録》：“堯舜性之，是合下如此。湯武身之，是做到那田地。”

**一五　道地**　見《醫病》“道地藥材”。

**一六　脚踏實地**　邵伯温《聞見録》：“温公問康節曰：‘某何如人？’曰：‘君實，脚踏實地人也。’”

**一七　貴人不踏賤地**　元·武漢臣《玉壺春》劇，有“貴脚踏賤地”語。《奈何天》劇：“呀！貴人不踏賤地，今日是甚麽風兒，吹得你二位過來？”

**一八　一席之地**　《尋親記》劇：“老漢是箇單身，又無大行李，只消一席之地，就可安身。”

**一九　魚米之地**　《通俗編》：“唐·田澄《蜀城》詩：‘地富魚爲米，山芳桂是樵。’按俗以土沃爲魚米之地，正當作此解。”又按，“魚米之地”四字自有出處。《荆釵記》劇：“江西乃魚米之地，富貴之鄉。”

**二〇　立於不敗之地**　見《武備》。又《玉搔頭》劇：“怎能勾事事精詳，立於不敗之地。”

**二一　英雄無用武之地**　同上。

**二二　窮無立錐之地**　見《宫室》。

**二三　死無葬身之地**　見《死喪》。

**二四　括地皮**　見《朝署》。

**二五　坐地牢**　《北史·魏獻文六王傳》：“詔幽於京畿地牢，絶食而死。”今人云“坐地牢”是也。

**二六　要路**　《古詩》：“何不策高足，先據要路津。”

**二七　生路**　《魏志·曹仁傳》：“圍城必示以活門，所以開其生路也。”

**二八　熟路**　韓愈《送石處士序》：“若駟馬駕輕車，就熟路，而王良造父，爲之先後也。”

**二九　之字路**　清·陳錫路《黄嬭餘話》：“唐人方干詩：‘路尋之字見禪闕。’蓋謂盤旋而上，形如之字也。今俗有‘之字路’之語，由來古矣。”

**三〇　三叉路**　《千金記》劇：“呀！這裏是三叉路口，要投江東，不知那一條路去？”《夢筆生花·杭州俗語·雜對》：“三叉路；十字街。”

**三一　水路旱路**　《十五貫》劇：“還是水路去，旱路去好？”

**三二　官塘大路**　《蕩寇志》八十回："楊騰蛟騙了過棲霞關，奔上官塘大路。"

**三三　陽關大路**　《病玉緣》劇："轉過彎兒，便是陽關大路。"

**三四　一條大路**　《朱子語類》："聖人教人，如一條大路，平平正正。"

**三五　一箭之路**　《通俗編》："路至近，則曰'一箭道'，見《法華經》。今人所謂'一箭之路'是也。"

**三六　慌不擇路**　《拜月亭記》劇："所謂慌不擇路，飢不擇食。"

**三七　盡頭路**　見《貧富》。

**三八　走頭無路**　元·楊顯之《秋夜雨》劇："淋的我走頭無路。"《水滸》五五回："如熱鍋上螞蟻，走頭無路。"

**三九　上天無路**　見《天地》。

**四〇　天無絶人之路**　見《天文》。

**四一　修橋補路**　元人《看錢奴》劇："蓋寺建塔，修橋補路。"《水滸》四十回："黄文燁平生只是行善，修橋補路。"

**四二　沿路兒**　元人《來生債》劇："這的是大缸裏打翻了油，沿路兒拾芝蔴也。"

**四三　狹路相逢**　《古樂府》："相逢狹路間，道隘不容車。"元人《爭報恩》劇："放他回去，狹路相逢，安知没有報恩之處？"

**四四　路途遥遠**　《杏花村》劇："你母舅書中説，山東路途遥遠。"

**四五　路徑不熟**　《紅拂記》劇："因昨日路徑不熟，只得尋訪而來。"

**四六　路斷人稀**　《通俗編》："《樂府·華山畿》詩：'路

絶行人斷。’今云‘路斷人稀’，本此。”又元人《盆兒鬼》劇：“眼見的路絶人稀。”

**四七　地廣人稀**　《蕩寇志》七九回：“我回過了金銀寨，地廣人稀。”

**四八　地動山摇**　《斬妖》梆子腔：“俺這裏吹口氣天昏地暗，踏一腳地動山摇。”《蜃中樓》劇：“往常敲一下雷鼓，就地動山摇。”

**四九　山遥水遠**　《鳴鳳記》劇：“水遠山遥，水遠山遥，金勒馬嘶芳草。”《水滸》五五回：“這恨山遥水遠，不能彀相見一面。”

**五〇　山高水低**　見《死喪》。

**五一　水窮山盡**　《玉搔頭》劇：“滯他邦水窮山盡，歸去又無鄉。”《病玉緣》劇：“天下的奇事、妙事，定要千回萬轉，水盡山窮。”

**五二　千山萬水**　《續玄怪録》：“千山萬水，不見有路。”

**五三　真山真水**　元·吴昌齡《花間四友》劇：“你看廬山好景致也，端的是真山真水。”《水滸》三八回：“我雖是犯罪遠流到此，卻也看了些真山真水。”

**五四　這山望見那山高**　《夢筆生花·杭州俗語》有“這山望見那山高”之語。

**五五　錦繡江山**　《臨春閣》劇：“眼看得錦繡江山，剗地裏刀兵世界。”《長生殿》劇：“錦繡江山，歸吾掌握。”

**五六　火燄山**　俞樾《春在堂隨筆》：“《後漢書·西域傳論》有曰：‘梯山棧谷，繩行沙度之道。身熱首痛，風災鬼難之域。’注引前書《杜欽傳》：‘罽賓悔過來順，使者送至縣度，歷大頭痛、小頭痛之山，赤土身熱之阪，臨峥嶸不測之深。行者騎步相持，繩索相引。’又引釋法顯《游天竺記》云：‘西度流沙，屢有熱風惡鬼，過之必死。’云云。然則火燄之山，流沙之河，乃真有之。又《述異記》云：‘大食王國在西海中，有一方石，石上多樹，幹赤葉青。枝上總生小兒，長六七寸，見人皆笑，動其手足，頭著樹枝，使摘一枝，小兒便死。’亦見《舊唐書·西戎傳》。是所謂人參果者，亦竟有也。”

**五七　有眼不識泰山**　見《頭面》。

**五八　泰山壓頂**　《西遊記》三三回：“那魔又念動真言，將一座泰山遣在空中，劈頭壓下。那大聖遭他這泰山壓頂之法，被他壓倒。”

**五九　指東劃西**　《傳燈録》：“義忠謂大顛，不用指東劃西。”元·張國賓《大鬧相國寺》劇：“無明夜到京師，指東畫西。”

**六〇　南來北往**　《葉水心集·修路疏》：“南來北往，何憂帶水拖泥。朝去暮還，不到撞頭（搕）〔磕〕腦。”《玉簪記》劇：“你看南來北往，流不盡的相思淚。”

**六一　來來往往**　見《宮室》“班門弄斧”。

**六二　前街後巷**　元·李文蔚《燕青博魚》劇：“我向那前街後巷，便去爪尋他。”

**六三　大街小巷**　《一文錢》劇：“走過大街小巷。”

**六四　十字街**　見上“三叉路”。《通俗編》：“‘十字街’，見《北史·李諧傳》。”

**六五　轉彎抹角**　《通俗編》：“‘轉彎抹角’，見秦簡夫《東堂老》劇。”按，溪河用“灣”字，城邑宜用“彎”字。

**六六　四鄉八鎮**　《儒林外史》四七回：“四鄉八鎮幾十里路的人都來看。”

**六七　四通八達**　見《宮室》。又《子華子》："齊之爲國也，其塗所出，四通八達，遊士之所湊也。"

**六八　四平八穩**　《蕩寇志》九二回："將一乘煖轎，四平八穩，擡了宋江。"

**六九　險滑**　《鐵冠圖》劇："老爺，這條路險滑。"

**七〇　十來里**　《蕩寇志》七六回："前去不過十來里，便有宿頭。"

**七一　十里長亭**　元·王子一《誤入桃源》劇："親至十里長亭，一杯餞别。"《青塚記》劇："小校打道，到十里長亭去。"

**七二　千里迢迢**　《蕩寇志》八三回："若到雲太公處，千里迢迢，帶領老小逃難，更不穩便。"

**七三　萬里長城**　見《家族》"孟姜女哭倒長城"。

**七四　月城**　《通俗編》："'甕城'，見《五代史·朱珍傳》。按，今謂城門口外蔽小郭曰'甕城'，亦曰'月城'。"

**七五　輦轂之下**　韓昌黎文："畿甸之間，輦轂之下，有善必見，有惡必見。"《杏花村》劇："且喜今日已到輦轂之下了。"謂京城也。

**七六　入國而問禁**　《禮記·曲禮》："入竟而問禁，入國而問俗，入門而問諱。"《孟子》："郊關之内。"注："入國而問禁，蓋合二語而爲之也。"

**七七　禮失而求諸野**　《漢書·藝文志》："仲尼有言：'禮失而求諸野。'方今去聖久遠，道術缺廢，無所更索。彼九家者，不猶癒於野乎。"

**七八　三國歸晉**　《三國志演義》百二四回："自此三國歸於晉帝司馬炎，爲一統之基矣。"

**七九　朝秦暮楚**　晁補之《北渚亭賦》："託生理於四方，固朝秦而暮楚。"

**八〇　得隴望蜀**　《後漢書·岑彭傳》："人苦不知足，既得隴，復望蜀。"《石頭記》四八回："我説你得隴望蜀呢！"

**八一　太歲頭上動土**　見《鬼神》。

**八二　石敢當**　宋·王象之《輿地碑目記》："興化軍有石敢當碑。"注云："慶曆中，張某宰莆田，再新縣治，得一石銘。其文曰：'石敢當，鎮百鬼，壓災殃。官利福，百姓康。風教盛，禮樂張。唐大歷五年，鄭押字記。'今人家用碑石，書曰石敢當之字，鎮於門，亦此風也。據此，石敢當三字刻石，始於唐。《急就章》：'石敢當。'師古注云：'石氏敢當，所向無敵也。'據此，則石敢當乃古人名，唐人刻石，借石敢當三字以厭之。又《羣碎録》云：'五代漢劉知遠時，有勇士名石敢當。'"

**八三　石磡子**　《新方言》："《説文》：'堪，地突也。'今浙西謂水邊築石如臺爲石堪子。堪讀去聲。"按，堪讀去聲，音若坎，故合堪訓地突之義。然不如用"磡"字，磡音勘，《集韻》："磡，山崖也。"今"石磡子"當是此字。

**八四　石磟子**　《篇海》："磟，石磟岸也，音剥。"今俗謂之"石磟子"。

**八五　飛砂走石**　《水滸》四一回："又捲起一陣怪風，飛砂走石。"

**八六　瓦礫場**　見《死喪》"横七竪八"。

**八七　馬頭**　見《言語》"驢頭不對馬嘴"。又《晉書·地理志》："武昌郡鄂縣有新興馬頭。"按，俗作"碼頭"，非。

**八八　大馬頭**　《春燈謎》劇："到底荆州地界，是箇大馬頭。”

**八九　墳園**　《小忽雷》劇：“約他們往墳園上看花。”

**九〇　墳院裏**　元·關漢卿《智斬魯齋郎》劇：“張珪墳院裏，到有一箇可喜活觀音。”

**九一　風水**　《張子全書》：“葬法有風水山岡之説，全無義理。”

**九二　好景致**　見上“真山真水”。

**九三　随鄉入鄉**　范成大詩：“且復隨鄉便入鄉。”

**九四　離鄉背井**　《水滸》三五回：“我又被官司纏擾，背井離鄉而去。”元·關漢卿《金線池》劇：“我依舊安業着家，他依舊離鄉背井。”

**九五　鄉下獅子鄉下舞**　《通俗編·識餘》：“鄉裏獅子鄉下跳。”按，今人云“鄉下獅子鄉下舞”是也。

**九六　還不得家鄉**　元·戴善夫《風光好》劇：“我直教你還不得家鄉。”今人又有“還不得家鄉，見不得爹娘”之語。

**九七　前不巴村，後不巴店**　元人《桃花女》劇：“争奈天色已晚，又遇着風雨，前不巴村，後不巴店。”《水滸》一回：“貪行了些路程，來到這裏，前不巴村，後不巴店。”

**九八　對面不見人**　《西遊記》三三回：“往北天門借皁雕旗，向南天門一展，把日月星辰閉了，對面不見人。”

**九九　多見樹木少見人**　《擋馬》梆子腔：“雁門關上無人家，多見樹木少見花。”《西遊記》二七回：“正是多逢樹木，少見人烟的去處。”今人有“多見樹木少見人”之語。

**一〇〇　洛陽橋**　清·梁章鉅《歸田瑣記》：“泉州洛陽橋，有夏將軍廟。俗傳蔡忠惠守泉時，因修橋遣醉吏夏得海入海投文，得‘醋’字而返，遂於二十一日酉時興工。儒者多斥其妄。”宋犖《筠廊偶笔》：“明鄞人蔡錫，爲泉州太守，欲修洛陽橋，以文檄海神，一醉卒趨而前曰：‘我能齎往。’乞酒飲大醉，自投於海，若有扶掖之者，俄而以‘醋’字出，錫意必酉月廿一日也，遂於是日興工。語載錫本傳中。人乃以其事附蔡端明也。”《蜃中樓》劇：“小的們昨日看戲，做一本蔡興宗造洛陽橋，裏面有一箇人，叫做下得海，他曾投過龍宫的書，求老爺差他去罷！”

**一〇一　過橋拆橋**　《三國志演義》六三回：“我引張任過橋，你便將橋拆斷。”《陔餘叢考》“過橋拆橋”原注：“《續通考》：‘許有壬科目出身，會有議罷科舉者，竟署有壬名於後。或謂之曰：參政可謂過橋拆橋矣。’”世有因人成事者，及事濟而反抗，人每以此語譏之。

# 水火

**一　水長船高**　《傳燈録》："水長船高，泥多佛大。"今商人常有是語，謂買價大而賣價亦大也。長，上聲。

**二　水落石出**　蘇軾《後赤壁賦》："山高月小，水落石出。"今人事已清澈者，常引此語。

**三　千山萬水**　見《地理》。

**四　真山真水**　同上。

**五　順風順水**　元人《隔江鬭智》劇："順風順水疾如飛。"

**六　拖泥帶水**　見《地理》"南來北往"。《幽閨記》劇："冒雨盪風，帶水拖泥。"

**七　拖人落水**　《夢筆生花·杭州俗語·雜對》："拖人落水；調虎離山。"

**八　落花流水**　見《武備》"殺得落花流水"。

**九　付之流水**　《風箏誤》劇："把往事付之流水。"

**一〇　朱買臣馬前潑水**　見《家族》。

**一一　嫁出的女兒，潑出的水**　見《婦女》。

**一二　坐水牢**　《夢筆生花·杭州俗語·雜對》："紮火囤；坐水牢。"

**一三　飲水思源**　《病玉緣》劇："再登高，非報怨，無非是飲水思源，感謝蒼天。”

**一四　順水推舟**　《通俗編》：“‘順水推舟’，見《元曲選》關漢卿曲。”《石頭記》四回：“老爺何不順水行舟，做箇整人情。”

**一五　細水常流**　《遺教經》：“汝等常勤精進，譬如小水常流，則能穿石。”《通俗編·俚語集對》：“細水常流；孤峯獨聳。”今商人每有“細水常流”之語。

**一六　萍水相逢**　見《交際》。

**一七　點水蜻蜓**　杜甫詩：“穿花蛺蝶深深見，點水蜻蜓欸欸飛。”《病玉緣》劇：“他卻似點水蜻蜓，俺卻似出牆紅杏。”

**一八　水火無情**　《夢筆生花·杭州俗語·雜對》：“金山不老；水火無情。”

**一九　水裏去，火裏去**　元人《殺狗勸夫》劇：“用着兄弟，水裏，水裏去；火裏，火裏去。”

**二〇　遠水救不得近火**　《韓非子·説林》：“失火而取水於海，海水雖多，必不滅矣，遠水不救近火也。”《蜃中樓》劇：“遠水救不得近火。”《借妻》梆子腔：“小生云：‘原許我另娶了一房，依然把首飾交還與我。’净云：‘這是遠水救不得近火。’”

**二一　凡人不可貌相，海水不可斗量**　見《頭面》。又《宵光劍》劇：“豈不聞凡人不可貌相，海水不可斗量。”又《荆釵記》劇二語同。相，去聲，量平聲。

**二二　海乾終見底，日後見人心**　杜荀鶴詩：“海枯終見底，人死不知心。”元·關漢卿《望江亭》劇：“常言道‘人死不知心’，則他這海深也須見底。”今人云：“海乾終見底，日後見人心。”稍異。乾音干。

**二三　海闊天空**　見《天文》。

**二四　飛過海**　《人獸鬬》劇："拿了三千銀子，到京營幹，有'飛過海'的幾條門路。"

**二五　八仙過海**　見《仙佛》。

**二六　下得海**　見《地理》"洛陽橋"。

**二七　東洋大海**　元·李好古《張生煮海》劇："雖然大海號東洋，休謙讓。"《蜃中樓》劇："我把東洋大海，做箇香水混堂。"

**二八　倒了高家堰，淮揚二府不見面**　《清朝野史大觀》："道光甲申十一月，大風霾，致高家埝十三堡潰決，洪澤湖全行傾注，淮揚二郡，幾成魚鼈。"余幼聞先父述高郵人云："倒了高家堰，淮揚二府不見面。"今觀道光時事，信然。

**二九　不到黄河心不死**　《涇諺彙録》："不到黄河心不死。"

**三〇　不到烏江不盡頭**　《五燈會元》洪英、悟新俱舉"不到烏江未肯休"之語。《千金記》劇："拔山威勢無成就，今日裏到烏江，已盡頭。"今人有"不到烏江不盡頭"之語。

**三一　走江湖**　謝靈運詩："范蠡走江湖，梅福入城市。"

**三二　老江湖**　《拜月亭記》劇："這官兒是老江湖。"

**三三　飄洋**　《廣東通志》："出洋曰'開洋'，亦曰'飄洋'。"

**三四　奔波**　《晉書》："婁會《上慕容垂疏》：'杜豪競之門，塞奔波之路。'"

**三五　一波未平，一波又起**　《病玉緣》劇："可憐一波纔平，一波復起。"《蕩寇志》百二十六回："正是'一波未平，一波又起'。"

**三六　平地風波**　元·賈仲名《玉梳記》劇："百忙裏着句褪科，平地風波。"元·關漢卿《智斬魯齋郎》劇："想人生平地起風波。"

**三七　興風作浪**　元·尚仲賢《柳毅傳書》劇："你在洪波中揚詟鼓鬣，掀風作浪。"《蜃中樓》劇："要你在這裏興風作浪。"

**三八　風平浪静**　元人《疏者下船》劇："今日風平浪静，撑着這船，慢慢的打魚去來。"

**三九　川流不息**　《千字文》："川流不息，淵澄取映。"

**四〇　急流勇退**　朱子《名臣言行録》："急流中勇退人也。"謂錢若水。

**四一　江河日下**　《儒林外史》二六回："而今的人，可謂江河日下。"

**四二　順流而下**　《三國志演義》四五回："駕小舟順流而下。"

**四三　隨波逐流**　《病玉緣》劇："原來小姐是箇貞烈女子，不肯隨波逐流，傷風敗俗，真真可敬。"

**四四　徹底澄清**　《北史·宋世良傳》："有老人前謝曰：'府君非唯善政，清亦澈底。'"《琵琶記》劇："今後方信你徹底澄清。"

**四五　連底凍**　《厚德録》："應山二連，伯氏君錫，爲人清修孤潔，人號爲連底清。仲氏元禮，加以駿肅，人號爲連底凍。"今人以水缸凍透者，謂之"連底凍"。

**四六　冰消瓦解**　《五燈會元》："圓智偈曰：'兒童不是無料理，要見冰消瓦解時。'"

**四七　火燄山**　見《地理》。

**四八　火上澆油**　見《性情》。

**四九　火把**　葉適詩："火把照夜色，釘鞋明齒痕。"

**五〇　一把火**　見《宫室》"乾乾凈凈"。

**五一　自來火**　《蕩寇志》七八回："自有瑪瑙石自來火。"

**五二　殺人放火**　見《盜賊》。

**五三　只許州官放火，不許百姓點燈**　見《朝署》。

**五四　城門失火，殃及池魚**　見《禍福》。又《風雲會》劇："小生云：'不好了！城門失火，殃及池魚。客官，不好了，我們合衆人都不好了！'"

**五五　不費吹火之力**　《西遊記》四四回："若引進你，不費吹灰之力。"今人多云"不費吹火之力"。

**五六　起火**　《宛署記》："有聲曰'響炮'，高起曰'起火'。"

**五七　煙火**　《月令廣義》："閩中有煙火。"《武林舊事》："有少年競放爆仗，及設煙火、起輪、走線、流星、水爆等物。"

**五八　爆仗**　見上。《四節記》劇："祖代流傳本姓張，朝廷命我放爆仗。"

**五九　走線**　見上"煙火"。

**六〇　花子**　《宛署記》："以紙函者曰'花筒'。"即今俗云"花子"是也。

**六一　滿天星**　見《天文》。

**六二　九條龍**　《宛署記》："又有名'九龍入雲'。"即炮仗之"九條龍"也。

**六三　地老鼠**　《宛署記》："不響不起，旋繞地上者，曰'地鼠'。"又《月令廣義》："有地鼠、水鼠等。"即今云"地老鼠"、"水老鼠"是也。

**六四　水老鼠**　見上。

**六五　剥皮老鼠**　《夢筆生花·杭州俗語·雜對》："剥皮老鼠；開眼烏龜。"凡湯燙火燒者，謂之"剥皮老鼠"。

**六六　諸葛燈**　又："軒轅鏡；諸葛燈。"

**六七　明角燈**　《石頭記》十四回："前面打了一面明角燈。"

**六八　走馬燈**　見《戲玩》。又《看燈》梆子腔："那邊來了走馬燈。"

**六九　好男不看春，好女不看燈**　見《婦女》。

**七〇　挂燈結彩**　同上。

**七一　燈燭輝煌**　《蕩寇志》七六回："只見裏面燈燭輝煌。"

**七二　燈盞**　《事物紺珠》："銀釭、金釭，俱燈盞也。"

**七三　燈籠**　《事物原始》："燈籠，一名'篝'。"

**七四　燈籠火把**　見《婦女》"人夫轎馬"。

**七五　黑漆皮燈籠**　《陔餘叢考》："《輟耕録》云：'元至正中，遣官赴諸道，問民疾苦，使者多納賄，百姓歌曰："官吏黑漆皮燈籠，奉使來時添一重。"'"

**七六　外甥打燈籠，照舊**　見《親戚》。

**七七　打着燈籠没處尋**　《石頭記》六五回："若錯過了，打着燈籠，還没處尋。"

**七八　點紙撚兒**　元人《爭報恩》劇："攞下這窗户上的紙來，做紙撚兒點着。"

**七九　焦頭爛額**　《漢書·霍光傳》："人爲徐生上書曰：'臣聞客有過主人者，見其竈直突，旁有積薪。客謂主人，更爲曲突，遠徙其薪，不者且有火患。主人嘿然不應。俄而家果失火，鄰里共救之，幸而得息。於是殺牛置酒，謝其鄰人，灼爛者在其上行，餘各以功次坐，而不録言曲突者。人謂主人曰："鄉使聽客之言，不費牛酒，終亡大患。今論功而請賓，曲突徙薪亡恩澤，燋頭爛額爲上客邪？"主人迺寤而請之。今茂陵徐福數上書，言霍氏且有變，宜防絶之。鄉使福説得行，則國亡裂土出爵之費，臣亡逆亂誅滅之敗。往事既已，而福獨不蒙其功，唯陛下察之，貴徙薪曲突之策，使居焦髮灼爛之右。’上迺賜福帛十四，後以爲郎。”《三國志演義》四十回：“軍士大半焦頭爛額。”

**八〇　烏焦巴弓**　《百家姓》：“烏焦巴弓。”此四姓也，今俗以物燒焦者，謂之“烏焦巴弓”。《幽閨記》劇：“净云：‘我拿了一條草薦，把病人放拉當中，兩頭點起火來一燒，竟燒了《百家姓》上一句書出來。’末云：‘那一句呢？’净云：‘燒得他“烏焦巴弓”。’”

**八一　焦巴巴**　《埤雅》：“蕉不落葉，一葉舒則一葉焦，故謂之蕉。俗以乾物爲‘焦巴巴’，亦取芭蕉之義。”

**八二　煖烘烘**　許彦周《詩話》：“有人題嵩山詩云：‘一團茅草亂蓬蓬，驀地燒天驀地空。争似滿爐煨榾柮，慢騰騰地煖烘烘。’”

**八三　嗶嗶剥剥**　《蕩寇志》七六回：“看那店裏，嗶嗶剥剥的爆響。”

**八四　必律八剌**　《通俗編》：“《元曲選》孫仲章《勘頭巾》劇：‘必律八剌。’又李行道《灰闌記》劇作‘必力不剌’。剌音辣。凡火燒物聲，今俗謂之‘必律八剌’。”

**八五　玉石俱焚**　《書·胤征》：“火炎崑岡，玉石俱焚。”又《三國志演義》四一回：“軍民共戮，玉石俱焚。”

**八六　麩炭**　《通俗編》：“《老學庵筆記》：‘陳無己有《託酒務官買浮炭帖》，今人謂之桴炭。’白樂天詩：‘日暮半爐桴灰火。’按，白集本作‘麩炭’。《北夢瑣言》：‘李茂貞燒京闕，優人安轡新云：“京城近日，但賣麩炭，便足一生。”’亦用‘麩’字。”

**八七　炭墼**　《豹隱紀談》載數九諺云：“九九八十一，家家打炭墼。”《急就章》注：“墼者，抑泥土爲之，令其堅激也。北方又有糞墼，南方又有炭墼。”按，“炭墼”即“炭雞”也。初以爲“炭墼”名“炭雞”者，猶獸炭之説也。後知墼音激，讀去聲則音若計，讀平聲則音若雞。俗云“炭雞”，不知當讀“炭墼”爲“炭雞”也。

**八八　灰埲埲**　《新方言》：“《廣韻》：‘塕埲塵起。蒲蠓切。’浙江謂塵垢狼藉爲埲，音如俸。《唐韻》：‘塵起曰埲，讀若菶。’”按，今人多讀若菶，謂之“灰埲埲”。

**八九　灰撥六禿**　《通俗編·俚語集對》：“灰勃六禿；泥拌千鰍。”按“灰勃六禿”，今人多云“灰撥六禿”。

# 宫室

**一　金鑾寶殿**　見《朝署》。

**二　無事不登三寶殿**　《義俠記》劇："無事不登三寶殿，欲請神針特造謁。"《蕩寇志》九七回："孫婆道：'無事不登三寶殿，老身要煩三郎，畫幅手卷。'"

**三　冷宫**　元人《抱粧盒》劇："李美人整受了冷宫中一世苦。"

**四　三宫六院**　見《婦女》。

**五　一宅分爲兩院**　《三國志演義》二五回："曹公撥一府與關公居住，關公分一宅爲兩院。"元·楊文奎《兒女兩團圓》劇："將一宅分爲兩院，你也休上我門來，我也不上你門去。"

**六　至公堂**　《燕子箋》劇："到至公堂上，高宴春風。"《鳳求凰》劇："仰體得上天心，纔坐得至公堂。"按科舉時代，鄉、會試院之中，均有"至公堂"。

**七　公館**　《禮記·曾子問》："公館復，私館不復。"按後世稱"公館"者，辦公事之處也，非稱其主人曰公也。

**八　花廳**　見《朝署》。

**九　亭子**　杜甫詩："鄭州亭子澗之濱。"

**一〇　家堂**　《後漢書·延篤傳》："吾嘗昧爽梳櫛，坐於家堂。"

**一一　穿堂**　《石頭記》三回："當中是穿堂。"

**一二　簽押房**　見《朝署》"僉押"。

**一三　上房**　《石頭記》三回："正面五間上房，皆是雕梁畫棟。"

**一四　耳房**　元·鄭廷玉《後庭花》劇："你母子且去這耳房中安下者。"

**一五　甬道**　《史記·秦始皇紀》："作甘泉前殿，築甬道。"

**一六　火巷**　《通俗編》："《霏雪録》云：'俗呼屋中別道爲衖。'元《經世大典》有所謂火衖者，注云：'衖，音弄，今人所謂"火巷"是也。'"

**一七　衖堂**　《兩般秋雨盦隨筆》："今堂屋邊小徑，俗呼'衖堂'，應是'弄唐'之訛。宮中路曰'弄'，廟中路曰'唐'，字蓋本此。"

**一八　捲棚**　《石頭記》十七回："捲棚四面出廊。"

**一九　滴水檐**　元人《殺狗勸夫》劇："我是滴水檐前受了的冷。"又《説文通訓》："樀即雨水所滴之處。"按，樀音滴，今以檐爲"滴水檐"，當作"樀"字。凡下垂者多謂之"樀水"，如牀前有"四樀水"是也。

**二〇　天井**　《通俗編》："《孫子·行軍篇》：'凡地有天井、天牢。'"按，今江以南人多稱庭墀際曰"天井"，或云即本《孫子》，以其四周檐宇高而此獨下也。

**二一　天花板**　《山房隨筆》："元遺山好問裕之，北方文雄也。其妹爲女冠，文而艷。張平章當揆，欲娶之，使人囑裕之，辭以可否在妹，妹以爲可則可。張喜，自往訪，覘其所向，至則方自手補天花板，輟而迎之。張詢近日所作，應聲答曰：'補天手段暫施張，不許纖塵落畫堂。寄語新來雙燕子，移巢別處覓雕梁。’張悚然而出。”《通俗編》：“按‘天花板’，即古所謂‘藻井’也。”

**二二　天窗**　《文選·靈光殿賦》：“天窗綺疏。”

**二三　開天窗**　《通俗編·俚語集對》：“掘地洞；開天窗。”

**二四　明窗净几**　《琵琶記》劇：“推得净几明窗，展舒錦箋繡札。”《小忽雷》劇：“明窗净几，對客揮毫。”

**二五　近水樓臺**　見《朝署》。

**二六　樓臺殿閣**　元人《看錢奴》劇：“恰便似粉粧就殿閣樓臺，似這雪呵！”《西遊記》六九回：“到了御花園後，更不見樓臺殿閣。”

**二七　空中樓閣**　《通俗編》：“《海録碎事》：‘登州四面臨海，春夏時，遥見空際有城市樓臺之狀。’按，今凡言虛構者，世率以空中樓閣譬之。”按所引不的，必須引此四字。《朱子語録》：“問程子，謂康節空中樓閣，曰：‘是看得四通八達。’莊子比康節，亦髣髴相似。”《桃花扇》劇：“竊惟浩浩沙場，舉日見空中之樓閣；茫茫苦海，回頭登岸上之瀛洲。”《巧團圓》劇：“誰家庭院恁蕭疏，決不是空中樓閣全無主。”

**二八　閣下**　《因話録》：“古者三公開閤，郡守比古諸侯，亦有閤，故皆稱閤下。”《正字通》：“閤與閣通，今尊稱曰‘閣下’。韓愈《上宰相書》，皆從閤。由此推之，閤、閣音義通也。”

**二九　閤子**　歸有光《項脊軒志》：“吾妻歸寧，述諸小妹語曰：‘聞姊家有“閤子”，且何謂“閤子”也？’”

**三〇　高樓大厦**　《石頭記》四回：“後面又畫着高樓大厦。”

**三一　雕梁畫棟**　見上“上房”。

**三二　上梁不正下梁歪**　楊泉《物理論》：“上不正，下參差。”《通俗編·俚語集對》：“前船已覆後船警；上梁不正下梁攲。”《夢筆生花·杭州俗語》：“上梁不正下梁歪。”《鐵冠圖》劇：“外云：‘那些軍兵紛紛嚷嚷，口口聲聲，必要拿大王與相爺，斬頭瀝血，爲大明報仇洩恨哩！’丑云：‘呵呀！你們這些兵馬，那裏去了，怎不與他厮殺？’外云：‘不要怪他們，這叫做“上梁不正下梁歪”。’”

**三三　牆有風，壁有耳**　見《言語》。

**三四　牆倒衆人推**　《石頭記》五五回：“‘牆倒衆人推’，有了事，就都賴他。”

**三五　牆攤壁倒**　《一文錢》劇：“醒來時，又只見牆攤壁倒，棟折榱崩。”

**三六　銅牆鐵壁**　元人《謝金吾詐拆清風樓》劇：“隨他銅牆鐵壁，也不怕不拆倒了他的。”《雙珠記》劇：“你看銅牆鐵壁，插翅也難飛出去。”

**三七　扶牆摸壁**　《水滸》二九回：“那兩箇鳥男女，正在缸裏扶牆摸壁扎挣。”

**三八　張生跳粉牆**　《繡襦記》劇：“丑云：‘串僐箇戲？’净云：‘我串的張生跳粉牆。’”

**三九　垈屋**　《字彙》：“垈，音薦，屋斜用垈。”

**四〇　鞔屋**　《玉篇》：“苫，以草覆屋。”按，《説文》：“鞔，覆也。”音瞞。今人以草覆屋曰“鞔”，讀若鞔鼓之“鞔”。

**四一　富潤屋**　《大學》：“富潤屋，德潤身。”

**四二　與人不足，攛人起屋**　《攛掇諺》：“與人不足，攛掇人起屋。與人無義，攛掇置玩器。”攛音串。

**四三　破屋又遭連夜雨**　見《天文》。

**四四　在家千日好**　見《時日》。

**四五　初出茅廬**　《三國志演義》四十回：“直須驚破曹公膽，

初出茅廬第一功。”又《西廂記》劇此語同。

**四六　後宰門**　《三國志演義》十三回：“其餘宫人内侍，並皆步走，擁出後宰門。”

**四七　衙門**　《封氏聞見記》：“近代謂府廷曰‘公衙’，字本作‘牙’，古掌武備者，象猛獸以爪牙衞，近俗尚武，遂通呼公府曰‘牙門’。”按，今則通呼曰“衙門”。

**四八　風憲衙門**　見《朝署》。

**四九　獨脚衙門**　同上。

**五〇　衙門向南開**　同上。

**五一　儀門**　《文選·東京賦》：“謻門曲榭。”《在閣知新録》：“今府縣衙門，有正門，有旁門，旁門即謻門。世俗作‘儀門’，訛。”按，今之衙門以二門爲“儀門”，乃中門，非旁門也。

**五二　角門**　《十五貫》劇：“分付開了角門。”

**五三　親自上門**　元人《盆兒鬼》劇：“這一箇盆兒，直得甚的，直着老漢親自上門問你討那！”

**五四　門垜子**　《説文》“垜，門堂孰也。”段注：“孰，經典皆作‘塾’。謂之垜者何也？垜者，木下垂。門堂伸出於門之前後，略取其意。後代有‘垜殿’。今俗謂門兩邊伸出小牆曰‘垜頭’，其遺語也。”按，今俗謂之“門垜子”。

**五五　門鋻子**　《通俗編》：“李商隱詩：‘鎖門金了鳥。’了鳥者，即‘屈戌’也。俗人謂之‘搭鋻’。”按，鋻音盼，今俗所謂“門鋻子”是也。

**五六　門橝子**　《韻會》：“橝，關門機也。”按，橝音山，俗作“閂”，今俗所謂“門橝子”是也。

**五七　門外漢**　《五燈會元》：“圓智舉東坡語：‘溪聲

便是廣長舌，山色豈非清净身。’此菴曰：‘是門外漢耳。’”

**五八　尋門路**　元人《氣英布》劇：“兩員將各自尋門路。”

**五九　開門見山**　嚴羽《滄浪詩話·詩評》：“觀太白詩者，要識真太白處。太白天才豪逸，語多卒然而成者，學者於每篇中，要識其安身立命處。太白發句，謂之‘開門見山’。”今人言事之顯而易見者，往往有“開門見山”之語。

**六〇　杜門不出**　《戰國策》：“公子虔杜門不出，已八年矣。”

**六一　直進直出**　《翡翠園》劇：“憑你相府侯門，直進直出。”

**六二　秀才不出門，能知天下事**　見《文事》。

**六三　出門看天色**　見《天文》。

**六四　侯門深似海**　《全唐詩話》：“崔郊《贈婢詩》曰：‘侯門一入深如海，從此蕭郎是路人。’”元人《吕洞賓度鐵拐李岳》劇：“那裏也侯門深似海。”《翡翠園》劇：“侯門深似海，不許外人來。”

**六五　無門投告**　《西遊記》三七回：“我也無門投告。”

**六六　過門而不入**　《孟子》：“禹八年於外，三過其門而不入。”《奈何天》劇：“古人爲國忘家，曾有過門不入之事。”

**六七　不得其門而入**　《論語》：“夫子之牆數仞，不得其門而入。”

**六八　關門過日子**　元·武漢臣《生金閣》劇：“我老兩口兒無甚事，只是關着門過日子便了。”

**六九　關門閉户**　《三國志演義》二三回：“程昱可使關門閉户。”

**七〇　關門閉户掩柴扉**　《丹鉛總録》：“如《禹貢》云：

‘雲土夢作乂。’雲在江南，夢在江北，五字而括千餘里。又云：‘蔡蒙旅平。’蔡山在雅州，蒙山在雲南，亦四字而括千餘里。鄭玄、孔穎達、蔡沈、夏僎，皆所未至，謬云：‘蒙山在今雅州。’如此，則《禹貢》所紀山川，無乃俗所謂‘關門閉户掩柴扉乎’？”

**七一　你有關門法，我有跳牆計**　見《朝署》“清官難逃猾吏”。

**七二　裝門面**　《余氏辨林》：“吴俗諱奴爲鼻，解者曰：‘裝門面耳。’”

**七三　撑門户**　見《家族》。

**七四　破落户**　《咸淳臨安志》：“上謂大臣曰：‘近今臨安府，收捕破落户，編置外州，本爲民間除害也。’”

**七五　敲門打户**　《水滸》三六回：“你是甚人，黄昏半夜來敲門打户？”

**七六　滅門絶户**　見《家族》。

**七七　穿房入户**　《水滸》二九回：“放他穿房入户，把他當做親人一般看待。”

**七八　大家小户**　元・孟漢卿《魔合羅》劇：“大家小户有箇門神户尉。”

**七九　各家門，各家户**　《合縱記》劇：“各家門，各家户，來甚麽？”《獅吼記》劇：“各家門，各家户，此後免勞下顧。”

**八〇　外頭**　清・梁章鉅《浪蹟續談》：“又‘頭’字爲用亦不一，俗以在内爲裏頭，在外爲外頭，在前爲前頭，在後爲後頭，在上爲上頭，在下爲下頭。或疑‘外頭’、‘下頭’二字少用，不知‘嬌聲出外頭’，李白詩也；‘下頭應有茯苓神’，曹松詩也。皆語助辭耳。”

**八一　裏頭**　見上。

**八二　前頭**　同上。又項斯詩："王母前頭作伴行。"

**八三　後頭**　同上。

**八四　上頭**　同上。

**八五　下頭**　同上。

**八六　東頭西頭**　《世説》："士龍住東頭，士衡住西頭。"按，世龍，陸雲也；士衡，陸機也。

**八七　屋山頭**　《説文》"垛"下注引《東觀漢記》："晝伯升於門牆之山頭而射之。"《通雅》："梫，所監切。今以屋東西榮柱外之宇爲梫。嘗見工匠謂屋兩頭爲山，猶其遺聲，實是梫字。"

**八八　壁角落頭**　《通俗編》："'壁角落頭'，見《東坡集·大慧真贊》。"

**八九　東角落打西角落**　《俗呼小録》："俗凡牽連之辭曰打，所謂'東壁打西壁'是也。"《通俗編》："'東壁打西壁'，見《五燈會元》。"按，即《史記》"家徒壁立"意。又按，今人所謂"東角落打西角落"是也。

**九〇　家徒四壁**　見上。又見《貧富》。

**九一　窮無立錐之地**　《傳燈録》："去年貧無卓錐之地，今年貧到錐也無。"卓，立也。今人云："窮無立錐之地。"

**九二　上無片瓦，下無立錐**　見《文事》"功不成，名不就"。

**九三　十室九空**　《長生殿》劇："帝京初復，十室九空。"

**九四　五架三間**　白居易詩："五架三間一草堂。"

**九五　四通八達**　見上"空中樓閣"。又《石頭記》三回："四通八達，軒昂壯麗。"

**九六　密不通風**　見《武備》"圍得密不通風"。房屋亦有"密不通風"之語。

**九七　金碧輝煌**　《石頭記》二六回："只見金碧輝煌。"《蕩寇志》七一回："依然金碧輝煌，焕然一新。"

**九八　焕然一新**　見上。

**九九　功程浩大**　《蕩寇志》百七回："現在趕緊修葺，功程浩大。"

**一〇〇　小結構**　《夢筆生花·杭州俗語·雜對》："小結構；大排場。"

**一〇一　直儱侗**　《五燈會元》有"瓠子曲彎彎，冬瓜直儱侗"之語。今以房子無廂屋，而僅有三進正屋者，亦謂之"直儱侗"。按儱侗音龍通。

**一〇二　不聚氣**　清·梁章鉅《浪蹟續談》："温州郡署，寓眷屬於三堂，庭院極寬敞。相宅者皆嫌其不聚氣，必於前廊構一亭子，以收束之，且可藉爲歲時演劇之所。"

**一〇三　山子石**　《説文》："磛，巉石也。"《通訓》："按如今假山子石。"《石頭記》二五回："賈芸正坐在山子石上。"

**一〇四　階磏子**　《新方言》："《書·顧命》：'夾兩階戺。'浙西謂堂廉曰'階檐戺'。音如咍。"又《説文》："磏，崖也。"讀若儼。段注："今俗語謂邊曰'磏'，當是此字。"按，今人言階邊，或曰"階檐子"，或曰"階磏子"是也。

**一〇五　礓礤子**　《談徵》："寺院階級曰礓礤。"《字彙補》："礓礤石，出《大内規制記》。"《武林舊事》："諸小經紀，有賣礓礤子。"按礓礤音疆察。礓礤子，今人多訛爲"礓蹋子"。

**一〇六　卍字闌干**　《名義考》："闌干，一作欄杆。"和凝詩："卍字闌干菊半開。"《字彙補》："卍，《内典》'萬'字。"

**一〇七　鷹架**　司馬公《書儀》："挽重物上下，宜用革車，或用鷹架木。”今人搭造高架以造屋者，亦云搭“鷹架”。

**一〇八　蝸居**　《小忽雷》劇：“難得貴客光臨，只怕蝸居，有褻從者。”

**一〇九　偪仄**　杜甫有《偪仄行》。今人之謙言屋小者，或曰“蝸居”，或曰“偪仄”是也。

**一一〇　静辦**　見《言語》。

**一一一　下處**　元·武漢臣《生金閣》劇：“兀那秀才，你有下處麼？”今謂旅館曰“下處”，本此。

**一一二　黑店**　《打店》梆子腔：“你在十字坡開黑店傷天理，俺怎肯便饒伊。”有借下處爲名，而謀財害命者，謂之“開黑店”。

**一一三　黑洞洞**　《通俗編》：“‘黑洞洞’，見元人《賺蒯通》曲。”又元·李文蔚《燕青博魚》劇：“這早晚黑洞洞的，可往那裏趓去！”

**一一四　冷清清**　《通俗編》：“‘冷清清’，見元·喬孟符《揚州夢》曲。”

**一一五　冷冷清清**　《水滸》二三回：“婦人獨自一箇，冷冷清清。”《憐香伴》劇：“這門上冷冷清清，那些長班，都那裏去了？”

**一一六　乾乾浄浄**　《水滸》二五回：“一把火，燒得乾乾浄浄。”《琵琶記》劇：“埽得乾乾浄浄，並無半點塵埃；鋪得整整齊齊，另是一般氣象。”乾音干。

**一一七　光光盪盪**　《史記》：“秦二世欲漆其城，優旃曰：‘佳哉！漆城光蕩蕩，寇來不得上。’”又《新方言》：“《説文》：‘場，治穀田也。’今江南浙江，穫摩曰‘場’，場讀如盪。引申謂平滑修潔爲‘場’，場亦讀如盪。”今人見新房屋者，必贊之曰“光光盪盪”是也。

**一一八　整整齊齊**　見上“乾乾净净”。

**一一九　塞狗洞**　《夢筆生花·杭州俗語》有“塞狗洞”語。今江北人因事用錢，有“寧塞城門，不塞狗洞”之語。

**一二〇　陰溝洞**　《霞箋記》劇：“這裏没有陰溝洞，看你趓在那裏去。”

**一二一　陰溝**　《七修類稿》：“俗以暗者爲‘陰溝’，若《靈光殿賦》‘玄醴騰涌於陰溝’是也。”

**一二二　茅池**　《通俗編》：“朱暉《絶倒録》載宋人《擬老饕賦》有‘尋東司而上茅’句。按俚俗言‘毛司’，據此當爲‘茅司’也。”又按今人上厠者，云“上茅池”，不云“上茅司”也。

**一二三　混堂**　《七修類稿》：“吴人甃大石爲池，名曰混堂，榜其門則曰香水。”《四節記》劇：“混堂裏是我安身之處，賭場中纔説我是箇吃白食的光棍。”

**一二四　香水混堂**　見上。又見《水火》“東洋大海”。

**一二五　泥水匠**　《水滸》二儿回：“林冲道：‘這屋如何過得一冬；待雪晴了，去城中唤箇泥水匠來修理。’”

**一二六　木匠**　《論衡·量知篇》：“能斲削梁柱，謂之木匠。能穿鑿穴埳，謂之土匠。”

**一二七　木匠打枷**　王銍《續雜俎》：“自做得六事：一曰‘木匠帶枷’。”“帶”或作“打”。

**一二八　張魯二班**　《西遊記》四回：“工幹官張魯二班。”

**一二九　班門弄斧**　柳宗元《王氏唱和詩序》：“操斧於班郢之門，斯强顔耳。”《談徵》：“唐李白墓在采石磯邊，士大夫之憑弔者，輒題其詩於石壁。明梅之焕詩曰：‘來來往往一首詩，魯班門前弄大斧。’”

**一三〇　斧頭入鑿子，鑿子入木頭**　《通俗編》："斧擊鑿，鑿入木。按《元史·畏答兒傳》：'太祖命兀魯發兵，其將木徹台不應，畏答兒奮然曰："我猶斧也，諸君鑿也，鑿非斧不入，我請先發。"'"今人有甲與乙交涉，乙與丙交涉者，所謂"斧頭入鑿子，鑿子入木頭"是也。

# 朝署

**一　登大寶**　《易·繫辭》："聖人之大寶曰位。"《千金記》劇："吾皇登大寶，吾皇登大寶。"《桃花扇》劇："理當恭上表文，請登大寶。"

**二　金鑾寶殿**　《西遊記》五四回："女王叫道：'和我同上金鑾寶殿。'"

**三　全副鑾駕**　元人《氣英布》劇："莫説半張鑾駕出境接你，便是全副鑾駕也不爲難。"

**四　三呼萬歲**　《漢書·武帝紀》："詔曰：'翌日，親登嵩高，御史乘屬，在廟旁吏卒咸聞呼萬歲者三。'"《玉搔頭》劇："求升座，莫跪街，我便山呼萬歲也應該。"

**五　萬國來朝**　元人《抱粧盒》劇："方今大宋真宗皇帝，山河一統，萬國來朝。"朝音潮。

**六　九五至尊**　《百順記》劇："我老爺是三元才子，皇帝乃九五至尊，召我老爺進朝，無非是賜酒賜茶的意思。"按《易·乾卦》，九五，君位也，故云"九五至尊"。

**七　當今皇上**　《兒孫福》劇："他家的太夫人，就是當今皇上的丈母娘。"

**八　天高皇帝遠**　明·黄溥《（古今）〔今古〕録》："元

末，民間語曰：‘天高皇帝遠。’”按，清朝之時，民間亦有“天高皇帝遠，有冤没處伸”之語。

**九　皇帝老爺**　《清朝野史大觀》：“高宗南巡江浙，耆老婦女，道旁瞻仰。有稱‘皇帝老爺’者，前驅衛士，將執而治之，高宗亦驚訝，詢之尹文端公。公奏南方愚民，不識大體，往往呼天爲天老爺，天地神祇，無不老爺者。高宗大笑。扈從諸臣，遂不復言。”

**一〇　皇帝老子**　《桃花扇》劇：“‘南京光景如何？’副末云：‘你還不知道麽？皇帝老子逃去兩三日了。’”

**一一　皇帝老兒**　《牧羊記》劇：“難道皇帝老兒，在那節竿頭上不成？”按節，謂使臣節也。《巧團圓》劇：“本官不在家，没有接詔，求列位帶還京去，繳還了皇帝老兒罷！”

**一二　老頭兒**　元人《伍員吹簫》劇：“老頭兒呼唤，須索走一遭。”《清朝野史大觀》：“河間紀曉嵐先生，一日在朝房待漏，坐久倦甚，戲語同僚曰：‘老頭兒胡尚遲遲其來？’語未已，履聲橐橐，起於座後，則高宗微服至矣。厲聲問：‘老頭兒三字何解？’先生從容免冠頓首謝曰：‘萬壽無疆之謂老，頂天立地之謂頭，父天母地之謂兒。’高宗乃悦。”

**一三　老佛爺**　《清朝野史大觀》：“宫中稱慈禧爲‘老佛爺’，沿蒙古俗也。”

**一四　海邊天子**　《意中緣》劇：“鎮海大將軍云：‘帳中弟子三千，麾下貔貅十萬，昔號海邊之天子，今謂化内之藩臣。’”

**一五　一朝天子一朝臣**　《還魂記》劇：“萬里江山萬里塵，一朝天子一朝臣。”《桃花扇》劇：“今日結了崇禎舊局，明日恭請聖上臨御正殿，我們一朝天子一朝臣了。”朝音潮。

**一六　相公**　《日知録》："前代拜相者必封公，故稱之曰相公。韓子華兄弟，皆爲宰相，其家呼子華三相公，持國五相公。"按"相公"爲尊稱，清代以稱秀才，後遂以爲泛稱耳。相，去聲。

**一七　三相公，五相公**　見上。

**一八　宰相肚裏好撑船**　《爛柯山》劇："生云：'我且問你，可記得打我的手掌？'旦云：'你是宰相肚裏好撑船隻。'"《水東日記》："南京大理少卿楊公復，其家僮於玄武湖採萍，吴思菴以其密邇廳事，拒之。楊戲以詩云：'數點浮萍容不得，如何肚裏好撑船？'蓋諺有'宰相肚裏好撑船'之語，故云。"

**一九　宰相家人七品官**　《長生殿》劇："君王舅子三公位，宰相家人七品官。"

**二〇　當朝宰相**　《荆釵記》劇："我想當朝宰相，招你爲婿，也不玷辱了你。"朝音潮。

**二一　一品當朝**　《意中緣》劇："他便做了一品當朝，我這口怨氣，也定然要出的。"

**二二　擎天柱**　見《天文》。

**二三　指日高陞**　《夢筆生花·杭州俗語·雜對》："望風下拜；指日高陞。"

**二四　登峰造極**　見《文事》。又按官居極品者，亦謂之"登峰造極"。

**二五　位極人臣**　《蕩寇志》百二二回："可憐一箇位極人臣的童貫，早上還烜赫朝中，晚間已拘囚獄底了。"

**二六　後來居上**　《史記·汲黯傳》："陛下用人如積薪，後來者居上。"

**二七　一人之下，萬人之上**　《草木子》："元封西域僧八思麻爲帝師，詔尊之曰：‘一人之下，萬人之上，大元帝師。’”元人《連環計》劇：“司徒！你怎生立一人之下，坐萬人之上？”

**二八　比上不足，比下有餘**　《文選·鷦鷯賦》：“上方不足，下比有餘。”按方亦比也。今人則云：“比上不足，比下有餘。”

**二九　上行下效**　《大學》注：“上行下效，捷於影響。”

**三〇　滿朝文武**　《八義記》劇：“命文武百官，文東武西，兩班站立。滿朝文武，只有趙老丞相穿紫。”《玉搔頭》劇：“滿朝文武，都是咱家路上的人。”朝音潮。

**三一　文武百官**　見上。

**三二　文東武西**　同上。

**三三　隨班行禮**　《清朝野史大觀》：“繆彤《傳臚紀事》云：‘先一日，傳某人狀元，某人榜眼，某人探花。彤已無望，不過隨班行禮而已。’”

**三四　推位讓國**　《千字文》：“推位讓國，有虞陶唐。”《還魂記》劇：“我情願‘推位讓國’，則要你‘得能莫忘’。”

**三五　與國同休**　《鳴鳳記》劇：“願與國同休，萬年壽考。”《巧團圓》劇：“你的恩官，止做得一代。我的世襲，還是與國同休的。”

**三六　開國元勳**　《玉搔頭》劇：“萬一皇上出去之後，他若做起大事來，那開國的元勳，就論我不着了。”《夢筆生花·杭州俗語·雜對》：“養家神道；開國元勳。”

**三七　家有長子，國有大臣**　元·王仲文《救孝子》劇：“家憑長子，國憑大臣。”今人引作“家有長子，國有大臣”。長，上聲。

**三八　知子莫若父，知臣莫若君**　見《家族》。

**三九　皇親國戚**　見《親戚》。

**四〇　名公鉅卿**　《杏花村》劇：“所以名公鉅卿，交相引重至此。”

**四一　王公大人**　李白《與韓荆州書》：“皆王公大人，許與氣義。”

**四二　王侯將相**　《漢書·陳勝傳》：“王侯將相，寧有種乎？”元·鄭德輝《王粲登樓》劇：“王侯將相原無種，半屬天公半屬人。”將相並去聲。

**四三　挂印封侯**　《夢筆生花·杭州俗語·雜對》：“棄車殺將；挂印封侯。”

**四四　公侯萬代**　見《家族》。

**四五　十三太保**　元人《伍員吹簫》劇：“平公加某爲十三太保、大將軍，仍兼太守之職。”

**四六　前呼後擁**　《金印記》劇：“他如今前呼後擁，有甚災咎？”《小忽雷》劇：“前呼後擁，卻也着實風光。”

**四七　一呼百諾**　元人《舉案齊眉》劇：“堂上一呼，階下百諾。”《琵琶記》劇：“廳上一呼，階下百諾。”

**四八　一步高一步**　《廣德州志》：“梅應發十歲能詩，郡守延而試之，曰：‘我本山中人，慣走山中路；不用倩人扶，一步高一步。’”《鮫綃記》劇：“此去一步高一步，再無坎坷了。”

**四九　平地一聲雷**　見《天文》。

**五〇　發跡**　司馬相如《封禪文》：“公劉發跡於西戎。”

**五一　升騰**　《後漢書·左雄傳》：“踴躍升騰，超等踰匹。”

**五二　飛黄騰達**　《奈何天》劇：“看他的形容舉止，寒酸不過，一旦飛黄騰達，做起仕宦，不但居移氣，養移體，那種氣概與當初不同。”

**五三　捷徑**　《唐書·盧藏用傳》：“藏用始隱終南，有意當世，晚徇利。司馬承禎將還山，藏用指終南曰：'此中大有佳處。'承禎曰：'以僕視之，仕宦之捷徑耳。'"

**五四　異路功名**　《夢筆生花·杭州俗語·雜對》："同門姓氏；異路功名。"

**五五　一朝權在手，便把令來行**　見《武備》。

**五六　假傳聖旨**　《精忠譜》劇："今日是魏太監假傳聖旨，殺害忠良。"

**五七　先斬後奏**　《後漢書·酷吏傳》："臨民之職，專事威斷，族滅姦軌，先行後聞。"注云："先行刑，後奏聞也。"《五代史·朱珍傳》："軍中有犯令，請斬而後白。"元·曾瑞卿《留鞋記》劇："因爲老夫廉能清正，奉公守法，聖人勅賜勢劍金牌，着老夫先斬後奏。"

**五八　作福作威**　《書·洪範》："惟辟作福，惟辟作威，惟辟玉食，臣無有作福、作威、玉食。"辟音必，君也。《石頭記》七一回："他好就中作威作福。"

**五九　狐假虎威**　《容齋五筆》："諺有'狐假虎威'之語，稚子來叩其義，因示以《戰國策》、《新序》所載。《戰國策》云：'楚宣王問羣臣曰："北方之畏昭奚恤也，果誠何如？"江乙曰："虎求百獸而食之，得狐，狐曰：'子無敢食我矣，天帝使我長百獸，今子食我，是逆天帝命也。子以我爲不信，吾爲子先行，子隨我後，觀百獸之見我而敢不走乎？'虎以爲然，與之行，獸見之皆走。虎不知獸畏己而走也，以爲畏狐也。今王之地方五千里，帶甲百萬，而專屬之昭奚恤，故北方之畏昭奚恤也，其實畏王之甲兵也，猶百獸之畏虎也。"'"《蕩寇志》八十回："你這廝狐假虎威，將蔡京來嚇我。"

**六〇　盡忠報國**　元人《謝金吾詐拆清風樓》劇："因他

父子每盡忠報國，先帝與他造下一座門樓。”《石頭記》四五回：“安分守己，盡忠報國。”

**六一　忠臣不怕死，怕死不忠臣**　元人《抱粧盒》劇：“常言道：‘忠臣不怕死，怕死不忠臣。’”《冬青樹》劇：“寧爲太平犬，莫作亂離人。忠臣不怕死，怕死不忠臣。”

**六二　忠臣不事二君，烈女不更二夫**　見《婦女》。

**六三　朝裏無人莫做官**　《蕩寇志》七七回：“俗語説得好，‘朝裏無人莫做官’，真是不差。”朝音潮。

**六四　財旺生官**　《比目魚》劇：“自古道，‘財旺生官’。就是中了舉人進士，也要破幾分小鈔的。”

**六五　官上加官**　元·張國賓《合汗衫》劇：“官人官上加官，祿上進祿。”《還魂記》劇：“正是官上加官，職上添職。”《拜月亭記》劇：“長者若挈興福去，官上加官職不輕。”

**六六　官官相護**　元人《百花亭》劇、元·喬孟符《兩世姻緣》劇，均有“官官相爲”之語。又《鮫綃記》劇：“那沈公是縉紳門第，官官相護，未必就贏。”《老殘遊記》：“縱然派箇委員前來會審，官官相護，你們説這官事打得贏，打不(輸)〔贏〕呢？”

**六七　官久必富**　《夢筆生花·杭州俗語·雜對》：“官久自富；事寬即圓。”今人多云“官久必富”。

**六八　官高必險**　元·張國賓《大鬧相國寺》劇：“正是‘官高必險’，天那，教誰人救我也！”《比目魚》劇：“又聽得‘官高必險’，反不若我異路前程。”

**六九　官宦人家**　見《婦女》“千金小姐”。

**七〇　官法如雷**　元·王仲文《救孝子》劇：“人心似鐵，官法如爐。”《燕子箋》劇：“如爐官法明明亮。”按《通俗編》

引元人語，以爲今人云“官法如雷”本此。

**七一　官卑職小**　《小呼雷》劇，有“官卑職小”語。

**七二　做官莫做小**　《杏花村》劇：“正是做官莫做小，做小忙不了。”《夢筆生花·杭州俗語·雜對》：“做官莫做小；擒賊先擒王。”

**七三　大小官員**　元人《陳州糶米》劇：“宋朝中大小官員。”

**七四　一官半職**　元·宫大用《范張雞黍》劇：“但得一官半職，也是朋友的情、兄弟的意。”

**七五　加官進爵**　《金史·元妃李氏傳》：“優言鳳皇之飛有四，所應亦異。向上飛則風雨順時，向下飛則五穀豐登，向外飛則四國來朝，向裏飛則加官進禄。”《通俗編》：“今人云：‘加官進爵。’”

**七六　爲官受禄**　元·張國賓《合汗衫》劇：“今世裏爲官受禄，到那生那世，還做官人。”

**七七　無功受禄**　《董西廂》劇：“你做得無功受禄。”《石頭記》二八回：“無功受禄，何以克當？”

**七八　無功不受禄**　《比目魚》劇：“‘每人一塊飛邊，拿去買些煙喫。’衆云：‘無功不敢受禄，繳還老爺。’”

**七九　當官而行**　《左傳》：“申舟曰：‘當官而行，何彊之有？’”

**八〇　倚官託勢**　《通俗編·俚語集對》：“倚官託勢；買盗扳贓。”又《荆釵記》劇有“倚官託勢”語。

**八一　貪官污吏**　《蕩寇志》七一回：“可恨那班貪官污吏。”

**八二　新官上任**　元·關漢卿《謝天香》劇：“今日新官上任。”

**八三　走馬上任**　《爛柯山》劇："今日走馬上任，例該宿廟行香。"元人《半夜雷轟薦福碑》劇："使官云：'加你吉陽知縣，教你走馬上任。'"

**八四　上司官**　《水滸》三三回："我念你是箇上司官。"

**八五　親臨上司**　《春燈謎》劇："我同鄉那幾箇姓李的，都是我的後輩，如今到反去迎他，也没奈何，親臨上司，只得如此。"

**八六　頂頭上司**　《蕩寇志》百二十回："曹州府是鉅野縣的頂頭上司衙門。"

**八七　下官**　《古今筆記》："《漢書·賈誼傳》：'大臣罷軟不勝任者，曰"下官不職"。''下官'二字見此，然非官員之自稱也。《晉書》成帝時，庾亮欲廢王導，與郗鑒書曰：'公與下官並荷託付，大奸不埽，何以見先帝於地下。'是自稱下官，自晉始。"

**八八　地方官**　《石頭記》四回："如今凡做地方官者，皆有一箇私單。"

**八九　不怕官，只怕管**　《水滸》一回："自古道，'不怕官，只怕管'，俺如何與他争得！"

**九〇　窮不與富争，富不與官争**　《慎鸞交》劇："古語道得好：'窮不與富敵，富不與官争。'"今人則云"窮不與富争，富不與官争"。

**九一　只許州官放火，不許百姓點燈**　《譚概》："田登作郡，怒人觸其名，犯者必笞，舉州皆謂燈爲火。值上元放燈，吏揭榜於市曰：'本州依例放火三日。'故俗語云：'只許州官放火，不許百姓點燈。'本此。"《石頭記》七七回："可見你只許州官放火，不許民間點燈。"

**九二　糊塗官**　《夢筆生花·杭州俗語·雜對》:“垃圾財主;糊塗官兒。”

**九三　麪糊盆**　元人《陳州糶米》劇:“麪糊盆裏專磨鏡。”《小忽雷》劇:“依着老郭那麪糊盆,就要把我來一夾一撈。”

**九四　四老爺打麪缸**　《麪缸》梆子腔:“末拿棍打介,副躲,打破麪缸,丑鑽出介,末云:‘呵呀!你是四老爺,爲何在此?’丑云:‘查夜。’末云:‘胡説!’丑云:‘不要打,你聽説,你名叫張才,差往山東怎便回,竈堂燒出王書吏,麪缸裏打出四爺來。清官難斷家務事,請!請!請!’末云:‘請什麽?’丑云:‘牀底下請出大堂來。’”

**九五　清官難斷家務事**　見上。《石頭記》八十回:“實是俗語説的:‘清官難斷家務事。’”《通俗編·俚語集對》:“清官難斷家務事;光棍不吃眼前虧。”

**九六　清官難逃猾吏**　《香祖樓》劇:“你有關門法,我有跳牆計。清官難脱猾吏手,君子不敵小人智。”《夢筆生花·杭州俗語·雜對》:“清官難出猾吏手;巧妻常伴拙夫眠。”今人多云“清官難逃猾吏”。

**九七　兩袖清風**　《空谷香》劇:“下官兩袖清風,安得揮金若土。”《夢筆生花·杭州俗語·雜對》:“一團和氣;兩袖清風。”今官之清廉者,謂之“兩袖清風”。

**九八　弊絶風清**　《還魂記》劇:“本府杜太爺管治三年,慈祥端正,弊絶風清。”《蕩寇志》八十回:“到得鄆城不久,便興利除害,風清弊絶。”

**九九　青天**　《綱鑑》:“明宣宗宣德五年,以況鍾爲蘇州知府。鍾至蘇,初視事,陽爲木訥,胥有弊蠹,輒默識之。通判趙忱肆謾侮,鍾亦不校。及期月,一旦宣敕,召府中胥悉前,大聲言：某日某事，某竊賄若干；某日，某亦如之。羣胥駭服，不敢辯。立殺六人，肆諸市。復黜屬官貪暴者五人，庸懦者十餘人，由是吏氏震悚，蘇人稱之曰'況青天'。"

**一〇〇　青天老爺**　元·關漢卿《竇娥冤》劇："謝青天老爺作主。"《荷花蕩》劇："内叫：'好青天老爺。'"

**一〇一　青天大老爺**　《精忠譜》劇："青天大老爺！若是周鄉宦果然得罪於朝廷，我等情願入京代死。"

**一〇二　老爺**　《古今筆記》："明·高拱《病榻遺言》云：'至真空寺，有親故以飯相送者。予下車，見一吏持文書隨入，予問："何人？是何文書？"吏云："此老爺馳驛勘合也，張爺已票準馳驛矣。"'按張爺者，張居正也。老爺者，稱高拱也。高以大學士罷歸，其稱若此。"《柳南隨筆》："前明惟卿稱老爺，詞林稱老爺，外任司道以上稱老爺，餘止稱爺，鄉稱老爹而已。其父既稱老爺，其子貴，亦稱大爺。吾邑陳莊靖之子少參抱冲公、顧太常雲程之子副使廛客公，終身稱大爺，不敢衡其父也。今則内而九卿，外而司道，俱稱大老爺。白知府至知縣，俱稱大老爺。舉人、貢生，並稱大爺矣。"《清朝野史大觀》："蒲留仙《志異》云：'康熙四十餘年，稱謂之不古可笑。舉人稱爺，二十年始；進士稱老爺，三十年始；司院稱大老爺，二十五年始。'梅穀成曰：'康熙中，非欽差中使，即督撫亦不稱大人。'此可見欽差稱大人，在康熙末；督撫稱大人，則雍正初也。嘉道以降，外省風氣，視前又判，府廳以下稱司道曰大人。至咸、同軍興，卿貳督撫總軍務者，營員悉尊之爲大帥，是又加大人上矣。近日大人二字，僅司道普通稱呼。而知府加三品銜，無不大人矣；直隸州加四品銜，亦無不大人矣。"

**一〇三　大老爺**　見上。

**一〇四　老公祖**　《荆釵記》劇："這貴同年，還要稱他是老公祖。"《桃花扇》劇："請問老公祖，小弟怎生打扮？"按稱地方官者，曰"老公祖"。

**一〇五　大人**　見上"老爺"。又《柳南隨筆》："稱謂亦隨時爲重輕，如大人之稱，至尊也，而在前明時，則不以爲重。有嘉定縣丞李玉森，呼直指爲大人，直指怒，玉森抗言：'大人之名，美而未易踐，若不典之稱，丞雖至卑，亦能得此於下隸，不足重也。'直指乃改容禮之。又吾邦夏玉麟，垂髫時，呼縣令爲大人，令不悦。命歷數書册中大人，以百爲率。玉麟對以孔門七十二賢，雲臺二十八將。令乃笑而遣之。今數十年來，内而九卿，外而司道以上，無不以此爲稱。"按此則稱尊官爲大人，當始於清矣。

**一〇六　先輩**　宋・吴枋《宜齋野乘》："唐世舉人，呼已第者爲先輩。按魏文帝黄初五年甲辰，立太學，初詣學者爲門人。滿歲，試通一經者，補弟子；滿二歲，試通二經者，補文學掌故。不通經者，聽須後試。故後試稱先試而得第者爲先輩。"此皆《演繁露》載《通典》語。

**一〇七　卑職**　程棨《三柳軒雜識》："宋淳熙間，高曇進對，上稱其不爲高談。梁相戲云：'"高曇不爲高談"，何以對？'周益公對云：'卑牧且爲卑職。'謂武臣見知州，自稱卑職也。則屬吏以卑職自稱，自宋亦然。"

**一〇八　奉憲**　《史記・三王世家》："百官奉憲，各遵其職。"

**一〇九　奉行故事**　《虞書》："若帝之初。"傳云："順帝初即帝位，故事奉行之。"《漢書・魏相傳》："方今務在奉行故事而已。"

**一一〇　得法**　《國語》："是良罟也，爲我得法。"

**一一一　我用我法**　《世説》:“庾子嵩曰:‘我自用我法。’”

**一一二　奉公守法**　見上“先斬後奏”。《史記·廉頗藺相如傳》:“奉公守法，則上下平。”

**一一三　先公而後私**　《孟子》:“詩云:‘雨我公田，遂及我私。’”注云:“言願天雨於公田，而遂及私田，先公而後私也。”

**一一四　公事畢**　《孟子》:“公事畢，然後敢治私事。”《病玉緣》劇:“俺巡按粤西，到省十餘天，那這行香放告，省獄觀風，種種官樣文章，算都做過了。公事畢，然後敢治私事。”

**一一五　公事忙**　元人《揚州夢》劇:“小官公事忙，後會有期也。”

**一一六　功令**　《史記·儒林傳》:“余讀功令，至廣厲學官之條，未嘗不廢書而歎也。”注云:“謂學者課功，著之於令也。”《通俗編》:“按近人用此，每若云‘公家之令’，非。”

**一一七　開誠布公**　《蜀志》:“諸葛亮開誠心，布公道。”

**一一八　王道本乎人情**　劉向《新序》引程子曰:“王道如砥，本乎人情，出乎禮義。”

**一一九　公道**　《漢書·蕭望之傳》:“庶事理，公道立。”

**一二〇　具文**　《漢書·宣帝紀》:“上計簿具文而已。”

**一二一　公文**　清·梁章鉅《浪蹟續談》:“《三國志·趙儼傳》:‘公文下郡。’《北史·蘇綽傳》:‘所行公文，綽皆爲之條式。’今人上行、下行之件，亦同此稱。”

**一二二　緊急公文**　《金雀記》劇:“啓老爺，外面有緊急公文，請老爺上堂掛號發遣。”《病玉緣》劇:“儂家聞説案卷中，有兩三起緊急公文。”

**一二三　文書**　清·梁章鉅《浪蹟續談》:“《漢書·刑法志》云:‘文書盈於几閣。’《中論·譴交篇》云:‘文書委於官曹。’《世説·政事門》云:‘何驃騎看文書。’”

**一二四　一角文書**　見《獄訟》“依律治罪”。

**一二五　雞毛文書**　《蕩寇志》九九回:“呈上雞毛文書一角。”《夢筆生花·杭州俗語·雜對》:“龍頭雜字;雞毛文書。”

**一二六　八百里排單**　《清朝野史大觀》:“江陰繆炳泰先生,善鉤勒小影。乾隆季葉,南書房翰林某學士,出爲江蘇學政,使勒一像,神氣宛然。任終返京師,以此像懸直廬。一日,高宗臨幸見之,詫爲神似,問何人所作?學士以直對,立命兵部,以八百里排單往取。”

**一二七　火速**　《通俗編》:“武則天詩:‘火速報春知。’今官府徵逮牓帖,亦習用。”

**一二八　飛風**　《唐六典》:“凡馬入尚乘局左右閑,印以三花。其餘雜馬,以‘風’字印右膊,以‘飛’字印左膊。”《通俗編》:“今言‘速爲飛風’,本此。”

**一二九　雷厲風行**　《蜃中樓》劇:“大丈夫做事,雷厲風行。”

**一三〇　通行**　《周禮·小行人》疏:“吉禮、軍禮、賓禮,天子頒之,非所以通行之事,故不言也。”《通俗編》:“按後世云‘通行曉諭’,同此。”

**一三一　一體施行**　《夢筆生花·杭州俗語·雜對》:“十面埋伏;一體施行。”

**一三二　行香**　《春燈謎》劇:“分付各官,俟三日行香後相見。”

**一三三　行香放告**　見上“公事畢”。

**一三四　告示**　《後漢書·隗囂傳》:“騰書隴蜀,告示禍福。”

**一三五　知會**　《通雅》：“唐武后甲申，轉帖百官令拜表，百官但赴拜，不知何事。此蓋若今之都吏，送知會部堂堂帖，使司官知之。”

**一三六　僉押**　《通俗編》：“《南史》：‘故事，府州部論事，皆籤前直敘所論之事。’按，‘籤’即僉押之‘僉’，古今字變耳。”又按“僉”亦作“簽”。《蕩寇志》九七回：“每日，高世德也要落簽押房一次，瞎七瞎八的，也算看稿。”

**一三七　花押**　清·梁章鉅《浪蹟續談》：“《東觀餘論》：‘唐時令羣臣上奏，任用真、草，惟名不得草。’是除署名上奏之外，皆得用草，即花押也。《魏書》言崔元伯，尤善行押之書，特盡精巧。《北齊書·後主紀》言連判文書，各作花字，不具姓名。後人遂合二文，名之爲‘花押’。唐彦謙詩‘公文持花押，鷹隼駕聲勢’是也。”《兩般秋雨盦隨筆》：“安禄山押山字，以手指三撮，見曾慥《類説》。王荆公押石字，性急慥憚，人以爲類反字，見《石林燕語》。”

**一三八　履歷**　《兩般秋雨盦隨筆》：“今之履歷，古之腳色也。《通鑑》：‘隋虞世基掌選曹，受納賄賂，多者超越等倫，少者注色而已。’注色者，注其入仕所歷之色也。”

**一三九　手本**　《五石瓠》：“官司移會，用六扣白柬，謂之手本。”《通俗編》：“按今手本單書官銜姓名者，俗號一炷香。其手本之初創，乃今之所謂全柬也。”

**一四〇　掣籤**　《通俗編》：“《北史·王勇傳》：‘胡仁及王文達、耿令貴，皆有殊功，還拜上州刺史，然州有優劣，周文令探籌取之。’探籌，即掣籤也。”掣音徹。

**一四一　騎縫印**　《南華經》注：“督，中也。中兩間而立，俗所謂騎缝也。”按今所謂“騎缝印”是也。縫當讀去聲。

**一四二　一窠印**　黄滔詩：“六窠只佩諸侯印。”按今計印之數曰“幾窠”，所謂“一窠印”是也。

**一四三　暖閣**　《夢筆生花·杭州俗語·雜對》：“暖閣；涼棚。”

**一四四　花廳**　《荷花蕩》劇：“已備席在花廳上。”

**一四五　近水樓臺**　《詩句題解》：“范文正公鎮錢塘，兵官皆被薦，獨巡檢蘇麟不見録，乃獻詩曰：‘近水樓臺先得月，向陽花木易爲春。’公即薦之。”今官場中常引此語。

**一四六　風憲衙門**　《清朝野史大觀》：“雍正中，滿洲副都御史缺出，鄂文端公奏許公希孔忠直可任。世宗曰：‘彼漢人，礙於資格。’文端曰：‘風憲衙門，爲百僚丰采，臣爲得人計，不分滿漢也。’世宗可其言。踰年，始調漢缺。”

**一四七　上司衙門**　《翡翠園》劇：“他便倚了寧王的勢，訟我上司衙門。”

**一四八　獨脚衙門**　見《獄訟》“無頭案”。

**一四九　衙門向南開**　元·關漢卿《竇娥冤》劇：“這的是‘衙門從古向南開，就中無箇不冤哉’。”今有俗諺云：“衙門向南開，有理無錢莫進來。”

**一五〇　坐冷板櫈**　見《家族》“添人進口”。

**一五一　打退堂鼓**　《蕩寇志》九四回：“賀太平見了摺子，打退堂鼓。”今人有作退一步想者，每云“打退堂鼓兒”。

**一五二　急流勇退**　見《水火》。

**一五三　脱韡**　《舊唐書·崔戎傳》：“戎去華州刺史，將行，州人戀惜，至有解韡斷鐙者。”《通俗編》：“按好官去任，遮道脱韡，偶出自一時民情，至今遂循爲故事。”

**一五四　萬民傘**　《清朝野史大觀》："趙甌北在镇安，别無惠民處，惟去其病民者一二事而已。及甌北調廣州，陳恂等七十餘人，又送萬民衣傘至廣。"

**一五五　旗鑼傘扇**　《病玉緣》劇："生乘馬，旦、小旦等各坐車，旗鑼傘扇呵道上。"

**一五六　去思碑**　《漢書·何武傳》："居官無赫赫之名，去後常見思。"今有爲好官立去思碑者，本此。

**一五七　起復**　《鐳積霏雪録》："起復者，喪制未終，勉情任用，所謂奪情起復也。"

**一五八　加級**　《北史·齊世祖紀》："河清元年，大赦内外，百官普加泛級。"

**一五九　卓異**　《漢書·宣帝紀》："故掖庭令張賀，輔導朕躬，恩惠卓異，厥功茂焉。"

**一六〇　出缺**　《世説》注："《山濤啓事》曰：'吏部郎史曜，出缺處當選。'"

**一六一　人多缺少**　唐·趙憬《審官六議》，有"人少缺多，人多缺少"之語。

**一六二　處分**　《北史·唐邕傳》："邕手作文書，口且處分，耳又聽受。"分，去聲。

**一六三　自行檢舉**　《燕子箋》劇："酈安道既自行簡舉，着安心供職。"按，"簡舉"，今云"檢舉"。凡官員有自認詿誤者，多云"自行檢舉"。

**一六四　自我作古**　張衡《西京賦》："自我作故，何禮之拘！"《通俗編》："按今云'自我作古'，乃宋孝宗語也。《宋史·禮志》：'孝宗不欲用易月之制，曰："自我作古，何害？"'"

**一六五　作法自弊**　《通俗編》："《史記·商君傳》：'爲

法之弊，一至此哉！’今人云‘作法自弊’，本此。”

**一六六　告病**　《史記·汲黯傳》：“黯多病，上常賜告。”

**一六七　告老**　《左傳》：“韓獻子告老。”

**一六八　交代**　《漢書·蓋寬饒傳》：“戲盡交代，自請願復留。”

**一六九　不在其位，不謀其政**　《論語》：“子曰：‘不在其位，不謀其政。’”今人不與其事者，每引此二語。

**一七〇　括地皮**　《山堂肆考》：“王知訓帥宣州，性貪婪，因入覲賜宴，伶人戲作綠衣大面如鬼，或問：‘何爲者？’答曰：‘吾宣州土地也。’問：‘何故來此？’曰：‘王知訓入覲，和地皮捲來，故得至此。’”今人以貪官爲“括地皮”，本此。

**一七一　民膏民脂**　《玉海》：“紹興二年六月，詔有司摹勒黄庭堅所書《太宗戒石銘》，徧賜守令。其文曰：‘爾俸爾禄，民膏民脂。下民易虐，上天難欺。’”按，今州縣《戒石銘》，“上天”作“上蒼”，不知何故。

**一七二　土俗民情**　魏際瑞《家書》：“我乃悉覽名山大川，城郭都市，土俗民情，不費一物，所得已多。”《慎鸞交》劇：“下官帶便經過，雖無地方之責，也要把民情土俗，細問一番。”

**一七三　幕友**　《夢筆生花·杭州俗語·雜對》：“幕友；簾官。”

**一七四　治下**　《漢書·嚴延年傳》：“延年敏捷於事”，“是以治下無隱情”。按，後人對地方官者，自稱“治下”，本此。

**一七五　經承**　見《獄訟》“案卷”。

**一七六　書辦**　同上。

**一七七　稿案**　《蕩寇志》九七回：“世德派富吉爲稿案門上。”

**一七八　門上**　見上。

**一七九　跟班**　《談徵》："内班，即宋時所謂'衙前'，猶長隨、跟班也。外班，即'散從'，猶聽差、散手也。"

**一八〇　聽差**　見上。

**一八一　快手**　《宋書·王鎮惡傳》："西將及能細、直吏、快手，復有二千餘人。"

**一八二　人夫**　《北史·魏獻文六王傳》："趙郡王謐召近州人夫，搜掩城人，楚掠備至。"

**一八三　畫卯**　李存義《役謠》："五更飯罷走畫卯，水潦載道歸來餔。"《水滸》十三回："雷橫道：'小人告退，好去縣中畫卯。'"

**一八四　喝道**　《水經·淯水》注："孔嵩家貧，無以養親，自賃爲阿街卒。"《通俗編》："阿街，即喝道也。按阿字引長，則爲隸卒喝道之聲。"李義山《雜俎》："品目數十，其一曰'殺風景'，如松下喝道，殺風景之一也。"

**一八五　三班六房**　《儒林外史》二回："新年大節，老爺衙門裏，三班六房，那一位不送帖子來。"

**一八六　公門中好修行**　《金鎖記》劇："禁長哥呀！自古道'公門裏面好修行'。"元人《黑旋風雙獻功》劇："人道'公門不可入'，我道'公門好修行'。"今人對胥吏者，猶有"公門中好修行"之語。

**一八七　門包**　《後漢書·梁冀傳》："客到門，不得通，皆請謝門者，門者累千金。"《通俗編》："按，門包昉此。"今按，未得"門包"實證。《小忽雷》劇："不消分付，門包在此。"

**一八八　上下其手**　《左傳》："穿封戌囚鄭皇頡，公子圍與之争之，正於伯州犁。伯州犁曰：'請問於囚。'乃立囚。

伯州犂曰：‘所争，君子也，其何不知？’上其手，曰：‘夫子爲王子圍，寡君之貴介弟也。’下其手，曰：‘此子爲穿封戌，方城外之一縣尹也，誰獲子？’囚曰：‘頡遇王子，弱焉。’戌怒，抽戈逐王子圍，弗及。”今胥吏有暗中助人、抑人者，謂之“上下其手”。

**一八九　瞞上不瞞下**　《宣政雜録》：“靖康初，民間以竹徑二寸，長五尺許，冒皮於首，鼓之。因其製作之法，謂之謾上不謾下，通衢用以爲戲云。”《石頭記》七七回：“倒是把他的東西，瞞上不瞞下，悄悄的打發人送與了他。”

# 家族

一　**始祖**　揚雄《反離騷》："有周氏之嬋嫣兮，或鼻祖於汾隅。"許旌陽《服氣書》："人受胎於父母，其始成鼻，畫家畫人，亦從鼻始，故鼻云祖。"

二　**數典而忘其祖**　《左傳》："王曰：'籍父其無後乎，數典而忘其祖。'"世有不知祖先事者，人每以此語誚之。數，上聲。

三　**光宗耀祖**　《石頭記》三三回："也爲的是光宗耀祖。"

四　**祖功宗德**　《漢書·賈誼傳》："禮，祖有功而宗有德。"

五　**祖宗亡人**　《荆釵記》劇："家堂菩薩，祖宗亡人，若錢玉蓮該是吾的妻房，下這封書，竟在荷包裏呀！"

六　**世代書香**　見《文事》。

七　**香煙後代**　《西遊記》四七回："行者道：'我今替這箇孩兒性命，去祭賽那大王，留下你家香煙後代，何如？'"

八　**陰功萬代**　見《善惡》。

九　**公侯萬代**　《通俗編》："《後漢書·趙壹傳》，遺書謝友人恩云：'且公且侯，子子孫孫。'按，今人云'公侯萬代'，本此。"按，此説近是，仍未得四字確證。《小忽雷》劇："多謝恩爺，萬代公侯。"《杏花村》劇："願大老爺萬代公侯。"

**一〇　一代不如一代**　《聖宋掇遺》："陶穀奉使吴越，忠懿王宴之，以其嗜蟹，自蝤蛑至蟛蚏，凡羅列十餘種。穀笑曰：'真所謂"一蟹不如一蟹"也。'"《國老談苑》載此事，作"一代不如一代"。又見《天文》"一捧雪"，以"一蟹不如一蟹"比"一代不如一代"。

**一一　祖宗三代**　《荆釵記》劇："祖宗三代，我總認得。"

**一二　三代祖先**　元人《合同文字》劇："員外，則你便是我三代祖先。"

**一三　三代宗親**　《史記·五宗世家》："同母者爲宗親。"今有"三代宗親"之語。

**一四　同姓不宗**　《夢筆生花·杭州俗語·雜對》："有名無實；同姓不宗。"

**一五　總是一家人**　又"未歸三尺土；總是一家人"。

**一六　五百年前是一家**　元·張國賓《合汗衫》劇："五百年前，安知不是一家？"元·李致遠《風雨還牢》劇："道不的一般樹上兩般花，五百年前是一家。"

**一七　合家歡**　《夢筆生花·杭州俗語·雜對》："敵國富；合家歡。"

**一八　合家大小**　《北史·邵護傳》："其母作書與護，有合家大小之語。"《石頭記》十三回："合家大小，遠近親友。"《探親》梆子腔："合家大小全無恙。"

**一九　妻兒老小**　《浣紗記》劇："你一向遠出，可速回去，與妻兒老小相聚。"

**二〇　没大没小**　《西遊記》二三回："好女婿，這等没大没小的。"

**二一　家長**　《詩》"侯主侯伯"箋："主，家長也。"長，上聲。

**二二　家法**　見《武備》“下馬威”。

**二三　家無常禮**　《蕩寇志》百十六回：“家無常禮，不必煩文多儀。”

**二四　家長禮短**　《西遊記》四二回：“憑他問我甚麼家長禮短的話，我也好信口捏攏答他。”

**二五　張家長，李家短**　見《言語》。

**二六　家醜不可外談**　《通俗編》：“‘家醜不外揚’，見《五燈會元》。元曲選《爭報恩》、《㑳梅香》二劇，皆以此爲中冓之言。”《西遊記》六九回：“古人云：‘家醜不可外談。’”

**二七　家眷**　《荆釵記》劇：“快報去！説家眷到了。”

**二八　家屬**　《漢書·西域傳》：“募民壯健，有累重敢徙者，詣田所。”注云：“累，妻子家屬也。”

**二九　家累**　見上。

**三〇　清官難斷家務事**　見《朝署》。

**三一　家口**　《南史·張敬兒傳》：“迎家口悉下至都。”《通俗編》：“按《孟子》‘八口之家’，《管子》‘十口之家’，此‘家口’二字所從出也。”

**三二　寧添一斗，莫添一口**　《繡襦記》劇：“自古道‘寧增數斗’，常言道‘莫添一口’。”按今人有“寧添一斗，莫添一口”之語。

**三三　添人進口**　《憐香伴》劇：“下官自從選了窮教官，坐了這條冷板櫈，終日熬虀呷醋。那裏再經得進口添人，分我盤中苜蓿；支賓待客，拔我氈上毫毛。”

**三四　分身減口**　元人《合同文字》劇：“社長云：‘親家，你來喚我，莫不是爲分房減口之事麼？’劉天祥云：‘正是。

只因年歲饑歉，難以度日，如今俺兄弟家三口兒，待趁熟去也。’”今有迫於人口多者，每有“分身減口”之語。

**三五　開口貨**　《夢筆生花·杭州俗語》有“開口貨”之語。凡父母戲小兒女者，常有此語。

**三六　内顧之憂**　《漢書·楊僕傳》：“失期内顧。”注云：“言思妻子也。”《通俗篇》引此作“内顧之憂”。

**三七　一家之主**　《奈何天》劇：“你如今是一家之主，爲甚麽拜他起來？”

**三八　家無主**　《水滸》二三回：“家無主，屋倒竪。”今江北有諺云：“家無主，埽帚舞。”

**三九　家無二主**　《禮記·坊記》：“子云：‘天無二日，土無二王，家無二主，尊無二上。’”

**四〇　主人翁**　《漢書·東方朔傳》：“董偃見尊不名，稱主人翁。”

**四一　至親骨肉**　《春秋釋例》：“諸侯之娶，各有娣姪爲媵，皆同姓之國，骨肉至親。”《春燈謎》劇：“至親骨肉，相見何年。”

**四二　嫡嫡親親**　《風箏誤》劇：“須認取我那滴滴親親和韻的嬌娥。”元·李行道《灰闌記》劇：“我是孩兒的的親親的親娘，孩兒是我的的親親的親兒，是娘的心肝，娘的腤子。”《雙官誥》劇：“該叫他是嫡嫡親親的親娘纔是。”

**四三　金枝玉葉**　元人《抱粧盒》劇：“我是玉葉金枝，怕那劉皇后怎的！”《鐵冠圖》劇：“公主乃金枝玉葉女天孫。”《三國志演義》十三回：“我哥哥是金枝玉葉。”

**四四　近房遠房**　元·武漢臣《天賜老生兒》劇：“上墳的是兒和這姪兒，還是近房也那遠房？”

**四五　上和下睦**　《千字文》：“上和下睦，夫唱婦隨。”《還魂記》劇：“是人家有箇上和下睦，偏你石二姐没箇夫唱婦隨。”元人《吕洞賓度鐵拐李岳》劇：“則纔是户静門清，上和下睦。”

**四六　爹爹**　《通俗編》：“《方言》、《博雅》、《廣雅》，爹皆訓父。而其音則作徒我切。至《集韻》始增陟邪切，蓋其音自後唐起也。”按，劇場中，生旦稱父曰“爹爹”，音若低，至讀若陟邪切。聞鎮江人稱父曰“爹爹”，江北人則稱祖居多。

**四七　奶奶**　《通俗編》：“《博雅》：‘嬭，母也，奴解反。楚人呼母曰嬭。’”按《説文》，“爾”本作“尒”，故“嬭”亦變體作“妳”，今吴俗稱祖母曰“阿妳”。洪亮吉《涇縣志》轉載《鄭志》，祖曰“老爹”，祖母曰“奶奶”。按奶與妳同，江北人稱祖母曰“奶奶”。奶讀乃，平聲。

**四八　老子**　《老學庵筆記》：“南鄭俚俗，謂父曰老子。”《山西通志》：“稱父曰老子。”今人對他人者，或稱其父曰“老子”，自稱則仍曰“父”而已。

**四九　老爹**　見上“奶奶”。又趙吉士《寄園寄所寄》引《座右編》云：“江右萬拙庵，子衣成進士，授刑部主政。世俗，子爲官，稱其父爲老爹，每呼之不應。曰：‘我自萬拙庵，不敢當老爹。’觀此則‘老爹’之稱，明人視之甚重也。”今人則以“老爹”二字，爲泛常之尊稱而已。

**五〇　老太爺**　《石頭記》六回：“當年又與老太爺在一處做官。”《病玉緣》劇：“原來是箇老太爺，恭喜老太爺。”

**五一　家嚴**　《易·家人》：“家人有嚴君焉，父母之謂也。”按父母皆可稱“家嚴”，今則父稱“家嚴”，母稱“家慈”。

**五二　尊翁**　《蕩寇志》九五回：“尊翁歸天，我還不曾來弔唁。”按，稱人父曰“尊翁”。

**五三　令尊令堂**　《春燈謎》劇：“況且令尊令堂，不日就到京了。”又元人《㑳梅香》劇：“這聲音，九分是你令堂。”

**五四　娘**　《通俗編》：“孃，煩擾也，肥大也。其義只如此。以之稱母，雖始於六朝，終亦近俗。若‘娘’字古非無有，特其義更謬戾。惟《廣韻》云：‘孃，母稱。娘，少女之稱。’此二語最明晰可遵。”按詞曲家稱母爲“娘”，通以“娘”字爲之。

**五五　娘娘**　蘇轍《龍川雜志》：“仁宗稱劉氏爲大孃孃，楊氏爲小孃孃。”蓋自宋之宫禁然矣。按詞曲皆作“娘娘”，今子稱其母，婦稱其姑亦然。《串戲》梆子腔：“老旦云：‘娘在此。’丑云：‘聞説娘來到，嚇得我戰戰驚驚魂不在。’老旦云：‘我是你的娘。’丑云：‘卻原來水母娘娘。’”明·黄煜《碧血録》：“魏朗園先生自譜云：‘孺人篝燈光孺人柩前，獨紡，常至丙夜。庶母蔣，叔母陸，及諸妹，或從暗中相警，紡如故。明日以爲言，曰：“我時思見我娘娘，何懼！”’”按，今人家媳婦多呼姑爲“娘娘”。據此，則明代已有之。

**五六　有奶就是娘**　《通俗編·俚語集對》：“‘無錢休誇祖；有奶便認娘。’按《直語類録》，鐘鼎文有‘乃’字，俗呼‘乳’爲‘奶’，當是‘乃’字。”今人多云“有奶就是娘”，言受他人恩者，如受母親恩也。

**五七　前世娘**　祝允明《語怪》：“宣府都指揮胡縉有妾，死後，八十里外民家産一女，生便言：‘我胡指揮二室也，可唤吾家人來。’胡遣二僕往，又遣二婢往，女皆呼其名。胡乃自往，抱女於懷，女密言舊事，胡不覺淚下，遂取女歸。女益呼諸子諸婦，家人因呼之爲前世娘。女言：‘死者須飲迷魂湯，我方飲時，爲一犬所踣而失湯，遂不飲而過，是以記憶了了。’”今有母罵小女子者，以爲前世裏的娘。

**五八　前娘後娘**　《串戲》梆子腔：“吾丈夫劉漢卿，前娘所養，叔叔漢相，後娘所生。”

**五九　爺爺**　《演繁露》：“後世呼父爲爺，又曰爹。《宋史·宗澤傳》：‘北方常尊憚之，必曰宗爺爺。’言尊之如父也。”按，今鄉里小兒，多稱其父曰“爺爺”。爺音牙。

**六〇　爺娘**　隋《木蘭辭》：“朝辭爺娘去，暮宿黄河邊。不聞爺娘唤女聲，惟聞黄河流水聲濺濺。”

**六一　親爺親娘**　元人《凍蘇秦》劇：“親爺親娘，我也不認得。”

**六二　乾爺乾娘**　《通俗編》：“《史記》注云：‘但祭不立尸，曰乾封。’乾者，權假之義。鄙俗謂義父母曰乾爺娘，同此。”今俗或曰“乾父、乾娘”，或曰“乾爺、乾娘”。乾音干。

**六三　叫爺叫娘**　《史記·屈原列傳》：“夫天者，人之始也；父母者，人之本也。人窮則反本，故勞苦倦極，未嘗不呼天也；疾痛慘怛，未嘗不呼父母也。”又《夢筆生花·杭州俗語》有“叫爺”、“叫娘”、“叫屈”、“叫地方”之語。

**六四　打爺駡娘**　又《俗語雜對》：“求神拜佛；打爺駡娘。”

**六五　牽爺娘，帶祖宗**　又“典家堂，賣土地；牽爺娘，帶祖宗”。今俗駡不肖子者，有此二語。

**六六　有晚娘就有晚爺**　又“不入虎穴，焉得虎子；討了晚娘，就有晚爺”。今俗云“有晚娘就有晚爺”是也。

**六七　爺兒兩箇**　元·鄭庭玉《後庭花》劇：“你爺兒兩箇都有了。”元·關漢卿《竇娥冤》劇：“你爺兒兩箇隨我到家中去來。”

**六八　娘兒兩箇**　又《竇娥冤》劇：“我娘兒兩箇，過其日月。”

**六九　三父八母**　《意中緣》劇：“自古道：‘三父八母。’

或者是他認的乾爺，也不可知。”

**七〇　一父母生**　《殺狗記》劇：“我和你一父母生，又不是兩爺娘養。”

**七一　父親大人**　《通俗編》引《漢書·霍去病傳》：“遣使迎父仲孺，跪曰：‘去病早不自知爲大人遺體。’”此稱父親爲“大人”也。

**七二　母親大人**　又引《後漢書·黨錮傳》：“范滂謂母曰：‘惟大人割不可忍之恩，勿增感戚。’”此稱母親爲“大人”也。

**七三　當家纔知柴米貴，養兒纔知父母恩**　《西遊記》二七回：“所謂‘當家纔知柴米貴，養兒纔知父母恩’。”

**七四　家父家母**　《顔氏家訓》：“昔陳思王稱其父曰‘家父’，母曰‘家母’。班固書集亦稱叔曰‘家叔’。”

**七五　親生父母**　《病玉緣》劇：“俺小姐一得了病，他的親生父母，憤他違命，也不認他了。他的同胞兄弟，怕他傳染，也驅逐他了。”

**七六　重生父母**　《元史》：“烏古孫澤，初知興化軍。繼改軍爲路，授澤行總管府事，民候迎道左，曰：‘是曩昔再生父母也。’”元·楊顯之《酷寒亭》劇：“是我重生父母，再長爺娘。”元人《孟良盗骨》劇：“你若肯去，就是我的重生父母。”重，平聲。

**七七　天下無不是的父母**　《小學》羅仲素《論瞽瞍底豫，而天下之爲父子者定》云：“只爲天下無不是底父母。”按《孟子》“瞽瞍底豫”，外注亦引是語。《荆釵記》劇：“天下無不是的父母，孩兒怎敢不辭而去。”《憐香伴》劇：“天下無不是的父母，怎生讐怨着他？”

**七八　天經地義**　見《天地》。

**七九　父子天性**　《輟耕録》："千户命二子出拜李總管，風度不殊，衣冠如一，莫知何者爲己子。致請於千户，千户曰：'君自認之。'李諦視良久，天性感通，前抱一子曰：'此吾子也。'千户曰：'然。'於是父子相持而哭。"《合縱記》劇："同胞是嫡親，父子出天性。"

**八〇　母子天性**　元·鄭德輝《王粲登樓》劇："母子天性，母思其子，慈也。子思其母，孝也。"

**八一　父子團圓**　元·關漢卿《智斬魯齋郎》劇："若認着他父母，教他父子團圓。"

**八二　母子團圓**　元人《抱粧盒》劇："使他母子團圓。"

**八三　家人父子**　于成龍《與荆雪濤書》："嗣後官民親睦，或三日，或六日，環集問安，如家人父子。"《蕩寇志》八七回："軍營裏論不得家人父子。"

**八四　至親莫如父子**　《漢書·高帝紀》："人之至親，莫親於父子。"《繡襦記》劇："虎狼尚不食兒，可憐骨肉當饒恕，望爹爹深垂憫慈，論至親莫如父子。"

**八五　有其父必有其子**　《通俗編》："《孔叢子·居衛篇》：'子思曰："有此父斯有此子，道之常也。"'今人云'有其父必有其子'，本此。"

**八六　虎父無犬子**　元人《認父歸朝》劇："這虎將門中無犬蹤。"《三國志演義》八三回："虎父無犬子。"

**八七　賭錢場上無父子**　見《貨財》。

**八八　父債子還**　《夢筆生花·杭州俗語·雜對》："兄終弟及；父債子還。"今人有"父債子還，子債父絶"之語。

**八九　父在，子不得自專**　《論語》："子曰：'父在，觀其志；父没，觀其行。'"注："父在，子不得自專，而志則可知；父沒，然後其行可見。”《西遊記》八五回：“古書云：‘父在，子不得自專。’”

**九〇　知子莫若父，知臣莫若君**　《管子·大匡篇》：“鮑叔曰：‘先人有言：“知子莫若父，知臣莫若君。”’”

**九一　父子兩箇**　見《親戚》“非親非眷”。

**九二　父子不同道**　《探親》梆子腔：“正所謂‘逆子頑妻，無藥可治’，父子不同道，此之謂也。”

**九三　賢橋梓**　《尚書大傳》：“伯禽、康叔見周公，三見而三笞。商子曰：‘南山之陽，有木名橋；北山之陰，有木名梓。’二子往觀，橋高而仰，梓卑而俯，反以告。商子曰：‘橋，父道也；梓，子道也。’”《玉搔頭》劇：“晚生今日之來，就是爲此。原要自做本頭，求賢橋梓相和的。”按稱人父子曰“賢橋梓”。

**九四　先父**　張湛《列子序》：“湛聞先父曰：‘吾先君與劉正輿，皆王氏之甥。’”

**九五　府君**　《通俗編》：“府君本漢太守之稱。《朱子語録》：‘無爵而曰“府君、夫人”，漢人碑已有之，只是尊神之辭。府君如官府之君，今人亦謂父曰“家府君”。’按父沒稱府君，生則不稱府君也。又三代皆稱府君，歐陽修《瀧岡阡表》：‘皇曾祖府君’、‘皇祖府君’、‘皇考府君’。曾祖及祖，不稱太府君也。”

**九六　太君**　司馬温公《書儀》：“母亡云‘先太夫人’、‘先太君’。無封邑者，只云‘先夫人’。”

**九七　顯考**　潘昂霄《金石例》：“古人書‘皇祖’、‘皇考’，韓魏公改以‘顯’字。”

**九八　顯妣**　《元典章》：“大德四年部議：‘“皇妣”二字，

雖出經典，理宜迴避，今後徧行禁止。’”又按，既避“皇妣”，亦當改爲“顯妣”。

**九九　子息**　《戰國策》：“老臣賤息舒祺。”《尸子》注：“息，小兒也。”《通俗編》：“《東觀漢記》有‘此我子息’之語。”《風箏誤》劇：“只是下官之命，易在功名，難在子息。”

**一〇〇　小兒**　《通俗編》：“吴孟宗母，稱宗爲小兒；晉裴秀母，稱秀爲小兒；北魏李延實，稱其子彧爲小兒，皆與今同。”

**一〇一　養兒防老，積穀防飢**　《陔餘叢考》：“養兒防老，積穀防飢。”原注：“《百川學海》：‘婺源民詹惠明，乞代父償命，臨刑無懼色，誦此二句。太守曾天游奏之，乃免死。’”

**一〇二　養育之恩**　《尋親記》劇：“末云：‘養育之恩。’丑云：‘正是養育之恩。’”

**一〇三　兒子**　《史記·張釋之傳》：“教兒子不謹。”

**一〇四　親生兒子**　《琵琶記》劇：“奴須是他親生兒子親媳婦。”

**一〇五　乾兒子**　《鳴鳳記》劇：“趙文華云：‘大學士嚴介溪門下，乾兒子頗多。’”《蕩寇志》七三回：“衙内情願過房，與你老人家做箇乾兒子。”乾音干。

**一〇六　孝順兒子**　元·賈仲名《玉梳記》劇：“是孝順的兒子。”

**一〇七　孝順還生孝順子，忤逆還生忤逆兒**　《琵琶記》劇：“孝順還生孝順子，忤逆還生忤逆兒。”今小説書多引此二語。

**一〇八　百行孝爲先**　《牧羊記》劇：“人生百行孝爲先，王事多艱當努力。”行，去聲。

**一〇九　忤逆不孝**　《串戲》梆子腔："貼云：'哥哥，母親告你忤逆不孝了。'"

**一一〇　虎毒不喫兒**　見上"至親莫如父子"。《通俗編》："聶夷中詩：'餓虎不食子，人無骨肉恩。'今人云'虎毒不喫兒'，本此。"

**一一一　窮漢養嬌兒**　《通俗編·俚語集對》："懶人使重擔；窮漢養嬌兒。"

**一一二　娘歡喜癟脫兒**　《瓮牖閒評》："世有'娘惜細兒'之語。"今江北人云"娘歡喜癟脫兒"是也。癟音鼈。脫，居佳切，讀若奶平聲。楚人謂乳曰脫。

**一一三　燕子銜食**　元人《凍蘇秦》劇："擡舉你偌大，恰便似燕子銜食。"凡母自言育子之苦者，往往有此語。

**一一四　燕子銜泥空費力，長大毛衣各自飛**　見《動物》。

**一一五　自肉自痛**　《夢筆生花·杭州俗語·雜對》："自肉自痛；多衣多寒。"凡父母愛惜其子女者，常有此語。

**一一六　十箇指頭有長短**　劉商《擬胡笳十八拍》："手中十指有長短，截之痛惜皆相似。""指頭"見《時日》"今朝"。指頭曰"擲頭"，又俗或曰"隻頭"。凡人於諸子之中，有偏愛一子者，每有"十箇指頭有長短"之語。

**一一七　敗子**　《兩般秋雨盦隨筆》："今人呼不肖子爲敗子。或曰，'敗'當作'稗'，稗所以害苗也。此説亦通。"

**一一八　敗子回頭**　元人《冤家債主》劇："巴不得敗子早回頭。"元·秦簡夫《東堂老》劇："敗子不得回頭，有負故人相託，如之奈何？"

**一一九　棒頭出肖子，不打不成人**　《温氏母訓》："兒子是天生的，不是打成的。"此謬語也。古云："棒頭出肖子。"

不知是銅須打成了銅器，不知是鐵須打成了鐵器。所謂“不打不成人”也。

**一二〇　家有長子，國有大臣**　見《朝署》。

**一二一　有子萬事足，無債一身輕**　東坡居士《賀子由生第四孫》詩：“無官一身輕，有子萬事足。”《鳴鳳記》劇：“外云：‘夫人！無官一身輕，我爲有官所累；有子萬事足，我爲無子所牽。’”按今人諺語，引作“有子萬事足，無債一身輕”。

**一二二　多福多壽多男子**　《通俗編》：“‘三多’惟見《玉海》。楊文莊公言曰：‘學者當取“三多”，乃看讀多，持論多，著述多也。今俗云“多福、多壽、多男子”，無所出。’”按《莊子·天地篇》，堯觀乎華，華封人祝曰：“使聖人壽，使聖人富，使聖人多男子”。華封人祝堯者三，雖無“三多”之語，且“福壽”作“富壽”，亦祝其多可知，不必泥也。

**一二三　麒麟送子**　《通俗編》：“麒麟送子。”《家語》有“麟紱事”，似即本此。或云本《詩·麟趾》。

**一二四　五子登科**　《宋史·竇儀傳》：“禹鈞五子：儀、儼、侃、偁、僖，相繼登科。”今南通三十里鎮馬氏，清朝亦有“五子登科”之坊。

**一二五　五男二女七子保團圓**　《泉志》：“福慶曰：‘伍男貳女，叁公玖卿。’”文嘉《嚴氏書畫記》有宋繡《七子圖》、丁玉川《七子團圓圖》。元·石君寶《秋胡戲妻》劇：“羅大户詩云：‘人家七子保團圓，偏是吾家只半邊。’”今人連語云：“五男二女七子保團圓。”

**一二六　令郎**　《合縱記》劇：“令郎做了六國都丞相。”按，稱人子曰“令郎”。

**一二七　令愛**　元人《連環計》劇：“看定明日是箇吉日，

就送令愛過了門罷。”元·李行道《灰闌記》劇：“令愛到家時，與我大渾家，只是姊妹稱呼，並不分甚大小。”按，稱人女曰“令愛”。

**一二八　親生女兒**　《拜月亭記》劇：“慈悲做方便與親生女兒。”

**一二九　生男育女**　元·楊顯之《酷寒亭》劇：“全不想生男育女。”

**一三〇　大男小女**　《草木子》載吕思誠《寄内》詩：“少米無柴休懊惱，大男小女好看成。”

**一三一　三男兩女**　《後漢書·方術傳》：“三男兩女，孫息盈前。”

**一三二　郭子儀七子八婿**　《唐書·郭子儀傳》：“八子七婿，皆貴顯朝廷。”《通俗編》：“按，元·高則誠《琵琶記》劇：‘又没箇七男八婿。’俗承其訛，言郭子儀七子八婿。”

**一三三　郭氏兒孫笏滿牀**　《通俗編》：《舊唐書·崔義元傳》：“開元中，神慶子琳、珪、瑶等，皆至大官。每歲時家宴，組佩輝映，以一榻置笏，重疊於其上。”按，流俗以此事屬郭汾陽，謬矣。今人家房門對聯云：“梁家夫婦眉齊案，郭氏兒孫笏滿牀。”

**一三四　逃生子**　元人《殺狗勸夫》劇：“我又不是庶出逃生子，須是你同胞共乳親。”按，《六書音韻表》二部肴、豪，與三部尤、幽合韻。故《新方言》云：“今人謂一羣人爲一儔人。”儔讀如濤。據此，則偷、儔本尤、幽韻，儔轉爲濤，偷亦可轉爲逃也。今婦女私生之子，世俗謂之“逃犴兒”。亦有丈夫畏妻，而與妾偷合生子者，謂之“逃生子”。故元人云“庶出逃生子”也。但“逃生子”當作“偷生子”，而音則讀若逃耳。

**一三五　遺腹子**　《淮南子·説林訓》：“遺腹子不思其父，

無貌於心也。”按，父死而母始生子者，謂之“遺腹子”。

**一三六　螟蛉子**　《詩·小宛》：“螟蛉有子，蜾蠃負之。”箋云：“蒲盧取桑蟲之子，負持而去，煦嫗養之，以成其子。”《合縱記》劇：“孩兒又不是螟蛉之子。”今俗以養子爲“螟蛉子”。螟，平聲，俗讀仄聲，非。

**一三七　家雞打得騰騰轉，野雞打得著地飛**　《古謠諺》：“顧起元引諺云：‘家雞打的團團轉，野雞打的貼天飛。’”按二語謂親生子及養子也。今江北語云：“家雞打得騰騰轉，野雞打得著地飛。”著音作。

**一三八　拖油瓶**　《十五貫》劇：“這箇游二，有箇拖油瓶囡兒。”按，再醮之婦，攜其子女入後夫家者，謂之“拖油瓶”。

**一三九　跨竈**　《書言故事》：吴崇賀人生子云：“寄語王渾防跨竈。”或云：“竈有釜，故子過於父爲跨竈。”《瑞筠圖》劇：“守得箇跨竈佳兒，雅望儲調鼎。”

**一四〇　過繼**　《琵琶記》劇：“别人家没有兒子，還要螟蛉過繼。”

**一四一　過房**　見上“乾兒子”。《古今筆記》：“今俗無子，而以兄弟之子爲後，曰過房。”按《朱子言行録》前集，王沂公事第七條云：“曾無子，欲令弟子過房。”是宋時已有“過房”之語。

**一四二　撑門户**　《通俗編》：“撑門拄户，見王褒《僮約》。”按，今人有守成之子，亦謂之“撑門户”。撑音稱。

**一四三　滅門絶户**　元·關漢卿《智斬魯齋郎》劇：“可送了俺一家滅門絶户。”元·紀君祥《大報讐》劇：“若再翦除了這點萌芽，可不斷送他滅門絶户。”

**一四四　斬宗絶嗣**　《杏花村》劇：“我的孩兒，與你有甚冤讐，把他置之死地，害我斬宗絶嗣。”

**一四五　絶後代**　元·武漢臣《天賜老生兒》劇：“今日着我無兒呵，絶後代！”

**一四六　不孝有三，無後爲大**　《孟子》：“不孝有三，無後爲大。”注：“趙氏曰：‘於禮有不孝者三事：謂阿意曲從，陷親不義，一也；家貧親老，不爲禄仕，二也；不娶無子，絶先祖祀，三也。三者之中，無後爲大。’”《病玉緣》劇：“況且不孝有三，無後爲大，你難道忘了經訓麽？”

**一四七　孤子**　《開元禮》：“父喪稱孤子，母喪稱哀子，祖父稱孤孫，祖母稱哀孫。”

**一四八　哀子**　見上。

**一四九　孤哀子**　《朱子家禮》：“父母俱亡，即稱孤哀子。”

**一五〇　降服子**　《宋史》：“崇奉濮王典禮議，歐陽修引《喪服大記》，以爲爲人後者，爲其父母降服三年爲期，而不没父母之名，以見服可降而名不可没也。”按今人稱“降服子”，或稱“降服男”。

**一五一　孝子**　《禮記·雜記》：“祭稱孝子孝孫，喪稱哀子哀孫。”

**一五二　戴孝**　劉熙《釋名》：“期而小祥，孝子除首絰也；又期而大祥，孝子除練服也；間月而禫，孝子之意，澹然衰也。”《通俗編》：“此皆因祭以稱之，今概謂居喪曰‘孝子’，服曰‘戴孝’，不典也。而其俗自晉宋來皆然。”

**一五三　丁艱**　《蕩寇志》百二四回：“雲統制丁艱回籍。”

**一五四　丁憂**　又百三一回：“自雲天彪丁憂而後，大慮山東統武乏人。”

**一五五　起復**　見《朝署》。

**一五六　兒孫自有兒孫福，莫與兒孫作馬牛**　《癸辛雜志》載葉李詩，有“兒孫自有兒孫福”句。《宋詩紀事》載道士徐守信詩：“兒孫自有兒孫計，莫與兒孫作馬牛。”元人《漁樵記》劇：“月過十五光明少，人到中年萬事休。兒孫自有兒孫福，莫與兒孫作馬牛。”

**一五七　有錢難買子孫賢**　元人《冤家債主》劇：“無藥可延卿相壽，有錢難買子孫賢。”

**一五八　孫子孫女兒**　《石頭記》五四回：“滴滴搭搭的孫子孫女兒。”

**一五九　承重孫**　《儀禮·喪服傳》疏：“父歿，適子承重。”《通典》有晉庾純等《適孫爲祖承重議》。

**一六〇　重孫兒，灰孫兒**　《石頭記》五四回：“重孫子，灰孫子。”今人云“重孫兒，灰孫兒”是也。

**一六一　太公太婆**　元人《天賜老生兒》劇：“這箇是太公、太婆。”

**一六二　公婆**　明《孝慈録》：“舅姑，即公婆。”《通俗編》按公婆之稱，古有之也。《漢書·賈誼傳》：“抱哺其子，與公併倨。”晉《樂府》：“後來新婦今爲婆。”

**一六三　醜媳婦怕見公婆面**　《西廂記》劇：“醜媳婦少不得要見公婆的。”《意中緣》劇：“俗語説得好，‘醜媳婦免不得見公婆’，難道躲得一世不成。”蘇子瞻《雜纂二續》載怕不得八事：“一曰醜婦見舅姑。”《通俗編》：“今人云‘醜媳婦怕見公婆面’，本此。”

**一六四　婆媳兩箇**　《石頭記》七回：“婆媳兩箇，引了多少姬妾、丫環、媳婦等。”

**一六五　巧媳婦煮不出無米的粥**　見《飲食》。

**一六六　做媳婦**　元人《桃花女》劇："親事也不曾許，就要過門做媳婦，這等容易？"

**一六七　養媳婦**　《三國志·東夷傳》："沃沮國女至十歲，婿家即迎之，長養爲婦。"今人所謂"養媳婦"是也。

**一六八　老公**　《水滸》四回："怎麽便打老公？"此"老公"謂丈夫也。元·石子章《竹塢聽琴》劇："我教你彈琴，到教你引老公不成？"此"老公"謂男子也。

**一六九　老娘**　《通俗編》："謂穩婆爲'老娘'，見《倦游録》。謂妳婆爲'老娘'，見楊誠齋《詩話》。或謂妻爲'老娘'，殊不典。"

**一七〇　婆娘**　《辰俗雜録》："呼妻曰婆娘，婆而係之以娘，尊之也，非賤之也。"《隴俗紀略》："呼妻爲婆娘。"按，他處多以爲罵婦人之辭，故諱言之。

**一七一　懼内**　《奈何天》劇："老爺又是懼内的，未必肯依他講話。"

**一七二　怕老婆**　《丹鉛總録》："《尚書》：'星有好風，星有好雨。'古注云：'箕星，東方宿也，東木克北土，以土爲妻。雨，土也，土好雨，故箕星從妻所好而多雨也。畢星，西方宿也，西金克東木，以木爲妻。木，風也，木好風，故畢星從妻所好而多風也。'由此推之，則北宫好燠，南宫好暘，中央四季好寒，皆以所克爲妻，而從妻所好也。予一日偶述此義，座有善謔者，應聲曰：'天上星宿，亦怕老婆乎？'滿堂爲之大笑。"《蜃中樓》劇："你就是怕老婆的烏龜了。"《石頭記》七五回："這箇怕老婆的人，從不敢多走一步。"

**一七三　打老婆，罵老婆**　《夢筆生花·杭州俗語》："打老婆，罵老婆，手裏無錢賣老婆。"

**一七四　賣老婆**　見上。

**一七五　胭脂虎**　《香祖樓》劇："一隻胭脂虎。"《枕亞浪墨續集》："陸慎言妻，沉慘狡妬，吏民號曰'胭脂虎'。"

**一七六　河東獅子吼**　蘇軾《嘲陳季常》詩："誰似龍丘居士賢，談空説有夜不眠；忽聞河東獅子吼，拄杖落手心茫然。"言其懼内也。

**一七七　元配**　《小忽雷》劇："雖是相公元配，事已至此，怎生挽回？"

**一七八　令正**　《巧團圓》劇："這等請問老兄，你有令正没有？"凡問人之妻者曰"令正"。

**一七九　令正夫人**　《釵釧記》劇："就是令正夫人，必然含笑於九原了。"

**一八〇　内人**　《禮記·檀弓》："敬姜言文伯死，朋友諸臣，未有出涕者，而内人皆行哭失聲。"注："内人，妻妾也。"今人自稱其妻曰"内人"。

**一八一　内助**　《魏志·郭后傳》："帝王之治天下，非惟外輔，亦有内助。"按，今人亦以妻爲"内助"。

**一八二　家裏**　《升庵詩話》："俗語云：'鄉里夫妻，步步相隨。'言鄉不離里，夫不離妻也。古人稱妻曰'鄉里'。沈約《山陰柳家女》詩曰：'還家問鄉里，詎堪持作夫。'《南史·張彪傳》：'我不忍令鄉里落他處。'姚令威曰：'會稽人曰"家"，其義同也。'見《西溪叢話》。按，吾鄉稱妻亦曰'家'。清·孫點《歷下志遊》：'夫婦，男稱女曰"家裏"。'此稱最古。見《玉臺新詠》。"

**一八三　堂客**　《儒林外史》二六回："不到一年光景，王三胖子就死了，這堂客纔到二十一歲。"

**一八四　奶奶**　與上"奶奶"不同，謂妻也。見《婦女》"嬌嬌滴滴”。

**一八五　天長地久**　見《天地》。

**一八六　天生一對，地生一雙**　元·李行道《灰闌記》劇："馬員外請我喫酒，偶然看見他大娘子，可可是天生一對，地產一雙。"《一文錢》劇："正所謂'天生一對，地生一雙'。"

**一八七　一對夫妻**　元·石子章《竹塢聽琴》劇："小姐，你既是遇着我，正是一對夫妻。"又見《飲食》"羊肉不曾喫，惹到一身羶"。

**一八八　結髮夫妻**　蘇武詩："結髪爲夫妻，恩愛兩不疑。"

**一八九　恩愛夫妻**　見上。

**一九〇　兒女夫妻**　元人《爭報恩》劇："我和你是兒女夫妻。"

**一九一　柴米夫妻**　《古謠諺》："柴米夫妻，酒肉朋友，盒兒親戚。"

**一九二　露水夫妻**　《意中緣》劇："非是我蹉跎好事，冷落鴛幃，念不比那露水夫妻，念不比那露水夫妻，情到處便成佳會。"《麪缸》梆子腔："這叫做露水夫妻不到底。"

**一九三　單夫獨妻**　《齊民要術》："紅花一頃，須百人摘取，一家手力，十不充一。但每旦有小兒僮女，百十餘羣，自來分摘，是以單夫隻妻，亦得多種。"今云"單夫獨妻"，本此。

**一九四　秋胡戲妻**　《列女傳》："魯潔婦者，秋胡子之妻。秋胡子納之五日，而官於陳，五年乃歸。未至家，見路旁有美婦人，方採桑。秋胡子悅之，下車謂曰：'吾有金，願以予夫人。'婦人曰：'嘻！吾採桑，奉二親，不願人之金。'秋胡子遂去。歸至家，其母使人呼其婦，乃向採桑者也。秋胡子見之而慚。婦曰：'辭親往仕，五年得還，乃悦路旁婦人，以金予之，是忘父母，不孝也。妾不忍見不孝之人。'遂去，自投河而死。"又《元曲選》雜劇中，石君寶有《秋胡戲妻》劇。

**一九五　孟姜女哭倒長城**　俞樾《春在堂隨筆》："俗傳秦築長城，有范郎之妻孟姜，送寒衣至城下，聞夫死，一哭而長城爲之崩。范郎妻果何人歟？余曰，唐釋貫休《禪月集》有《杞梁妻》一首云：'秦之無道兮四海枯，築長城兮防北胡。築人築土一萬里，杞梁貞婦啼烏烏。'似乎哭長城而崩者，即杞梁妻矣。《日知録》謂其并《左傳》、《孟子》而未讀，此固不足據。所謂范郎妻者，究不知爲何人。《漢書·匈奴傳》：'漢軍乘勝追北，至范夫人城。'應劭曰：'本漢將築此城，將亡，其妻率餘衆完保之，因以爲名。'然則范郎妻，疑即范夫人。乃夫死而完保其城，非夫死而一哭崩城，且漢時人，非秦時人也。傳者以此事牽合杞梁妻事，致失其實。"元·關漢卿《竇娥冤》劇："那裏有奔喪處，哭倒長城？"

**一九六　朱買臣馬前潑水**　《通俗編》："《鶡冠子》注：'太公既封齊侯，道遇前妻，再拜求合。公取盆水覆地，令收之，惟得沙泥。公曰："誰言離更合，覆水定難收。"'俗言馬前潑水，朱買臣事。"

**一九七　妻子**　《詩·小雅》："妻子好合，如鼓琴瑟。"杜甫詩："結髮爲妻子。"《通俗編》："按，此本僅言妻，而兼助以子字，今語猶有然。"

**一九八　妻財子禄**　見《貨財》。

**一九九　夫妻兩箇**　《水滸》九十回："夫妻兩箇，權在營前開了箇茶酒店。"

**二〇〇　夫妻情分**　元·馬致遠《黄粱夢》劇："怎生没些夫妻情分。"分，去聲。

**二〇一　夫妻反目**　《易·小畜》："輿脱輻，夫妻反目。"《奈何天》劇："若還争鬧起來，勢必至於夫妻反目。"

**二〇二　夫榮妻貴**　元·賈仲名《玉梳記》劇："夫榮妻貴，足矣足矣！"《百順記》劇："夫榮妻貴世難尋。"《病玉緣》劇："如今洪福驚人，夫榮妻貴。"

**二〇三　夫倡婦隨**　《通俗編》："'夫倡婦隨'，見《關尹子》。"又按，見《千字文》。元人《舉案齊眉》劇："正旦云：'秀才，你怎生這般説，豈不聞夫倡婦隨也呵！'"

**二〇四　夫婦團圓**　元人《漁樵記》劇："天下喜事，無過夫婦團圓。"

**二〇五　夫妻本是同林鳥**　《通俗編》："《法苑珠林》：'有人耕田，被蛇喈殺。或詣其家，以語其婦。婦説喻言："譬如飛鳥，暮集高樹，同林共宿，伺明早起，各自飛去，行求飲食。有緣更合，無緣即離。我等夫婦，亦復如是。"'今云'夫妻本是同林鳥'，本此。"按，此但引故事，尚未引出成語也。元人《夜月泣江舟》劇："馮太守歎云：'正是夫妻本是同林鳥，大限來時各自飛。'"又按，《荆釵記》劇二語同。

**二〇六　一夜夫妻百夜恩**　《通俗編》："'一夜夫妻百夜恩'，元曲用此語甚多，《琵琶記》等劇皆有之。"又元·石君寶《秋胡戲妻》劇："卻正是一夜夫妻百夜恩。"

**二〇七　巧妻常伴拙夫眠**　《水滸》二三回："自古道：'駿馬卻馱癡漢走，巧妻常伴拙夫眠。'"元·武漢臣《生金閣》劇："這渾家十分標致，便好道'巧妻常伴拙夫眠'。"

**二〇八　家有賢妻，夫不遭横事**　《殺狗記》劇："家有賢妻，夫不遭横禍飛災。"元人《伍員吹簫》劇："家有賢妻，男兒不遭横事。"元人《盆兒鬼》劇："家有賢妻，丈夫不遭横事。"

横，去聲。

**二〇九　强妻逆子，無法可治**　“頑妻逆子，無藥可治。”見上“父子不同道”。又《夢筆生花·杭州俗語·雜對》：“頑妻劣子，無法可治；燒火剥葱，也算一工。”按，今人多云：“強妻逆子，無法可治。”

**二一〇　停妻娶妾**　元·楊顯之《劉行首》劇：“員外你不回家來，原來在這裏，做了停妻再娶妻。”按，今人無“停妻娶妻”之語，有“停妻娶妾”之語。

**二一一　三妻四妾**　《風筝誤》劇：“自古道：‘娶妻娶德，娶妾娶色。’娶進門來，若果然容貌不濟，你做狀元的，三妻四妾，任憑再娶。”

**二一二　娶妻娶德，娶妾娶色**　見上。

**二一三　續絃**　《通俗編》：“《十洲記》：‘鳳麟洲人，以鳳喙麟角，合煎作膠，能續弓絃。’”按，今謂喪妻曰‘斷絃’，再娶曰“續絃”。

**二一四　側室**　又“正室，《周禮》注：‘適子也。’側室，《左傳》注：‘衆子也。’然《漢書》：‘文帝曰：“朕高皇帝側室之子也。”’按此則妾云‘側室’，妻可云‘正室’矣。”

**二一五　繼室**　《左傳》：“惠公元妃孟子，孟子卒，繼室以聲子。”

**二一六　填房**　《儒林外史》五回：“王氏向趙氏道：‘我若死了，就把你扶正，做箇填房。’”

**二一七　偏房**　《古今筆記》：“《列女傳》：‘趙衰妻頌曰：“身雖尊貴，不妒偏房。”’謂妾也。”

**二一八　姨娘**　《新方言》：“《漢書·文帝紀》：‘母曰薄姬。’如淳曰：‘姬音怡，衆妾之總稱。’今人謂妾曰‘姬娘’，音正如怡。世俗皆誤作‘姨娘’，姨爲妻之姊妹輩，不得以爲‘姬妾’字也。”又按姨爲母之姊妹輩，尤不得以爲“姬妾”字也。

**二一九　如君**　《夢筆生花·杭州俗語·雜對》：“猶子；如君。”按對人稱其妾者，謂之“如君”。

**二二〇　如夫人**　《左傳》：“齊侯好内，多内寵，内嬖如夫人者六人。”今亦稱人之妾也。

**二二一　小**　《通俗編》：“‘小星’，見《詩經》；‘小妻’、‘小婦’，俱見《漢書》。皆謂妾也。又副妾在妾之下，篷室在副妾之下，俱見《左傳》。今俗通以‘小’名之。”

**二二二　小星**　見上。

**二二三　小老婆**　元·武漢臣《天賜老生兒》劇：“敢是你那裏看上了一箇，你待娶來做小老婆也。”《憐香伴》劇：“俗語説得好：‘若要家不和，娶箇小老婆。’”

**二二四　大老婆**　《鳳求凰》劇：“正是‘招牌挂在媒人口，出賣人間大老婆’。”

**二二五　兩頭大**　《蕩寇志》九六回：“紀二引誘東家，娶了箇兩頭大。”今徽州人有“兩頭大”之語。

**二二六　不分大小**　見上“令愛”。

**二二七　姊妹稱呼**　同上。

**二二八　家叔**　見上“家父家母”。

**二二九　叔父大人**　《通俗編》引《後漢書·疏廣傳》：疏受叩頭曰：“從大人議。”此稱叔父爲大人也。

**二三〇　叔公**　《合縱記》劇：“旦云：‘官人！你怎麽不回去，到來打攪叔公？’”

**二三一　嬸子**　元·楊文奎《兒女兩團圓》劇：“福童云：‘嬸子請！’”

**二三二　子姪**　《晉書·王湛傳》："王濟才氣抗邁，於湛略無子姪之敬。"

**二三三　姪男**　顔真卿序顔元孫《干禄字書》："第十三姪男真卿書。"

**二三四　遠房姪兒**　《白兔記》劇："不要打！這是我的遠房姪兒。"

**二三五　哥哥**　《元典章》"軍户替補"條，亦有哥哥、兄弟、孩兒每語。《通俗編》："按俗以'兄弟'二字並呼其弟。據文，兄弟上先言哥哥，則此呼元時已通行上下也。"

**二三六　大哥**　張九齡《詩序》："上幸寧王第，敍家人禮，上曰：'大哥好作主人。'"

**二三七　尊兄**　《欒城遺言》："貢父嘗謂公所爲訓辭，曰：'君作彊於尊兄。'"公謂子由，兄謂子瞻。

**二三八　家兄**　《晉書·何充傳》："王敦曰：'家兄在（廬江）〔郡〕定佳。'"

**二三九　堂兄**　《北史·公孫表傳》："祖季真曰：'二公孫同堂兄耳，吉凶會集，便有士庶之異。'"

**二四〇　長兄爲父，長嫂爲母**　唐翼修《人生必讀書》："長兄如父，長嫂如母。"《殺狗記》劇："長兄爲父，長嫂爲娘。"《水滸》二三回："你既是聰明伶利，卻不道長嫂爲母。"長，上聲。

**二四一　家嫂**　《晉書·謝朗傳》："謝安謂坐客曰：'家嫂詞情慷慨，恨不令朝士見之。'"

**二四二　賢惠嫂**　元·李致遠《風雨還牢》劇："則俺那賢惠嫂，今何在？"

**二四三　難兄難弟**　《世説》："陳太邱曰：'元方難爲兄，

季方難爲弟。’”《蜃中樓》劇：“真是難兄難弟。”

**二四四　嫡親兄弟**　《殺狗記》劇：“難道是推不開嫡親兄弟？”

**二四五　同胞兄弟**　見上“親生父母”。

**二四六　同胞兄弟看娘面，千朵桃花一樹生**　《義俠記》劇：“同胞兄弟看娘面，千朵桃花一樹生。”

**二四七　兄弟如手足**　元人《凍蘇秦》劇：“可不道兄弟如手足，手足斷了難再續。”

**二四八　手足之情**　《殺狗記》劇：“手足之情，手足之情，怕甚山遥路長。”

**二四九　手膀子打斷向裏彎**　見《身體》。

**二五〇　十弟兄**　《春明退朝録》：“太宗謂侍臣曰：‘昔唐莊宗終日沈飲，與俳優輩結十弟兄，不知當時政刑何如也？’”

**二五一　舍弟**　魏文帝《與鍾繇書》：“舍弟子建。”

**二五二　令弟**　《通俗編》：“謝靈運《與從弟惠連書》：‘北路值令弟。’《北史·王晞傳》邢子良《與晞兩兄書》曰：‘賢弟彌郎。’晞小名彌郎。今人稱人弟曰‘令弟’，稱其弟曰‘賢弟’，與古人正相異用之矣。”

**二五三　賢弟**　見上。

**二五四　賢昆玉**　《殺狗記》劇：“大哥，賀喜賀喜，聞知賢昆玉和順了。”

**二五五　昆玉**　《南史·王玢傳》：“子琳有子九人，並知名，時人以爲玉昆金友。”按，今稱人兄弟，或稱“昆玉”，或稱“賢昆玉”。

**二五六　排行**　《日知録》：“兄弟二名而共用一字者，世謂之排行，如德宗、德文，義符、義真之類。起自晉末，漢人所未有也。”按行音輩行之行，讀仄聲。後人讀爲行列之行，作平聲非也。

**二五七　同氣連枝**　《千字文》：“孔懷兄弟，同氣連枝。”

**二五八　同室操戈**　《後漢書·鄭玄傳》：“玄遂隱修經業，杜門不出。時任城何休，好公羊學，遂著《公羊墨守》、《左氏膏肓》、《穀梁廢疾》。玄乃發墨守、鍼膏肓、起廢疾。休見而歎曰：‘康成入吾室，操吾矛以伐我乎？’”今有家人相争者，謂之“同室操戈”，意蓋本此。《桃花扇》劇：“近日復社諸生，倡論攻擊，大肆毆辱，豈非操同室之戈乎！”《夢筆生花·杭州俗語·雜對》：“隔壁告狀；同室操戈。”

**二五九　伯伯**　《水滸》四八回：“孫立道：‘嬸子，你正是害甚麽病？’顧大嫂道：‘伯伯拜了，我害些救兄弟的病。’”

**二六〇　叔叔**　見《頭面》“硬頭硬腦”。

**二六一　弟新婦**　《禮記·喪服》傳：“謂弟之妻婦者，是嫂亦可謂之母乎？”《通俗編》：“按《爾雅》，弟之妻爲婦。注云：‘猶言新婦也。’弟婦之稱，亦本於古，然但女子謂其弟妻而已。”

**二六二　姆姆**　《紫薇雜記》：“吕氏母母，受嬸房中婢拜。嬸見母母房婢拜，即答。”《通俗編》：“按今兄婦呼弟婦爲嬸嬸，弟婦呼兄婦爲姆姆，姆姆即母母也。”

**二六三　嬸嬸**　見上。

**二六四　妯娌**　《爾雅》：“長婦謂稚婦爲娣，娣婦謂長婦爲姒。”《事類合璧》：“兄弟之妻，相稱爲妯娌。”《史記》注：“孟康曰：‘兄弟妻相謂先後宛若。’”《索隱》曰：“即今妯娌也。”妯娌音軸里。

**二六五　家姊**　《列女傳》：“馬季長女對其夫袁次陽曰：

‘家姊有宋伯姬之風。’”

**二六六　妹妹**　《路史》注:“桀妻妹喜。妹者,以妹妹目之。”

**二六七　妹子**　元·楊顯之《秋夜雨》劇:“伯父請過妹子來,小生與她相見。”

**二六八　姊妹兩箇**　見《婦女》“盤龍髻”。

**二六九　嫡親姊妹**　《風箏誤》劇:“我和你嫡親姊妹,有甚麽冤讐?”

**二七〇　姐姐**　音“假假”,稱姊也。見《時日》“今朝”。

**二七一　大姐姐**　見《頭面》“眼淚在肚裏落”。

# 交際

**一　老師**　明·王世貞《觚不觚録》：“京師謂極尊者曰老先生，自内閣以至九卿皆如之。門生稱座主，亦不過老先生而已。至分宜當國，而諛者稱老師，其厚之甚者稱夫子。此後門生稱座主，亦俱曰老師。余自丙辰再入朝，則三品以上，多稱之曰老翁。又有無故而稱老師者。”按，分宜，嚴嵩也。

**二　夫子**　見上。

**三　門生**　見上。歐陽修《孔宙碑陰題名跋》：“漢世公卿，多自教授，其親受業者爲弟子，轉相授者爲門生是也。”《通俗編》：“按，知貢舉，稱新進士爲門生，惟起於唐之中葉耳。”

**四　仁兄**　《後漢書·趙壹傳》：壹《報皇甫規書》曰：“實望仁兄，昭其懸遲。”

**五　老兄**　《朝野僉載》：“來俊臣謂周興嗣曰：‘有内狀勘老兄，請兄入此甕。’”老兄之稱，唐人已有之，《唐書》改“老兄”作“公”，或以稱謂不雅，故改之耳。《廣西方言》：“《嶺外代答》云：‘長於我，稱之曰老兄；少於我，稱之曰老弟；丈人行，呼其少者爲老姪。’”

**六　年兄**　宋·馬永卿《嬾真子》：“紹興六年夏，僕與年兄何元章，會於錢塘江上。”《通俗編》：“按，宋人已有年兄之稱。”

**七　仁弟**　宋·樓鑰《攻媿集·跋從子深所藏書畫》云：“徐東湖與了翁家相厚如家人。通判郎中，即了翁次子止之也，呼以仁弟，情義可知。”《通俗編》：“按此仁弟之稱，自宋已然。”

**八　小弟**　王季友詩：“小弟丹青能爾爲。”

**九　老弟**　見上“老兄”。

**一〇　老伯**　《兩般秋雨盦隨筆》：“今人於父執率稱老伯。舅氏華春濤先生，則必比較年齒，長於父者曰老伯，少於父者曰老叔，截然不可紊也。昔米元章與人一帖云：‘承借騰員，其人不名，自稱張大伯，是何老物，輒欲爲人父之兄！若爲大叔，猶之可也。記此以博一哂。’”

**一一　老叔**　見上。

**一二　大叔**　同上。

**一三　老姪**　見上“老兄”。

**一四　晚生**　《觚不觚録》：“翰林舊規，見前輩投刺，皆稱晚生，餘不爾也。”

**一五　通家**　《後漢書·孔融傳》：“融幼有異才，年十歲，随父詣京師。時河南尹李膺，以簡重自居，不妄接士賓客。勑外，自非當世名人，及與通家，皆不得白。融欲觀其人，故造膺門，語門者曰：‘我是李君通家子弟。’門者言之。膺請融問曰：‘高明祖父，嘗與僕有恩舊乎？’融曰：‘然，先君孔子，與君先人李老君，同德比義，而相師友，則融與君累世通家。’衆坐莫不歎息。”

**一六　閣下**　見《宫室》。

**一七　足下**　李陵《答蘇武書》：“子卿足下。”

**一八　台甫**　《張子全書》：“書啟稱‘台候’，或以此言無義理，衆人皆台，安得不台。"《通俗編》："今言'台甫'、'台啟'之屬甚多，此風亦盛自宋也。"台音胎，今俗讀若臺非。

**一九　客氣**　《通俗編》："《左傳·定八年》，陽虎僞不見冉猛者，猛逐之，僞顛，虎曰：'盡客氣也。'按，俗以燕居里處，多其文貌爲客氣。或謂即本諸此，似亦近僞飾也。愚疑其未然。《論語》：'居不容。'唐石經及《經典釋文》皆作'居不客'，與今'客氣'之言尤合。"《荷花蕩》劇："我與你也是這般客氣。"

**二〇　支賓待客**　見《家族》"添人進口"。

**二一　前客讓後客**　《通俗編·俚語集對》："前客讓後客；大蟲吃小蟲。"

**二二　不速之客**　《易·需卦》："有不速之客三人來，敬之終吉。"速，召也。

**二三　下逐客之令**　《綱鑑》："秦大索逐客，客卿李斯上書，召復故官，遂除其令。"今有欲客速去者，人以爲下逐客之令。

**二四　打狗看主面**　《涇諺彙録》有"打狗看主人"之語。

**二五　强賓不壓主**　《三國志演義》十二回："玄德又讓徐州。陳宫曰：'强賓不壓主，請使君勿疑。'"《水滸》十九回："自古强賓不壓主。"

**二六　一客不煩二主**　《山谷集·題跋》："余與魚洞陳允之對棋，以三紙書對樓子四間，而允之敗，遂以樓子施五通堂僧清巽，嘉允之能藏機願施，即書字遺之。紙窮，文未竟，復增施二紙，冀允之解此意，並以樓屋旁餘舍施清巽，所謂一客不煩兩主人也。"《水滸》二三回："常言道'一客不煩二主'。"又《殺狗記》、《義俠記》二劇語同。

**二七　酒食徵逐**　韓愈《柳子厚墓志銘》："今夫平居里巷相慕悦，酒食游戲相徵逐。"

**二八　酒肉朋友**　見《家族》"柴米夫妻"。

**二九　三朋四友**　《病玉緣》劇："他們三朋四友引他遊耍花街柳巷，纔遇了此疾呀。"

**三〇　高朋滿座**　王勃《滕王閣序》："十旬休暇，勝友如雲；千里逢迎，高朋滿座。"

**三一　朋友有通財之義**　《論語·鄉黨》注："朋友有通財之義，死無所歸，不得不殯。"

**三二　衣帽不周，朋友之過**　見《服飾》。

**三三　衣裳是新的好，人是舊的好**　同上。

**三四　拜把子**　《石頭記》五七回："梅香拜把子，都是奴才呢。"《夢筆生花·杭州俗語·雜對》："拜把子；馱旗兒。"

**三五　順便拜年**　又："隨緣度日；順便拜年。"

**三六　八拜之交**　又："一拱而別；八拜之交。"《串戲》梆子腔："丑云：'吾與張良哥哥，七拜之交。'貼云：'八拜。'丑云：'那日少拜了一拜。'"

**三七　一面之交**　元人《須賈誶范叔》劇："不想范雎與張禄丞相有一面之交，我之事必濟矣。"

**三八　莫逆之交**　《莊子·大宗師》："三人相視而笑，莫逆於心。"今人所謂"莫逆之交"是也。

**三九　心腹之交**　《水滸》三九回："通判乃心腹之交。"

**四〇　善與人交**　《論語》："子曰：'晏平仲善與人交，久而敬之。'"

**四一　水米無交**　《意中緣》劇："雖然兩下水米無交，便受虛名，福也難消。"

**四二　禮尚往來**　《禮記·曲禮》："禮尚往來。往而不來，非禮也；來而不往，亦非禮也。"

**四三　禮不可缺**　《殺狗記》劇："自古道：'禮不可缺。'"

**四四　禮體**　常袞《授李函尚書右丞制》："雅有學行，通於禮體。"

**四五　禮物**　《書·微子之命》："修其禮物，作賓於王家。"

**四六　水禮**　《夢筆生花·杭州俗語·雜對》："水禮；山規。"

**四七　菲禮**　《禮記·坊記》："君子不以菲廢禮。"

**四八　薄乎云爾**　《孟子》："薄乎云爾，惡得無罪？"又《通俗編·識餘》："投贈菲薄，曰：'薄乎云爾。'"

**四九　聊表寸心**　《合縱記》劇："一杯淡酒，聊表寸心。"

**五〇　應酬**　陸游詩："老來萬事懶，不獨廢應酬。"

**五一　多謝**　《漢書·趙廣漢傳》："界上亭長曰：'至府，爲我多謝問趙君。'"

**五二　璧謝**　《鳳求凰》劇："怎麼妻子送禮，做丈夫的也要寫起璧謝帖來？"

**五三　長者賜，少者不敢辭**　《禮記·曲禮》："長者賜，少者、賤者不敢辭。"《繡襦記》劇："自古道：'長者賜，少者不敢辭。'"長，上聲。

**五四　卻之不恭**　《孟子》："卻之，卻之爲不恭。"《釵釧記》劇："受賜不當，受賜不當，卻之不恭。"

**五五　受人之託**　《爛柯山》劇："受人之託，必當忠人之事。"元人《陳州糶米》劇："受人之託，必當終人之事。"

**五六　受之而不報**　《孟子》："孟子居鄒，季任爲任處守，以幣交，受之而不報。處於平陸，儲子爲相，以幣交，受之而不報。"

**五七　久假而不歸**　《孟子》："久假而不歸，惡知其非有也。"

今人借物不還者，每有“久假而不歸”之語。

**五八　陪下情**　《拜月亭記》劇：“事無可奈，只得陪些下情。”

**五九　人情大似聖旨**　《西遊記》五三回：“行者對道人道：‘人情大似聖旨。’”

**六〇　人情世故**　《當壚艷》劇：“人情世故，大抵如此。”

**六一　賣箇人情**　《三國志演義》十一回：“郭嘉曰：‘主公正好賣箇人情與劉備，退軍去復兗州。’”

**六二　落得做人情**　又五一回：“周瑜曰：‘吾彈指可得南郡，落得虛作人情。’”《水滸》七回：“又送金子與俺，你不要多説，和你分了罷，落得做人情。”

**六三　天大的人情**　《一捧雪》劇：“這箇玉杯，已是天大的人情了。”

**六四　秀才人情**　《儒林外史》十四回：“又合着古語説，‘秀才人情紙半張’。”又見《夢筆生花·杭州俗語》。

**六五　秀才人情紙半張**　見上。

**六六　千里送鵝毛，禮輕人意重**　《路史》：“雲南俗傳，昔代土官緬氏，遣緬伯高送天鵝於中朝。過沔陽，浴之，飛去。俄墮一翎，高拾之。至闕下，上其翎，作口號云：‘將鵝貢唐朝，山高路遠遥。沔陽湖失去，倒地哭號號。上覆唐天子，可饒緬伯高。禮輕人意重，千里送鵝毛。’”《復齋漫録》引諺語云：“千里寄鵝毛，禮輕人意重。”

**六七　喜相逢**　《夢筆生花·杭州俗語·雜對》：“惡取笑；喜相逢。”

**六八　狹路相逢**　見《地理》。

**六九　萍水相逢**　王勃《滕王閣序》：“關山難越，誰悲失路之人；萍水相逢，盡是他鄉之客。”

**七〇　人生何處不相逢**　《歸田録》：“寇準貶雷州司户，丁謂秉筆。及謂之貶，馮拯擬崖州。當時好事者相語曰：‘若見雷州寇司户，人生何處不相逢。’”元·王子一《誤入桃源》劇：“人情今夜初相共，人生何處不相逢。”《擋馬》梆子腔：“五湖四海皆朋友，人生何處不相逢。”

**七一　有緣千里來相會，無緣對面不相逢**　見《婦女》。又《水滸》三四回：“宋江聽了大喜道：‘有緣千里來相會，無緣對面不相逢。’”

**七二　面甜**　見《頭面》。

**七三　面善**　同上。

**七四　面生可疑**　同上。

**七五　人生面不熟**　同上。

**七六　燒灰也認得**　同上。

**七七　對面不相識**　《傳燈録》：“石霜往見楊大年，楊言：‘對面不相識，千里卻同風。’”

**七八　素不相識**　元·范子安《竹葉舟》劇：“你這道者，我與你素不相識，怎生便着我跟你出家？”

**七九　反眼不相識**　韓愈《柳子厚墓志銘》：“一旦臨小利害，僅如毛髮比，反眼若不相識。”

**八〇　反面無情**　見《頭面》。

**八一　另眼相看**　同上。

**八二　有眼不識泰山**　同上。

**八三　貴人不踏賤地**　見《地理》。

**八四　無事不登三寶殿**　見《宫室》。

**八五　親自上門**　同上。

**八六　不得其門而入**　同上。

**八七　借花獻佛**　見《仙佛》。

**八八　揀佛燒香**　同上。

**八九　不看金面看佛面**　同上。

**九〇　愛莫能助**　《詩·大雅》："德輶如毛，民鮮克舉之；我儀圖之，維仲山甫舉之。愛莫助之。"今之無力助人者，每有"愛莫能助"之語。

**九一　痛癢相關**　《夢筆生花·杭州俗語·雜對》："喜笑自若；痛癢相關。"

**九二　情投意合**　《玉搔頭》劇："下官與你情投意合，不覺住了多時。"

**九三　意氣相投**　見下"桃園三結義"。

**九四　桃園三结義**　《通俗編》："《蜀志·關羽傳》：'先主與羽、飛二人，寢則同牀，恩若兄弟。'按世俗'桃園三結義'之説，由此敷演。"《歸田瑣記》："《關西故事》載：'蒲州解梁關公，本不姓關，少時力最猛，不可檢束，父母怒而閉之後園空室。一夕，啟窗越出。聞牆東有女子啼哭甚悲，有老人相向而哭，怪而排牆詢之。老者訴云："我女已嘗受聘，而本縣舅爺，聞女有色，欲娶爲妾。我訴之尹，反受其罵，以此相泣。"公聞大怒，仗劍徑往縣署，殺尹並其舅，而逃至潼關。聞關門圖形甚急，伏於水旁，掬水洗面，自照其形，顏色已變蒼赤，不復認識。挺身至關，關主詰問，隨口指關爲姓，後遂不易。東行至涿州，張翼德在州賣肉，止於午前，午後即將所存肉下懸井中，舉五百斤大石掩其上，曰："有能舉此石者，與之肉。"公適至，舉石輕如彈丸，携肉而行。張追及，與之角力，相敵莫能解。而劉玄德賣草履亦至，從而禦止之。三人共談，意氣相投，遂結桃園之盟’云云，語多荒誕不經，殆演義所由出歟！”《殺狗記》劇：“當初劉、關、張三人，在桃園中結義。”

**九五　四海之内皆兄弟也**　《論語》:“四海之内，皆兄弟也，君子何患乎無兄弟也？”《琵琶記》劇：“説那裹話，四海之内，皆兄弟也。”《風筝誤》劇：“自古道：‘四海之内皆兄弟也。’何況我和你兩世通家。”

**九六　突如其來**　《易·離卦》：“突如其來如。”

**九七　人來投人，鳥來投林**　《夢筆生花·杭州俗語·雜對》:“人來投主，鳥來投林；進得衙門，難進廟門。”今俗有“人來投人，鳥來投林”之語。

**九八　先來後到**　《巧團圓》劇：“不論買何物件，都要論箇先來後到。”

**九九　後來居上**　見《朝署》。又《風筝誤》劇：“寵盛處後來居上。”

**一〇〇　既來之，則安之**　《論語》：“故遠人不服，則修文德以來之。既來之，則安之。”元·吴昌齡《風花雪月》劇：“便好道：‘既來之，則安之。’仙子請坐！”《翡翠園》劇：“正是‘既來之，則安之’，你且來班房裹坐一坐。”

**一〇一　千差萬差，來人不差**　元·武漢臣《生金閣》劇:“官差吏差，來人不差。”《萬里圓》劇:“自古千差萬差，來人不差。”差音叉。

**一〇二　千萬千萬**　《漢書》顔師古注：“多謝，若今人言千萬問訊矣。”《東坡集》：“切勿示人，千萬千萬！”

**一〇三　不約而同**　《奈何天》劇：“我們三箇不約而同，都陷在此處。”

**一〇四　三生有幸**　《夢筆生花·杭州俗語·雜對》：“三

生有幸；九死何辭。”

**一〇五　假託熟**　又：“假託熟；啞相知。”

**一〇六　半生半熟**　《拊掌録》：“北都有妓女美色，而舉止生硬，士人謂之生張八。因府會，寇忠愍令乞詩於魏處士野，野贈之詩曰：‘君爲北道生張八，我是西州熟魏三。莫怪尊前無笑語，半生半熟未相諳。’”

**一〇七　一回生，兩回熟**　《夢筆生花·杭州俗語》：“一遭生，兩遭熟。”今人多有“一回生，兩回熟”之語。

**一〇八　一見如故**　元·戴善夫《風光好》劇：“我今來兩浙，見錢元帥，一見如故。”《水滸》五七回：“他二人一見如故。”

**一〇九　相見恨晚**　《史記·主父偃傳》：“公等皆安在？何相見之晚也！”今人云“相見恨晚”，本此。

**一一〇　改日相見**　《水滸》三五回：“你兩箇只得休怪，改日相見。”

**一一一　聞名不如見面**　見《頭面》。又《病玉緣》劇：“真是聞名不如見面，見面勝似聞名了。”

**一一二　别時容易見時難**　《玉簪記》劇：“我只爲别時容易見時難，你看那碧澄澄斷送行人江上晚。”

**一一三　别來無恙**　《病玉緣》劇：“别來無恙，皓齒更明眸。”

**一一四　會少離多**　元人《隔江鬬智》劇：“這幾日，離多來會少。”

**一一五　會無好會**　《三國志》劇：“古來筵無好筵，會無好會。”

**一一六　後會有期**　見《朝署》“公事忙”。又《三國志演義》二七回：“後會有期，將軍保重！”

**一一七　戀戀不捨**　《石頭記》三十回：“就有些戀戀不捨的。”

**一一八　恕不遠送**　元·關漢卿《謝天香》劇：“錢大尹云：‘恕不遠送。’”《漁家樂》劇：“卑人有罪，恕不遠送。”

**一一九　送君千里終須別**　《廣人物志》：“李勣別張文瓘，引諺云：‘千里相送，終於一別。’”《水滸》二二回：“常言道：‘送君千里，終須一別。’”

**一二〇　没有不散的筵席**　見《飲食》。

**一二一　八行書**　見《文事》。

**一二二　書信**　《東觀餘論》：“古者謂使爲信，凡言信者，皆使人也。今之流俗，以遺書餽物爲信，遂謂之書信，而不知前人之語不然。”

**一二三　杳無音信**　見《蹤跡》。

**一二四　音信不通**　《瑞筠圖》劇：“音信不通，方在此日深憂慮。”

**一二五　平起平坐**　《儒林外史》三回：“你若同他拱手作揖，平起平坐，這就是壞了規矩。”

**一二六　不敢請耳**　《孟子》：“不敢請耳，固所願也。”

**一二七　不敢當**　《儀禮·士相見禮》：“非敢求見。”注曰：“嫌褻主人，不敢當。”

**一二八　太謙**　《通俗編》：“‘太謙’，見《毛詩·江漢》傳。又《漢書·張安世傳》：‘君言泰謙，君而不可，尚誰可者。’”

**一二九　失敬**　《荷花蕩》劇：“得罪，失敬了。”

**一三〇　恭敬不如從命**　贊寧《笋譜》：“昔有新婦，不得舅姑意。其婦善承不違。一日歲暮，姑索笋羹，婦答即煮供上。妯娌問之曰：‘今臘中，何處求笋？’婦曰：‘且應爲貴，以順攘逆，責耳！其實何處求之？’姑聞而悔，後倍憐新婦。故諺曰：‘恭敬不如從命，受訓莫如從順。’”元人《黑旋風雙獻功》劇：“可便道‘恭敬不如從命’。”

**一三一　介紹**　《戰國策》：“勝請爲紹介。”勝，平原君趙勝也。《三國志演義》八六回：“先生肯爲我介紹乎？”

**一三二　光臨**　曹植《七啟》：“幸見光臨。”

**一三三　光顧**　《風箏誤》劇：“幾時到敝寓來，光顧一光顧，何如？”

**一三四　勞尊**　元人《合同文字》劇：“有勞尊重，家貧不能款待，惶恐惶恐！”

**一三五　謝步**　《蕩寇志》七二回：“相煩説聲，陳希真親來謝步。”

**一三六　相好**　《左傳》：“昔逮我獻公及穆公相好，戮力同心。”

**一三七　親熱**　元·楊顯之《秋夜雨》劇：“他自到我家來，到也親熱。”

**一三八　致意**　《晉書·孫綽傳》：“桓温見綽表曰：‘致意興公。’”

**一三九　遵教**　《漢書·萬石君傳》：“子孫遵教如之。”今人對平等者，亦謙言“遵教”。

**一四〇　虚與委蛇**　《病玉緣》劇：“儂家若不愛惜陳郎，一味虚與委蛇，貽誤他終身大事，良心何在呢！”委蛇音威宜。

**一四一　敘寒温**　《世説》：“謝混與王齊、王睹敘寒温數語。”《荆釵記》劇：“説話就叫扳談，無非敘敘寒温的意思。”

**一四二　接風**　見《飲食》“水酒”。又《水滸》二五回：“小人不曾與都頭接風，何故反擾？”

**一四三　小東**　《繡襦記》劇：“這箇小東，那裏敢要朋友費心！”

**一四四　簡慢**　《金錢豹》劇：“多多簡慢！”

**一四五　驚動**　《晉書·劉聰載記》：“目當不敢北視，況敢濟乎？不勞驚動將士也。”《通俗編》：“按，今人言煩擾人，曰‘驚動’，亦曰‘勞動’。白詩：‘勞動故人龐閣老，提魚攜酒遠相尋。’”

**一四六　勞動**　見上。

**一四七　煩勞**　《晉書·宣帝紀》：“此不足以勞君，事欲必克，故以相煩耳。”

**一四八　照管**　《東坡尺牘》答徐宜之曰：“詹使君，仁厚君子也，極蒙他照管。”

**一四九　提拔**　《庾子山集》：“天澤沛然，謬垂提拔。”

**一五〇　吹噓**　揚子《方言》：“吹，助也。”注云：“吹噓，相佐助也。”

**一五一　擡舉**　張元晏《謝宰相啟》：“驟忝轉遷，盡由擡舉。”

**一五二　敷演**　《蕩寇志》七九回：“且敷演着他。”

**一五三　奉承**　《通俗編》：“《左傳》：‘嬰齊受命於蜀，奉承以來，不敢失隕。’按，奉承，奉禮奉法之謂，而世以趨奉尊貴言之，謬矣！”《小忽雷》劇：“權璫子孫，你奉承他。”

**一五四　多承多承**　《石頭記》十六回：“豈敢豈敢，多承多承。”

**一五五　承當不起**　元·秦簡夫《東堂老》劇：“老兄怎便下此重禮，只是小弟承當不起。”

**一五六　久仰久仰**　《合縱記》劇，有“久仰久仰”之語。

**一五七　久慕久慕**　《四節記》劇：“一擔麥牽了二年半，久磨久磨。”此借“磨”爲“慕”音，蓋謂“久慕久慕”也。

**一五八　作成作成**　《荷花蕩》劇，有“作成作成”之語。

**一五九　幫襯幫襯**　《石頭記》二四回：“求舅舅幫襯幫襯。”

**一六〇　惶恐惶恐**　見上“勞尊”。

**一六一　獨木不成林**　崔駰《達旨》：“蓋高樹靡陰，獨木不成林。”今人云“獨木不成林”，本此。

**一六二　依草附木**　元·康進之《李逵負荊》劇：“想必有那依草附木，冒着俺家名姓，做這等事情的也。”

**一六三　錦上添花**　見《天文》“雪中送炭”。又《水滸》四九回：“正如錦上添花，旱苗得雨。”

**一六四　牡丹雖好，綠葉扶持**　《古謠諺》：“顧起元引諺云：‘牡丹雖好，綠葉扶持。’”《意中緣》劇：“豈不聞古語道：‘牡丹雖好，還要綠葉扶持。’”

**一六五　人無千日好，花無百日紅**　《譚概》載錢兼山等酒令，舉諺曰：“人無千日好，花無百日紅。”元·楊文奎《兒女兩團圓》劇：“人無千日好，花無百日紅。早時不算計，過後一場空。”

**一六六　世態炎涼**　元人《凍蘇秦》劇：“也索把世態炎涼，心中暗忖。”《瑞筠圖》劇：“炎涼世態，不足爲奇。”

**一六七　趨炎附勢**　《宋史·李垂傳》：“垂曰：‘焉能趨炎附勢，看人眉睫乎？’”《蕩寇志》九六回：“他不肯趨炎附勢，所以有些勢力小人，反忌憚他。”

**一六八　勢力小人**　見上。又《鳴鳳記》劇：“看板子來，打這勢力小人。”

**一六九　勢力場中**　劉克莊詩："舉世爭馳勢力場。"今人云"勢力場中"是也。

**一七〇　勢力之交**　《漢書·張耳陳餘傳贊》："勢力之交，古人羞之。"

**一七一　吮癰舐痔**　《論語·鄙夫》章注："小則吮癰舐痔，大則殺父與君。"《小忽雷》劇："吮癰舐痔，戈矛頓操。"《鳴鳳記》劇："附勢趨權，不辭吮癰舐痔。"按，舐音士，俗讀若舔，非。

**一七二　拍馬屁**　元·秦簡夫《東堂老》劇："柳隆卿詩云：'不養蠶桑不種田，全憑馬扁度流年。'自家柳隆卿，兄弟胡子傳，我兩箇不會做甚麽營生買賣，全憑這張嘴抹過日子。"按馬扁，即今所謂"馬屁"也。扁、屁脣音轉聲。然"馬、扁"合而爲"騙"字，即"密騙"也，非云"馬屁"也。又《荆釵記》劇："七八分有儋馬屁。"據此則自古有"拍馬屁"之語。

**一七三　摇尾乞憐**　《韓昌黎集》："若俯首帖耳，摇尾而乞憐者，非我之志也。"

**一七四　觀音山轎子，人擡人**　《白羅衫》劇："'觀音山轎子，人擡人。'你叫我馬大爺，我自然叫你李二爺。"

**一七五　在人矮檐下，不敢不低頭**　見《頭面》。

**一七六　寄人籬下**　《張融集·自序》："丈夫當删詩書，制禮樂，何至因循，寄人籬下？"

**一七七　仰人鼻息**　見《頭面》。

**一七八　逼人太甚**　《蕩寇志》八七回："魏虎臣逼人太甚。"

**一七九　爲着别人，輸了自己**　元·康進之《李逵負荆》劇："爲着别人，輸了自己。"爲，去聲。

**一八〇　求人不如求己**　《貴耳集》："孝宗幸靈隱，見觀音像手持數珠。問曰:'何用?'僧静輝對曰:'念觀世音菩薩。'問:'自念則甚?'對曰:'求人不如求己。'"

**一八一　寧可他不仁，不可我不義**　《尋親記》劇:"寧可他不仁，不可我不義。"

**一八二　辜負**　李陵《答蘇武書》:"陵雖孤恩，漢亦負德。"按"孤負"，唐人詩亦有用"辜負"者。

**一八三　欺負**　《史記·高祖紀》:"及紿爲謁。"《索隱》:"紿，欺負也。"

**一八四　方命**　《通俗編》:"《書·堯典》:'方命圮族。'《孟子》:'方命虐民。'按近人友朋書簡，往往輕用此二字，思其本義，當悚然汗下也。"

**一八五　得罪**　《韓詩外傳》:"麥邱叟爲齊桓公壽:'無使羣臣百姓得罪於吾君，無使吾君得罪於羣臣百姓。'"

**一八六　見外**　《搜神記》:"董元範屈李楚賓，願過敝舍，無見外也。"

**一八七　不見亮**　《魏志·杜恕傳》注:"若不見亮，使人刳心著地。"

**一八八　不相干**　《通俗編》:"《淮南子·兵略訓》:'左右不相干。'按干者，犯也。今北方人謂無妨礙，曰'不相干'是也。南方乃以爲不得當之辭，於義未通。"

**一八九　没交涉**　《傳燈録》:"石頭遷問藥山儼:'言語動用没交涉?'儼曰:'非言語動用，亦没交涉。'遷然之。"

**一九〇　斷絶往來**　《雙珠記》劇:"李克成昧心不良，我們不幸與他相交，作速移居，與他斷絶往來便了。"

**一九一　過橋拆橋**　見《地理》。

**一九二　陪笑臉**　見《頭面》。

**一九三　熱臉向冷臉**　同上。

**一九四　當面錯過**　同上。

**一九五　面和心不和**　《夢筆生花·杭州俗語·雜對》："物在人何在；面和心不和。"

**一九六　心照不宣**　又《杭州俗語》有"心照不宣"之語。謂勿宣布也。俗人則以爲有惡意矣。

**一九七　喫他的，用他的**　見《飲食》。

**一九八　爾爲爾，我爲我**　《孟子》："爾爲爾，我爲我，雖袒裼裸裎於我側，爾焉能浼我哉？"

**一九九　出乎爾，反乎爾**　《孟子》："曾子曰：'戒之戒之，出乎爾者，反乎爾者也。'"

**二〇〇　天高地厚**　見《天地》。

**二〇一　排難解紛**　《戰國策》："所貴於天下之士者，爲人排患釋難，解紛亂而無所取也。"《意中緣》劇："況且排難解紛是我輩的常事。"難，去聲。

**二〇二　君子成人之美**　《論語》："君子成人之美，不成人之惡，小人反是。"

**二〇三　君子愛人以德**　《禮記·檀弓》："君子之愛人也以德，細人之愛人也以姑息。"《病玉緣》劇："古語説得好，'君子愛人以德'，你不要一味姑息！"

**二〇四　感恩戴德**　《瑞筠圖》劇："弟子感恩戴德。"

**二〇五　知恩報恩**　元人《合同文字》劇："我怎肯知恩不報恩。"《爛柯山》劇："也要知恩報恩纔是。"

**二〇六　忘恩負義**　元·楊顯之《酷寒亭》劇："我看此人，不是忘恩負義的。"《雷峰塔》劇："誰想時乖心變更，一旦忘恩負義人。"

**二〇七　恩將讐報**　《夢筆生花·杭州俗語·雜對》："恩將讐報；男做女工。"《奩中褸》劇："切不可恩將讐報。"

**二〇八　有恩不報非君子**　元·楊顯之《酷寒亭》劇："有恩不報非丈夫。"今小説家云"有恩不報非君子"，反爲常言矣。

**二〇九　有恩報恩，有讐報讐**　《夢筆生花·杭州俗語·雜對》："因親及親，因友及友；有怨報怨，有讐報讐。"今人多云："有恩報恩，有讐報讐。"

**二一〇　公報私讐**　《桃花扇》劇："昏君亂相，爲別人公報私讐。"《比目魚》劇："想是我家男子得罪了譚官人，所以公報私讐，想出法來害他。"

**二一一　不共戴天之讐**　《禮記·曲禮》："父之讐，弗與共戴天。"《漁家樂》劇："你害我父親一命，如今是與你不共戴天之讐了。"

**二一二　做對頭**　《水滸》三八回："俺這裏兀自大宋皇帝做箇對頭的。"

**二一三　冤讐宜解不宜結**　又三二回："自古道：'冤讐可解不可結。'"今人則云："冤讐宜解不宜結。"

# 親戚

**一　親戚**　《兩般秋雨盦隨筆》："古人稱一家之人，亦曰親戚。《韓詩外傳》：'曾子曰："親戚既没。"'此以父母爲親戚也。《左傳》：'封建親戚。'此以伯叔爲親戚也。又棠君尚謂其弟員曰：'親戚爲戮。'此以父兄爲親戚也。《國策》：'蘇秦曰："富貴則親戚畏懼。"'此以妻嫂爲親戚也。"按今之稱親戚者，專謂外姻，非古義也。

**二　皇親國戚**　元人《謝今吾詐拆清風樓》劇："是那箇皇親國戚來了？"

**三　親戚故舊**　《千字文》："親戚故舊，老少異糧。"

**四　親眷**　鮑照詩："已經江海别，復與親眷違。"

**五　諸親六眷**　《儒林外史》五回："嚴監生的病，竟一日重似一日了，諸親六眷都來問候。"

**六　窮親窮眷**　《温氏母訓》："周旋親友，只看自家力量，隨緣答應，窮親窮眷，放他便宜一兩處，纔得消讒免謗。"

**七　非親非眷**　元·關漢卿《竇娥冤》劇："張驢兒父子兩箇，非親非眷，一家兒同住，豈不惹外人談議！"

**八　會會親眷**　元人《桃花女》劇："親眷每也不曾接來會會，喜酒也不曾擺幾卓，没酒没漿，不成道場也。"按，"桌"字，古衹作“卓”。

**九　至親好友**　《香祖樓》劇：“憑他狗腿烏龜，不異至親好友。”《憐香伴》劇：“他兩箇至親好友，難道肯辭了他，到替我做不成？”

**一〇　沾親搭故**　元人《合同文字》劇：“這文書上寫作見人，也只爲沾親帶故。”今人多云“沾親搭故”，以搭、帶同聲紐也。

**一一　非親非故**　《擋馬》梆子腔：“我和你又非親來又非故，怎好無故擾店東！”

**一二　老親**　元·張國賓《合汗衫》劇：“他家和咱是老親。”

**一三　私親**　《晉書·禮志》：“魏明帝詔曰：‘纂正統而奉公義，何得復顧私親哉？’”

**一四　鄉親**　《晉書·皇甫謐傳》：“其鄉親勸令應命。”

**一五　拉扯親**　揚雄　《答劉歆書》：“臨邛林閭翁孺，與雄家牽連之親。”即俗所謂“拉扯親”也。

**一六　草鞋親**　《花鼓》梆子腔：“浄云：‘大相公，你不知道，皇帝老官也有草鞋親。’”

**一七　親上加親**　《三國志演義》七三回《外書》：“既欲親上加親；何不即親人説親乎？”《夢筆生花·杭州俗語·雜對》：“客中送客；親上加親。”

**一八　不來親的也來親**　元人《碧桃花》劇：“正是那不因親者強來親。”《殺狗記》劇：“白馬黄金五色新，不應親者強來親。一朝馬死黄金盡，親者如同陌路人。”按，小説書云“不來親的也來親”，即此語也。

**一九　舉目無親**　元人《凍蘇秦》劇：“舉目也那無親，只有你、你、你張儀是故人。”元·范子安《竹葉舟》劇：“似小生這等舉目無親，怎免飢寒之歎！”《衣珠記》劇：“如今丟下我兩口，舉目無親。”

**二〇　六親不靠**　《左傳》注：“六親：父子、兄弟、姊妹、甥舅、婚媾、姻亞。”《漢書·禮樂志》注：“六親：父母、兄弟、妻子也。”又《老子》：“六親不和。”注云：“六親：父子、兄弟、夫婦也。”按，“六親不和”，今人云“六親不靠”是也。但親非骨肉至親，多指外姻言之。

**二一　遠親不如近鄰**　元·秦簡夫《東堂老》劇：“豈不聞遠親呵，不似我近鄰。”《殺狗記》劇：“算遠親不如近鄰。”《翡翠園》劇：“行商不如坐賈，遠親不如近鄰。”

**二二　戴不認親的帽子**　見《服飾》。

**二三　有瓜葛**　《漢書·禮儀志》注：“苟先帝有瓜葛之屬，男女畢會。”

**二四　没瓜葛**　元人《冤家債主》劇：“莫不是你和他，没些瓜葛没些憂。”

**二五　太親翁**　《蕩寇志》八三回：“只好太親翁來此，暫住數日。”

**二六　太親母**　《蕩寇志》八二回：“務要尋太親母出來。”

**二七　姻家**　《後漢書·蔡邕傳》：“上書言，與羊陟姻家，豈敢申助私黨。”

**二八　親家**　《後漢書·應奉傳》注：“至親家李氏堂。”《通俗編》：“按‘親’字，今作去聲，古音亦然。盧綸《王駙馬花燭》詩：‘人主人臣是親家。’可證。”

**二九　親家翁**　《隋書·房陵王勇傳》：“劉金鱗呼雲定興作親家翁。”《避暑雜抄》：“蕭嵩自稱唐朝左僕射、天子親家翁。’”

**三〇　親家母**　《唐書·蕭嵩傳》：“嵩子衡，尚新昌公主。

嵩妻入謁，帝呼爲親家。”又，親家母，見《五代史補》。按，唐時，衹稱女之姑爲親家，至五代始稱爲親家母也。

**三一　親家公**　《隋書·李渾傳》：“帝謂宇文述曰：‘吾宗社幾傾，賴親家公獲全耳。’”

**三二　狗臉親家公**　《通俗編·俚語集對》：“貓頭公事；狗臉親家。”今有“狗臉親家公”之諺。

**三三　親家郎**　《廣東通志》：“稱姻婭之使役，曰親家郎。”今淮南人，則稱親家之子也。

**三四　令岳**　《青城山記》：“青城爲五岳之長，故名丈人山。世俗呼婦人翁爲令岳，伯叔父爲列岳，往往因此。”

**三五　岳丈**　《通俗編》引古事云：“晉樂廣乃衛玠妻父。所謂岳丈，或當云樂丈耳。”

**三六　丈人**　見上“令岳”。《通俗編》：“‘妻父’見《淵鑑》，‘婦翁’見《後漢書》，‘外舅’見《爾雅》，‘岳公’、‘丈人’俱見《神仙傳》。《雞肋編》獨稱妻父曰丈人自柳宗元呼楊詹事爲丈人始。”按，此説非也。丈人之稱，始於南北朝，非始於唐也。考裴松之《三國志》“獻帝舅車騎將軍董承”注云：“古無丈人之名，故謂之舅。”則是南北朝已稱丈人也。

**三七　丈母**　《通俗編》：“‘外姑’，見《爾雅》，俗稱丈母。”《猗覺寮雜記》：“柳子厚有《祭〔獨孤氏〕丈母》文。”

**三八　丈母娘**　《兒孫福》劇：“他家的太夫人，就是當今皇上的丈母娘。”

**三九　泰山**　《釋常談》：“唐開元時，封禪泰山，張説爲封禪使，其婿鄭鑑，本九品，驟遷至五品。時人語曰：‘此泰山之力也。’因此以妻父爲泰山。”

**四〇　泰水**　《通俗編》：“泰水，謂丈母也。”見《神仙傳》。

**四一　令坦**　《晉書·王羲之傳》："郗鑒使門生求婿於導，導令遍觀子弟，歸謂鑒曰：'王氏諸少並佳，然聞信至，咸自矜持，惟一人在東牀坦腹食，獨若不聞。'鑒曰：'此正佳婿也。'訪之，乃羲之也。"按，今稱人婿曰"令坦"，本此。又憶嘗見他書，"食"字下有"胡餅"二字，今《晉書》無之，似宜加"胡餅"二字爲長。

**四二　令婿**　《荷花蕩》劇："晚生有半月多，不曾見令婿。"按，稱人婿曰"令婿"。

**四三　女婿**　《史記·倉公傳》："黄氏諸倩。"注："倩，女婿也。"

**四四　招女婿**　《猗覺寮雜鈔》："世號贅婿爲布袋，不曉其義。或曰語訛也，謂之補代。人家有女無子，恐世代自此而絶，不肯出嫁，招女婿以補其世代耳。"

**四五　獃女婿**　《荷花蕩》劇："外人竟起他一箇綽號，叫做獃女婿。"獃讀帶，平聲。

**四六　半子**　《唐書·回紇傳》："咸安公主下嫁，可汗上書言：'昔爲兄弟，今爲半子。'"

**四七　舅子**　《通俗編》："内兄"，見齊陸厥詩。"内弟"，見《文中子》。《談微》引《語録》云："今人以'舅子'稱妻兄弟，終無所據，前輩但以兄弟稱之也。"按，"外舅"，見《爾雅》。舅子即外舅之子，並非無據也。又"舅子"，見《朝署》"宰相家人七品官"。

**四八　内兄弟**　《陔餘叢考》："《儀禮》：'姑之子稱外兄弟，舅之子稱内兄弟。'閻若璩云：'今人稱妻弟爲内弟，非也。從《史記》當稱"妻弟"，從《漢書》當稱"婦弟"。'然顔真卿《家廟碑銘》云：'祖昭甫（上）〔工〕書，與内弟殷仲容齊名。父惟貞，少孤，育於舅仲容家。’是仲容乃昭甫之妻弟，而曰内弟，則妻弟之稱‘内弟’，唐俗已然，不能改矣。”

**四九　連襟**　《嬾真子》：“〔僚〕婿，江北人呼‘連袂’，亦呼‘連襟’。”《通俗編》：“兩婿相謂爲‘亞’，見《爾雅》。“僚婿”，見《爾雅》注。“友婿”，見《漢書》。兩婿相稱爲‘連襟’，古或謂之‘連袂’，見《淵鑑》。”

**五〇　姑爹**　《巴東縣志》：“姑夫、姨夫，謂之姑爹、姨爹。”按淮南之俗，稱父之姊夫曰“姑爹”，妹夫曰“姑夫”。母之姊夫曰“姨爹”，妹夫曰“姨夫”。

**五一　姑夫**　見上。《通俗編》：“‘姑夫’，見《禮記》。又《南史·袁淑傳》：‘至十餘歲，爲姑夫王弘所賞。’《范雲傳》：‘六歲就其姑夫袁叔明，讀《毛詩》。’又婦人呼小姑之夫，亦曰‘姑夫’。《五代史·王淑妃傳》：‘石敬瑭兵犯京師，妃謂太后曰：“事急矣，宜少避以待姑夫。”’”

**五二　姨夫**　見上“姑爹”。《續釋常談》：“元氏小叔《與姪大淵書》：‘吾時在鳳翔，每借書於齊倉曹家，徒走就陸姨夫師受。’”

**五三　姐姐、姐夫**　元·關漢卿《智斬魯齋郎》劇：“這裏是姐姐、姐夫家。”按，“姐曰假”，見《時日》“今朝”。

**五四　姊夫**　《通俗編》：“‘姊夫’，見《漢書·霍光傳》。又《吴志·吕蒙傳》：‘少依姊夫鄧當。’《蜀志·來敏傳》：‘隨姊夫黄琬奔荆州。’”

**五五　妹夫**　《通俗編》：“‘妹夫’，見《漢書·王子侯表》、《北史·崔昂傳》。”

**五六　家舅**　《晉書·習鑿齒傳》：“定省家舅。”

**五七　娘舅**　《水滸》十三回：“你只認我做娘舅之親。”

**五八　大舅母，二舅母**　《石頭記》三回：“這是你大舅母，這是你二舅母。”

**五九　外甥多似舅**　《晉書·何無忌傳》：“無忌，劉牢之甥，酷似其舅。”《世説新語》：“桓豹奴是王丹陽外甥，形似其舅。”宋·洪邁《容齋隨筆》：“舊説有用《書》兩句，而證以俗語者，如‘堯之子不肖，舜之子亦不肖’。諺曰‘外甥多似舅’是也。”

**六〇　外甥打燈籠，照舊**　《合縱計》劇：“净云：‘外甥打燈籠。’丑云：‘照舊。’”《通俗編》：“風人之體，但取音同，不論字異，今諺亦然。如：‘外甥打燈籠，照舊。’以舅爲舊也。”

**六一　外甥女兒**　元·鄭廷玉《忍字記》劇：“公公，這是箇俺外甥女兒。”

# 婦女

**一　女人**　《通俗編》："《後漢書》班昭《女誡》云：'三者女人之常道。'女人之稱，自漢然也。"

**二　女客**　《玄怪録》："蜀帥章仇謂其妻曰：'何不盛設盤筵，邀集女客！'"

**三　女公子**　《左傳》："雩於梁氏，女公子觀之。"今稱人女曰"女公子"。

**四　女弟子**　見《文事》。

**五　女學生**　同上。

**六　女中丈夫**　《憐香伴》劇："不枉了閨中豪傑、女中丈夫。"《紅拂記》劇："女中丈夫，不枉了女中丈夫。"

**七　九天仙女**　《奈何天》劇："鼓樂喧闐，仙女迎來自九天。"元·喬孟符《金錢記》劇："你看此女非凡，真乃九天仙女也。"

**八　散花天女**　《維摩經》："维摩詰室，有一天女，聞所説法，便現其身，即以天花散諸菩薩大弟子上。花至諸菩薩，即皆墮落，至大弟子，便着不墮。"今有名伶梅蘭芳，色藝雙絶，尤工《散花天女》之劇。

**九　金童玉女**　《桃花扇》劇："龍王留俺宫中宴，那金童玉女，不比凡同。"

**一〇　秀女**　《小忽雷》劇：“聽得外邊採選秀女。”

**一一　宫娥采女**　又：“要選宫娥采女。”

**一二　宫妃采女**　《後漢書·皇后紀論》：“置美人、宫人、采女三等。”注引《風俗通》：“采者，採也。”《通俗編》：“今云‘宫妃采女’本此。”

**一三　三宫六院**　《通俗編》：“《小學紺珠》：‘唐太和時，有三宫，又有三苑，曰西内苑、東内苑、禁苑。’按近人有三宫六院語，蓋誤。”今按，“三宫六院”，亦有所本，《通俗編》未及考證耳。元人《抱粧盒》劇：“兀那三宫六院，妃嬪彩女聽者。”《戲鳳》梆子腔：“孤家枉有三宫六院多多少，怎比這丫頭腳後跟。”

**一四　少年婦女**　吕近溪《女小兒語》：“少年婦女，最要勤謹，比人先起，比人後寢。”

**一五　良家婦女**　元·石君寶《秋胡戲妻》劇：“你怎敢把良家婦女調戲！”

**一六　黄花閨女**　《香祖樓》劇：“説我一箇黄花閨女，如今不好嫁人。”

**一七　黄花女兒**　元·關漢卿《竇娥冤》劇：“便是黄花女兒。”

**一八　男女授受不親**　《孟子》：“淳于髡曰：‘男女授受不親，禮與？’孟子曰：‘禮也。’”《蜃中樓》劇：“男女授受不親。”《意中緣》劇：“男女授受不親，奴家不好領得。”

**一九　男女混雜**　《北史·柳彧傳》：“男女混雜，緇素莫分。”

**二〇　男左女右**　《禮記·内則》：“三月之末，擇日翦髮爲鬌，男角女羈。否則男左女右。”

**二一　將男作女**　《紅梨記》劇：“因甚麽將男作女來調戲？”

**二二　女扮男妝**　《春燈謎》劇：“奴家不合女扮男妝，

去兒戲他。”

**二三　生降死不降，男降女不降**　《清朝野史大觀》：“清時冠服，用滿洲製，獨士人初入庠，服襴衫。《堅瓠集》云：‘明初，秀才襴衫，前後飛魚補。騎驢有傘，絹用青色，止一圍，門斗隨之。’則是明服也。又按，相傳有‘生降死不降，老降少不降，男降女不降，妓降優不降’之説。”按，降音降服之降。

**二四　小女**　《晉書·劉聰載記》：“聰子約，死而復蘇，言過一國，引之入宮，曰：‘劉郎後來，必當見過，當以小女相妻。’”按，自稱其女曰“小女”。

**二五　小姐**　《通俗編》：“‘小姐’二字，初見《玉堂逢辰録》，然是人名，非稱謂也。元曲則概稱仕女爲小姐。”《新方言》：“《説文》：‘毑，少女也，拆下切。’今人謂處女爲小姐，非也。姐爲母稱也。”又姐曰假，見《時日》“今朝”。

**二六　千金小姐**　元·張國賓《薛仁貴榮歸故里》劇：“你乃官宦人家的千金小姐。”《拜月亭記》劇：“奴家是守節操的千金小姐。”

**二七　小娘子**　見下“一家女不喫兩家茶”。

**二八　姑娘**　《新方言》：“《詩·國風》傳：‘良人，美室也。’婦爲良人，字變作娘，今謂處女爲‘姑娘’是也。”

**二九　娜娜**　《姑蘇志》：“俗呼女兒曰拏兒，拏音如拏，上聲。”《通俗編》：“按，此本方音之借，然宋人皆借用娜字。《宋史·列女傳》有童八娜。《咸淳臨安志》有張娜兒橋。娜即女音之轉。”今人呼小女子爲“娜娜”，讀若努平聲。

**三〇　粧點**　《北齊書·馮淑妃傳》：“攻晉，城陷十餘步，將士乘勢欲入。帝敕且止，召淑妃共觀之。淑妃粧點，不獲時至，城遂不得下。”

**三一　打扮**　《中原雅音》:“今俗以裝飾爲打扮。”元·石君寶《秋胡戲妻》劇:“你可梳一梳頭,等那貨郎兒過來,你買些胭脂粉搽搽臉,你也打扮打扮。”

**三二　穿金帶銀**　元·楊顯之《劉行香》劇:“穿金帶銀,偎紅倚翠。”

**三三　穿耳**　《吳志》:“諸葛恪曰:‘母子於女,恩愛至矣,穿耳附珠,何傷於仁!’”

**三四　耳墜**　《京師偶記》:“珥,耳飾也,俗名耳塞。南人曰耳環,北人曰耳墜。”

**三五　首飾**　劉熙《釋名》有《首飾篇》。《通俗編》:“凡加於首者,不論男婦,古通謂之首飾。今獨以號婦人釵珥,非矣。”

**三六　首飾衣服**　《荆釵記》劇:“首飾衣服,並無半點,好苦呀!”

**三七　頭面**　《乾淳起居注》:“太上太后幸聚景園,皇后先到宫中起居,入幕次,换頭面。”《通俗編》:“按,俗呼婦人首飾曰‘頭面’。據此則宋已然矣。”按,江北之俗,惟三朝送女之首飾,謂之“送頭面”,平時仍曰“首飾”。

**三八　油頭粉面**　元·賈仲名《玉梳記》劇:“俺這粉面油頭,便是非災横禍。”

**三九　梳頭洗臉**　元·秦簡夫《東堂老》劇:“我光梳了頭,净洗了臉。”

**四〇　梳頭傢伙**　《石頭記》五一回:“和梳頭的傢伙。”

**四一　梳頭纏脚**　《荆釵記》劇:“梳頭遲,纏脚遲,就是嫁家公也是遲。”

**四二　盤龍髻**　《兩般秋雨盦隨筆》:“山歌有極有意義者,如‘南山脚下一缸油,姊妹兩箇合梳頭;大的梳箇盤龍髻,小的梳箇楊爛頭。’”按髻音計，今俗讀若吉。

**四三　懶梳妝**　《事物原始》：“孫壽爲墮馬髻，疑即今名懶梳妝也。”按，孫壽，梁冀妻也。《翡翠園》劇：“心性端，懶樣梳妝扮。”今按，婦女梳頭傢伙，亦名“懶梳妝”。

**四四　十樣錦**　《新異録》：“孟氏在蜀，製十樣錦箋。”今新娘梳妝桌所陳之具，亦名“十樣錦”。

**四五　鳳仙花染指甲**　《花史》：“李玉英秋日採鳳仙花染指甲。”

**四六　蘇州頭，杭州脚**　《升菴詩話·補遺》：“唐時舞妓皆著靴。杜牧之《贈妓》詩：‘舞靴應任旁人看。’黄山谷《贈妓》詞曰：‘便從伊穿襪弓鞋。’則汴宋猶是唐制。至南渡後，妓女窄襪弓鞋，如良人矣。故當時有‘蘇州頭，杭州脚’之諺。”又按，清代，江蘇亦有“蘇州頭，杭州脚”之諺。

**四七　纏脚**　見上“梳頭纏脚”。又《墨莊漫録》：“婦人之纏足，傳記皆無所出。惟齊東昏侯，有鑿金爲蓮花，令潘妃行其上一事，而不言其足若何。惟唐鎬詠李後主宫嬪窅娘詩云：‘蓮中花更好，雲裹月常新。’以此知扎脚自五代始也。”

**四八　鯿魚脚**　《繡襦記》劇：“老親娘，脚還要替你纏纏，像箇鯿魚。”

**四九　大脚三兒**　《儒林外史》四二回：“敲開了門，一箇大脚三帶了進去。”《金陵雜志》：“大脚三步履輕飄，亦足攝人魂魄。”江北亦有“大脚三兒”之語。

**五〇　三寸金蓮**　《意中緣》劇：“小姐皁靴脱去，竟是一雙三寸金蓮。”

**五一　雞眼疼**　《看燈》梆子腔：“我的雞眼疼得很。”

**五二　前頭賣生薑，後頭賣鵝蛋**　《夢筆生花·杭州俗語》：

“後頭賣鴨蛋，前頭賣生薑。”按，此二語，嘲初纏腳之小女子也，今江北人則云：“前頭賣生薑，後頭賣鵝蛋。”

**五三　坐繡房**　《意中緣》劇：“如今坐在繡房裏面，不肯輕易見人。”

**五四　繡花針**　《荆钗記》劇：“繡花針搠碎了猪苦膽。”

**五五　做針線**　元·賈仲名《玉梳記》劇：“穩拍拍緑窗下做針線。”

**五六　描鸞刺鳳**　《石頭記》二三回：“描鸞刺鳳，鬬草簪花。”

**五七　時新花樣**　唐·韓常詩：“並他時世新花樣，虛費工夫不值錢。”

**五八　花花緑緑**　元好問《解嘲》詩：“憑君細數東州客，誰在花花緑緑間。”《小忽雷》劇：“花花緑緑，好看得緊。”

**五九　穿紅着緑**　《石頭記》三回：“坐着幾箇穿紅着緑的丫頭。”

**六〇　齊齊整整**　《蜃中樓》劇：“今日過門，打扮得齊齊整整。”

**六一　標標致致**　元·石君寶《秋胡戲妻》劇：“李大户云：‘便是家中有錢財、有糧食、有田土、有金銀、有寳鈔，只少一箇標標致致的老婆，單是這件，好生没興。’”

**六二　嬌嬌滴滴**　《憐香伴》劇：“只少箇嬌嬌滴滴、風風流流、現現成成的夫人奶奶。”

**六三　嬌皮嫩肉**　《儒林外史》四三回：“嬌皮嫩肉，何曾見過這樣官刑。”

**六四　千嬌百媚**　《幽閨記》劇：“曠野間，有一箇佳人生得千嬌百媚。”

**六五　遮遮掩掩**　元·賈仲名《情寄菩薩蠻》劇：“他避

我遮遮掩掩。”《巧團圓》劇：“你看他遮遮掩掩，欲進不進，分明要待我呼喚，方纔近身。”

**六六　鴨蛋臉**　《石頭記》三回：“第二箇鴨蛋臉，俊眼修眉。”

**六七　臉飛紅**　《石頭記》四二回：“見他羞得臉飛紅。”

**六八　千金難買一笑**　《石頭記》三一回：“古人云：‘千金難買一笑。’”

**六九　手托香腮**　《荷花蕩》劇：“纖纖玉手托香腮。”《琵琶記》劇：“你既不想著甚麽，爲何手托香腮，在此憂悶？”

**七〇　女長十八變**　《通俗編》引：“《易·繫辭》云：‘十有八變而成卦。’按凡事物之多變者，俗並以十八言之，如‘黄梅天十八變’，‘女長十八變’之類。”今按，《通俗編》之説，近於附會，非確證也。《石頭記》七八回：“俗語又説：‘女大十八變。’”大即長大也。長，上聲。

**七一　二八青春**　《思凡》劇：“小尼姑年方二八正青春。”《玉搔頭》劇：“日復一日，可不虚負了你二八青春。”

**七二　二八佳人**　《水滸記》劇：“二八佳人，正在妙齡之際。”

**七三　十人九愛**　朱德潤《樂府》：“外宅婦十人，見者九人慕。”《通俗編》：“今云‘十人九愛’，本此。”

**七四　十人九傚**　《翡翠園》劇：“所生一女，小名喚做翠兒，不但面龐標緻，更兼心性聰明，做出來的生活，十人九傚。”傚讀上聲，謂稱贊也。

**七五　天姿國色**　《霞箋記》劇：“張麗榮天姿國色，絶世無雙。”

**七六　風擺柳**　《戲鳳》梆子腔：“他的行動，猶如風擺柳。”

**七七　佛動心**　《通俗編·俚語集對》：“天開眼；佛動心。”又前清上海花旦，有號“佛動心”者，言其美也。

**七八　活觀音**　《荷花蕩》劇："真是活觀音出世。"元·關漢卿《智斬魯齋郎》劇："張珪墳院裹，到有風流可喜的活觀音。"

**七九　月裏嫦娥**　《丹鉛録》："月中嫦娥，其説始於《淮南》及張衡《靈憲》，其實因常儀占月而誤也。古者羲和占日，常儀占月，皆官名也，見於《吕氏春秋》。《左傳》有'常儀靡'，即常儀氏之後也，後訛爲嫦娥，以儀娥音同耳。"《奈何天》劇："若有大塊銀子，就是瑶池仙子、月裹嫦娥，也買得他下來。"

**八〇　沉魚落雁之容，閉月羞花之貌**　《通俗編》："《莊子·齊物論》云：'毛嬙、西施，人之所美也，魚見之深入，鳥見之高飛。'按，傳奇所謂'沉魚落雁'，本此。《五代史》云：'唐明宗淑妃王氏，有美色，號"花見羞"。'按，俚俗云'閉月羞花'，本此。"按，《通俗編》所引，特附會成文耳，未得二語實證也。又閉月者，殆嫦娥見美人而月宫爲之閉也。元人《連環計》劇："我看這女子，生的有沉魚落雁之容，閉月羞花之貌，好女子也！"沉音岑。

**八一　如花似玉**　《望湖亭》劇："我家大官人，前日在洞庭山遊玩，遇見了如花似玉的小娘子。"

**八二　胭脂花粉**　元·李行道《灰闌記》劇："搽旦云：'我這嘴臉實是欠，人人贊我能嬌艷。只用一盆浄水洗下來，倒也開的胭脂花粉店。'"

**八三　寶劍贈與烈士，紅粉贈與佳人**　元·鄭德輝《王粲登樓》劇："寶劍贈烈士，紅粉贈佳人。"《琵琶記》劇："寶劍贈與烈士，紅粉送與佳人。"

**八四　才子佳人**　清·黄周星《補張靈崔瑩合傳》："此真古今來才子佳人之軼事也。"

**八五　美人計**　《三國志演義》五四回："國太罵周瑜曰：

‘使美人計殺了劉備，我女便是望門寡。’”

**八六　紅顔多薄命**　《通俗編》：“《東坡詩集》云：‘自古佳人多薄命。’今云‘紅顔多薄命’，本此。”按，此證非也。《通俗編》未能檢得出處耳。《紅拂記》劇：“須知道自古紅顔多薄命。”元·馬致遠《漢宫秋》劇：“自古道‘紅顔勝人多薄命，莫怨春風當自嗟’。”

**八七　醜婦家中之寶**　元·秦簡夫《東堂老》劇：“你抛撇了醜婦家中寶。”今人云“醜婦家中之寶”，本此。

**八八　終身大事**　《鳳求凰》劇：“古語道得好，‘取法乎上，僅得其中’。要選第一等才郎，只可得箇中平之婿。若把求親的題目出得太容易了，只怕招來了人，不是奇形怪狀，就是俗子庸夫，豈不誤了終身大事。”《意中緣》劇：“只是終身大事，不便草草。”

**八九　婚姻大事**　《春燈謎》劇：“婚姻大事，自有天緣。”

**九〇　指腹爲婚**　《南史·韋叡傳》：“韋放與張率側室俱孕，因指腹爲婚姻。”

**九一　同姓不爲婚**　元·武漢臣《玉壺春》劇：“他也姓李，你也姓李，同姓不可爲婚。”

**九二　前生註定**　元人《凍蘇秦》劇：“只都爲命兒裏，註定在前生。”元人《冤家債主》劇：“兄弟少煩惱，這都是你前生註定者。”《蜃中樓》劇：“二位的姻緣，乃前生註定也。”

**九三　姻緣本是前生定**　《荷花蕩》劇：“姻緣本是前生定，曾向蟠桃會裏來。”

**九四　前生前世的姻緣**　元·尚仲賢《柳毅傳書》劇：“豈不是前生前世的姻緣也！”

**九五　前世無緣**　又：“我與他前世無緣。”

**九六　千里姻緣一線牽**　《蕩寇志》八七回："正是'百年伉儷雙珠合，千里姻緣一線牽'。"《石頭記》五七回："自古道：'千里姻緣一線牽。'"

**九七　有緣千里來相會，無緣對面不相逢**　《拜月亭記》劇："生云：'我與你有緣千里來相會。'旦云：'我與你無緣對面不相逢。'"

**九八　女生外嚮**　《白虎通》："男生内嚮，有留家之義；女生外嚮，有從夫之義。"元人《舉案齊眉》劇："女生外嚮，教我怎不着惱。"

**九九　相女配夫**　王實甫《西廂記》劇，有"相女配夫"之語。《漁家樂》劇："婚姻大事，須要門當户對，相女配夫。"相，去聲。

**一〇〇　天作之合**　《詩·大雅》："文王初載，天作之合。"《風箏誤》劇："詹老先生正在此間躊躇擇壻，老先生恰好奉詔而來，豈非是天作之合。"

**一〇一　門當户對**　見上"相女配夫"。《通俗編》："《在閣知新録》：'《世説》有"不當對"之語，今俗云"門當户對"，本此。'"按，此説太謬，僅據"當對"二字，即爲"門當户對"之證，則古詩云"花花自相對，葉葉自相當"亦可以爲之證耶？蓋未查得四字出處，故杜撰是語耳！《小忽雷》劇："門不當，户不對，怎好結親？"元人《隔江鬭智》劇："你把俺成婚作配何人氏？只要門當户對該如此。"《琵琶記》劇："呀！老乞婆，偏你會作媒，但是門當户對的便好了。"《蜃中樓》劇："門當户對，正好聯姻。"

**一〇二　嫌貧愛富**　《空谷香》劇："愛富嫌貧，貪歡背約。"元人《殺狗勸夫》劇："你直恁般愛富嫌貧。"《釵釧記》劇：

“小人岳父，嫌貧愛富，要將女兒悔嫁改移。”

**一〇三　不敢高攀**　《古碧玉歌》：“碧玉小家女，不敢攀貴德。”《通俗編》：“今人云‘不敢高攀’，本此。”

**一〇四　高不成，低不就**　《蝴蝶夢》劇：“吾家公子，高者不成，低者不就，所以蹉跎至今。”《蕩寇志》九六回：“紀二道：‘秀蘭姪女，今年幾歲？’田氏道：‘十八歲了。’紀二道：‘怎的還没有人家？’田氏道：‘便是高不成，低不就。’”

**一〇五　男大須婚，女大須嫁**　《五燈會元》：楊次公傑判，有男不婚女不嫁之偈，曰：“男大須婚，女大須嫁。”《水滸》四回：“魯智深呵呵大笑道：‘男大須婚，女大須嫁，這是人倫大事。’”元人《碧桃花》劇：“常言道：‘男大須婚，女大須嫁。’”

**一〇六　嫁雞逐雞，嫁狗逐狗**　元人《天賜老生兒》劇：“我嫁了雞，逐雞飛，嫁了狗，逐狗走。”《通俗編·俚語集對》：“在山靠山，在水靠水；嫁雞逐雞，嫁犬逐犬。”按，今人云：“嫁雞逐雞，嫁狗逐狗。”

**一〇七　嫁出的女兒，潑出的水**　《荆釵記》劇：“旦云：‘母親開門，孩兒今日出嫁，請母親出來拜别。’副内云：‘若再在那裏拜，脚盆水潑出來哉！’”《涇諺彙録》：“‘嫁了女兒潑了水’，言已嫁之女，父母無權干預也。”今人有“嫁出的女兒，潑出的水”之語。

**一〇八　爲他人作嫁衣裳**　薛逢《貧女》詩：“每恨年年壓金線，爲他人作嫁衣裳。”《浣紗記》劇：“年年針線，爲他人作嫁衣裳。”爲，去聲。

**一〇九　好男不喫分家飯，好女不穿嫁時衣**　《古謡諺》：“顧起元引諺云：‘好男不喫分時飯，好女不穿嫁時衣。’”

元人《舉案齊眉》劇："常言道：'好男不喫婚時飯，好女不穿嫁時衣。'"今人多云："好男不喫分家飯，好女不穿嫁時衣。"

**一一〇　好男不看春，好女不看燈**　《古謠諺》引《鎮江志》："俚諺云：'好男勿鞭春，好女勿看燈。'"《閨範》注，引諺云："美女不看燈，美男不看春。"今人多云："好男不看春，好女不看燈。"

**一一一　好馬不配雙鞍子**　元·關漢卿《竇娥冤》劇："好馬不鞴雙鞍，烈女不更二夫。"按，小説書云"好馬不配雙鞍子，烈女怎配二夫君"，本此。

**一一二　忠臣不事二君，烈女不更二夫**　《史記·田單傳》："忠臣不事二君，貞女不更二夫。"元人李雲英《風送梧桐葉》劇："忠臣不事二君，烈女不更二夫。"按，《琵琶記》劇二語同。更，平聲。

**一一三　九烈三貞**　元·鄭庭玉《後庭花》劇："説甚麼九烈三貞！"

**一一四　三從四德**　又："可甚麼三從四德！"按，三從：從父、從夫、夫死從子是也。四德：婦德、婦言、婦容、婦功是也。

**一一五　女子無才便是德**　《兩般秋雨盦隨筆》："昔人云：'女子無才便是福。'"《石頭記》四回："女子無才便有德。"又六四回："女子無才便是德。"

**一一六　二門不出**　《翡翠園》劇："舒大娘娘，二門弗出。"按，"二門不出"，言謹守規矩之婦女也。

**一一七　閨門訓**　元·曾瑞卿《留鞋記》劇："你既是箇女子，怎生不守閨門之訓！"

**一一八　做門親**　元人《桃花女》劇："特來與你家姐姐，做這門親事。"

**一一九　愛親做親**　“做親”見上。又《儒林外史》二一回：“你我愛親做親。”

**一二〇　上門求親**　《小忽雷》劇：“即欲上門求親，這小登科想是穩的。”

**一二一　求之不得**　《詩·周南》：“求之不得，寤寐思服。”《荷花蕩》劇：“老太史是木天貴人，那傅員外求之而不得。”

**一二二　一家養女百家求**　《荆釵記》劇：“自古道：‘一家女兒百家求，成了一家多罷休。’”《憐香伴》劇：“一家有女百家求，説不説由得我，聽不聽由得你。”《金陵雜志》“説媒”注：“俗云‘一家有女百家求’，然必年貌相當，門户相對，方能結婚。説媒者以婦人説合居多，必先言定聘禮聘金若干。合婚後，男女家另擇媒人，謂之大賓。”今人多云：“一家養女百家求。”

**一二三　一家女不喫兩家茶**　《老學庵筆記》：“辰、沅、靖州蠻，男女未嫁娶者，聚而踏歌。歌曰：‘小娘子，葉底花，無事出來喫盞茶。’”《通俗編》：“按，俗以女子許嫁曰喫茶，有‘一家女不喫兩家茶’之諺。”《釵釧記》劇：“俗語云：‘一家女兒喫弗得兩家茶。’”

**一二四　兒女債**　《琵琶記》劇：“勸相公早畢兒女之債。”

**一二五　英雄氣短，兒女情長**　《水滸記》劇：“自古道：‘兒女情長，英雄氣短。’宋公明爲人，到把這兩句話相反了。”《病玉緣》劇：“逼得我情長兒女，氣短英雄。”今人恆言曰：“英雄氣短，兒女情長。”

**一二六　掌上珠**　杜甫詩：“掌中瑩見一珠新。”元·王仲文《救孝子》劇：“今日箇孩兒每成人長大，我看的是掌上珠。”《還魂記》劇：“嬌養他掌上明珠。”《春燈謎》劇：“明是吾家掌上珠。"

**一二七　賠錢貨**　《通俗編》："《元曲選》石君寶《曲江池》、喬孟符《兩世姻緣》等曲，皆以'賠錢貨'爲女子自誚之辭。"又《鮫綃記》劇："方知養女是賠錢貨。"

**一二八　月老**　《石頭記》五七回："管姻緣的有一箇月下老人，預先注定，暗裏只用一根紅絲，把兩箇人的腳絆住了，憑你兩家隔着海，隔着國，有世仇的，終究有機會作了夫婦。"按，稱媒人曰"月老"是也。

**一二九　大賓**　見上"一家養女百家求"。

**一三〇　作伐**　《詩・豳風》："伐柯如何？匪斧不克。取妻如何？匪媒不得。"《桃花扇》劇："人是有一箇在這裏，只要你去作伐。"《蜃中樓》劇："遇了兩箇，就替朋友作伐。"按代人作媒曰"作伐"。

**一三一　三媒六證**　元・賈仲名《玉梳記》劇："說甚麼三媒六證。"元・武漢臣《生金閣》劇："我大茶小禮，三媒六證，親自娶了箇夫人。"

**一三二　明媒正娶**　元・關漢卿《救風塵》劇："那裏的明婚正娶，公然的傷風敗俗。"《荆釵記》劇："我當初嫁你，也是明媒正娶。"

**一三三　討喜酒喫**　元人《隔江鬬智》劇："俺們送小姐來，都要討喜酒喫的。"

**一三四　發草帖**　《金陵雜志》："發草八字，凡男女兩家願結朱陳者，先將女宅年庚用紅紙書就，由冰人成雙，交男宅壓竈前香爐下。三日内，家中平安，然後持就星家合婚。三日内，倘有碎碗破甑之事，謂之不祥，託言不合，將草八字退還。"按，"發草八字"，江北謂之"發草帖"是也。

**一三五　庚帖**　《還魂記》劇："有庚帖年華二八，正是婚時節。"《琵琶記》劇："只怕假做庚帖，被人告㗖拷。"

**一三六　傳紅**　《金陵雜志》："傳紅，俗謂之'下定'。男宅婚既合，由雙冰人封致女宅。女家用泥金紅全柬，書年庚八字，交冰人，俗稱'大賓'，送男宅。男宅則報以金銀茶果等物。"按，江北城市無傳紅之説，鄉鎮則有之也。

**一三七　合婚**　見上。

**一三八　冲喜**　《還魂記》劇："老夫替小姐冲喜。"

**一三九　送日期**　《金陵雜志》："男家欲迎娶，先將男女八字，送星命家諏吉，必使無沖犯、無刑剋之良辰，以紅全柬，上記新人沐浴宜何時，水傾何方，上轎何時，合巹何時，避忌何人，皆歷歷書之，送至女家，謂之'送日子'。"今俗或云"送日期"是也。

**一四〇　催節**　吴自牧《夢粱録》："議親送定之後，遇節序，以冠花綵段酒果遺送，謂之'追節'。行聘謂之'下財禮'。"按，"追節"，今江北或謂之"催節"。

**一四一　定親**　"議親送定"見上，古嘗謂之"小定"，故與行聘分爲兩事。今俗行聘之禮，或即謂之"定親"。

**一四二　回盤**　《金陵雜志》："男宅行禮，衣飾聘金到門後，必籌所以回盤者。除翁姑新郎針線外，另回三代：腰帶、鈔帶、襪帶。近今三代衹行二代，謂女家自留一代。俗例相沿，自爲消長，婦女之見，牢不可破，誠可笑也。"按他省亦有"回盤"之説，必與南京不同也。

**一四三　全副妝奩**　《憐香伴》劇："備下全副妝奩。"奩音廉。

**一四四　發轎**　《金陵雜志》："發寶轎，約申酉之時。於轎前鼓樂齊奏，擇年輕四人，各手執一燈，隨彩輿至女家，謂之迎親寶轎。”今江北但云“發轎”，或云“發花轎”是也。

**一四五　花轎**　《夢粱録》：“婚娶用花籐轎，往女家迎娶。”按古之“花轎”，多以籐轎爲之也。

**一四六　花花轎子**　《鳳求凰》劇：“小姐還説，不但聘禮不消，連過來的時節，肩輿都不消僱得，自然把花花轎子擡你過來。”

**一四七　人夫轎馬**　《繡襦記》劇：“公子起身，必定人夫轎馬船隻，拉里伺候。”《桃花扇》劇：“阿呀！燈籠火把，轎馬人夫，楊老爺來誇官了！”

**一四八　燈籠火把**　見上。

**一四九　花燈鼓樂**　《意中緣》劇：“果效于飛，花燈鼓樂隨。”

**一五〇　挂燈結彩**　《蕩寇志》百十六回：“到了那日，鼓樂喧天，挂燈結彩。”

**一五一　鼓樂喧天**　見上。

**一五二　吹手**　《比目魚》劇：“只是山村之中，没有吹手，覺得冷静些。”

**一五三　吹吹打打**　《桃花扇》劇：“亞飯説：‘亂臣堂上掇着碗，俺倒去吹吹打打，伏侍著他。’”

**一五四　過門**　元人《揚州夢》劇：“今日正是好日辰，等酒筵散後，就過門成親，了此宿緣也。”

**一五五　送上門**　元人《隔江鬬智》劇：“情願倒賠家私，送上門兒。”

**一五六　開門封兒**　《金陵雜志》：“大開門，小開門。大開門者，舅子亦靴帽也；小開門者，彩轎至女宅，所索之開門錢也。”又按，江北之俗，女家苛索男家，必要“開門封兒”，否則，不發轎也。

**一五七　待媒**　又：“拜主親，主親即大賓也。傳紅有日，女宅先拜主親，届期，盛筵欵待。俗云：‘作媒，作媒，三十六回，一着有不到，嘴巴子纍纍。’以故饕餮之徒，貪其大嚼，輒樂此不疲也。”

**一五八　鋪房**　《明史·禮志》：“親迎前一日，女氏使人陳設於婿之寢室，俗謂之鋪房。”

**一五九　上頭**　韓偓《香奩集》有《新上頭》詩。《通俗編》：“按世以女子初笄爲上頭。”又《金陵雜志》：“喜日，新娘必鎮日眠，及彩轎到門催請，然後新娘起身，沐浴更衣。桌上燃大燭一對。梳妝穿帶，則請年輕有全福之婦人爲之，謂之‘上頭’。”

**一六〇　蓋頭**　《彙書》：“近時娶婦，以帕蒙新婦首，不知起於何年。《通典》杜佑議曰：‘自東漢及於東晉，咸有此事。’”《夢粱録》：“及娶，兩新人並立堂前，請男家雙全女親，以秤或機杼挑蓋頭，方露花容參拜。”按，近今之俗，俟新娘歸房後，女親始爲之挑蓋頭。

**一六一　鳳冠霞帔**　元·賈仲名《玉梳記》劇：“一會兒鳳冠霞帔夫人相。”帔讀若倍。

**一六二　出閣**　《夢筆生花·杭州俗語·雜對》：“出閣；歸房。”

**一六三　迎親**　見上“發轎”。

**一六四　送親**　《金陵雜志》：“新人上頭畢，由父兄抱之上轎。另請少年四人，隨轎走送，謂之‘送親’，半途即回。”

**一六五　新娘子**　《燕子箋》劇：“小生細看新娘子面貌，宛然與華行雲無異。”

**一六六　新郎新婦**　《少室山房筆叢》“今俗以新婚時，男稱‘新郎’，女稱‘新婦’，六朝已然。”

**一六七　周堂**　陸泳《吴下田家志》：“嫁娶下葬，皆忌周堂不通。”

**一六八　拜堂**　王建《失釵怨》：“雙杯行酒六親喜，我家新婦宜拜堂。”《蜃中樓》劇：“這樣好媳婦，還要憎嫌，快走過來拜堂！”

**一六九　歸房**　見上“出閣”。

**一七〇　鬧房**　姜長卿《崇川竹枝詞》：“花燭笙歌尚餪郎，窗前詞客競催妝。纔通不顧携紅袖，挨看深宵送洞房。”注：“合巹之夕，新人至門，郎君携紅袖交拜親姻，年少者陪宴新郎，謂之‘餪郎’。至更鼓三四，送洞房，謂之‘鬧房’。”《夢筆生花·杭州俗語·雜對》：“參竈；鬧房。”

**一七一　送房**　見上。

**一七二　圓房**　《西遊記》二七回：“就在這裏搭箇窩鋪，你與他圓房成事。”

**一七三　洞房花燭**　《通俗編》：“庾信《詠舞》詩：‘洞房花燭明，燕餘雙舞輕。’按四字始見，後人借爲娶婦之用久矣。”元·石君寶《秋胡戲妻》劇：“琴瑟和調花燭夜，鳳凰匹配洞房春。”元·賈仲名《情寄菩薩蠻》劇：“洞房花燭夜，人月共團圓。”

**一七四　坐富貴**　《金陵雜志》：“兩新人入房，由伴娘扶之，盤膝坐於牀頭，男東女西，任人調笑，不言不動，謂之‘作富貴’。”今江北人謂之“坐富貴”，兩人斂膝而坐，無任人調笑之事。

**一七五　小登科**　見上“上門求親”。又《春燈謎》劇：“赤繩定把紅鸞繳，小大登科齊兆。”

**一七六　成親**　見上“過門”。

**一七七　成雙**　《通俗編》："《史記》注引《帝王世紀》，上古嫁娶以儷皮爲禮，取其偶合也。今嫁娶，凡事物必成雙，蓋古之遺俗。"

**一七八　成雙捉對**　元·曾瑞卿《留鞋記》劇："早早的成雙作對。"元人《百花亭》劇："假若是怨女曠夫買喫了，成雙作對。"《荷花蕩》劇："人家夫妻和好，成雙捉對。"

**一七九　和合**　《周禮·地官·媒氏》："三十之男，二十之女，和合使成婚姻。"

**一八〇　和諧**　《中華古今注》："娶婦之家，先下絲麻鞋一緉，取其和諧之義。"

**一八一　百年偕老**　《荷花蕩》劇："得到箇百年偕老。"《董西廂》劇："鶯不適人，與子百年偕老。"

**一八二　燕爾新昏**　《詩·邶風》："宴爾新昏，如兄如弟。"元人《碧桃花》劇："和你燕爾新昏。"

**一八三　開臉**　《金陵雜志》："次日黎明，兩新人即起，伴娘以一甌蓮子羹進，使二人分喫之。然後爲新娘梳妝絞臉，謂之'開臉'。"

**一八四　三朝**　又，"第三日謂之'三朝'，有人於此日，請會新親，如岳翁、妻弟之類，每有一男丁，必有帖一副，不計能來不能來也。然岳家辭謝居多，遲日登門視女，使男家出其不意，免厚款待，謂之'會親'。"按江北人會親，亦有先辭而後允者。又，以次日爲"三朝"，非第三日也。

**一八五　分大小**　又，新人行家庭禮，俗謂之"分大小"，自尊卑以及親朋，皆受兩新人參拜。受者拜後各有所贈，謂之"見面禮"。

**一八六　見面禮**　見上。

**一八七　謝親**　《春燈謎》劇："只是岳丈從不曾見過，今日必須先謝親。"又江北之俗，三朝之日，新婿往謁岳家，謂之"謝親"。岳家必盛席待之。

**一八八　會親**　見上"三朝"。又《夢粱録》："女家廣設華筵，欵待新壻，名曰'會郎'。至一月，壻家開筵，延欵親家及親眷，謂之'賀滿月會親'。"

**一八九　滿月**　見上。

**一九〇　對月回門**　元人《隔江鬬智》劇："等我對月回門，我見母親自有話説。"

**一九一　回門**　姜長卿《崇川竹枝詞》："回門滿月鬬時妝，姊妹交呼見禮忙。不看新娘看新壻，雙雙羨殺錦鴛鴦。"注："新壻與女同往，歸寧父母，謂之'雙回門'。"

**一九二　雙回門**　見上。按，《春秋·宣公四年》："冬，齊高固及子叔姬來。"《公羊傳》："其諸爲其雙雙而俱至者與。"據此則"雙回門"之説，自古已然矣。

**一九三　歸寧**　《古今筆記》："《詩·周南》：'歸寧父母。'謂女子也。"宋·趙湘《南陽集》有《送周湜下第歸寧序》，其文言："周君進不以文自勝，退不以文自負，今將駕舟東歸，慰慈母。"是男子亦稱"歸寧"也。

**一九四　二月二，家家人家帶女兒**　見《時日》。

**一九五　上花墳**　姜長卿《崇川竹枝詞》："嬉笑篷窗盡豔妝，南山北郭上墳忙。就中少婦多羞澀，知是誰家新嫁娘。"注："通俗清明節，新婦必上墳祭埽，謂之'上花墳'。"

**一九六　送夏**　《金陵雜志》："送夏、送冬、送燈，此係富而好禮者方有之。女兒出閣後，一逢夏日，即送壻與女紗羅之衣；冬日，即送炭火盆、手爐等；逢燈節，送各式新燈。"

**一九七　有喜**　《通俗編》：“《番禺志》：“廣州謂婦人娠者，曰‘有歡喜’。”按，今江以南通爲此言，但省去‘歡’字不同耳。”

**一九八　十月懷胎**　元人《争報恩》劇：“又不知三年乳哺恩，那裏曉懷躭十月胎。”

**一九九　十月滿足**　元・楊文奎《兒女兩團圓》劇：“如今我這大嫂，腹懷有孕，十箇月滿足，將次分娩。”

**二〇〇　瓜熟蒂落**　《雲笈七籤》：“瓜熟蒂落，啐啄同時。”《通俗編・俚語集對》：“瓜熟蒂落；藕斷絲連。”今俗以婦人分娩時，每有“瓜熟蒂落”之語。

**二〇一　養娃娃**　董斯張《吹景集》：“生子曰養，語亦有本。《韓詩外傳》：‘王季立而養文王。’”元・楊文奎《兒女兩團圓》劇：“怎麽一時間就肚疼起來，敢是要養娃娃也？”

**二〇二　月子裏**　清・孫點《歷下志遊》：“産後謂之‘月子裏’，東三省謂之‘睡倒了’。”

**二〇三　大娘二娘**　《通俗編》：“古云幾娘，皆冠其母家之姓，如《明皇雜録》有公孫大娘；《廣異記》有何二娘；元曲稱蔡伯喈妻曰趙五娘，劉知遠妻曰李三娘；皆可近取爲證。時俗必於嫁後稱娘，故悉以姓第改隨其夫。”

**二〇四　趙五娘，李三娘**　見上。

**二〇五　快嘴三娘子**　見《言語》。

**二〇六　長舌夫人**　《詩・大雅》：“婦有長舌，維厲之階。亂匪降自天，生自婦人。”《還魂記》劇：“末云：‘這等長舌夫人，有何受用？’旦云：‘若説秦夫人的受用，一到陰司，搊去了鳳冠霞帔，赤體精光，跳出箇牛頭夜叉，只一對十八寸長指掘，輕輕的把那撇道兒搯，長舌揸。’末云：‘爲甚？’

旦云：‘聽的是東窗事發。’”

**二〇七　賢德夫人**　《吴越備史》：“忠懿王妃孫氏入覲，賜號‘賢德夫人’。”元·王仲文《救孝子》劇：“春香身遭擄掠，不順他人，可謂‘賢德夫人’。”

**二〇八　太夫人**　《漢書·文帝紀》注：“列侯之妻稱夫人。列侯死，子復爲列侯，乃得稱太夫人。”周嬰《巵林》：“潘岳賦‘太夫人在堂’，顏延之詩‘上堂拜家慶’，此後代‘堂’、‘老令堂’之稱所祖耳。”

**二〇九　太太**　《兩般秋雨盦隨筆》：“漢哀帝尊祖母定陶恭王太后傅氏爲帝太太后，後又尊爲皇太太后，此婦人稱太太之始也。古者婦人稱太最重，故列侯夫人，非子復爲列侯，不得稱太夫人，見《漢書·文帝紀》注。今則無貴賤皆稱太太矣。《甲乙剩言》有一邊道，轉御史中丞，作詩云‘幸喜荆妻稱太太’。《四友齋叢説》：‘松江十來年間，凡士夫妻，年未三十，即呼太太，前輩未有此，大爲可笑也。’”

**二一〇　太太奶奶**　《病玉緣》劇：“列位太太奶奶們，不要客氣波。”

**二一一　丁奶奶畫一字**　《山堂肆考》：“元丁濟爲奉化尹，凡公論所在，一判不復移，民稱之曰：‘丁相公一字判。’”按，江北謂作事迂拙，及畫一不二者，則曰“丁奶奶畫一字”。及聞常州友人云“丁相公畫一字”，此説最古，故兩存之。

**二一二　老太**　《金陵雜志》：“已出門之婦人，或年已半百，而傭於人家專司炊爨之事，謂之‘老太’。”按現稱南京中年婦人，當曰“太太”。若稱爲“老太”，則怒而不應。江北則以“老太”爲尊稱，即稱母亦曰“老太”也。

**二一三　老太婆**　《漢書·高帝紀》：“常從王媪、武負貰酒。”如淳曰：“俗謂老大母爲阿負。”《新方言》：“古無輕脣，負音如倍，音轉作婆。”按“老大母”，即所謂“老太婆”也。或省婆字，但呼老嫗爲“老太”而已。《水滸記》劇：“老太婆暗頭裏走慣，弗勞虛奉承。”《荆釵記》劇：“冷廟裏偷箇紗帽圓領，著了來，唬我老太婆。”《夢筆生花·杭州俗語》有“多嘴老太婆”之語。

**二一四　老婆子**　元·秦簡夫《趙禮讓肥》劇：“馬武云：‘我則殺了這箇老婆子者。’”元·關漢卿《竇娥冤》劇：“竇娥醒來！老婆子快些叫！”

**二一五　老婆娘**　《董西廂》劇：“衆鬔鬟簇捧着箇老婆娘。”此爲尊之之辭。今江北則以爲詈人之辭。

**二一六　老親娘**　《荷花蕩》劇：“老親娘有何分付？”此親熱老婦人之辭，非母親也。

**二一七　鄉下婆娘**　《春燈謎》劇：“還有一箇謎兒，公子與老儒同看，念介：‘不在街坊不在市，賣卦的頭上頂著一箇字；江心裏倒跳著錢玉蓮，張子房撈起站在身邊。’老儒作背細想介：‘有了，‘不在街坊不在市’，這是箇‘鄉’字。賣卦的是箇‘卜’字，頂着一箇字，是箇‘下’字。’公子作竊聽點頭介，又聽到：‘錢玉蓮是箇女人，江心裏有波浪的那‘波’字下‘女’字，是箇‘婆’字。張子房名喚張良，‘良’字傍加一箇‘女’字，是箇‘娘’字。這是‘鄉下婆娘’四字。’”按，此四字江北以爲詈鄉村婦女之辭。

**二一八　管家婆**　《三國志演義》五五回，有“管家婆”之語。《秋鐙録》載崇禎宫中瑣事云：“宫女與帝櫛髮者爲最尊，稱‘管家婆’。”

**二一九　收生婆**　《夢筆生花·杭州俗語·雜對》：“替死鬼；收生婆。”按收生婆，即穩婆也。

**二二〇　三姑六婆**　《輟耕録》："尼姑、道姑、卦姑，三姑也。牙婆、媒婆、師婆、虔婆、藥婆、穩婆，六婆也。"《憐香伴》劇："閨門蠹，自古傳，三姑六婆尼最先。"

**二二一　風婆婆**　《西遊記》四五回："行者趕到空中，高叫：'司風的是那箇？'慌得那風婆婆捻着布袋，巽二郎搭着口繩。"今有小女子作風顛者，人每謂之"風婆婆"。

**二二二　鬼婆婆**　《白兔記》劇："浄云：'道人，快點拿箇十王殿關好了。'丑云：'爲�了？'浄云：'走了鬼婆婆出來哉。'"今俗嘲初梳髻之女子，謂之"鬼婆婆"。

**二二三　婆婆媽媽**　《石頭記》七七回："你太婆婆媽媽的了。這樣話，豈是你讀書的男人説的？"

**二二四　奶媽**　《金陵雜志》："奶媽，一名乳娘，專管無乳之小兒。起居一切，悉爲照料，謂之'奶媽'。"

**二二五　丫頭**　劉禹錫《寄小樊》詩："花面丫頭十三四，春來綽約向人時。"按，"丫"讀若丫叉之"丫"。

**二二六　鴉鬟**　宋人《異聞雜録》："建康楊二郎，遇一婦人，稱爲'鬼母'，遣小鴉鬟出探，又分付鴉鬟爲置一室。"今人呼婢曰"鴉鬟"，亦宋人舊語也。《輟耕録》："吴中呼女子之賤者爲鴉鬟。劉賓客詩：'花面鴉鬟十三四，春來綽約向人時。'"按，吾鄉呼婢亦曰"鴉鬟"。又按，本詩"鴉鬟"作"丫頭"，見上。

**二二七　使女**　元·楊顯之《秋夜雨》劇："他是夫人，我是使女。"

**二二八　梅香**　又，"我那裏是他家梅香？"按，"梅香"亦使女之稱。

**二二九　寡居**　《丹鉛總録》："《史記·外戚世家·衞

子夫傳》：‘是時平陽主寡居。’按，今喪夫稱‘寡居’。又有稱‘半邊人’者，亦有意義”。

**二三〇　老寡婦**　《漢書·元后傳》：“我漢家老寡婦，旦暮且死，欲與此璽俱葬，終不可得。太后因涕泣而言。”

**二三一　孤兒寡婦**　《晉書·石勒載記》：“勒嘗言曰：‘大丈夫行事，當礌礌落落，如日月皎然。終不效曹孟德、司馬仲達，欺人孤兒寡婦，狐媚以取天下也。’”

**二三二　望門寡**　《三國志演義》五四回：“國太罵周瑜曰：‘使美人計，殺了劉備，我女便是望門寡。’”《夢筆生花·杭州俗語》有“望門寡”之語。按，未嫁而夫死者，謂之“望門寡”。

**二三三　活守寡**　《蜃中樓》劇：“叫我守活寡的婢女，幾時做得出頭。”元·石君寶《秋胡戲妻》劇：“搽旦云：‘明年若不到家來，難道我女兒活守寡！’”

**二三四　半邊人**　見上“寡居”。

**二三五　没腳蟹**　《水滸》二五回：“我又是箇没腳蟹。”《石頭記》六八回，亦有“没腳蟹”之語。按，此乃寡婦所常言也。

**二三六　完名全節**　《比目魚》劇：“我那妻呵！你爲我完名全節，身葬波濤。”

**二三七　貞節牌坊**　《奈何天》劇：“請問這貞節牌坊，還是朝東朝西？”

**二三八　東家母**　《淮南子·説山訓》：“烹牛以饗其里，而罵其東家母，德不報而身見殆。”

**二三九　母夜叉**　《水滸》有“母夜叉孫二娘”。今人以惡婦爲“母夜叉”。

**二四〇　母大蟲**　又有“母大蟲顧大嫂”。《還魂記》劇：“軍中母大蟲，綽有威風。”

**二四一　九尾狐貍**　《鳳求凰》劇：“一定是九尾狐貍肆野禪，引得你薄倖子，把心偏。”

**二四二　妲己狐貍精**　俞樾《春在堂隨筆》：“‘妲己’，見《尚書·牧誓》枚傳、《史記·殷本紀》，固經史明文也。晉注云：‘殷辛伐有蘇，有蘇氏以妲己女焉。’韋注云：‘有蘇，己姓之國，妲己，其女也。’《史記》索隱亦云：‘妲字，己姓也。’是妲己姓己。而袁子才《小說》乃妄云：‘妲，婦官之號；己者，以十干爲次第。’真無稽之言也。《晉語》云：‘黃帝之子青陽，與夷鼓同爲己姓。’然則妲己固實貴族之女矣。《代醉篇》引《古今事物考》，謂商妲己，狐精也。或曰雉精，猶未變足，以帛裹之，宮中效矣。委巷之談，即今演義家所本。”按，《封神傳》言妲己是狐貍精，本此。妲音怛，又音旦，義同。

**二四三　昭君和番**　元·馬致遠《漢宮秋》劇：“毛延壽將美人圖，獻與呼韓邪單于，要索昭君娘娘和番，以息刀兵。”

**二四四　貂蟬**　清·梁章鉅《浪蹟續談》：“《三國志演義》言王允獻貂蟬於董卓，作連環計，正史中實無貂蟬之名。惟《董卓傳》云，卓嘗使布守中閣，布與卓侍婢私通云云。李長吉作《吕將軍歌》云：‘榼榼銀龜摇白馬，傅粉女郎大旗下。’蓋即指貂蟬事，而小説從而演之也。黃右原告余曰：‘《開元占經》卷三十三，熒惑犯須女，古注云《漢書通志》：“曹操未得志，先誘董卓進刁蟬，以惑其君。”’此事異同不可考，而刁蟬之即貂蟬，則碻有其人矣。《漢書通志》今亦不載，無以斷之。”

**二四五　關公月下斬貂蟬**　《升庵外集》：“世傳吕布妻貂蟬，史傳不載。元人有《關公斬貂蟬》劇，尤悠謬。”俞樾《春在堂隨筆》：“或問貂蟬事，有其人乎？余曰：‘王允與吕布謀誅董卓，初無婦人與其事。惟《後漢書·吕布傳》曰：“卓以布爲騎都尉，誓爲父子，甚愛信之。嘗小失卓意，卓拔手戟擲之，布拳捷得免。布由是陰怨於卓。卓又使布守中閤，而私與傅婢情通，益不自安。”然則俗傳鳳儀擲戟事，固出有因，而所謂貂蟬者，即因婢事而傅會成之也。又《三國志·關雲長傳》注引《蜀記》曰：“曹公與劉備圍吕布於下邳。雲長啓公，布使秦宜禄行求救，乞娶其妻，公許之。臨破，又屢啟於公，公疑其有異色，先遣迎看，因自留之，雲長心不自安。”據此，則吕布妻必美，且又牽涉關公，雜劇有“關公月下斬貂蟬”事，即因此附會也。’”今按，《蜀記》與雜劇，俱荒謬不足信。

**二四六　吕洞賓三戲白牡丹**　雜劇中有《吕洞賓三戲白牡丹》劇。按《冬夜箋記》，此宋人顔洞賓事。因洞賓名同，世遂誤傳。

**二四七　正德戲鳳**　泖東一蟹《遊龍傳演義攷》：“江彬誘武宗出遊，計前後凡五年，所幸民間婦女，不可僂指數，演義因之，遂有“遊龍戲鳳”之説。至於“王龍鬭寶”，則皆空中樓閣，爲後人所杜撰者矣。又言明武宗所幸民間女，見於毛延齡《彤史拾遺》者凡三人，一爲馬昂妹，一爲劉美人，一爲王滿堂，然不聞有李鳳姐也。”今戲目中，或云《遊龍戲鳳》，或云《正德戲鳳》是也。

**二四八　情人眼裏出西施**　《通典》敍六朝歌曲云：“江南皆謂情人爲歡。”《復齋漫録》：“‘情人眼裏有西施’，鄙語也，山谷取以爲詩。”《病玉緣》劇：“須知道情人眼裏出施嬙，管甚麽花妖木魅相偎傍。”《石頭記》七九回：“一則是天緣，二則是情人眼裏出西施。”

**二四九　癡心女子負心漢**　《病玉緣》劇：“癡心女子負心漢，世上原也不少。”

**二五〇　有外心**　《吕氏春秋·孝行覽》：“有爲人妻者，

常外藏。姑妐知之，曰：‘爲我婦而有外心，不可畜。’因出之。”

**二五一　心上人**　元·賈仲名《玉梳記》劇：“覷了這惜玉憐香心上人。”

**二五二　意中人**　《小青傳》：“可知妾是意中人。”

**二五三　喫醋**　《在閣知新録》：“世以妬婦比獅子。《續文獻通考》：‘獅子日食醋、酪各一瓶。’喫醋之說，殆本此。”《廣雅》：“妒，嫭也。”疏證：“今俗語猶謂争色曰嫭。音若酒酢之酢。”按，“酢”爲《說文》“醋”字，從俗則作“醋”也。

**二五四　争風喫醋**　《石頭記》六九回：“他到這樣争鋒喫醋。”《儒林外史》四五回：“兩箇婆娘，争風喫醋，打吵起來了。”按，今人常言“争風喫醋”，不聞云“争鋒喫醋”也。

**二五五　醋罐子**　又六六回：“人家是醋罐子，他是醋缸、醋甕。”

**二五六　私鹽包**　《釵釧記》劇：“人家養子囡兒拉屋裏，猶如私鹽包拉屋裏，一日躭一日的干係。”

**二五七　鐵埽帚**　《爛柯山》劇：“命犯了鐵埽帚。”

**二五八　不賢惠**　元人《神奴兒》劇：“你這箇不賢惠的婦人，怎下的着孩兒在冷地上睡？”

**二五九　犯七出之條**　《大戴禮》：“婦有七出：不順父母一，無子二，淫三，妬四，惡疾五，多言六，竊盜七。三不去：有所受，無所歸，不去；曾經三年喪，不去；前貧賤，後富貴，不去。”《獅子吼》劇：“尊嫂！你如何不恪遵四德之訓，甘犯七出之條？”

**二六〇　手摹脚印的休書**　《通俗編》：“《涪翁雜說》引《周禮》‘手書’疏云：‘豈今細民棄妻子手摹者乎？’按，元人雜劇所謂‘離書手印’是也。”又按，古云“手摹手印”，今云“手摹脚印”，皆謂休妻的書也。俗語但以手脚連文耳，必無脚印之理也。

**二六一　醜人多作怪**　《借妻》梆子腔："旦偏坐介，净云：'真正是醜人多作怪。'"

**二六二　出乖露醜**　史搢臣《頤體集》："及至逼出事端，爲丈夫者顧惜體面，焉肯令妻出乖露醜。"《西廂記》劇："將没作有，使我出乖露醜。"

**二六三　扒灰**　《快雪堂漫録》："世俗呼聚麀爲扒灰。"《石頭記》七回："爬灰的爬灰。"

**二六四　治家不嚴**　見《獄訟》"誘人犯法"、《盜賊》"開門揖盜"。又《西廂記》劇："若到官司，老夫人先有治家不嚴之罪，忘恩負義之愆。"

**二六五　上梁不正下梁歪**　見《宫室》。又俗謂婦姑皆不正者，亦有此語。

**二六六　生米煮成熟飯**　見《飲食》。

**二六七　湊口饅頭**　同上。

**二六八　羊肉饅頭**　見《飲食》"羊肉不曾喫，惹到一身羶"。

**二六九　捉賊捉臟，捉姦捉雙**　見《盜賊》。

**二七〇　先姦後娶**　元·戴善夫《風光好》劇："妾身本不肯舒心就親，學士便做不得先姦後婚。"《意中緣》劇："萬一弄得上手，做箇先姦後娶。"

**二七一　姦占寡婦**　元·關漢卿《竇娥冤》劇："張驢兒姦占寡婦。"占，去聲。

**二七二　姦盜邪淫**　《石頭記》七三回総評："一篇姦盜邪淫文字，反以四子書、五經、《公羊》、《穀梁》秦漢諸作起，以《太山感應篇》結。"

**二七三　飽煖生淫慾**　見《飲食》。

**二七四　萬惡淫爲首**　見《善惡》。

**二七五　傷風敗俗**　《琵琶記》劇："爹居相位，怎麽説著傷風敗俗非禮的言語？"《病玉緣》劇："原來小姐是箇貞烈女子，不肯隨波逐流、傷風敗俗，真正可敬！"

**二七六　風吹草動**　見《天文》。

**二七七　風花雪月**　同上。

**二七八　家花那有野花香**　元·賈仲名《情寄菩薩蠻》劇："多敢是家菜不甜野菜甜。"《石頭記》六七回："他别想着俗語説的'家花那有野花香'的語。"

**二七九　牡丹花下死，做鬼也風流**　見《鬼神》。

**二八〇　色中餓鬼**　同上。

**二八一　色不迷人人自迷**　《水滸記》劇："酒不醉人人自醉，色不迷人人自迷。"

**二八二　酒色財氣**　見《飲食》。

**二八三　酒色過度**　同上。

**二八四　嫖經**　《霞箋記》劇："老旦云：'公子，你雖然讀經，不曾讀嫖經。'浄云：'嫖經上怎麽？'老旦云：'打情罵趣。'"

**二八五　嫖客**　《小忽雷》劇："笑老爺偌大年紀，還做嫖客。"

**二八六　多年嫖客變成龜**　《夢筆生花·杭州俗語》："久病成醫，久嫖成龜。"今俗有"多年嫖客變成龜"之語。

**二八七　賈志誠嫖院**　《四節記》劇有《賈志誠嫖院》一齣。

**二八八　張生跳粉牆**　見《宫室》。

**二八九　二婚**　《鳳求凰》劇："是箇二婚，年紀不過二十四五歲。"

**二九〇　姘頭兒**　清·葛元煦《滬游雜記》："《字典》載：'姘，音怦，男女私合曰姘。'滬上野鴛鴦成羣逐隊，其事始於娼家僕婦，男女相悦，人遂目之曰'姘頭兒'。"

**二九一　老鴇**　《繡襦記》劇："如今那老鴇要錢。"鴇音保。

**二九二　毛水**　《儒林外史》四二回："嫖客進了房，端水的來要水錢，撈毛的來要花錢。"娼家僕曰"毛水"。

**二九三　婊子**　《字典》："俗呼娼家爲婊子。"梁同書《直語補證》："婊子，娼妓之稱。見《輟耕録》。"

**二九四　從良**　《占花魁》劇："從良一事，入門爲浄。"

**二九五　貴相知**　《慎鸞交》劇："恐怕貴相知，對了舊人，難惜新好，故此有心迴避。"按，稱人所戀之妓曰"貴相知"。

**二九六　迎新送舊**　元·戴善夫《風光好》劇："這些時迎新送舊，執盞擎盤。"

**二九七　吹彈歌舞**　見《戲玩》。

**二九八　迷魂陣**　元人《金線池》劇："休想道潑烟花，再打入迷魂陣。"元·吴昌齡《花間四友》劇："枉了你玉人兒嬌滴滴，待楓葉傳情，排卜箇迷魂陣。"

**二九九　陷人坑**　元人《揚州夢》劇："你不合打鳳牢龍，翻雲覆雨，陷人坑穽。"元·楊顯之《劉行首》劇："謾天網，四方圍；陷人坑，當面砌。"

**三〇〇　摇錢樹**　見《貨財》。

**三〇一　私科子**　洪容齋《俗攷》："鷄雉所乳曰窠，即科也。《晏子春秋》：'殺科雉者，不出三月。'蓋言官妓出科，私妓不出科，如乳雉也。"《談徵》："私娼謂之'私科子'。"

**三〇二　私門子**　《黔記》："凡妓所居，濫者曰'塘子'，潛藏者曰'私門子'。"

**三〇三　半開門**　《鳳求凰》劇：“如今半開門的女子，倒多似我們。那些嫖客，都走小路了。”《蕩寇志》九五回：“又做了幾年半開門的買賣，結交些不三不四的人。”

**三〇四　入門爲淨**　見上“從良”。

# 流品

**一　名下士**　《北史·薛道衡傳》："聘陳，作《人日》詩曰：'人歸落雁後，思發在花前。'陳人曰：'名下固無虛士。'"

**二　名不虛傳**　《五燈會元》洂潭謂許太守"名不虛傳"。元人《百花亭》劇："果然名不虛傳。"

**三　名過其實**　《韓詩外傳》："禄過其功者削，名過其實者損。"

**四　有名無實**　《漢書·黄霸傳》："澆淳散樸，並行僞貌，有名無實。"

**五　華而不實**　《左傳·文五年》："陽處父華而不實，怨之所聚也。"

**六　沽名釣譽**　《蝴蝶夢》劇："他沽名釣譽，德劣才庸。"《石頭記》三六回："也學的沽名釣譽。"

**七　同名同姓**　《白羅衫》劇："我想世上，同名同姓者甚多。"

**八　不同道**　《孟子》："三子者不同道，其趨一也。"

**九　賢愚不等**　見《智愚》。

**一〇　忠孝節義**　《雙官誥》劇："今日忠孝節義，萃於一門，好僥倖也！"

**一一　並駕齊驅**　《荆釵記》劇："只合執鞭隨鐙，焉敢並駕齊驅！”

**一二　出類拔萃**　《孟子》：“出乎其類，拔乎其萃。”

**一三　無出其右**　《史記·田叔傳》：“漢廷諸臣，無能出其右。”

**一四　取法乎上，僅得其中**　見《婦女》“終身大事”。

**一五　比上不足，比下有餘**　見《朝署》。

**一六　裏裏外外，上上下下**　《石頭記》七二回：“裏裏外外，上上下下，背着我嚼説我的不少。”

**一七　小以成小，大以成大**　《法言·五百篇》有“小以成小，大以成大”之語。

**一八　小巫見大巫**　《憐香伴》劇：“雖不是小巫見大巫，卻也是强兵遇勁旅。”

**一九　大才小用**　《荆釵記》劇：“只是地方窄小，不展殿元大才，正所謂‘大才小用’耳。”《意中緣》劇：“雖無大才，略堪小用。”

**二〇　數一數二**　《還魂記》劇：“我柳夢梅在廣州學裏，也是箇數一數二的秀才。”數，上聲。

**二一　尊無二上**　《禮記·坊記》：“家無二主，尊無二上。”

**二二　惟我獨尊**　《佛經》：“世尊生下，一手指天，一手指地云：‘天上天下，惟我獨尊。’”

**二三　其尊無對**　《論語》注：“天即理也，其尊無對，非奥竈之可比也。”

**二四　一長可取**　《夢筆生花·杭州俗語·雜對》：“一長可取；萬惡無窮。”

**二五　各有所長**　《孟子》注：“公孫丑言：‘數子各有所長。’”

**二六　人各有能有不能**　《左傳·僖三十三年》：“人各

有能有不能。”

**二七　口天弓長**　《容齋四筆》：“今於姓氏一端，尤多拆字之語，如：吴曰‘口天’，張曰‘弓長’，孫曰‘子系’，許曰‘言午’，劉曰‘卯金刀’，徐曰‘未入人’。凡此，俱見自前籍矣。”

**二八　立早章，弓長張**　《合縱記》劇：“他是立早章，你是弓長張。”

**二九　張王李趙**　朱弁《曲洧》：“俚俗有‘張王李趙’之語，猶言是何等人，無足掛齒牙之意也。”

**三〇　張郎等李郎**　《通俗編·俚語集對》：“張郎等李郎；五祖等六祖。”

**三一　張家帽子李家戴**　見《服飾》。

**三二　大家馬兒大家騎**　《通俗編·俚語集對》：“鄉裏獅子鄉下跳；大家馬兒大家騎。”

**三三　大人先生**　劉伶《酒德頌》：“有大人先生，以天地爲一朝，萬期爲須臾。”

**三四　王公大人**　李白《與韓荆州書》：“皆王公大人，許以氣義。”

**三五　王孫公子**　《戰國策》：“公子王孫，左挾彈，右攝丸。”

**三六　第一條好漢**　見《武備》“李元霸第一條好漢”。

**三七　好漢惜好漢**　《通俗編·俚語集對》：“好漢惜好漢；見家識見家。”

**三八　男子漢**　劉仲璟《遇恩録》載明太祖旨云：“男子漢家，須要學你父親樣，做一箇人，休要歪歪搭搭，過了一世。”

**三九　男子漢大丈夫**　《鳳求凰》劇：“一箇男子漢大丈夫，也要立些崖岸。”

**四〇　頭目**　《通俗編》：“《荀子·議兵篇》：‘下之於上也，若手臂之捍頭目也。’按，元號領軍官爲頭目，義蓋本於《荀子》也。”

**四一　頭兒**　又引《元典章》云：“至元十三年，奏和尚、先生、秀才一處，若有争差，約會和尚爲頭兒的，先生爲頭兒的，秀才爲頭兒的，一同問者。”所云“頭兒”，蓋謂儒學及僧道官也。當時稱謂如此，今惟以之號工師矣。

**四二　頭兒腦兒**　《繡襦記》劇：“自家乃卑田院一箇頭兒腦兒，頂兒尖兒，一箇甲長的便是。”

**四三　蛇無頭而不行**　見《頭面》。又元人《謝金吾詐拆清風樓》劇：“若得殺了楊景一箇，雖有二十四箇指揮使，所謂‘蛇無頭而不行’也。”

**四四　腳色**　《朝野類要》：“初入仕，必具鄉貫三代名銜，謂之‘腳色’。”

**四五　舉國若狂**　《禮記》：“子貢觀於臘。孔子曰：‘賜也，樂乎？’對曰：‘一國之人皆若狂，賜未知其樂也。’”今人云“舉國若狂”，本此。

**四六　大庭廣衆**　《呂語集粹》：“屋漏尚有十目十手，大庭廣衆之中，萬手千目之地，譬之懸日月以示人，分毫掩護不得。如之何弗慎！”

**四七　與衆不同**　元·喬孟符《金鎖記》劇：“此人與衆不同，怎肯與人做門館！”

**四八　人有十等**　《左傳·昭七年》：“天有十日，人有十等。”

**四九　人才濟濟**　《老殘遊記》：“幕府人才濟濟。”濟音几。

**五〇　人山人海**　《桃花扇》劇：“你看人山人海圍着一條燭龍，快快看來！”《清風亭》劇：“一走走到大街，真箇是人山人海，好不熱鬧！”

**五一　外路人**　《巧團圓》劇：“不知是本處人，外路人？”

**五二　閒雜人**　元人《百花亭》劇：“那厮遣心腹人把着門，閒雜人一箇也不放入來。”

**五三　九流三教**　《三字經》注：“人有九流，一流舉子二流醫，三流地理四流推，五流丹青六流相，七僧八道九琴棋。”又《水滸》六九回：“三教九流，無所不通。”俗以儒、釋、道爲三教。

**五四　三三兩兩**　《晉樂録》：“《嬌女詩》：‘行不獨自去，三三兩兩俱。’”

**五五　三十六行**　《通俗編》：“田汝成《西湖志餘》：‘杭州三百六十行，各有市語。今人亦有三十六行之諺。’”按，所引不切合也。《玉搔頭》劇：“三十六行，行行相妬。”行音杭。

**五六　牙行**　《説文》：“駔，駔儈也。”《通訓》謂“合兩家之買賣”。按，如今“牙行”是也。

**五七　行家**　《傳燈録》：“寰普云：‘耕夫製玉漏，不是行家作。’”

**五八　行頭**　《周禮·肆長》疏：“一肆立一長，使之檢校一肆之事，若今之行頭是也。”

**五九　六壬課**　晁氏《讀書志》：“《六壬課鈐》一卷，未知何人所纂。”

**六〇　三合**　《齊東野語》：“陰陽家以亥、卯、未爲三合。”《月令廣義》：“如子月逢子年，或甲辰年，皆爲一氣，宜配甲子辰日，謂之三合年月日。”

**六一　陰陽學**　《元典章》：“元設陰陽學，學中習業者，乃謂之陰陽生。”

**六二　子平**　劉玉《已瘧篇》："談星命者，惟子平多中。相傳宋有徐子平，精於星學，故後世術士宗之。"

**六三　測字**　劉元卿《應諧録》："宋季有謝石者，善測字。高宗微行遇之，書一'問'字令測，石思曰：'左看似君，右看亦似君，殆非凡人耶。'疑信間，請再書一字。高宗以杖即地畫'一'字。石曰：'土上加一，王也，是吾君王乎！'遂拜伏。高宗既歸，招而官之。後秦檜當國時，高宗書一'春'字，令測之，其上半體墨重，石奏曰：'秦頭太重，壓日無光。'檜聞而銜之，中以危法，編管遠州。"

**六四　測字先生**　《十五貫》劇："自己換過微服，假扮測字先生。"

**六五　觀枚測字**　又，"請看觀枚測字，神明播四方"。

**六六　算命**　《長生殿》劇："瞎先生，真神靈，叫一聲賽神仙來算命。"

**六七　高手**　司馬彪《續漢書》："東平王蒼病，詔大醫丞，將高手醫治病。"

**六八　手藝**　柳宗元《梓人傳》："彼將舍其手藝，專其心智，而能知體要者與？"

**六九　改業**　白居易《長慶集》有《改業》詩。

**七〇　技癢**　《風俗通》："高漸離變姓名，傭保於人，聞堂上擊築，技癢不能無出言。"

**七一　名工**　《周禮·攷工記》："輪人謂之國工。"注云："國之名工。"

**七二　漆工**　《後漢書·申屠蟠傳》："蟠爲漆工。"

**七三　銀工**　《宋史·李邦彦傳》："父溥，銀工也。"

**七四　裁縫**　《周禮·縫人》注："女御，裁縫王及后之衣服。"

**七五　童子**　《續方言》引王逸《九章章句》："楚人名巫爲'靈子'。"《後漢書·禮儀志》："侲子執大鼗以逐疫。"《集韻》："侲音震，童子也。"又按，《漢書》有"侲子萬童"之語，故今俗謂巫爲"童子"。《蕩寇志》百十四回："我那乾元鏡圓起光來，能測未來吉凶，不比世上圓光，定要用童子。"

**七六　厨子**　《夢粱録》："厨子謂之'博士'、'師公'。"《通俗編》："按厨子之别呼，謂之'司供'，《夢粱録》作'師公'，非。"

**七七　走堂**　《夢筆生花·杭州俗語·雜對》："立幕；走堂。"

**八　門斗**　見《婦女》"生降死不降，男降女不降"。

**七九　漁户**　《通俗編》："《蟹譜》：'錢氏間置魚户、蟹户，專掌捕魚蟹。'"按，宋元人詩多用"漁户"字。

**八〇　水手**　《宋史·河渠志》："吕梁百步兩洪，湍淺險惡，水手、捧户盤剥人。"

**八一　人夫**　見《婦女》"人夫轎馬"。

**八二　剃頭**　《法苑珠林》："優波離爲五百釋子剃頭師，不輕不重，泯然除盡。"

**八三　擡轎**　《遊覽志餘》："成衣曰'戳短槍'，擡轎曰'扱樓兒'。"今人則云"扛樓子"也。

**八四　擔糞**　《南史·到溉傳》："何敬容言溉尚有餘臭，遂學作貴人。溉祖彦之，初以擔糞自給，故世以爲譏。"

**八五　跟班**　《談徵》："内班，即宋時所謂'衙前'，猶長隨、跟班也。外班，即'散從'，猶聽差、散手也。"

**八六　聽差**　見上。

**八七　長工**　《三餘贅筆》："吴中田家，凡久傭於人者，謂之長工；暫傭者，謂之短工；插蒔時，曰忙工。"

**八八　忙工**　見上。

**八九　平民**　《書·吕刑》:“蚩尤惟始作亂,延及於平民。”

**九〇　鰥寡孤獨**　《孟子》:“老而無妻曰鰥,老而無夫曰寡,老而無子曰獨,幼而無父曰孤。”《還魂記》劇:“都是些鰥寡孤獨。”

**九一　小底**　《字典》:“凡供役使者曰‘小底’。”按,宋儒語録,凡須用“的”字者,皆用“底”字。

**九二　底下人**　《陔餘叢考》:“《南史·陳伯之傳》:‘褚緭見范雲,雲不見,緭怒曰:“建武以後,草澤底下,悉成貴人,吾何罪而見棄!”’”按,今人云“底下人”,本此。

**九三　落於人後**　元人《百花亭》劇:“王焕此去,必不落於人後。”

**九四　驢前馬後**　元人《神奴兒》劇:“你是箇驢前馬後的人。”

**九五　蒼頭**　《漢書·霍光傳》:“使蒼頭奴上朝謁。”

**九六　老蒼頭**　見《年齒》。

**九七　管家**　《談徵》:“今稱人管家爲紀綱,蓋始於秦送文嬴之僕也。”按,今又稱人僕曰“尊紀”。

**九八　家人**　《兩般秋雨盦随筆》:“《禮記》疏:‘有才能曰奚,無才能曰奴。’今混稱奚奴曰‘家人’。”

**九九　家生子**　《談徵》引《漢書·陳勝傳》注:“奴産子,猶人云‘家生子’也。”

**一〇〇　盛价**　《奈何天》劇:“你爲輸餉助邊的事,封了極大的官職,連盛价闕忠也做了顯宦了。”

**一〇一　尊紀**　見上“管家”。又《蕩寇志》七六回:“小姪有句話禀叔父,請尊紀迴避。”

**一〇二　安童**　《通俗編》：“《夢粱録》，雇覓人力，有私身、轎番、安童等人。按，俚俗小説每有‘安童’之稱，嘗疑其‘家童’之訛。今據此，則當時自有此稱。”

**一〇三　來富**　又，“《北史》宇文護母作書與護，有‘汝叔遣奴來富迎汝’之語。今商賈家僮僕，每有此等名號”。

**一〇四　出身低**　元·關漢卿《謝天香》劇：“想是我出身處，本低微。”

**一〇五　做小伏低**　《三國志演義》六十回：“劉備安肯伏低做小。”元人《神奴兒》劇：“我陪言相告，做小伏低。”

**一〇六　有福之人人服事，無福之人服事人**　見《禍福》。

**一〇七　鑾奴**　《新方言》：“揚子《方言》：‘臧、甬、侮、獲、奴、婢，賤稱也。’侮、嫚雙聲對轉，亦轉如鑾，今云‘鑾奴’，本此。”

**一〇八　奴才**　《陔餘叢考》：“奴才之名，世謂起於郭汾陽‘諸子皆奴才’之語，不知晉劉淵罵成都王穎曰：‘不用吾言，遂自奔潰，真奴才也。’是晉人已有此語矣。”

**一〇九　賤儓**　《左傳》：“僚臣僕，僕臣臺。”《孟子》：“蓋自是臺無餽也。”注：“臺，賤官名。”揚子《方言》：“南楚凡罵庸賤，謂之‘田儓’。”今云“賤儓”，本此。

**一一〇　下流**　《論語》：“惡居下流而訕上者。”《尉繚子·武議篇》：“賞及牛童馬圉者，是賞下流也。”

**一一一　下作猴**　《石頭記》六七回：“罵道：‘下作猴兒崽子。’”

**一一二　低三下四**　《儒林外史》四十回：“我常州姓沈的，不是甚麽低三下四的人。”

**一一三　篾片**　《荷花蕩》劇：“篾片從今做不成。”凡媚人者，謂之“蔑片”，或作“密騙”。

**一一四　青皮**　施鴻保《閩雜記》：“地方惡少，游手覓食，訛索詐騙，官法懲之不悛者，稱爲‘地棍’。吾鄉謂之‘聊蕩’，言無聊賴、好游蕩也。亦曰‘濫聊’，則尤甚之詞。江南人謂之‘潑皮’，亦曰‘賴皮’。江西人謂之‘棍子’，亦曰‘老表’。廣東人謂之‘濫仔’，亦曰‘泥腿’。蓋皆古人所稱‘破落户’也。閩中上諸府，謂之‘打溜’，亦曰‘搭流’。下諸府謂之‘闖棍’，亦曰‘匪仔’。興化人謂之‘狼狗’，言兇如狼，賤如狗也。惟福州人謂之‘野仙’，亦曰‘田羅漢腳’，其義乃不可解。”按，吾鄉曰“苦家”，亦曰“痞賴”。蕪湖等處曰“青皮”，上海曰“流氓”，江西亦曰“赤膊鬼”。

**一一五　流氓**　見上。

**一一六　地棍**　同上。

**一一七　破落户**　同上。又見《宫室》。

**一一八　叫化子**　《繡襦記》劇：“叫化子好沒時運。”

**一一九　游手好閒**　《意中緣》劇：“這邊有箇游手靠閒的。”《漁家樂》劇：“一班游手好閒的人，聚集一堆。”好，去聲。

**一二〇　王八**　《合縱記》劇：“老忘八，老賊頭。”《七修類稿》：“今詈人曰‘王八’，或云‘忘八’之訛，言其忘孝悌忠信、禮義廉恥，不盡然也。”《陔餘叢考》：“俗駡人曰‘王八’。《五代史》王建少時無賴，以屠牛、盗驢、販私鹽爲事，里人謂之‘賊王八’。”

**一二一　雜種**　《陔餘叢考》：“俗駡人曰‘雜種’。”《後漢書·西羌傳》：“滇零等招集諸雜種。”《石頭記》六七回：“好小雜種。”種，上聲。

**一二二　殺肉**　《一文錢》劇：“你箇殺肉，你不走，打下來了。”

**一二三　姦細**　《陔餘叢考》：“《舊唐書·王晙傳》：‘此輩降蕃，翻作細作。’”《宋史》：“翟汝文與秦檜對案，目檜爲金人姦細。”

**一二四　混帳東西**　《兩般秋雨盦随筆》：“張船山太守在登州，府試以“伯夷、叔齊”命題。有作八比文者，則伯二比、夷二比、叔二比、齊二比也。先生題俳語於卷上云：‘孤竹君，哭聲悲，叫一聲，我的兒子呵！我只道你在首陽山下做了餓殺鬼，誰知你被一箇混帳的東西，做成了一味喫不得的大爍八塊。’可爲噴飯。”

# 鬼神

**一　嚇鬼**　《啓顔録》:“唐有方姓者,好矜門第,人謂:‘豐邑公相何親?’曰:‘是再從伯父。’人大笑曰:‘既是方相姪兒,只堪嚇鬼。’”

**二　不怕鬼**　元人《盆兒鬼》劇:“誰不知道,俺是不怕鬼的。”

**三　地方鬼**　見《地理》。

**四　地理鬼**　《西遊記》七三回:“我是箇地理鬼,不管那裏,都會訪着。”

**五　癆病鬼**　又六七回有“癆病鬼”之語。

**六　催命鬼**　《幽閨記》劇:“人人道我催命鬼。”《奈何天》劇:“既逢催命鬼,須用解交人。”

**七　替死鬼**　見《婦女》“收生婆”。

**八　討債鬼**　《探親》梆子腔:“討債鬼,小奴才。”《夢筆生花·杭州俗語·雜對》:“討債鬼;看財奴。”

**九　糊塗鬼**　《雪中人》劇:“腌臢可鄙,是箇糊塗鬼。”《清朝野史大觀》:“道光甲申,洪湖潰決後,黄强淮弱,漕艘稽阻。琦侯與副總河潘芸閣,力主開放王營減壩,導河北趨,將以下河身挑挖通暢,再行挽黄歸故。正總河張芥航不以爲然,而力不能止也。計費帑六百萬。挽故之後,河身仍然高仰,一無成效。

上怒，降琦侯爲閣學。特命大學士蔣攸銛、尚書穆彰阿來江查辦。以同知唐文睿倡議肇禍，發新疆看管；總局爲淮揚道鄒公眉，經理未當，議處。一時物論沸騰，有五鬼鬧王營之説，琦爲冒失鬼，潘爲慫恿鬼，張爲冤枉鬼，鄒爲刻薄鬼，唐爲糊塗鬼。此後乃行灌塘法通漕，不問黄淮之强與弱矣。”

**一〇　冒失鬼**　見上。又《空谷香》劇：“這箇伴婆，是箇冒失鬼。”

**一一　溜打鬼**　《夢筆生花·杭州俗語》：“溜打鬼；墮落僧。”俗以衣服不整齊者，謂之“溜打鬼”。

**一二　蓬頭鬼**　《鮫綃記》劇：“相交盡是蓬頭鬼，不要錢財也是癡。”《石頭記》五二回：“病的蓬頭鬼一般。”

**一三　没頭鬼**　元·關漢卿《竇娥冤》劇：“我做了箇銜冤負屈没頭鬼，怎肯便放了你！”

**一四　假充大頭鬼**　《夢筆生花·杭州俗語·雜對》有“假充大頭鬼”之語。

**一五　疑心生闇鬼**　宋·吕本中《師友雜志》：“潘子文師事伊川先生，聞人説鬼怪，以爲必無此理，以爲疑心生闇鬼，最是切要議論。”

**一六　做箇飽鬼**　《朝野僉載》：“婁師德有鄉人爲屯官，犯贓，師德切責，將一楪䭔餅與之曰：‘噇卻，做箇飽死鬼去！’”

**一七　色中餓鬼**　元人《碧桃花》劇：“做了箇色中餓鬼。”《小忽雷》劇：“俺是有名的色中餓鬼。”《西遊記》二三回：“和尚是色中餓鬼。”

**一八　活見鬼**　《琵琶記》劇：“呸！活見他娘的鬼！”

**一九　白日見鬼**　《老學庵筆記》載元豐時二十四曹語：“工屯虞水，白日見鬼。”謂工曹簡寂甚也。

**二〇　見神見鬼**　《借靴》梆子腔：“破也破了，還要見神見鬼的！”

**二一　出神倒鬼**　《釵釧記》劇：“爲何今日出神倒鬼，畢竟有心事。”

**二二　打鬼，打鬼**　元人《盆兒鬼》劇：“正末起喝云：‘打鬼，打鬼！’”

**二三　搗鬼**　元人《看錢奴》劇：“都是你搗鬼。”《通俗編》：“風人之體，但取音同，不論字異，今俗亦然，如云‘石臼裏舂夜叉，搗鬼’。以搗爲禱也。”

**二四　鐘馗捉小鬼**　沈括《補筆談》載唐人《題吴道子畫鍾馗記》，略云：“明皇夢二鬼，一大一小，小者竊太真紫香囊及上玉笛，繞殿而奔，大者捉其小者，擘而啖之。上問：‘爾何人？’奏云：‘臣鍾馗，即武舉不捷之士也，誓與陛下除天下之妖孽。’”《通俗編·俚語集對》：“鍾馗捉小鬼；童子拜觀音。”馗音逵。

**二五　又做師娘又做鬼**　元·賈仲名《玉梳記》劇：“俺娘自做師婆自跳神。”按，師婆或作師婆，即俗云“過陰婆兒”也。今人做好做歹者，人謂之“又做師娘又做鬼”，亦同此意。

**二六　死人身邊有活鬼**　《尋親記》劇：“末云：‘呸！死人與他説話麽？’丑云：‘死人身邊有活鬼，對他説明白了。’”《通俗編·俚語集對》：“強將手下無弱兵；死人身邊有活鬼。”

**二七　三分像人，七分像鬼**　見《頭面》。

**二八　説鬼話**　見《言語》。

**二九　鬼話連篇**　同上。

**三〇　夷鬼子**　《清朝野史大觀》：“西夷英吉利據寧波府，華人謂之‘夷鬼子’，而别其色，謂其國人爲白鬼，其收他部落以爲奴爲兵者爲黑鬼。”

**三一　一雙鬼眼**　《畫墁録》：“太祖謂‘陶穀一雙鬼眼’。神宗謂‘杜常一雙鬼眼’。”

**三二　肚皮裹懷鬼胎**　元人《抱粧盒》劇：“我這頭白盒子藏的是儲君。我肚皮裹懷的是鬼胎。”

**三三　引鬼上門**　《夢筆生花·杭州俗語·雜對》：“拖人落水；引鬼上門。”

**三四　五鬼鬧判**　俞樾《春在堂隨筆》：“世間《子牙牌數》一書，言近而指遠，占者亦有時巧合之。余聞許子社言，杭人有爲之箋注者。惟其中有‘五鬼鬧判’一語，不知所出，余亦無以應也。今乃知出於《西洋記》第九十回云‘靈曜府五鬼鬧判’，即其事也。開卷有益，信矣。”

**三五　爲鬼爲蜮**　《詩·小雅》：“爲鬼爲蜮，則不可得。”按，蜮音育，短狐也，能含沙射水中人影，而不見其形也。《憐香伴》劇：“只是周公夢那箇狗才，當初爲鬼爲蜮，弄得我家破人離。”

**三六　有錢使得鬼推磨**　《幽明録》：“新鬼往一家西廂，有磨就推之，如生人捱法。”《古謠諺》魯褒引諺云：“錢有耳，鬼可使。”《治世餘聞》：“弘治乙卯，有代貴官子弟入試高第者，時人詩曰：‘有錢買得鬼推磨，無力卻教人頂缸。’”磨，去聲。今人多云：“有錢使得鬼推磨。”

**三七　牡丹花下死，做鬼也風流**　元·孫仲章《張鼎勘頭巾》劇：“碧桃花下死，做鬼也風流。”元·曾瑞卿《留鞋記》劇：“拚向牡丹花下死，從教做鬼也風流。”《憐香伴》劇：“若有男子害相思，叫做：‘牡丹花下死，做鬼也風流。’”

**三八　勢敗奴欺主，時衰鬼弄人**　《陔餘叢考》：“‘世亂奴欺主，年衰鬼弄人。’皆杜荀鶴詩。俗語云：‘勢敗奴欺主，時衰鬼弄人。’”按，《殺狗記》、《白兔記》二劇語同。

**三九　人不知，鬼不覺**　《水滸》四一回："那時鄉中神不知，鬼不覺。"元·馬致遠《任風子》劇："我只道人不知，鬼不覺，卻原來你空叫，咱空鬧。"

**四〇　鬼頭鬼腦**　見《頭面》。

**四一　鬼婆婆**　見《婦女》。

**四二　鬼畫符**　元好問詩："真書不入時人眼，兒輩從教鬼畫符。"《燕子箋》劇："不知寫了那一套嫖經，那一宗酒帳，鬼畫符的一般哩。"《病玉緣》劇："真調侃，鬼畫符，望梅止渴多愚魯。"

**四三　鬼打渾**　《豔雲亭》劇："今日出去，遇着箇癡子，鬼打渾了半日。"《水滸記》劇："弗是人，拉裏鬼打渾。"渾音混。

**四四　鬼打牆**　《通俗編》："《易林》：‘衆鬼瓦聚，中有大怪。’按，俗云‘鬼打墻’，因瓦聚文小變也。"按，此不足爲據也。《虎囊彈》劇："丑云：‘賣酒呀，賣酒！’浄上嗽介。丑云：‘鬼打牆哉。’"

**四五　鬼門關**　《唐書·地理志》："容州北流縣南，有兩石相對，遷謫至此者，罕得生還，俗號‘鬼門關’。"又元人《魔合羅》劇同。

**四六　鬼也不上門**　《儒林外史》五三回："自從娶了他，鬼也不上門。"

**四七　阿鼻地獄門**　元人《度柳翠》劇："若是阿鼻地獄門。"鼻音皮。

**四八　十八層地獄**　元人《冤家債主》劇："我死歸冥路，教我十八層地獄都遊徧了也。"

**四九　十八層阿鼻地獄**　元人《硃砂擔》劇："將那廝直押送十八層地獄阿鼻。"

**五〇　滦河橋**　《山東考古録》："嶽之西南，有水出谷中，爲西溪，自大峪口至州城之西，而南流入於泮，曰滦河，有橋曰滦河橋。世傳人死，魂不得過此橋也。據此則陽世有滦河橋，非流俗云冥司也。"又《還魂記》劇："喜時節，滦河橋，題筆兒要去。"

**五一　枉死城**　見上"鬼門關"。又《長生殿》劇："且隨我到枉死城中去。"

**五二　酆都城**　《長生殿》劇："向小小酆都城一座，教你去劍樹與刀山尋快活。"

**五三　望鄉臺**　元人《争報恩》劇："我一靈兒直到望鄉臺。"元・張國賓《合汗衫》劇："誰知相國寺，即是望鄉臺。"元・關漢卿《竇娥冤》劇："我每日哭啼啼，守住望鄉臺。"

**五四　迷魂湯**　見《家族》"前世娘"。

**五五　借屍還魂**　見《死喪》。

**五六　無影無形**　元・楊景賢《劉行首》劇："我度你箇無影無形的鬼魂。"

**五七　奇形怪狀**　見《頭面》。

**五八　青面獠牙**　《春燈謎》劇："又見一箇青面獠牙的鬼。"《還魂記》劇："見了些青面獠牙，也不似今番怕。"獠音遼。

**五九　閻羅王**　《法苑珠林》："閻羅王者，昔爲沙毗國王。常與維陀如生王戰，兵力不敵，因立誓，願爲地獄主。臣佐十八人，悉忿懟同誓曰：'後當奉助治此罪。'十八人，即主領十八層地獄者也。"

**六〇　包老爺做閻羅王**　《宋史·包拯傳》："拯爲龍圖閣直學士，立朝剛毅，貴戚宦官爲之斂手，京師語曰：'關節不到，有閻羅包老。'"《通俗編》："按，閻羅包老，是並言之，非謂包即閻羅也。"又按，俗有'包老爺做閻羅王'之説，亦由此而演也。

**六一　日斷陽間，夜斷陰間**　元人《冤家債主》劇："怎比得包待制，日斷陽間，夜斷陰間。"斷音決斷之斷。

**六二　冥冥之中**　《奈何天》劇："那裏知道冥冥之中，有我這變形使者。"按，冥，平聲，俗讀仄聲，非。

**六三　夜叉**　《翻譯名義》："夜叉，此云勇健，亦云暴惡，舊稱閱叉。"又《西域記》云'藥叉'之訛。

**六四　母夜叉**　見《婦女》。

**六五　巡海夜叉**　元·尚仲賢《柳毅傳書》劇："小聖乃巡海夜叉是也。"

**六六　牛頭夜叉**　見《婦女》"長舌夫人"。

**六七　牛頭馬面**　《翻譯名義》："頻那是猪首，夜迦是象鼻，此謂二使者，亦牛頭馬面之類。"

**六八　人死爲鬼，鬼死爲聻**　《五音集韻》："人死作鬼，人見懼之；鬼死爲聻，鬼見怕之。若篆書此字，貼於門上，一切鬼祟遠離千里。"按，聻音積，今俗讀若厥。常云人死爲鬼，鬼死爲聻。

**六九　鬼使神差**　元·武漢臣《天賜老生兒》劇："端的是鬼使神差。"元·高則誠《琵琶記》劇："好一似鬼使神差。"元·李致遠《風雨還牢》劇："今日得遇你箇英雄劍客，恰便似鬼使神差。"

**七〇　鬼哭神號**　元人《盆兒鬼》劇："有何神號鬼哭，

怕甚上命官差？”《水滸》六五回：“一家家神號鬼哭。”《長生殿》劇：“鬼哭神號，到處裏染腥風，殺人如芥。”號，平聲。

**七一　神出鬼没**　《通俗編》：“黄石公《兵略》：‘神出而鬼行。’今人云‘神出鬼没’，本此。”按所引不確，試再證之。《三國志演義》百一回：“此人有神出鬼没之機。”《水滸》十一回：“端的好兩口樸刀，神出鬼没。”

**七二　神道設教**　《易·觀卦》：“聖人以神道設教，而天下服矣。”《宋史》：“王欽若謂帝曰：‘陛下謂《河圖洛書》果有邪？聖人以神道設教耳。’”

**七三　求神拜佛**　見《家族》“打爺罵娘”。

**七四　迎神賽會**　《吴社編》：“凡神所棲舍，具威儀簫鼓雜戲迎之，曰會。”《通俗編》：“按，律例，迎神賽會者杖。”詳“禁止司巫邪術”條。

**七五　奉之若神明**　《左傳》：“民奉其君，敬之如神明，畏之如雷霆。”今人云“奉之如神明”，蓋合二語而爲之者。

**七六　舉頭三尺有神明**　元·曾瑞卿《留鞋記》劇：“舉頭三尺豈可没神明。”元人《神奴兒》劇：“也須知舉頭三尺有靈神。”《通俗編》：“‘舉頭三尺有神明’，《南唐書》徐鉉有此語。”又《翡翠園》劇：“正是凡事勸人休碌碌，舉頭三尺有神明。”又《奈何天》劇二語同。

**七七　正直爲神**　《左傳》：“神，聰明正直而壹者也。”《還魂記》劇：“你爲神正直應無妬。”

**七八　姜太公封神**　《唐書·禮儀志》：“武王伐紂，雪深丈餘，五車二馬，行無轍迹，詣營求謁，武王怪而問焉。太公曰：‘此必五方之神來受事耳。’遂以名召入，各以其職命焉。”俞樾《春在堂隨筆》：“又論武王伐紂，壹戎衣，天下大定。

而世俗有《封神傳》一書，費如許戰爭，一切仙佛，皆來助戰，究竟何所本？余曰：'東晉人僞作《武成篇》有云："惟爾有神，尚克相予，以濟兆民。"便有此意。《周書·克殷篇》："武王遂徵四方，凡憝國九十有九國，馘魔億有十萬七千七百七十有九，俘人三億萬有二百三十。"魔與人分别言之，不知所謂魔者何謂也。使易《封神傳》爲《馘魔傳》，不亦有典有則乎！至太公封神之説，相傳甚古。《史記·封禪書》："始皇遂東遊海上，行禮，祠名山大川及八神，求仙人羨門之屬。八神將，自古而有之，或曰太公以來作之。"此即太公封神之説所自來。太公《金匱》云："武王伐紂，都洛邑。明年，陰寒雨雪十餘日，甲子平旦，五丈夫乘馬車，從兩騎，止王門外，尚父曰：'四海之神，與河伯、風伯、雨師耳。'使謁者各以其名召之，五神皆驚。武王曰：'天陰乃遠來，何以教之'？皆曰：'天伐殷立周，謀來受命。'云云。"此亦可附會姜太公封神之一證也。"

**七九　門神將軍**　《丹鉛録》："《晉書·職官志》'袴褶'之制，未詳所起。冠黑帽，綴紫褾，褾以繒爲之，長四尺，廣一寸，腰有絡帶以代鞶。中官紫褾，外官絳褾，蓋戰裙之絡繫也。今畫'門神將軍'有之，俗曰飄帶。"

**八〇　門神**　《禮記·喪大記》注："君釋菜，以禮禮門神。"

**八一　竈神**　《周禮》注："顓頊氏有子曰黎，祀爲竈神。"

**八二　二郎神**　《朱子語録》："蜀中灌口二郎廟，當是李冰因開離堆有功，立廟。今來現許多靈怪，乃是他第二兒子，初間封爲王，後來徽宗好道，謂他是甚麽真君，遂改封真君。"按，俗謂神爲楊戬，非也。俗謂楊神二郎，是以神爲楊戬也。

**八三　五道神**　《三國典略》："巫曰：'五道將軍入宅者不祥。'"《留青日札》："今謂五道將軍，盗神也。"又，俗以惡少爲五道神。

**八四　開路神**　見《死喪》。

**八五　黑煞神**　《連環記》劇："恰便似黑煞神，降下碧雲霄。"煞音殺。

**八六　菩薩**　《翻譯名義》："菩薩，本云菩提薩埵。大論釋云：'菩提，佛道也。薩埵，成衆生也。'天台解云：'用諸佛道以成就衆生，故名。'省其二字，乃云菩薩，經誦中或又云布薩。"按，菩薩音蒲殺。

**八七　家堂菩薩**　見《家族》"祖宗亡人"。

**八八　糯米菩薩**　《玉搔頭》劇："正在後艙凍得抖，忽聽家公叫熱酒。糯米菩薩闖將來，嚇得寒風没脚走。"按，俗以善人爲糯米菩薩。糯音怒。

**八九　救命王菩薩**　《漁家樂》劇："生云：'軍士每，快來開了囚車，請馬爺出來。'副云：'救命王菩薩到了。'"

**九〇　救命的活菩薩**　元·孟漢卿《魔合羅》劇："你箇老爺爺，是救命的活菩薩。"

**九一　文昌帝君**　《明一統志》："梓潼神，姓張名亞，字亞子。其先越巂人，徙居梓潼縣之七曲山。自秦伐蜀，世著靈異。宋建炎以來，累封仁文聖武孝德忠文王。"《通俗編》："按，文昌梓潼帝君，漢蜀文翁也。"

**九二　王靈官**　《明史·禮志》："隆武真君者，玉樞火府天將王靈官也。宋徽宗時，嘗從薩守堅傳符法。永樂中，以道士周思德，能傳靈官之法，乃於禁城西建天將廟。宣德中，改封真君。"

**九三　金龍四大王**　《金龍山聖蹟記》："謝公緒，會稽諸生，居錢塘安溪，宋謝太后姪也。三宫北行，公投苕溪死，門人葬於鄉之金龍山。明太祖吕梁之捷，神顯靈助焉，遂勅封金龍四大王，立廟黄河之上。”

**九四　劉猛將軍**　汪沆《識小録》：“劉猛將軍者，相傳神爲劉鋭，即宋將劉錡弟，没而爲神，驅蝗江淮間，有功。”

**九五　城隍**　《困學紀聞》：“北齊慕容儼鎮郢城。城中舊有神祠，俗號城隍神，則六朝已有之。”元人《冤家債主》劇：“有人説道，城隍也是泥塑木雕的，有甚麽靈感在那裏！”

**九六　太歲**　《論衡·難歲篇》：“工技之説，移徙抵太歲凶，負太歲亦凶。”太歲之有禁忌久矣，其祀典定於明。

**九七　太歲頭上動土**　《還魂記》劇：“敢太歲頭上動土，向小姐腳跟乞窟。”《玉搔頭》劇：“若還諫他出征，那就是太歲頭上動土。”

**九八　土地**　《孝經緯》：“社者，土地之神。土地闊，不可盡祭，故封土爲社，以報功也。”

**九九　土地公公**　《還魂記》劇：“便做着土地公公女嫁吾。”

**一〇〇　當方土地當方靈**　見《地理》。

**一〇一　天后**　潛説友《臨安志》：“神爲五代時閩王統軍兵馬使林願第六女。紹興時，封靈惠夫人。淳熙朝，易爵以妃。”《元史·祭祀志》：“南海女神靈惠夫人，以護海運有奇應，加封天妃。”《通俗編》：“又按，清朝康熙二十二年，以助克澎湖，又加封天后，編列祀典。”

**一〇二　牀公牀婆**　曾之異《因話録》：“崔大雅在翰苑，夜直玉堂，忽降旨，令撰《祭牀婆子文》。”《通俗編》：“按，楊循吉詩云：‘買餳迎竈帝，酌水祀牀公。’知牀公亦爲宋世所祀。”

**一〇三　水母娘娘**　見《家族》“娘娘”。

**一〇四　坑缸三娘**　《顯異録》：“紫姑，萊陽人，姓何名媚，字麗卿。李景納爲妾，爲大婦買氏所嫉，正月十五夜，陰殺之厠中。上帝憫之，命爲廁神，故世人以其日作其形於厠間，迎祝以占衆事。”《通俗編》：“按，俗呼‘坑三姑’。”又按，今呼“坑缸三娘”是也。

**一〇五　秋胡老媽**　《朝野僉載》：“石勒以麻秋爲帥，秋胡人，暴戾好殺，國人畏之。市有兒啼，母輒恐之曰：‘麻胡來！’啼聲遂絶。”《大業拾遺記》：“煬帝將幸江都，令將軍麻胡濬河，胡虐用其民，百姓惴慄，常呼其名以恐小兒。或夜啼不止，呼‘麻胡來’，應聲止。”《會稽録》：“會稽有鬼號麻胡，好食小兒腦，遂以恐小兒。”按，諸説不同，當以麻秋事爲確，其餘皆附會也。又按，“秋胡老麻”，今俗謂之“秋胡老媽”。麻、媽以音近而訛也。

**一〇六　泥塑木雕**　見上“城隍”。又《白兔記》劇：“菩薩是泥塑木雕的，難道就活起來哉！”《春燈謎》劇：“獄神爺，你就是泥塑木雕，也耐不得這般淒涼香火。”

**一〇七　猪頭三牲**　《西遊記》三二回：“少不得猪頭三牲，只管許願。”

**一〇八　香火**　見上“泥塑木雕”。又《北史·陸法和傳》：“但於空王佛所，與主上有香火因緣，故相援助耳。”

**一〇九　粧香**　元·李直夫《虎頭牌》劇：“正末云：‘粧香來。’”

**一一〇　朝山進香**　《通俗編》：“《鹽鐵論》：‘古者無出門之祭，今富者祈名嶽、望山川。’按，俗於遠方進香，謂之朝山。據此，則此俗之興，由於西漢。”朝音潮。

**一一一　燒十廟香**　清·顧禄《吴趨風土録》：“郡縣城隍廟及本里土地諸神祠，男婦修行者，年初皆往燒香，必經歴十廟而止，謂之‘燒十廟香’。”

**一一二　燒頭香**　元人《看錢奴》劇：“趕燒炷頭兒香。”

**一一三　燒斷頭香**　又：“莫不是曾燒着甚麽斷頭兒香？”

**一一四　燒肉香**　《清異録》：“齊趙人好以身爲供養，謂兩臂爲肉燈臺，頂心爲肉香爐。”按，從前神出巡時，有兩臂燒肉香者，今少有矣。

**一一五　燒拜香**　《宣府志》：“市人於五月十三日，爲父母妻子，或己身疾病，具香紙牲醴，於城隍廟拜禱。自其家門，且行且拜，謂之‘拜願’。今各處皆沿其風。”按，從前江北出神會，見有燒拜香者，數步一拜，今亦少有矣。

**一一六　燒香禮拜**　《魏書·釋老志》：“金人率長丈餘，不祭祀，但燒香禮拜而已。”

**一一七　燒香點燭**　元人《黑旋風雙獻功》劇：“孔目哥哥，到那山上，要點燭燒香，回錢了願。”

**一一八　神馬**　《天香樓偶得》：“俗於紙上畫神佛像，而祭賽之，謂之‘甲馬’。此以紙爲神佛凴依，似乎馬也。”

**一一九　替身**　《因話録》：“紙畫代人，未知起何時，今世禱禳者用之，板刻印染，肖男女之形而無口。北方之俗，於臘月二十四夜，佩之於身，除夕焚之。”按，即今之“替身”是也。

**一二〇　通誠**　《瑞[illegible]圖》劇：“請拈香，待小道通誠。”

**一二一　跌卲**　韓愈《謁衡嶽》詩：“手持盃珓導我擲。”《石林燕語》：“高辛廟有竹桮筊，以仰爲陽筊，俯爲陰筊，一仰一俯爲聖筊。”《説文》：“卲，卜問也。”段注：“疑即後人杯珓字。”按，卲字，《廣韻》音照，今人於神前求籤者，必先跌卲也。

**一二二　抽籤**　《幸蜀記》：“王衍禱張惡子廟，抽籤，得‘逆天者殃’四字。”

**一二三　求籤問卜**　《意中緣》劇：“下官求籤問卜，都説姻緣倒是姻緣，只是中間有個小人，要用術强娶。”

**一二四　告陰狀**　《鳳求凰》劇：“又有一張陰狀，告在玉皇殿下。”

**一二五　日精月華**　見《天文》。

**一二六　柳樹精**　《續神仙傳》：“吕洞賓憩岳州白岳寺，有老人自松樹冉冉而下，曰：‘某，松樹之精也，見先生過，禮當候見。’吕留書壁云：‘獨自行來獨自坐，無限世人不識我。惟有城南老樹精，分明知道神仙過。’”《通俗編》：“按，俚俗訛松爲柳，由元·谷子敬《城南柳》劇。”又按，後人畫六魁神，吕祖後畫一柳樹精，其實當作松樹精也。

**一二七　王道士拿妖精**　見《釋道》。

**一二八　成精作怪**　元·谷子敬《城南柳》劇：“哦！原來就是兩件物，成精作怪。”

**一二九　妖魔鬼怪**　元·李好古《張生煮海》劇：“安知他不是箇妖魔鬼怪！”

**一三〇　少所見，多所怪**　《牟子》：“少所見，多所怪。見橐駝，謂馬腫背。”

**一三一　見怪不怪，其怪自敗**　《五燈會元》法輪齊添師、金陵俞道婆，俱引“見怪不怪，其怪自敗”二語。清·梁章鉅《浪蹟續談》：“‘見怪不怪，其怪自敗。’此語起於唐時，亦實有此理，可作座右銘也。《藝文類聚》引《見異録》云：‘魏元忠未達時，家貧，獨一婢方炊，有老猿爲着火，婢驚，白公。公曰：“猿閩我闕僕，爲執炊耳。”又嘗呼蒼頭，未應，犬代呼之，公曰：“孝順狗也。”又獨坐，有羣鼠拱於前，公曰：“汝輩飢，求食於我乎？”乃飼之。又一夕夜半，有婦女數人立於牀前，公曰：“汝能徙我於堂下乎？”婦人竟舁堂下。曰：“可復徙堂中乎？”羣婦舁舊所。曰：“能徙我於街市乎？”羣婦再拜而去，曰：“此寬厚長者，可同常人玩之哉！”故語云：“見怪不怪，其怪自敗。”’”

# 仙佛

**一　仙風道骨**　《宋名臣傳》："錢若水過華山，見陳摶，大加賞識，以爲有仙風道骨。"元·谷子敬《城南柳》劇："岳州城南，有一株柳樹精，生數百年，有仙風道骨。"

**二　王子去求仙**　《通俗編》載："'王子去求仙，丹成入九天。洞中方七日，世上已千年。''洞'字原本作'山'，今作'洞'。《水東日記》：'凡鄉學小童，臨倣字書，皆昉於此。然莫知其所自。'諸暨陳洙云：'嘗見宋學士晚年以眼明自夸，細書小字及此，學士其知所自者耶？'"

**三　赤腳大仙**　《水滸》楔子："這仁宗皇帝，乃是上界赤腳大仙。"

**四　和合二神仙**　《通俗編》："雍正十一年，封天台寒山大士爲和聖，拾得大士爲合聖。按，俗云'和合二神仙'是也。"

**五　張仙**　《七修類稿》："張仙，名遠霄，五代時，遊青城山得道者。蘇老泉曾夢之，挾二彈子，以爲誕子之兆。老泉奉之，果得軾、轍。人但謂花蘂假託，不知其真有張仙也。"余按，後蜀孟昶國亡，其妃花蘂夫人入宋宮，畫一圖，肖昶形，懸挂而虔奉之。太祖入宮，見而問之，花蘂曰："張仙也，祀之宜男。"是花蘂以孟昶假託張仙也。但後人畫張仙者，係白面三綹鬚，挾彈弓，抱小兒。花蘂所畫張仙亦大略如此。然余以所見證之，則非孟昶，實爲張遠霄也。憶光緒己丑庚寅間，余在常熟協署教讀，同邑許閬書世伯，適爲教諭，以蜀人同寅者所贈張仙圖轉贈余。余受而視之，礬紙一張，是從石碑搨出者，印爲紅色，張仙趺坐，首插道士簪，如張天師像，惟其面有四目，如方相形，不知何故。許世伯曰："此所謂四目張仙也。"上有老泉題跋，先言其無子，入山虔誠禱之，果得軾、轍二子。是此碑爲老泉所刻，非僞造也。余後以贈友人張敬儒，亦得一子，是真有靈感也，因附記於此。

**六　神仙還是神仙做**　元·馬致遠《三度任風子》劇："神仙只許神仙做，你那凡夫則尋凡夫去。"今小説家云"神仙還是神仙做，那有凡人做神仙"，殆本於此。

**七　二仙傳道**　《磨坊》梆子腔："丑云：'你手中拿的什麽東西？'貼云：'没有什麽東西。'丑云：'伸手吾看！'貼云：'没有。'丑云：'拿那隻手吾看！'貼云：'多没有。'丑云：'好一箇二仙傳道！'"

**八　八仙**　元·馬致遠《三醉岳陽樓》劇："這一箇是漢鍾離，現掌着羣仙籙；這一箇是鐵拐李，髮亂梳；這一箇是藍采和，板撒雲陽木；這一箇是張果老，趙州橋倒騎驢；這一箇是徐神翁，身背着葫蘆；這一箇是韓湘子，韓愈的親姪；這一箇是曹國舅，宋朝的眷屬；則我是吕純陽，愛打簡子漁鼓。"《通俗編》："按，元人雜劇，如馬致遠《岳陽樓》等曲，皆舉成仙者八人，與世所繪者符其七，惟無何仙姑，有徐仙翁，殊耳。"又《王弇州集·題八仙圖後》云："八仙者，鍾離、李、吕、張、藍、韓、曹也。"《通俗編》："按，八仙祇有其七，元人慶壽詞，有鍾、吕、二韓等，是韓有二人也。"

**九　八洞神仙**　《邯鄲夢》劇："正陽子鍾離權先生，見貧道行旅消乏，遂將石子半斤，點成黃金十八兩。貧道禀告師父道：'此乃點石爲金，後來仍變爲石乎？'師父道：'五百年後仍化爲石。'貧道立取黃金抛地，恐怕誤了五百年後得金的人。師父大笑曰：'吕巖！吕巖！你有一點好心，可登仙界。'遂將六一飛昇之術，心心密證，口口相傳，行之三十餘年，忝登了八洞神仙之位。"

**一〇　八仙過海**　《江西大志》："嘉靖時，燒造瓷器，所畫有搶龍珠、獅子滚繡毬、八仙過海等名。"

**一一　漢鍾離**　見上"八仙"。即鍾離權。

**一二　鐵拐李**　同上。又《雪中人》劇："只説是韓湘子結交了鐵拐李。"

**一三　韓湘子**　同上。又見"鐵拐李"。

**一四　曹國舅**　同上。

**一五　藍采和**　同上。

**一六　何仙姑**　同上。又《邯鄲夢》："先是貧道度了一位何仙姑來此，逐日掃花。近奉東華帝旨，何仙姑證了仙班。因此張果老仙翁，又着貧道騰雲駕霧於赤縣神州，再覓一人，來供掃花之役。"

**一七　吕洞賓**　即吕巖。見上"八洞神仙"。又，即吕純陽，見上"八仙"。

**一八　吕洞賓三戲白牡丹**　見《婦女》。

**一九　狗咬吕洞賓，不識好人心**　見《心意》。

**二〇　張果老**　見上"八仙"。又見上"何仙姑"。

**二一　張果老倒騎驢兒**　見上"八仙"。《太平廣記》："張果嘗乘一白驢，日行數萬里，休則疊之如紙，置巾箱中，乘則以水噀之，還成驢矣。”江盈科《雪濤小説》：“國初，蜀中一耆儒題《張果倒跨蹇驢圖》云：‘世間多少人，誰似這老漢？不是倒騎驢，凡事回頭看。’語雖淺，然其喻世切矣！”《荆釵記》劇：“張果老倒騎驢，永不見畜生之面。”《通俗編》：“按，俗言張果老倒騎驢兒，各傳記未云。蓋倒騎驢，乃宋潘閬事。”按，以上所引，皆傳記所云，《通俗編》又不足據矣。

**二二　王母**　《大戴禮》：“舜時，西王母獻白玉琯。”《通俗編》：“按，西王母，特海外國名，非神人也。惟《穆天子傳》言‘天子觴西王母於瑶池之上’，乃稱神人。”

**二三　驪山老母**　見《飲食》“酒色財氣”。又見《文事》“若要功夫深，鐵也磨成針”。又俞樾《春在堂隨筆》：“又説小説中多言驪山老母。余曰：‘驪山老母，實有其人，非烏有也。《史記·秦本紀》：“申侯言於孝王曰：‘昔我先驪山之女，爲戎胥軒妻，生中潏，以親故歸周，保西垂，西垂以其故和睦。’”按上文，顓頊之苗裔孫，曰女脩，女脩生大業，大業生大費，大費生二子：曰大廉，曰若本。大廉玄孫，曰孟戲、中衍。中衍之後，遂世有功，其玄孫曰中潏，生蜚廉。蜚廉生惡來。以是言之，戎胥軒爲中潏之父，則中衍之曾孫也。酈山女者，申國之女，故申侯曰：“我先酈山女。”申國姜姓，則此女姜氏也。謂之酈山女者，因申國之君娶於酈山，而生此女，故以母名女，謂之酈山女。亦猶《左傳》顔懿姬、鬷聲姬之例也。其後自蜚廉至造父五世，周穆王封之趙城，春秋時趙氏其後也。自蜚廉至非子六世，周孝王封之秦，至始皇而遂有天下，酈山女之遺澤長矣。唐、宋以後，遂以爲女仙，尊曰老母。《神仙感遇傳》載唐少室書生李筌，得黄帝《陰符經》，遇驪山老母，指授秘要。宋鄭所南有《驪山老母磨鐵杵，欲作繡針圖詩》。是小説所稱，非無自矣。’”

**二四　太上老君**　見《時日》“太山老君不煉丹”。又俞樾《春在堂隨筆》：“又論太上老君。余曰：‘太上老君有二説，《舊唐書·經籍志》丙部有《太上老君玄元皇帝聖經》十卷，唐尊老子爲玄元皇帝，則太上老君即老子也。《隋書·經籍志》曰：“有元始天尊，生於太元之先，禀自然之氣，常存不滅。每至天地初開，或在玉京之上，或在窮桑之野，授以秘道，謂之開刼度人。”然其開刼非一度矣，故有廷康赤明、龍漢開皇，是其年號。其間相去，經四十一億萬載。所度皆諸天仙上品，有太上老君、太上丈人、天真皇人、五方天帝及諸仙官，轉共承受。此則太上老君，又非即老子矣。’”

**二五　壽星老兒**　《拜月亭記》劇：“壽星老兒是我的徒弟。”《清風亭》劇：“這箇壽星老兒的頭光秃秃，可像箇鴨蛋。”

**二六　老壽星**　見《年齒》。

**二七　壽星**　《爾雅》：“壽星，角亢也。”

**二八　福禄壽三星**　見《天文》。

**二九　魁星**　《日知録》：“魁星之魁，當是奎之訛。奎爲文章之府，文士宜祀，亦屬調停之説。今祠觀中多祀其像，漸及學宫，不知何時所起。”

**三〇　唐明皇遊月宫**　見《天文》。

**三一　劉海戲金蟾**　《擋馬》梆子腔：“旦云：‘兩旁挂古畫。’副云：‘劉海戲金蟬。’”按，“蟬”當作“蟾”。《通俗編》：“《湖廣總志》：‘劉元英，號海蟾子，廣陵人，仕燕王劉守光爲相。一日有道人來謁，索雞卵十枚，金錢十枚，置几上，累卵於錢，若浮圖狀。蟾驚歎曰：“危哉！”由是大悟，易服從道人，遊歷名山，所至皆有遺跡。’今俗呼‘劉海戲金蟾’，舛謬之甚。”

**三二　騰雲駕霧**　見《釋道》。

**三三　呼風喚雨**　同上。

**三四　白日昇天**　見《天文》。

**三五　天機不可漏洩**　同上。

**三六　奪天地造化**　見《天地》。

**三七　未卜先知**　元人《桃花女》劇："賣弄殺《周易》陰陽，誰似你還有箇未卜先知意。"《還魂記》劇："未卜先知定佳期。"

**三八　知過去未來**　《搜神記》："管輅善解諸術，知未來過去之事。"《長生殿》劇："我聞得有箇術士李遐周，能知過去未來。"

**三九　寧可信其有，不可信其無**　元人《盆兒鬼》劇："人都叫他做賈半仙，寧可信其有，不可信其無。"又《九蓮燈》劇二語同。寧音令。

**四〇　衆生好度人難度**　《通俗編》："《莊子·德充符》：'受命於天，惟舜獨也正，幸能正生，以正衆生。'按，俗讀衆如終音，據《廣韻》，衆字有職成切。"元人《桃花女》劇："汪二公云：'常言道"衆生好度人難度"。孩兒！你前日救了他的性命，他把這樁親事報答你哩。'"今俗有"衆生好度人難度，寧度衆生莫度人"之語。

**四一　佛門弟子**　見《言語》"暗藏春色"。

**四二　佛動心**　見《婦女》。

**四三　佛眼相看**　見《頭面》。

**四四　佛面上刮金**　《湧幢小品》："佛面上刮金，陋之也。嘉靖初，用工部侍郎趙璜奏，没入諸寺佛像，刮取金一千三十餘兩，正合諺語，可笑。"《通俗編》："按《冥祥記》，貞觀二十年征龜茲，有薛孤訓者，爲行軍曹倉，及屠龜茲後，乃於精舍剥佛面金。是趙璜事，唐有先爲之者。”

**四五　不看金面看佛面**　《拊掌録》：“趙閲道罷政閒居，每見僧，接之甚恭。有士人以書贄見，閽者不爲通。士人曰：‘參政便如此敬重和尚。’閽者曰：‘也半看佛面。’士人曰：‘更那輟不些少來看孔夫子面！’”《古謡諺》：“顧起元引諺云：‘不看僧面看佛面。’”今人多云“不看金面看佛面”。

**四六　人是衣裝，佛是金裝**　《琵琶記》劇：“真正人是衣裝，佛是金裝。”

**四七　平時不燒香，急則抱佛脚**　劉敞《中山詩話》：“王丞相嗜諧謔，一日，語沙門道因曰：‘投老欲依僧。’客遽對曰：‘急則抱佛腳。’王曰：‘“投老欲依僧”是古詩，“急則抱佛腳”是俗諺。’客曰：‘二句上去投，下去腳，豈不的對也！’王大笑。”《水滸》十六回：“正是急來抱佛腳，閒時不燒香。”又張世南《宦遊紀聞》：“雲南之南，一番國專尚釋教，有犯罪應誅者，捕之急，趨往寺中，抱佛腳悔過，便貰其罪。今諺云：‘閒時不燒香，急來抱佛腳。’乃番僧之語，流傳於中國也。”按今人語云：“平時不燒香，急則抱佛腳。”

**四八　送佛送到西天**　《漁家樂》劇：“我有心送佛，送到西天。”

**四九　揀佛燒香**　《通俗編》：“寒山詩：‘擇佛燒好香，揀僧歸供養。’按，今人有‘揀佛燒香’語，本此。又按，‘揀佛燒香’者，謂以物與此人，而不與彼人也。”

**五〇　借花獻佛**　又《過現因果經》：“瞿夷寄二花於善慧仙人，以獻佛。”按，元曲有“借花獻佛”語，“借”當是“寄”之訛。元人《殺狗勸夫》劇：“柳隆卿云：‘既然哥哥有酒，我們借花獻佛，與哥哥上壽咱。’”《小忽雷》劇：“滿市茉莉，只有此本，特地買來，借花獻佛。”《比目魚》劇：“好漢從來不喫虧，借花獻佛討便宜。”

**五一　看經念佛**　元·鄭廷玉《忍字記》劇：“你看經念佛，剗地殺人。”《西廂記》劇：“你出家人，怎不看經念佛！”又見《釋道》。

**五二　屠户丢刀成佛**　見下“五百尊羅漢”。

**五三　觀音**　莊岳《委談》：“今塑畫觀音者，無不作婦人相。考《宣和畫譜》，唐宋名手，寫觀音像甚多，俱不飾婦人冠服。宋小説載龍甄友《觀音偈》云：‘彼美人兮，西方之人兮。’則宋時所塑，或已致訛。元僧譾陋無識，遂以爲妙莊王女，可一笑也。”

**五四　韋馱**　《翻譯名義》：“韋馱，是符檄，用徵召也，與今所稱護法韋馱無涉。其護法者，手執金剛杵也。”清·梁章鉅《浪蹟續談》：“護法韋馱，蓋跋闍羅波膩。跋闍羅，此云金剛；波膩，此云手。因其手執金剛杵，遂以名之。按今大小叢林頭門内，皆立執杵韋馱，有以手按杵據地者，有雙手合掌捧杵者。詢之老僧，始知合掌捧杵爲接待寺，凡游方釋子到寺，皆蒙供養。其按杵據地者則否，可以一望而知也。”馱音駝。

**五五　哼哈二將**　《虎囊彈》劇：“浄云：‘這兩箇鳥大漢是誰？’丑云：‘這箇是哼哈二將。’”將，去聲。

**五六　四大金剛**　見《天文》“風調雨順”。又梁章鉅《浪蹟續談》：“四大金剛，彼教但稱天王。《長阿含經》云：‘東方天王，名多羅吒，領乾闥婆及毗舍闍神將，護弗婆提人；南方天王，名毗琉璃，領鳩槃茶及薜荔神，護閻浮提人；西方天王，名毗留博叉，領一切諸龍及富單那，護瞿耶尼人；北方天王，名毗沙門，領夜叉羅刹將，護鬱單越人。’謂之金剛者，以所執之杵號之耳。《婆沙論》稱四天王，身長一拘盧舍四分之一。西國以五百弓爲拘盧舍，八尺爲弓，蓋其長百丈。故凡塑天王者，皆特長大也。”

**五七　羅漢**　《通俗編》：“《翻譯名義》：‘阿羅漢者，阿爲不，羅漢爲生，後世中更不生，故名。’按，依其説，則‘阿’字不當省去。”

**五八　十八尊羅漢**　清·梁章鉅《浪蹟續談》：“客有以丁南羽白描羅漢索題者，並言：‘世稱十八羅漢，而此只十六，毋乃缺歟？’余曰：‘十六羅漢之名，自古所傳如是。釋典載佛伽梵般涅槃時，以無上囑十六阿羅，故張僧繇、盧楞伽所畫皆止十六。《清波雜志》載蘇扶攜古畫羅漢十有六，求山谷題名號，歸宗一見笑曰：“夜來夢十六僧來挂褡。”《江西通志》載貫休於雲堂院畫羅漢，已畢十五，從禪定起，寫本身以足之，則十六之數，歷有明證。惟《東坡集》有《十八羅漢讚》，前十六尊與梵志合，後二尊一曰慶友，一曰賓頭盧。然賓頭盧，即賓度盧跋羅墮闍，實複出也。然貫休所畫羅漢有十六，亦曰十八。恭讀《純廟集》中，有唐貫休《十八羅漢讚》，始知西域十六應真外，別有降龍、伏虎二尊者，一爲戛沙鴉巴尊者，一爲納達密答喇尊者，以具大神通法力，故亦得阿羅漢名。按東坡所讚，於羅怙羅尊者，則曰“龍象之姿，魚鳥所驚”，似指降龍。於伐那婆斯尊者，則曰“逐獸於原，得箭忘弓”，似指伏虎。惟羅怙羅，即喇呼拉尊者；伐那婆斯，即拔那拔西尊者。由此土僧伽，未能深通貝筴，輾轉傳訛，致此舛錯。今謹依西湖聖因寺所藏貫休十六羅漢遺跡御製讚跋考定：第一爲阿〈迎阿〉達機尊者〈原題第十三因揭陁尊者〉；第二爲阿資答尊者〈原題第十五阿氏多尊者〉；第三爲拔納西尊者〈原題第十四代那婆斯尊者〉；第四爲嘎禮嘎尊者〈原題第七迦理迦尊者〉；第五爲拔〈雜哩〉逋答喇尊者〈原題第五伐闍那弗多尊者〉；第六爲〈拔哈〉達喇尊者〈原題第六戭没羅跋陁尊者〉；第七爲嘎納嘎巴薩尊者〈原題第三賓頭盧頗羅墮誓尊者〉；第八爲嘎納嘎〈拔哈〉喇錣雜尊者〈原題第二迦諾迦伐蹉尊者〉；第九爲拔〈嘎沽〉拉尊者〈原題第五拔諾迦尊者〉；第十爲喇呼拉尊者〈原題第十羅怙羅尊者〉；第十一爲祖查巴納塔嘎尊者〈原題第十六注荼半托伽尊者〉；第十二爲畢那楂拉〈拔哈〉喇錣雜尊者〈原題第十一賓度賓羅拔羅墮闍尊者〉；第十三爲巴納塔嘎尊者〈原題第十半托迦尊者〉；第十四爲納阿噶塞納尊者〈原題第十四那伽犀那尊者〉；第十五爲鍋巴嘎尊者〈原題第九戒博伽尊者〉；第十六爲阿必達尊者〈原題第四難題密多羅慶友尊者〉。伏讀御跋云："唐貫休畫十六應真像，見《宣和畫譜》。自廣明至今垂千年，流傳浙中，供藏於錢塘聖因寺。乾隆丁丑仲春南巡，駐西湖行宮，詣寺瞻禮，因一展觀，信奇筆也。第尊者名號，沿譯經之舊，未合梵筴本音。其名次前後，亦與章嘉國師據梵經所定互異。爰以今定《同文韻統》合音字，並位次，注於原署標識之下云云。"'"

**五九　五百尊羅漢**　又："杭州城内外，梵宇以百數，惟西湖之浄慈、靈隱兩寺，有五百羅漢堂。金姿寶相，奕奕欲生，環楹回旋，狀如田字，故俗亦呼田字殿。聞其像皆出一僧手塑，而殊容異態，無一雷同。記得劉一清《錢塘遺事》云：'浄慈羅漢堂内，第四百四十二位阿濕毗尊者，獨設一龕，用黄羅冪之，偃蹇便腹，覷人而笑，婦人祈嗣者必詣此炷香。'今無此龕，則閲時又各有興替矣。世傳羅漢皆海賊現身，是放下屠刀，立地成佛者，殊未該也。"按，"放下屠刀，立地成佛"，即俗云“屠户丢刀成佛”是也。

**六〇　降龍伏虎**　見上“十八尊羅漢”。又《西遊記》七十回:“我會降龍伏虎。”降音降服之降。

**六一　托塔天王**　俞樾《春在堂隨筆》：“《元史·輿服志》有東南西北天王旗，並繪神人，右手執戟，左手捧塔，然則托塔天王，亦有本也。哪吒事，疑亦出於佛經。按，《夷堅志》‘程法師’條云：‘值黑物如鐘，從林間直出，知爲石精，遂持哪吒火毬救之，俄而火毬自身出，與黑塊相擊。’然則哪吒風火輪亦必有本也。”按，《封神榜》有托塔李天王。《水滸傳》有托塔天王晁蓋，綽號也。哪吒脚踏風火輪，亦本此。

**六二　哪吒脚踏風火輪**　見上。俗讀哪吒若奴詐。

# 釋道

**一　和尚**　《翻譯名義》："和尚，外國名。漢言知有罪、知無罪也。"《晉書·佛圖澄傳》："法常與法佐，對車夜談，言及和尚。比旦，佐入，澄已知之。"按，此二字見正史之始也。

**二　大和尚**　《魏書·釋老志》："浮圖澄爲石勒所宗信，號爲大和尚。"

**三　當家和尚**　《夢筆生花·杭州俗語·雜對》："當家和尚；壓寨夫人。"

**四　應赴和尚**　《禪宗記》："禪僧衣褐，講僧衣紅，瑜珈僧衣蔥白。瑜珈者，今應赴僧也。"按，今至人家做佛事者，謂之"應赴和尚"。

**五　數的和尚，蒸的饅頭**　《夢筆生花·杭州俗語》："數了和尚蒸饅頭。"今人有"數的和尚，蒸的饅頭"語。數，上聲。

**六　做一日和尚撞一日鐘**　又："做一日長老，撞一日鐘。"《西遊記》十六回："三藏祝拜已畢，和尚住了鼓，行者還只管撞鐘不歇。和尚道：'拜已畢了，還撞甚麽？'行者笑道：'你那裏曉得，我這是做一日和尚撞一日鐘。'"撞，上聲。

**七　瘋和尚埽秦**　《江湖雜記》："秦檜既殺武穆，向靈隱寺祈禱。有一行者亂言譏檜，檜問其居址，僧賦詩，有‘相公問我歸何處，家在東南第一山’之句。檜令隸何立物色，立至一宮殿，見僧坐決事，立竊問之，答曰：‘地藏王決檜殺岳飛事。’數卒隨引檜至，身荷鐵枷，囚首垢面，呼告曰：‘傳語夫人，東窗事發矣。’”《精忠記·埽秦》劇：“到被這瘋和尚一番言語，説得我毛骨悚然。”

**八　魯智深醉打山門**　清·梁章鉅《浪蹟續談》：“有優人以牙牌呈請點戲者，中有《三門》一齣。客詰之，優人曰：‘此即魯智深醉酒耳。’坐中客皆大笑曰：‘何以誤山門爲三門？’余解之曰：‘此殆非誤也。《釋氏要覽》云：“寺宇開三門者，佛地。”論云：“謂空門、無相門、無作門，故名三門。”然則作山門者轉誤，特非優人所能見及耳。然山門亦自有出處，《高僧傳》云：“支遁於石城山立棲光寺，宴坐山門，游心禪院。”蘇文忠公留玉佛印帶於金山，亦有永鎮山門語。’”今有《魯智深醉打山門》劇，仍作“山門”。

**九　無事不登三寶殿**　見《宮室》。

**一〇　門徒**　《册府元龜》：“唐開元二年制：‘百姓家多以僧尼道士爲門徒，相與往還，妻子無所避忌，甚成敝俗。’”《翠屏山》劇：“小生云：‘有箇和尚，叫潘老丈甚麽乾爹？’貼云：‘呀，這是門徒海師兄！’”

**一一　沙門**　《後漢書·郊祀志》注：“沙門，漢言息心，削髮出家，絶情洗欲，而歸於無爲也。”《翻譯名義》：“此出家之都名也，秦言勤行。”

**一二　沙彌**　《善覺要覽》：“沙彌，華言爲息慈，謂得安息於慈悲之地也。”

**一三　知客**　《水滸》五回：“入得寺來，便投知客寮去。”

又《蕩寇志》九八回："貧道乃是知客。"

**一四 師兄** 見上"門徒"。又《五燈會元》："寶壽和尚稱譚空和尚師兄。"

**一五 頭陀** 青籐山人《路史》："頭陀，梵語也，原是'杜多'二字，轉音爲'頭陀'。華言'抖擻'也，言三毒之塵，坌於心胸，須振迅而落之也。"

**一六 禿驢** 《通俗編》："'禿師'，見《北齊書》。'禿丁'，見《北夢瑣言》。"《啟顔録》："盧嘉言見三僧，戲曰：'阿師並不解樗蒱乎？'僧未喻。盧曰：'不聞俗語云"三箇犢不敵一箇盧"。'按，此以'犢'、'禿'音近借戲。"又《傳燈録》："有俗士謂西睦和尚曰：'和尚便是一頭驢。'"又《比目魚》劇："這箇禿驢，鬼頭鬼腦。"

**一七 修行** 《晉書》："鳩摩羅什不拘小節，修行者頗疑之。"

**一八 帶髮修行** 《石頭記》十八回："外有一箇帶髮修行者。"

**一九 南無** 《法苑珠林》："'南無'或作'南摩'，或作'那謨'，又或作'納慕'、'娜謨'、'那摸'。"《通俗編》："按，《穆天子傳》'膜拜而受'，一言曰'膜'，兩言即'南無'也。"

**二〇 阿彌陀佛** 元人《孟良盜骨》劇："阿彌陀佛，世間萬物，不死不生。"《思凡》劇："南無佛，阿彌陀佛！"

**二一 看經念佛** 《意中緣》劇："難道我喫齋把素、看經念佛的人，好打誑語不成？"

**二二 大慈大悲** 《水滸》四回："萬望長老收録，大慈大悲。"

**二三 出家人慈悲爲本** 《西遊記》三八回："出家人慈

悲爲本，你怎的這等心硬？”

**二四　出家**　見上“沙門”。又《廬山蓮社録》：“謝靈運謂生法師曰：‘道人將謂俗緣未盡，不知我在家出家久矣。’”

**二五　俗家**　《翠屏山》劇：“有箇和尚，俗家粧扮。”

**二六　還俗**　《宋書·徐湛之傳》：“沙門惠休善屬文，世祖命使還俗。”

**二七　坐禪**　《水滸》四回：“既要出家，如何不學坐禪？”

**二八　站關**　《通俗編》：“《清溪暇筆》：‘近日有一番僧，自西域來，不御飲食，日啗棗果數枚而已。所坐一龕，僅容其身，如欲入定，則令人鎖其龕門，加紙密糊封之。’按，惟坐餓關者，有似此僧所爲。”今俗謂之“站關”是也。

**二九　挂褡**　見《仙佛》“十八尊羅漢”。又《水滸》五回：“首座便道：‘師兄！你不省得，你新來掛褡，又不曾有功勞，如何便做得都寺？’”按，遊方和尚，借住大叢林者，謂之“掛褡”。俗讀褡爲平聲，音轉如丹。

**三〇　放生**　《列子·説符篇》：“邯鄲民獻鳩於趙簡子，簡子曰：‘正旦放生，亦有恩也。’”

**三一　斷屠**　許觀《東齋記事》：“隋高祖仁壽二年詔：‘六月十三日是朕生日，宜令海内斷屠。’”

**三二　喫素**　《燕翼貽謀録》：“北俗每遇月三七日，不食酒肉，蓋重道教之故。”《通俗編》：“按，此風肇行於唐，盛行於宋，沿至今日，名目轉多，有辛素、竈素、三官素、準提素、玉皇素，婦人女子有一月間僅三數日不持素者。”今云“喫齋”，或云“喫素”是也。

**三三　喫齋**　見上。

**三四　喫齋把素**　見上“看經念佛”。

**三五　施主**　《翻譯名義》：“‘檀那’，唐言‘施主’也，又稱‘檀越’。檀即施也。此人行施，則越貧窮海矣。”施，去聲。

**三六　施食**　《桃花扇》劇：“請法師更衣登壇，做施食功德。”

**三七　布施**　《莊子·外物篇》：“生不布施，死何舍珠爲？”《通俗編》：“按，布施，自我施諸人也。今僧道則但勸人之施我矣。”

**三八　齋僧布施**　《水滸》四回：“我家時常齋僧布施。”元人《看錢奴》劇：“我也曾齋僧布施，蓋寺建塔。”

**三九　齋僧**　《通俗編》：“按，北朝史傳，凡云請僧設齋，或云設幾百人齋、設千人齋，皆即齋僧事也。”

**四〇　唐僧取經**　《獨異志》：“沙門玄奘，姓陳氏。唐武德初，往西域取經。行至罽賓國，道險多虎豹，不可過。奘不知所爲，鎖門而坐。至夕開門，見一老僧，莫知所由來。奘禮拜勤求，僧口授《多心經》一卷，令奘誦之。遂得道路開闢，虎豹潛形，魔鬼藏跡。至佛國取經六百餘部而歸。”按，此即《西遊記》所本，俗云“唐僧取經”是也。《石頭記》三九回：“有箇唐僧取經，就有箇白馬來馱他。”

**四一　多心經**　見上。

**四二　念《三官經》**　《清風亭》劇：“前村張家請我去念《三官經》。”

**四三　念《血盆經》**　《石頭記》十五回：“叫請幾位師父，念三日《血盆經》。”

**四四　做好事**　見《死喪》。

**四五　放焰口**　同上。

**四六　放燈**　《儒林外史》四回：“拜懺、放燈、施食、散花，跑五方。”

**四七　拜懺**　見上。

**四八　散花**　同上。

**四九　跑五方**　同上。

**五〇　盂蘭會**　《荆楚歲時記》："七月十五日，僧尼道俗，悉營盆作盂蘭盆會。"

**五一　目連救母**　《釋氏要覽》："目連比丘見其亡母在餓鬼中，不得食。佛言七月十五具百味五果著盆中，供養十方佛，然後得食。目連白佛，行孝順者，亦應奉盂蘭盆。"《思凡》劇："昔日有箇目連僧，救母親臨地獄門。"

**五二　師姑**　《傳燈録》："玉臺智通曰：'師姑原是女人作。'"《雞肋編》："京師尼諱師姑，號女和尚。"

**五三　尼姑**　《兩般秋雨盦隨筆》："漢劉峻妻出家，乃尼姑之始，而尚未立名。東晉婦人阿藩習西域之教，始有'尼姑'之稱。"

**五四　道士**　胡三省《通鑑》注："道家雖宗老子，而西漢以前，未嘗以'道士'自名。至東漢始有張道陵、于吉等。是道與佛皆起於東漢時。"

**五五　火居道士**　唐錦《夢餘録》："吴中呼道士之有室家者爲火居。宋太祖時，始禁道士不得蓄妻孥。"按，火，火伴也。道士以妻爲火伴而同居者，謂之"火居道士"。

**五六　王道士拿妖精**　《斬妖》梆子腔："貼云：'王道士，量你也不是我的對手，饒你去罷！'旦云：'王法師，你住在此，拿了妖精去！'副云：'你叫我拿妖怪，我如今被妖怪拿住了哩。'"按，"妖怪"或作"妖精"。

**五七　道人**　《智度論》："得道者名曰道人。"《通俗編》："按，今以不簪薙而執役於釋道門者爲'道人'，非。"

**五八　仙風道骨**　見《仙佛》。

**五九　脱空祖師**　《通俗編》：“《雲笈七籤》有‘脱空王老者，人莫知其年歲’。按，俚俗有脱空祖師之説，豈即指其人歟？”今俗以誑騙人財者，謂之“脱空祖師”。空，去聲。

**六〇　張天師弄得没法**　《通俗編·俚語集對》：“張天師弄得没法；海龍王愁甚少寶。”

**六一　神通廣大**　《翡翠園》劇：“並没有神通廣大，也學那盜金盒紅線娃。”《蕩寇志》九八回：“卻是道法圓明，神通廣大。”

**六二　呼風唤雨**　《水滸》十四回：“善能呼風唤雨，駕霧騰雲。”

**六三　騰雲駕霧**　見上。

**六四　水火鍊度**　《陸游家訓》：“黄冠輩送魂登天，代天肆赦，謂之鍊度，可笑甚多。”按，黄冠，即道士也。嘗見道士在人家齋醮，運神默坐，左設火盆，右設水盆，相距三四尺，中用鐵索一條，兩端納於水火二盆，以火鍊索而度水熱，謂之水火鍊度，殊可笑也。

**六五　拜斗**　《通俗編》：“《吴志·周瑜傳》命道士於星辰下爲之請命，即今之‘拜斗’是也。”

**六六　至心朝禮**　又，“《晉書·王嘉傳》：‘候之者至心則見之，不至心則隱形不見。’按，《道經》云‘至心朝禮’，本此。”朝音潮。

**六七　講經説法**　《道藏·太上經》：“末世道士，講經説法，儀軌云何！”元·鄭廷玉《忍字記》劇：“我佛在於靈山會上，聚衆羅漢講經説法。”

**六八　救苦救難天尊**　《水滸》三三回：“只口裏念‘救

苦救難天尊’。”難，去聲。

**六九　急急如律令**　李濟翁《資暇録》：“符呪之類末句云：‘急急如律令！’令，讀平聲。律令乃雷邊捷鬼。此鬼善走，與雷相疾速，故云‘如此鬼之疾速’也。”

# 盗賊

**一　賊骨頭**　元人《争報恩》劇：“我現在梢房裹拏住他，看他那賊鼻子、賊耳朵、賊臉、賊骨頭。”

**二　賊有賊智**　《通俗編》：“費袞引諺云：‘盜雖小人，智過君子。’按，即今人云‘賊有賊智’也。”

**三　賊去關門**　《傳燈録》傾心寺法瑫有“賊去後關門”語。《水滸》四回：“賊去了關門，那裏去趕？”

**四　家賊難防**　《宋史・吕嘉問傳》：“初，嘉問竊從祖公著論新法奏稿，以示王安石，公著以是斥於外。吕氏號爲家賊，故不得與吕氏同傳。”《涇諺彙録》：“家賊難防，偷盡屋梁。”《鳳求凰》劇：“這等看起來，真箇是家賊難防。”《憐香伴》劇：“家賊果難防，揖盜搴帷入深幌。”

**五　做賊的心虚**　元・賈仲名《玉梳記》劇：“賊兒膽底虚。”《通俗編》：“賊膽虚，見關漢卿《蝴蝶夢》曲。按，即俗云‘做賊的心虚’也。”

**六　擒賊先擒王**　杜甫《出塞》詩：“射人先射馬，擒賊必擒王。”《蕩寇志》一百八回：“祝永清道：‘擒賊先擒王，射羣賊何如射宋江？’”

**七　捉賊捉贜，捉姦捉雙**　《水滸》二五回：“自古道：

‘捉姦見雙，捉賊見贓，殺人見傷。’”元·李致遠《風雨還牢》劇：“拿賊要贓，拿姦要雙。”《晝簾緒論·治獄篇》：“刑獄，重事也。史傳所載，耳目所知，以疑似受枉而死、而流、而伏辜者，何可勝數。諺曰：‘捉賊須捉贓，捉姦須捉雙。’此雖俚語，極爲有道。”《古謠諺》：“胡大和引諺云：‘捉賊捉贓，捉姦捉雙。’”

**八　捉賊不如放賊**　《古謠諺》：“顧起元引諺云：‘捉賊不如放賊。’”

**九　賣國賊**　《三國志演義》四一回：“快領兵入城，共殺賣國之賊。”

**一〇　偷雞賊**　《夢筆生花·杭州俗語·雜對》：“偷雞賊；倒馬郎。”

**一一　偷雞摸狗**　《石頭記》四四回：“成日家偷雞摸狗。”

**一二　偷偷摸摸**　元·李行道《灰闌記》劇：“搽旦云：‘我喚你來，不爲別事，想我兩箇偷偷摸摸，到底不是箇了期。’”又，做小賊的，亦謂之“偷偷摸摸的”。

**一三　扒手**　《金陵雜志》：“翦綹，一名扒手。各省皆有，惟金陵尤神乎其技，或於輪船火車上下之時，或於熱鬧場中，趁人多擁擠，一試其妙手空空之技。佩衣挂件，及衣袋中物，霎時間皆可不翼而飛，謂之翦綹。”

**一四　三隻手**　《琵琶記》劇：“區區名字叫貝戎，綽號三隻手。”《西厢記》劇：“旦云：‘紅娘，你怎麼有三隻手？’貼云：‘只怕小姐倒是三隻手了。’”

**一五　白日撞**　《金陵雜志》：“有一種人衣裳楚楚，似上流社會中人，而不知陰爲無形之賊。或於人家，或於客棧，見人時，則僞爲尋友，不見人時，則竊取財物，謂之白日串。”

按，江北人謂之“白日撞”，亦有所本。《繡襦記》劇：“净云：‘弗要是白日撞呀？’小生叱云：‘狗才，胡說！’”《白羅衫》劇：“你堂堂皇皇，偧箇賊頭賊腦？是白日撞了。”撞，上聲。

**一六　盗亦有道**　清·全祖望《續甬上耆舊集》注云：“明正德時，泌陽焦芳以故相家居。流賊趙風子破其城，索誅之，不得，乃取其衣冠，立於庭而斬之，曰：‘吾爲天下誅此賊。’萬季野先生詩云：‘盗亦有道誠非誣，誅姦戮佞真丈夫。若使此人登殿陛，姦臣豈得保殘軀。歎息朝堂論罪吏，不及草間一賊徒。’”

**一七　買盗扳贜**　見《朝署》“倚官託勢”。

**一八　姦盗邪淫**　見《婦女》。

**一九　開門揖盗**　《吴志·孫權傳》：“張昭曰：‘開門而揖盗，未可以爲仁也。’”《風箏誤》劇：“都是你治家不嚴，黑夜裏開門揖盗。”

**二〇　强盗發善心**　《夢筆生花·杭州俗語·雜對》：“懶人使重擔；强盗發善心。”

**二一　强盗畫喜容**　又：“强盗畫喜容，賊形難看；閻王出告示，鬼話連篇。”

**二二　處處有强人**　又，“行行出君子；處處有强人”。今人語云：“山山有老虎，處處有强人。”

**二三　落草**　《水滸》三三回：“權在此間落草。”

**二四　草寇**　又三四回：“旗號上又明明寫着‘收捕草寇官軍’。”

**二五　草頭王**　元人《氣英布》劇：“卻要去做草頭大王，好没志氣也。”

**二六　成則爲王，敗則爲寇**　元·紀君祥《大報讐》劇：“我成則爲王，敗則爲虜。”《夢筆生花·杭州俗語·雜對》：“成則爲王，敗則爲寇；慈不掌兵，義不掌財。”

**二七　大王**　見上“草頭王”。《意中緣》劇：“咱們非別，劉大王帳下的嘍囉是也。”

**二八　嘍囉**　見上。音樓羅。

**二九　長毛**　《對山書屋墨餘録》：“上海童謡曰：‘長毛無法無天，今交同治元年，快哉死在目前。’”按，“長毛”謂粵匪也。

**三〇　紅頭**　《水滸》三三回：“明明地見你指撥紅頭子殺人放火。”又按，粵匪曰紅巾賊，亦曰紅頭。

**三一　響馬**　《堅瓠集》：“畿輔諱賊曰響馬。”《奈何天》劇：“防響馬弓箭常隨。”

**三二　招兵買馬**　《水滸》七一回：“招兵買馬，積草屯糧。”

**三三　留下買路錢**　又四回：“那客人曉事的，留下買路錢！”

**三四　窩家**　《小忽雷》劇：“小店不是窩家，休要累我。”窩音阿。

**三五　背娘舅**　《雙珠記》劇：“阿呀！弗好哉，背娘舅的來哉。”《夢筆生花·杭州俗語·雜對》：“背娘舅；馱姨夫。”今有截路之賊，每於無人之處，見孤客挾貲經過，而從後以索扣其頸者，謂之“背娘舅”。背，讀平聲。

**三六　見財起意**　元人《硃砂擔》劇：“剛道箇一聲兒惡人迴避，早激的他惡很很鬧是非，那裏也見財起意。”《夢筆生花·杭州俗語·雜對》：“見財起意；睹物傷情。”

**三七　謀財害命**　《水滸》二二回：“半夜三更，要謀我財，害我性命。”

**三八　打花了臉**　《春燈謎》劇：“你不是賊，打花了臉，蓬着頭，在艙裹鑽出來，做甚麽勾當？”

**三九　明火執仗**　元人《盆兒鬼》劇：“何曾明火執仗，無非是赤手求財。”

**四〇　殺人放火**　見上“紅頭”。

**四一　黄巢殺人八百萬，血流三千里**　《二申野録》：“流寇破城屠邑，菅刈生民，殺人八百萬，血流三千里，殆不啻焉！”按，流寇，明末張獻忠、李自成也。其殺人也，不啻唐末黄巢，殺人八百萬，流血三千里也。

**四二　三十六天罡，七十二地煞**　俞樾《春在堂隨筆》：“宋江原止三十六人，周公謹載其名於《癸丑雜志》云：‘宋江、晁蓋、吴用、盧俊義、關勝、史進、柴進、阮小二、阮小五、阮小七、劉唐、張青、燕青、孫立、張順、張横、呼延綽、李俊、花榮、秦明、李逵、雷横、戴宗、索超、楊志、楊雄、董平、解珍、解寶、朱仝、穆横、石秀、徐寧、李英、花和尚、武松。’今小説家，以三十六人爲天罡，又增地煞七十二人。而此三十六人中，晁蓋不與焉，李英訛爲李應，皆非其真也。”又按，今《水滸傳》，穆横作穆弘，花和尚作花和尚魯智深。

# 年齒

**一　落地**　陶潛詩：“落地爲兄弟，何必骨肉親。”《通俗編》：“按，俗以人初生世爲落地。”

**二　暴出世**　王建《短歌行》：“人初生，日初出。”《通俗編》：“今諺云‘初出日頭暴出世’即此。”

**三　一生一世**　《燕子箋》劇：“一生一世只是這樣嘴巴骨。”

**四　生生世世**　《南史·王敬則傳》：“順帝泣而彈指曰：‘願後身生生世世，勿復生天王家。’”

**五　人生在世**　《史記·淮南王傳》：“人生在世間，安能邑邑如此！”

**六　爲人在世**　《翡翠園》劇：“大凡爲人在世，須要堂堂，没一事不可對人言語。”

**七　初世爲人**　《水滸》四一回：“初世爲人，便要結義箇不三不四的人，恐唬鄉里。”

**八　肖屬**　《草木子》：“每肖各有不足之形，如鼠無牙，牛無齒，虎無脾，兔無脣，龍無耳，蛇無足，馬無膽，羊無瞳，猴無臀，雞無腎，犬無胃，猪無筋，人則無不足也。”《暘谷漫録》：“子寅辰午申戌俱陽，故取相屬之奇數以爲名，鼠虎龍猴狗皆五指，而馬則單蹄也。丑卯巳未酉亥俱陰，故取相屬之偶數以爲名，牛羊雞猪皆四爪，兔兩爪，蛇四舌也。”今俗讀肖若少，肖、少音相近也。

**九　八字**　《文海披沙》：“李虛中以人生年月日所值干支，推人禍福生死，百不失一。初不用時也，自宋而後，乃並其時參合之，謂之八字。”

**一〇　八箇字**　元人《看錢奴》劇：“這八箇字，窮通怎的排？”

**一一　洗三朝**　宋葉氏《愛日齋叢鈔》：“《禮記·内則》：‘子生，男子設弧於門左，女子設帨於門右。三日，始負子，男射女否。’東魏高澄，尚馮翊公主，生子三日時，帝幸其第，賜錦綵。唐章敬吴后，生代宗，三日，玄宗臨洗之。今俗以三朝洗兒，殆古意也。”

**一二　滿月**　《北史·節義傳》：“李式坐事被收，子憲生始滿月，汲固抱歸藏之。”

**一三　喫滿月酒**　元·李行道《灰闌記》劇：“那員外請小的每喫滿月酒，看見到生的一箇好娃娃。”

**一四　剃胎頭**　又，“只喚那收生的劉四嬸，剃胎頭的張大嫂。”

**一五　牙牙**　《通俗編》：“楊維楨詩‘戲弄啞啞未生齒’，啞即牙音之轉，亦可作牙。司空圖文：‘女則牙牙學語。’”

**一六　咿啞**　蘇軾詩：“小兒咿啞語繡帳。”按，咿讀若伊。啞亦作啞，讀平聲，非啞子之啞也。咿啞亦作伊亞。《漢書·東方朔傳》：“伊優亞者，辭未定也。”

**一七　好娃娃**　見上“喫滿月酒”。

**一八　小娃娃**　《新方言》：“揚子《方言》：‘鼃、律，始也。’今通謂小兒爲小鼃子，俗或作娃。”清·孫點《歷下志遊》：

“呼小兒曰娃。”原注：“吴有館娃宫，後宫人美者皆曰娃，蓋愛惜之稱也。”今俗謂之“小娃娃”是也。

**一九　小乖乖**　《新方言》：“佳，善也。佳從圭聲，音本如乖，山東、直隸及淮南北，凡與女子相憐愛者，謂之‘小乖乖’。”按，此説與他處不同。尋常風俗，凡憐愛小兒者，謂之“小乖乖”。《香祖樓》劇：“我的乖乖肉兒呀！”又按，“乖”字，音是義非，乖可由𢤱音轉。《新方言》：“揚子《方言》：‘慧，晉謂之𢤱。’郭璞音‘悝’。今謂小兒慧了曰‘𢤱’，音轉如乖。”

**二〇　小官**　見《醫病》“楊梅結毒”。

**二一　保保**　《留青日札》：“今人愛惜其子，每呼曰‘寶寶’，言如珍寶也，亦曰‘保保’，當是保護意耳。”

**二二　痛痛**　《新方言》：“《爾雅》：‘恫，痛也’、‘瘝，痛也’。瘝，亦作矜。《方言》：‘悛、憮、矜、悼、憐，哀也。’今凡謂愛憐小兒者，通言曰‘疼’。江南運河而東曰‘肉痛’；揚州、安慶曰‘瘝’，讀如‘貫’。”按貫音慣。今人凡愛憐小兒者，或曰“痛痛”，或曰“慣慣”是也。

**二三　慣慣**　見上。

**二四　肉肉**　《新方言》：“《詩·豳風》‘鬻子之閔斯’傳：‘鬻，稚也。’《邶風》‘昔育恐育鞠’箋：‘育，稚也。’今浙江或謂小兒爲‘育育’，音侈如肉肉。”又按，《篇海》有“𩡷”字，音玉，寶也。紹興呼小兒爲“𩡷𩡷”，亦通。

**二五　心肝**　《通俗編》：“《晉書·劉曜載記》：‘隴上歌曰：“愛養將士同心肝。”’按，世以愛之至者，呼曰‘心肝’，非無本矣。”按，此説不確，“心肝”見《家族》“嫡嫡親親”。

**二六　心肝肉**　《石頭記》三回：“一把摟入懷中，心肝肉叫着。”《蕩寇志》八二回：“劉母哭道：‘我那秀兒心肝肉，怎的了？’”

**二七　一塊肉**　《宋史》：“楊太后聞帝昺崩，撫膺大慟曰：‘我忍死至此者，正爲趙氏一塊肉耳。’”

**二八　頑皮**　《新方言》：“《爾雅》：‘婆娑，舞也。’‘婆’字，《説文》本作‘媻’。《文選·神女賦》注：‘婆娑，猶媻姗也。’今人謂遊戲爲‘頑耍’，耍即姗之訛，俗姗字作嬰，遂訛爲耍。又謂小兒遊戲無度曰‘頑皮’，皮亦即婆之聲轉也。”

**二九　掉皮**　又，“揚子《方言》：‘傜陂，衺也。’今謂欺詐曰‘掉皮’，即‘傜陂’也”。今俗以小兒狡獪無賴者，或曰“頑皮”，或曰“掉皮”是也。

**三〇　打嚏嚏二百四十歲**　《法苑珠林》：“世尊嚏，諸比邱呪願言長壽。”《通俗編》：“今童婦輩猶相承襲。”《燕北録》：“戎主太后噴嚏，近位臣僚齊呼‘治夔離’，猶漢呼‘萬歲’。按，近鄉俗相傳，小兒噴嚏，亦呼‘百歲’及‘大吉’以解之。”今人有見小兒打噴嚏者，或祝以二百四十歲。嚏音帝。

**三一　三歲至老**　《通俗編》：“王文禄《沂陽子》引諺云，有‘三歲至老’之語。”

**三二　有志不在年高**　《佛祖統紀》：“李商隱《贈智光》詩：‘沙彌説法沙門聽，不在年高在性靈。’”《通俗編》今云：“有志不在年高，本此。”

**三三　孩子**　《論衡·本性篇》：“紂爲孩子之時，微子睹其不善之性。”

**三四　孩子氣**　《蕩寇志》七七回：“雖是十九，還是孩子氣。”

**三五　抓雞屎**　又九六回：“你那時還在門檻邊抓雞屎哩！”

**三六　一把尿，一把屎**　《金鎖記》劇：“記得小時候，一把尿，一把屎，抱大了哩。”

**三七　尿屎把把**　《西遊記》四十回：“我馱着你，若尿屎把把，須和我說。”今江北以小兒屙屎爲“屙把把”，固有所本。

**三八　若要小兒安，常帶三分飢與寒**　元·李冶《古今黈》：“小兒欲得安，無過飢與寒。”唐·翼修《人生必讀書》：“凡生養子女，固不可不愛惜，亦不可過於愛惜。過於愛惜，則愛惜實所以害之。小兒初生，勿勤抱持，裹而置之，聽其啼哭可也。醫云：‘小兒頓足啼哭，所以宣達胎滯。乳飲須有節，日不過三次。夜惟雞將鳴飲一次。衣用稀布，寧薄無厚。’語云：‘若要小兒安，常帶三分飢與寒。’”

**三九　抱不哭的孖兒**　《程子遺書》：“不哭的孩兒，誰抱不得！”《白兔記》：“浄云：‘我是抱不哭的男兒。’”今云“抱不哭的孖兒”。孖音牙。

**四〇　兒不疼，奶不脹**　《儒林外史》四五回：“我這裏娃子不哭，奶不脹。”今人多云“兒不疼，奶不脹”，亦與之同意也。

**四一　嬰兒不畏虎**　《三國志》劇：“我若罵了師父牛鼻子懶夫，正是初生犢兒不怕虎。”今人有“嬰兒不畏虎”之說，與此同意。

**四二　嬌生慣養**　《石頭記》二九回：“小門小户的孩子，都是嬌生慣養慣了。”《病玉緣》劇：“俺想小姐當初在邱府時節，嬌生慣養，真如寶貝一般。”

**四三　看生見長**　元·武漢臣《生金閣》劇：“老身自幼在龐府，看生見長這箇衙内，非是一日也。”長，上聲。

**四四　成人長大**　元·楊文奎《兒女兩團圓》劇：“我那兩箇姪兒，是老夫擡舉他的成人長大。”元·紀君祥《大報讐》劇：“只爲公主，怕他添了箇小厮兒，久以後成人長大，他不是我的讐人麽？”

**四五　大器晚成**　《老子》："大方無隅，大器晚成。"《風箏誤》劇："便道是大器從來成就晚。"

**四六　後生家**　元·鄭德興《傷梅香》劇："後生家不存心於功名，卻向女色上留心。"又《夢筆生花·杭州俗語·雜對》："先出世；後生家。"

**四七　後生可畏**　《論語》：子曰："後生可畏，焉知來者之不如今也？四十、五十而無聞焉，斯亦不足畏也已！"

**四八　年富力强**　見《論語·後生可畏章》注。又《蕩寇志》百二三回："老夫正做蘭州提轄，那時年富力强。"

**四九　血氣方剛**　《論語》："及其壯也，血氣方剛，戒之在鬬。"

**五〇　少不更事**　《病玉緣》劇："你少不更事，以致遭人所算。"更，平聲。

**五一　幾年粗子幾年人**　《儒林外史》五四回："你幾年粗子幾年人。"粗音莧。

**五二　英雄出於少年**　又四六回："大先生，英雄出於少年。"

**五三　甘羅十二爲丞相**　清·梁章鉅《浪蹟續談》："俗皆稱甘羅十二爲秦相，殆本《史記·甘茂傳》。羅年十二，事秦相吕不韋，以説張唐説趙功，封爲上卿。按上卿非必丞相也，羅祖茂曾爲左丞相，俗語殆因此而誤。然《北史·彭城王勰傳》云：'昔甘羅爲秦相，未能書。'《儀禮》疏云：'甘羅十二相秦。'杜牧詩：'甘羅昔作秦丞相。'則此誤已久矣。"《繡襦記》劇："太公八十遇文王，甘露十二爲丞相。"按，露即羅之轉音。相，去聲。

**五四　鄉黨莫如齒**　《孟子》："朝庭莫如爵，鄉黨莫如齒，輔世長民莫如德。"

**五五　序齒**　《中庸》："燕毛，所以序齒也。"謂序年齒之長幼爲坐次也。

**五六　年紀**　《通俗編》："'年紀'，始見《後漢書·光武帝紀》。又《晉書·魯褒傳》：'不論年紀。'"

**五七　尊庚**　《小忽雷》劇："尊庚幾何？"《繡襦記》劇："請問公公尊庚了？"

**五八　生日**　《顏氏家訓》："江南風俗，二親若在，每到生日，常有酒食之事。"

**五九　生辰**　黄溥(言)《閒中(古今)〔今古〕録》："世稱生辰曰誕辰，曰華誕，此因《詩》誕生后稷而云然。殊不知誕者，發語辭也，以稱生辰，似無意義。"

**六〇　老境**　《通俗編》："'老境'見《曲禮正義》。"

**六一　老蒼**　《繡襦記》劇："那知隔了一夜，就是箇老蒼哉！"

**六二　老壽星**　又，"前日子書房裏，不見了一箇古董老壽星。"《幽閨記》："我説'老壽星没喫僘藥'，他説道'活得弗耐煩哉'。"

**六三　老頭子**　元人《吕洞賓度鐵拐李岳》劇："只有這箇老頭子在這裏。"《蕩寇志》百二七回："你這老頭子來幹甚麽？"

**六四　老頭兒**　見《朝署》。又元人《伍員吹簫》劇："老頭兒呼唤，須索走一遭。"

**六五　老佛爺**　見《朝署》。

**六六　老公祖**　同上。

**六七　老封君**　《尋親記》劇："生云：'如此説，我如今回去，是一位老……'貼云：'老封君。'"《石頭記》四五回："自然也是老封君似的了。"

**六八　老先生**　見《文事》。

**六九　老秀才**　同上。

**七〇　老朝奉**　方回《桐江集》：“作詩云：‘誰忽呼予老朝奉，須知不是贗稱呼。’”朝音潮。

**七一　老夥計**　《一文錢》劇：“老夥計，我們都說他不是了。”夥音火。

**七二　老把勢**　元·武漢臣《玉壺春》劇：“若是我老把勢，展旗旛。”

**七三　老江湖**　見《水火》。

**七四　老朋友**　《尋親記》劇：“最可恨可厭的是這箇老字，我偏要與天下這些老朋友争一口老氣。”

**七五　老孛相**　《荷花蕩》劇：“那小封雖是滯貨，但是荷花蕩中老孛相，有那箇不來？必定要尋幾箇緊合的對手去。”《桃花扇》劇：“這船上像箇老白相，大家洗耳，細細的領略。”相，去聲。

**七六　老臉皮**　見《頭面》。

**七七　老骨頭**　《摭言》：“陳太師有愛姬徐氏，郫城令女也。令欲因女求牧，私示詩曰：‘深宫富貴事風流，莫忘生身老骨頭。’聞者鄙之。”

**七八　老成人**　《詩·大雅》：“雖無老成人，尚有典刑。”

**七九　老年人**　《金鎖記》劇：“你是箇老年人，加餐强笑方爲善。”

**八〇　老人家**　見《頭面》“丢在腦後”。又《雙官誥》劇：“母親！夜深了，又要你老人家起來。”

**八一　老在行**　《桃花扇》劇：“説是舊院幾箇老在行。”行音杭。

**八二　老蒼頭**　《紅拂記》劇："喚箇能幹的老蒼頭出來。"《瑞筠圖》劇："昨日忽然分付老蒼頭，叫他收拾行李。"謂老僕也。

**八三　老奴才**　元·楊文奎《兒女兩團圓》劇："則我這箇老奴才，若認了那小嬰孩。"

**八四　大老官**　《通俗編》："《南史·沈慶曇傳》：'吾處世無才能，圖作大老子耳！'按，即流俗所謂'大老官'者是也。"按，所引不確，"大老官"自有所本。《荷花蕩》劇："他是大老官。"《繡襦記》劇："我尋箇大老官，來發利市。"《玉搔頭》劇："我選幾箇頂尖的大老官，要替你令愛作伐。"

**八五　發老很**　《還魂記》劇："因此發箇老很。"

**八六　打老兒**　姜長卿《崇川竹枝詞》："大節頻頒冬至時，不行拜賀已無儀。東門底事還拋埼，舊俗相傳打老兒。"注云："冬至日，兒童以拋磚瓦相擊爲戲，謂之'打老兒'。"按，"打老兒"，今多謂之"打老侯"，此俗爲他處所無，惟南通東門外魯家壩有之，近來亦漸消滅矣。

**八七　老成持重**　《清朝野史大觀》："合肥相國，老成持重。"

**八八　老當益壯**　《後漢書·馬援傳》："嘗謂賓客曰：'丈夫爲志，窮當益堅，老當益壯。'"

**八九　老運亨通**　《儒林外史》四七回："我老頭子，可謂老運亨通。"

**九〇　老者安之**　《論語》："子路曰：'願聞子之志？'子曰：'老者安之，朋友信之，少者懷之。'"

**九一　老者不以筋力爲禮**　《禮記·曲禮》："貧者不以貨財爲禮，老者不以筋力爲禮。"

**九二　老來無用**　《爛柯山》劇："生云：'人道我老來無用。'

丑云：‘可惜你有滿腹文章！’”

**九三　老而不死**　《論語》：“原壤夷俟，子曰：‘幼而不孫弟，長而無述焉，老而不死，是爲賊。’以杖叩其脛。”元人《盆兒鬼》劇：“你道俺老而不死是爲賊。”《憐香伴》劇：“他道：‘老兒不死髩空皤，庸儒污我明師坐。’”

**九四　老奸巨猾**　《宋史·食貨志》：“老奸巨猾，舞法擾民。”

**九五　不伏老**　《香祖筆記》：“今雜劇中，有《尉遲恭不伏老》劇。”按，元人《認父歸朝》劇，尉遲恭云：“我可也怎肯伏年高邁。”

**九六　倚老賣老**　元人《謝金吾詐拆清風樓》劇：“倚老賣老，口裹嘮嘮叨叨的説箇不了。”《石頭記》五七回：“姨太太真箇倚老賣老的起來。”

**九七　快活到老**　元·馬致遠《三度任風子》劇：“無是無非，快活到老。”

**九八　長生不老**　見《天文》“福禄壽三星”。又元·鄭廷玉《忍字記》劇：“忍是長生不老方。”《小忽雷》劇：“長生不老纔是神仙哩！”

**九九　和事老**　《還魂記》劇：“臣聞國家之和賊，如里老之和事呀！里老和事，和不得，罷；國家事，和不來，怎了？”《鳳求凰》劇：“教我這和事老人，那裹快活得了？”

**一〇〇　若要好，問三老**　《涇諺彙録》：“若要好，問三老。”見陸容《菽園雜記》。

**一〇一　學到老，學不了**　又“活到老，學不了”注云：“言學無止境也。”今人多云：“學到老，學不了。”

**一〇二　人怕老貧**　《通俗編》：“陳後主引諺云：‘田怕秋旱，人怕老貧。’”

**一〇三　養兒防老，積穀防飢**　見《家族》。

**一〇四　生薑是老的辣**　《宋史·晏敦復傳》：“秦檜論爲謀主，晏答曰：‘爲我謝秦公。薑桂之性，到老愈辣。’”按，今人云“生薑是老的辣”，本此。

**一〇五　甘蔗是老根子甜**　《通俗編》“甘蔗老頭甜”，引《晉書》云：“顧凱之倒食甘蔗，曰：‘漸入佳境。’”諺語本此，即甘蔗是老根子甜。

**一〇六　長生禄位**　《儒林外史》七回：“司業周大老爺長生禄位。”

**一〇七　長壽麪**　又宋·馬永卿《懶真子》：“湯餅，即今之長壽麪。”按此，則宋人已有長壽麪之名稱矣。

**一〇八　長命富貴**　見《禍福》。

**一〇九　長命百歲**　《石頭記》二十回：“你怕死，你長命百歲的如何？”

**一一〇　壽星老兒**　見《仙佛》。

**一一一　壽比南山**　《南史·齊豫章王嶷傳》：“謂上曰：‘古來言，願陛下壽比南山……。如臣所懷，實願陛下壽極百年足矣！’”《通俗編》：“按，《天保》詩‘如南山之壽’，即此語所昉。”又“福如東海，壽比南山”，見《禍福》。

**一一二　壽山福海**　同上。

**一一三　壽命延長**　《論衡》：“氣渥厚而體堅强，則壽命延長。”

**一一四　消災延壽**　《石頭記》五六回：“保佑他延壽消災。”《病玉緣》劇：“誰能够驀地裹消災延壽。”

**一一五　暖壽**　《西遊記》四三回：“請二舅爺來與他暖壽。”

**一一六　百壽圖**　《湧幢小品》：“御史張斆之家藏大壽

字一幅，其點畫中皆小壽字，一一作别體，滿百，無一同者。”

**一一七　福壽雙全**　《石頭記》五一回：“怎麽如今這樣福壽雙全的？”

**一一八　多福多壽多男子**　見《家族》。

**一一九　五福壽爲先**　見《禍福》。

**一二〇　萬壽無疆**　《詩·豳風》：“稱彼兕觥，萬壽無疆。”

**一二一　千秋萬歲**　《韓非子·顯學篇》：“巫祝之祝人，使若千秋萬歲。千秋萬歲之聲聒耳，而一日之壽無徵於人。”

**一二二　六十花甲子**　清·褚人穫《堅瓠集》：“星家年月干支，謂之六十花甲子，以鐵樹開花得名。此樹必遇甲子，方開花結實。《碧里襍存》載正德中，湖州王雨舟濟云：‘於書中曾睹此説，後官横州别駕，親見此樹，在一指揮家圃中。其人言：“洪武十七年、正統九年、弘治十七年，三開花矣。今當嘉靖四十五年再花。”信書中所載不誤。’按，鐵樹即紅豆樹。今俗有‘鐵樹開花’之語，言事機之難遇也。”

**一二三　人生七十古來稀**　《通俗編》：“人生百歲，七十者稀。”元·馬致遠《三度任風子》劇：“咱想人生在六合乾坤内，活到七十歲有幾人。”《琵琶記》劇：“道是人生七十古來稀。”又《燕子箋》劇語同。

**一二四　七老八十**　《蕩寇志》七一回：“你看便有婦人，也都是七老八十。”

**一二五　苟延殘喘**　《琵琶記》劇：“老夫苟延殘喘。”《病玉緣》劇：“可否就在家中，撥賜斗室，俾得苟延殘喘，以盡天年。”喘音犬。

**一二六　風前之燭**　《古樂府》：“百年未幾時，奄若風中燭。”今人以年老可慮者，謂之“風前之燭”、“草上之霜”。

**一二七　暗九之年**　《靈樞經》："凡七歲、十六歲、二十五歲、三十四歲、四十三歲、五十二歲、六十一歲，是謂年忌。"《通俗編》："按，此以七爲始，而遞以九數乘之也。今俗以二九、三九相乘之數，如十八、二十七，以至九九八十一，爲暗九之年，謂有疾厄之慮，此則傳之失其真者。"

**一二八　姜太公八十遇文王**　清·梁章鉅《浪蹟續談》："余嘗觀《訪賢》一齣，世皆稱姜太公八十遇文王，而此班優人通名，乃云七十二歲，衆皆笑之。余曰：'此優暗合道妙，殆有所授之，未可厚非也。《荀子·君道篇》云："文王舉太公於州人而用之，行年七十有二，齳然而齒墮矣。"東方朔《客難》亦云："太公體仁行義，七十有二，乃設用於文武。"《韓詩外傳》亦云："太公年七十有二，而用之者文王。"桓譚《新論》亦云："太公年七十餘，乃升爲師。"《後漢書·高彪傳》亦云："吕尚七十，氣冠三軍。"皆不言至八十始遇文王也。惟《孔叢子·記問篇》："太公勤身苦志，八十而遇文王。"《列女傳》齊管子妾婧語亦同，今世人皆仿其説。然《越書》計倪曰："太公九十而不伐紂，磻溪人也。"《楚辭·九辨》亦云："太公九十而顯榮。"《淮南子·説林訓》注亦同，則其年且過八十矣。歧説錯出，余戲據《説苑》一條，以折其衷。按，《説苑·尊賢篇》云："太公望，故老婦之出夫也，朝歌之屠佐也，棘津迎客之舍人也，年七十而相周，九十而封齊。"蓋《荀子》各書所載乃相周之初，《孔叢子》所載乃封齊之末，原始要終言之，則衆説皆合矣。'"元·李直夫《虎頭牌》劇："姜太公八十遇文王。"

**一二九　彭祖活到八百歲**　《莊子》注："彭祖八百，猶悔不壽。"今人云"彭祖活到八百歲"，本此。

# 蹤跡

一　**起馬**　《瑞筠圖》劇："就此起馬。"

二　**一路順風**　見《天文》。

三　**尋門路**　見《宮室》。

四　**慌不擇路**　見《地理》。

五　**走頭無路**　同上。

六　**喫飯防噎，走路防跌**　見《身體》。

七　**路徑不熟**　見《地理》

八　**人生面不熟**　見《頭面》。

九　**人地生疏**　《蕩寇志》八二回："卻又人地生疏，口音不對。"

一〇　**面生可疑**　見《頭面》。

一一　**出門看天色**　見《天文》。

一二　**七不出，八不歸**　見《時日》。

一三　**歸心似箭**　《病玉緣》劇："因爲目下秋闈已畢，歸心似箭，便擬買棹還鄉。"

一四　**在家千日好**　見《時日》。

一五　**還不得家鄉**　見《地理》。今人又有"還不得家鄉，見不得爹娘"之語。

**一六　隨鄉入鄉**　同上。

**一七　離鄉背井**　同上。

**一八　入國而問禁**　同上。

**一九　前不巴村，後不巴店**　同上。

**二〇　難中人**　《鮫綃記》劇：“老哥，他是難中人。”難，去聲。

**二一　單身客人**　《義俠記》劇：“景陽崗上，如今新出了一箇弔睛白額虎，單身客人，不許過去。”《水滸》三六回：“張順也扮了單身客人。”

**二二　此處不留人，自有留人處**　《陔餘叢考》：“陳後主詩：‘此處不留人，自有留人處。’又按，《蕩寇志》陳希真亦引此二語。”

**二三　下處**　見《宮室》。

**二四　盤川**　見《貨財》。

**二五　轉灣抹角**　見《地理》。

**二六　指東劃西**　同上。

**二七　東奔西走**　《蕩寇志》九五回：“只得東奔西走，鬼混了幾時浮頭食。”

**二八　南來北往**　見《地理》。

**二九　來來往往**　見《宮室》“班門弄斧”。

**三〇　來歷不明**　《蕩寇志》百六回：“適纔關上，疑小可來歷不明。”

**三一　乘興而來**　《晉書·王徽之傳》：“夜雪初霽，月夜清朗，忽憶戴逵，便乘小船詣之，造門不前而反。人問其故，曰：‘乘興而來，興盡而反，何必見安道耶？’”興，去聲。

**三二　遲遲吾行**　見《身體》。

**三三　行蹤無定**　《小忽雷》劇：“逐利營生，行蹤無定。”

**三四　行色悤悤**　《蕩寇志》百二回：“行色悤悤，未能多敍。”

**三五　朝發夕至**　韓愈《祭鱷魚文》：“鱷魚朝發而夕至也。”

**三六　早去晚歸**　《儒林外史》四八回：“余大先生，在虞府坐館，早去晚歸。”言館地距家不甚遠也。

**三七　老江湖**　見《水火》。

**三八　走江湖**　同上。

**三九　走一淌**　《石頭記》五回：“何不你老人家明日就走一淌？”淌音火燙之燙。

**四〇　奔波**　見《水火》。

**四一　罷於奔命**　見《武備》。

**四二　薛仁貴白袍**　同上。今人又有言空往者，每云“薛仁貴白袍”，以“袍”爲“跑”也。

**四三　高飛遠走**　《蕩寇志》七二回：“那時同了你高飛遠走，他怎生奈何我！”

**四四　插翅難飛**　《小忽雷》劇：“遥路，遥路，插翅也難飛去。”《蕩寇志》七二回：“他同我作對，插翅也難飛。”

**四五　飛上天去**　見《天文》。

**四六　天羅地網**　見《天地》。

**四七　要脱身，難脱身**　元·紀君祥《大報讐》劇：“只怕你要脱身，難脱身。”

**四八　脱身之計**　元·吴昌齡《花間四友》劇：“恰纔是脱身之計。”

**四九　亡命之徒**　《漢書·張耳傳》：“嘗亡命遊外黄。”師古曰：“命者名也，凡言亡命，謂脱其名籍而逃亡也。”又“亡命之徒”四字，見《善惡》。

**五〇　漏網之魚**　元·鄭廷玉《後庭花》劇："忙忙如喪家之狗，急急似漏網之魚。"

**五一　桃之夭夭**　《通俗編·承訛類》："如言人逃遁，曰桃之夭夭。"《孽海記》劇："仙桃也是桃，碧桃也是桃，和尚尼姑，都是桃之夭夭。"按，以桃爲逃也。

**五二　金蟬毻殼**　《通俗編》："'金蟬脱殼'，見關漢卿《謝天香》曲。按，金蟬是前代冠制，若脱殼之蟬，不應綴以金字。蓋此特俗言。"又元人《百花亭》劇："因此上用脱殼金蟬計。"元人《硃砂擔》劇："呀！他到做箇金蟬脱殼計去了也。"今人或云："金蟬毻殼。"毻，讀跎去聲。

**五三　三十六着，走爲上着**　《齊書·王敬則傳》："敬則倉卒東起，朝廷震懼。東昏侯使人上屋望，見征虜亭失火，謂敬則至，急裝欲走。有告敬則者，敬則曰：'檀公三十六策，走爲上計。汝父子惟應急走耳。'蓋譏以檀道濟避魏事也。"元·關漢卿《竇娥冤》劇："常言道，三十六計，走爲上計。"《翡翠園》劇："我想'三十六着，走爲上着'，我教兩位相公逃走了。"《水滸》一回："娘道：'我兒！三十六着，走爲上着，只恐没處走。'"

**五四　受風霜**　《荆釵記》劇："老安人在路上，受了些風霜。"

**五五　走漏風聲**　見《言語》。

**五六　捕風捉影**　見《天文》。

**五七　來蹤去影**　《琵琶記》劇："真箇來無影去無蹤。"今人則有"來蹤去影"之語。

**五八　無蹤影**　元·石子章《竹屋聽琴》劇："你去處渺無蹤影。"

**五九　畫影圖形**　《三國志演義》四回："畫影圖形，捉拏曹操。"元人《争報恩》劇："便與我畫影圖形，拏捉將來。"

**六〇　無拘無束**　《病玉緣》劇：“比較起來，無拘無束，自然今勝於昔了。”

**六一　杳無音信**　元·關漢卿《竇娥冤》劇：“止有箇爹爹，十三年前上朝取應去了，至今杳無音信。”《白兔記》劇：“你去了十六載，杳無音信回。”

# 性情

**一　性之所近**　《蕩寇志》八一回："自幼好閱丹經，性之所近，專在於此。"

**二　性相近，習相遠**　《論語》："性相近也，習相遠也。"

**三　江山好改，稟性難移**　元·武漢臣《玉壺春》劇："則你那本性也難移，山河易改，雄心猶在。"《殺狗記》劇："正所謂'江山易改，稟性難移'。"按，今人則有"江山好改，稟性難移"之語。

**四　性子不好**　元人《殺狗勸夫》劇："哥哥性子不好。"

**五　性急**　《北史·陳元康傳》："神武曰：'我性急。'"

**六　性如烈火**　《三國志演義》六六回："吾弟性如烈火。"《水滸》四一回："況且他性如烈火，到路上必有衝突。"

**七　發無名火**　元·李行道《灰闌記》劇："似這等無名火，難按納。"元人《氣英布》劇："喒心頭上發起無明火。"

**八　火上澆油**　元·關漢卿《金線池》劇："我見了他，撲鄧鄧火上澆油。"《水滸》六二回："秦明聽了這話，一發爐中添炭，火上澆油。"

**九　大發雷霆**　《夢筆生花·杭州俗語·雜對》："均沾雨露；大發雷霆。"謂大發怒也。

**一〇　發作**　《三國志·孫皎傳》:“因酒發作,侵凌其人。”

**一一　焦躁**　《通俗編》:“‘焦躁’,見《朱子集·答黄子耕簡》。”

**一二　忍耐星**　《四節記》劇:“烏龜不是凡人做,天上降下來的忍耐星。”

**一三　不耐煩**　《宋書·庾登之傳》:“弟炳之,爲人强急而不耐煩。”

**一四　煩惱**　河上公《老子》注:“天地惡煩惱,人心惡多欲。”

**一五　咬牙切齒**　《水滸》五一回:“正在廳上,咬牙切齒的忿恨。”

**一六　敢怒而不敢言**　見《言語》。

**一七　老羞變成怒**　《桃花扇》劇:“想因卻籢一事,太激烈了,故此老羞變怒耳。”《石頭記》四六回:“羞惱變成怒。”按,今人常言,則云“老羞變成怒”耳。

**一八　怒從心上起**　元人《氣英布》劇:“不由人不怒從心上起,惡向膽邊生。”又《水滸》三十回,二語同。

**一九　怒氣傷肝**　《夢筆生花·杭州俗語·雜對》:“淚痕滿面;怒氣傷肝。”

**二〇　怒髮衝冠**　《小忽雷》劇:“好教我怒髮衝冠而起。”《慎鸞交》劇:“連日受了那些冷面,令人怒髮衝冠。”

**二一　怒氣衝天**　元·楊顯之《臨江驛》劇:“傷心切齒,怒氣衝天。”《水滸》三三回:“秦明怒氣衝天。”

**二二　怨氣衝天**　元·關漢卿《竇娥冤》劇:“婆婆也不要啼啼哭哭、煩煩惱惱、怨氣衝天。”

**二三　怨聲載道**　《石頭記》五六回:“凡有些餘利的,一概入了官,那時怨聲載道。”

**二四　生氣**　《晉語》:“子犯曰:‘未報楚惠而抗宋,

我曲楚直，其衆莫不生氣。’”

**二五　出氣**　《陔餘叢考》：“俗語以泄憤爲出氣。《北史》作‘叱氣’。荀濟謀誅高澄，事敗見執，楊愔謂濟曰：‘遲暮何爲然？’濟曰：‘叱叱氣耳，何關遲暮。’然氣鬱於中，而借事以泄之，究以‘出氣’爲是。”又《五代史·伶官傳》：“諸伶每侮弄縉紳，羣臣憤疾，莫敢出氣。”

**二六　争氣**　《春燈謎》劇：“兩箇孩兒，將來定替我争些這口不伏老的窮氣。”

**二七　没志氣**　元人《氣英布》劇：“卻要去做草頭大王，好没志氣也！”《憐香伴》劇：“没志氣，没志氣，失了便宜又壞例。”

**二八　忍了一肚皮氣**　《水滸》四四回：“忍了一肚皮鳥氣，自去作坊裏睡了。”

**二九　愎氣**　《韓非子》：“鮑叔牙剛愎而悍上。”《通俗編》：“俗以負氣不肯親人曰‘愎氣’，即此字。”愎音必。

**三〇　剛愎自用**　《金史·赤盞合喜傳》：“性剛愎，好自用。”

**三一　自以爲是**　《孟子》：“衆皆悦之，自以爲是。”

**三二　脾氣性格**　《石頭記》五七回：“脾氣性格，都彼此知道的了。”

**三三　摸脾氣**　《夢筆生花·杭州俗語》有“摸着脾氣”之語。

**三四　壞脾氣**　又《俗語·雜對》：“壞脾氣；惡肚才。”

**三五　古怪脾氣**　《石頭記》五六回：“這一種刁鑽古怪的脾氣。”

**三六　古而怪之**　見《禍福》“冤哉枉也”。

**三七　君子不器**　《論語》：“君子不器。”《譚概》：“俚語有習而不察者，如勸人莫動氣，曰‘君子不器’。按，以‘器’

爲‘氣’也。”

**三八　赳赳武夫**　《詩·周南》：“赳赳武夫，公侯干城。”赳音救。

**三九　行行如也**　《論語》：“子路行行如也。”謂剛强之貌。行音胡浪反。

**四〇　麤疏**　《北史·虞綽傳》：“諸葛潁曰：‘虞綽麤疏人也。’”

**四一　麤笨**　《丹鉛録》：“笨字音奔，去聲，粗率也。”《宋書·王微傳》有“麤笨”之語，今俗諺亦然。

**四二　麤枝大葉**　《朱子語録》：“《書序》不是孔安國做，漢文麤枝大葉。今《書序》細膩，只是六朝人文字。”

**四三　發老很**　見《年齒》。

**四四　屈强**　《漢書·匈奴傳》：“楊信爲人，剛直屈强。”按，《漢書·盧芳傳論》作“掘彊”，《鹽鐵論》作“倔强”，並同强去聲。

**四五　强遭瘟**　《十五貫》劇：“我婁阿鼠殺了游葫蘆，得了十五貫銅錢，凑巧得極，正撞着箇做閻家莊的强遭瘟，恰也背了十五貫銅錢。”《夢筆生花·杭州俗語》亦有“强遭瘟”之語。

**四六　瘟六公**　《夢筆生花·杭州俗語·雜對》：“昌九鬼；瘟六公。”今人有“瘟六公的脾氣”之語。

**四七　寧撸不彎**　《齊民要術》：“白楊爲屋材，折則寧折，終不屈撓。”今人有“寧撸不彎”之語，撸亦折也。

**四八　百折不回**　《冬青樹》劇：“看他平居百折不回，今日一塵不染。”

**四九　當着不着**　《還魂記》劇：“老大王，你可也當着不着的。”《夢筆生花·杭州俗語·雜對》：“當着不着；自然而然。”

**五〇　一相情願**　又，“一相情願；兩没意思。”

**五一　兩相情願**　見《心意》。又《水滸》四回：“既不兩相情願，如何招贅做箇女婿？”

**五二　難爲情**　《夢筆生花·杭州俗語·雜對》：“不是話；難爲情。”

**五三　難以爲情**　《憐香伴》劇：“今日相見，到覺得難以爲情。”

**五四　情理難容**　見《獄訟》“殺人可恕，情理難容”。

**五五　人情物理**　陳榕門《評吕語集粹》：“‘人情物理’四字，千古聖賢，離他不得。”

**五六　喜出望外**　《蕩寇志》九九回：“林冲等頭領，喜出望外。”

**五七　喜氣洋洋**　《荆釵記》劇：“我這裏喜氣洋洋。”

**五八　喜歡**　應璩《與二從弟書》：“閒者北遊，喜歡喜歡！”

**五九　歡喜**　《戰國策》：“武安君曰：‘秦克趙軍，秦人歡喜。’”

**六〇　歡歡喜喜**　元人《争報恩》劇：“和你歡歡喜喜無妨礙。”元·楊顯之《秋夜雨》劇：“受十年苦苦孜孜，博一任歡歡喜喜。”

**六一　歡天喜地**　見《天地》。

**六二　歡喜頭**　《武林舊事》載南宋供奉優人，有號“歡喜頭”者。

**六三　歡喜戴高帽子**　見《服飾》。

**六四　癡笑**　盧仝詩：“卻生癡笑令人（乾）〔嗟〕。”

**六五　發笑**　《漢書·司馬遷傳》:“適足以發笑而自點耳。”

**六六　可發一笑**　《臨川夢》劇:“至於遇鬼開墳，無非可發一笑。”《夢筆生花·杭州俗語·雜對》:“可發一笑;不待二言。”

**六七　付之一笑**　于成龍《與荆雪濤書》:“當事者付之一笑而已。”《風筝誤》劇:“教我也解説不來，只好付之一笑而已。”

**六八　哄堂大笑**　《海録碎事》:“唐制，三院上堂絶言笑，雜端大笑則合坐皆笑，謂之‘哄堂’。”哄音烘。

**六九　呵呵大笑**　《傳燈録》:“百丈海哀哭，繼乃呵呵大笑。”

**七〇　笑嘻嘻**　《朱子語録》:“嘗見畫本《老子》，笑嘻嘻地。”

**七一　笑面虎**　《談藪》:“王公衮，居常若嬉，人謂之笑面虎。”

**七二　笑殺天下人**　《唐書·鄭綮傳》:“制詔下，命爲相，歎曰:‘萬一然，笑殺天下人!’”

**七三　當面笑人**　《合縱記》劇:“伯姆何故當面笑人?”

**七四　見笑大方**　《莊子·秋水篇》:“吾長見笑於大方之家。”

**七五　賠笑臉**　見《頭面》。

**七六　滿面春風**　同上。

**七七　就地滚**　《夢筆生花·杭州俗語》有“就地滚”之語。俗以極圓通者爲“就地滚”。

**七八　趁脚蹺**　見《言語》。

**七九　和爲貴**　《論語》:“有子曰:‘禮之用，和爲貴。’”

**八〇　一團和氣**　見《禍福》。又《風箏誤》劇："倒不如三杯酒，化做一團和氣。"

**八一　手舞足蹈**　見《身體》。

**八二　得意揚揚**　見《心意》。

**八三　得其所哉**　《孟子》："子產曰：'得其所哉！得其所哉！'"

**八四　興興頭頭**　《石頭記》四六回："興興頭頭來找鴛鴦。"興，去聲。

**八五　高興**　杜甫詩："晚來高興盡。"

**八六　埽興**　《游覽志餘》："有謀未成曰'埽興'。"

**八七　快活**　《五代史·劉昫傳》："諸吏聞昫罷相，皆歡呼曰：'自此我曹快活矣。'"

**八八　不快活**　見《頭面》"外面好看"。

**八九　快活人**　白居易詩："誰知將相王侯外，別有優游快活人。"

**九〇　何苦**　《漢書·英布傳》："布軍精甚，上惡之，隃謂布：'何苦而反？'布曰：'欲爲帝耳。'上怒罵之，遂戰破布軍。"

**九一　辛苦**　《史記·伍子胥傳》："越王爲人能辛苦。"

**九二　辛辛苦苦**　元人《看錢奴》劇："他也辛辛苦苦，養這小的。"

**九三　千辛萬苦**　元·賈仲名《玉梳記》劇："受了些千辛萬苦。"

**九四　缸爿剃胎頭，兒子喫苦**　《黨人碑》劇："缸爿剃胎頭，兒子喫苦。"今江北有"缸爿剃胎頭，保保喫苦"之語。爿音辦，平聲。

**九五　啞子喫黄連，説不出的苦**　見《言語》。又《蕩寇志》七四回：“打得那衙内一條青，一條紫，好似啞子喫了黄連，肚裹説不出的那般苦。”

**九六　黄連樹下彈琴，苦中作樂**　《通俗編》：“今市俗有等諺云，如黄蘗樹下彈琴，苦中作樂。”《瑞筠圖》劇：“黄連樹下操琴，苦中作樂。”按，樂音洛。

**九七　苦中作樂**　《大寶積經》：“心中吞鈎，苦中作樂。”《江湖長翁集》：“陳宰云：‘忙裹偷閒，苦中作樂。’”

**九八　苦惱**　朱子《答廖子晦書》：“苦惱殺人，奈何！奈何！”

**九九　苦惱子**　元人《貨郎擔》劇：“呵呀！我好苦惱子也阿。”

**一〇〇　苦樂不均**　《合縱記》劇：“歎當初苦樂不均。”樂音洛。

**一〇一　徒自苦耳**　《後漢書·馬援傳》：“致求贏餘，但自苦耳。”但，徒也。今人常言，遂云“徒自苦耳”。

**一〇二　叫苦連天**　《董西廂》劇：“馬過處叫苦連天。”《蕩寇志》七六回：“殺得那些鳥男女，叫苦連天。”

**一〇三　不受苦中苦，難爲人上人**　《白兔記》劇：“受得苦中苦，方爲人上人。”元·秦簡夫《東堂老》劇：“正是不受苦中苦，難爲人上人。”

**一〇四　獨樂樂**　《孟子》：“獨樂樂，與人樂樂，孰樂？”曰：“不若與人。”下樂音洛。

**一〇五　悶悶不樂**　《荆釵記》劇：“怎麽我母親悶悶不樂？”《石頭記》二九回：“心中悶悶不樂。”

**一〇六　漁家樂**　《漁家樂》劇：“此去龍門須跳卻，當知别有漁家樂。”

**一〇七　樂極生悲**　《通俗編》引武王《觴銘》曰：“樂極則悲。”今人云“樂極生悲”，本此。按，此四字自有出處。《水滸》二五回：“常言道：‘樂極生悲，否極泰來。’”

**一〇八　無憂無慮**　元·鄭廷玉《忍字記》劇：“我做了草菴中無憂無慮的僧家。”

**一〇九　高枕無憂**　元人《硃砂擔》劇：“我戰戰兢兢提心在手，早難道高枕無憂。”

**一一〇　面帶憂容**　見《頭面》。

**一一一　號咷痛哭**　元·楊顯之《臨江驛》劇：“從今後忍氣吞聲，再不敢號咷痛哭。”《意中緣》劇：“甚麼緣故，意號咷痛哭起來？”號音豪，咷音桃。

**一一二　哭哭啼啼**　元·石君寶《秋胡戲妻》劇：“他那裏哭哭啼啼，我這裏切切悲悲。”

**一一三　戰戰兢兢**　《詩·小雅》：“戰戰兢兢，如臨深淵，如履薄冰。”

**一一四　驚驚戰戰**　元·曾端卿《留鞋記》劇：“唬的我手脚兒驚驚戰戰。”

**一一五　擔驚受怕**　元·武漢臣《生金閣》劇：“這般兒擔驚受恐。”元人《盆兒鬼》劇：“怎教俺擔驚受怕着昏迷。”

**一一六　畏首畏尾**　見《頭面》。

**一一七　怕樹葉子打破頭**　同上。

**一一八　慌慌張張**　《十五貫》劇：“這賭場中輸贏是常事，爲何慌慌張張？”

**一一九　倉皇失措**　《三國志演義》四二回：“曹操倉皇失措。”

**一二〇　冒冒失失**　《西遊記》二八回："那獃子冒冒失失的醒來。"

**一二一　冒失鬼**　見《鬼神》。

**一二二　毛骨悚然**　《三國志演義》二二回："曹操見陳琳檄文，毛骨悚然。"

**一二三　嚇得一身冷汗**　見《身體》。

**一二四　諕得三魂掉二魂**　元·秦簡夫《東堂老》劇："諕得俺那三魂掉了二魂。"諕音嚇。

**一二五　魂不附體**　《三國志演義》二十回："董承驚覺，不見詔書，魂不附體。"元·喬孟符《金錢記》劇："一箇好女子，生得十分顏色，使小生魂不附體。"

**一二六　魂飛魄散**　元人《百花亭》劇："只着我魂飛魄散。"《水滸》三二回："劉高聽得，驚得魂飛魄散。"

**一二七　三魂七魄**　又六二回："驚得三魂失二，七魄剩一。"

**一二八　把穩**　《晉書·載記》："諸將謂姚萇曰：'陛下將牢太過。'"注云："將牢，猶俗言把穩。"

**一二九　朴實**　《輟耕録》："杭人好爲隱語，如麄蠢曰'杓子'，朴實人曰'艮頭'。"

**一三〇　老實頭**　元·關漢卿《救風塵》劇："你這亞仙子母，老實頭。"《荆釵記》劇："我兩箇纔是老實頭人，弗怕渠。"

**一三一　老老實實**　元·吴昌齡《風花雪月》劇："他從來老老實實，忒軟善，忒温克。"

**一三二　志誠老實**　《荆釵記》劇："我在家，見你志誠老實，故把言語問你。"《水滸》一回："若是箇志誠老實的人，可以容他在家出入。"

**一三三　志志誠誠**　《白兔記》劇："如今誠誠志志，志志誠誠，再弗敢哉。"

**一三四　志誠君子**　元人《吕洞賓度鐵拐李岳》劇："你是箇志誠君子，我託妻寄子與你。"元·宫大用《范張雞黍》劇："哥哥是志誠君子，必不失信。"

**一三五　正人君子**　《黨人碑》劇："那司馬相公，就是三歲孩童，那箇不曉得他是正人君子，怎麽説他是箇奸黨。"

**一三六　賈志誠**　《四節記》劇有《賈志誠嫖院》一齣。《繡襦記》劇："老旦云：'這樣志誠？'副云：'賈志誠就是學生做的。'"

**一三七　有志竟成**　《後漢書·耿弇傳》："有志者事竟成也。"

**一三八　安分守己**　《鳴鳳記》劇："各官安分守己，惟有楊主事，專要造言生事。"《石頭記》四五回："安分守己，盡忠報國。"分，去聲。

**一三九　守分**　《文子》："廉者可令守分，不可令進取。"

**一四〇　本分**　《荀子·非相篇》："見端不如見本分。"

**一四一　本色**　《傳燈録》懶安答雪峰有"本色住山人"語。

**一四二　本來面目**　見《頭面》。

**一四三　天真爛熳**　《水滸》四一回注："何等天真爛熳！"又《石頭記》："王夫人原是天真爛熳的人。"

**一四四　循規蹈矩**　《吕語集粹》："聖人常常小心，循規蹈矩。"《石頭記》五六回："最是循規蹈矩的。"

**一四五　規規矩矩**　《蕩寇志》九六回："戴春只得規規矩矩的。"

**一四六　落落大方**　又，"到是那秀蘭喜笑酬答，落落大方。"

**一四七　寬洪大量**　見《時日》“二月二龍擡頭”。

**一四八　腳踏實地**　見《地理》。

**一四九　直道而行**　《論語》：“斯民也，三代之所以直道而行也。”

**一五〇　一塵不染**　《冬青樹》劇：“看他平居百折不回，今日一塵不染。”

**一五一　正經**　梁同書《直語補證》：“《論語》‘攻乎異端’疏：‘人若不學正經善道，而治乎異端之書，斯則爲害之深也。’”

**一五二　端端正正**　《鶡冠子》：“物之始也傾傾，至其成形，端端正正。”

**一五三　周周正正**　元人《殺狗勸夫》劇：“幾般兒周周正正。”

**一五四　矯枉過正**　《綱鑑》：“劉仁軌不念袁異式疇昔之事且薦之，杜易簡謂人曰：‘斯所謂“矯枉過正”矣。’”

**一五五　矯揉造作**　見《文事》。又《吕語集粹》：“正門造詣，俟其自然；旁門造詣，矯揉造作。”《石頭記》五一回：“這寶姐也忒膠柱鼓瑟，矯揉造作了。”

**一五六　謹小慎微**　《清朝野史大觀》：“世宗嘗語張廷玉曰：‘朕在潛邸時，與人同行，從不以足履其頭影，亦從不踐踏蟲蟻。’其謹小慎微如是。”

**一五七　平易近人**　《史記·魯世家》：“平易近人，民必歸之。”

**一五八　無可無不可**　《論語·逸民章》：“我則異於是，無可無不可。”

**一五九　不合時宜**　《志林》：“東坡坦腹，問諸婢曰：‘此中何所有？’朝雲曰：‘一肚皮不合時宜。’”

**一六〇　不修邊幅**　《後漢書·馬援傳》："修飾邊幅，如偶人形。"注云："若布帛之修其邊幅也。"《南史·任昉傳》："爲新安太守，在郡不事邊幅。"今人有"不修邊幅"之語，言不自檢束也。

**一六一　擺脱**　《宣和畫譜》："李邕擺脱舊習，筆力一新。"

**一六二　脱俗**　《幕府燕談録》："范文正公嘗爲人作墓誌銘，以示尹師魯，師魯言其脱俗。"

**一六三　未能免俗**　《晉書·阮咸傳》："未能免俗，聊復爾爾。"

**一六四　習俗移人**　楊惲《報孫會宗書》："安定山谷之間，昆戎接壤，子弟貪鄙，豈習俗之移人哉？於今乃睹子之志矣！"

**一六五　習慣成自然**　《漢書·賈誼傳》："少成若天性，習貫成自然。"貫音慣。

**一六六　習以爲常**　《蕩寇志》百七回："一路無阻無礙，習以爲常。"

**一六七　習氣**　《華嚴經》："斷除一切煩惱習氣。"

**一六八　古執**　《還魂記》："是你父親古執。"

**一六九　執意**　見《心意》。

**一七〇　丁相公畫一字**　見《文事》。

**一七一　木頭人**　元人《度柳翠》劇："我是勸着一箇木頭人。"

**一七二　活死人**　《鄭元祐集》有《活死人窩歌》。

**一七三　不近人情**　《莊子·逍遥遊》："大有徑庭，不近人情焉！"

**一七四　不知趣**　《憐香伴》劇："我和你休做不知趣的人兒。"

**一七五　没趣巴巴**　《蜃中樓》劇：“若不回他一句，教他没趣巴巴的。”

**一七六　文質彬彬**　《論語》：“質勝文則野，文勝質則史，文質彬彬，然後君子。”《憐香伴》劇：“初次相見，還是文質彬彬。第二次，就做出許多頑皮事來。”

**一七七　文傷傷**　見《言語》。

**一七八　虚飄飄**　《東坡居士集》有《虚飄飄》詩三首。元人《誤放來生債》劇：“他本是箇虚飄飄世上的浮財。”

**一七九　輕飄飄**　《繡襦記》劇：“今日嫖，明日嫖，嫖得身體輕飄飄。”

**一八〇　繆爲恭敬**　《漢書·司馬相如傳》：“臨邛令繆爲恭敬。”繆與謬通。

**一八一　狡猾**　《左傳》：“王子朝曰：‘奬順天法，無助狡猾。’”

**一八二　機械變詐**　《孟子》：“爲機變之巧者。”注云：“爲機械變詐之巧者。”

**一八三　變了卦**　元·鄭德興《傷梅香》劇：“呀，小姐變了卦也！”

**一八四　小器相**　元·孟漢卿《魔合羅》劇：“搽旦云：‘客官！不是我小器相，先見賜下房錢，免得僧多道少。’”相，去聲。

**一八五　促掐𤸫**　《荆釵記》劇：“丑云：‘嗳！刁鑽𤸫，促掐𤸫。’”掐音恰。

**一八六　好促掐**　元人《桃花女》劇：“桃花女，你好促掐也。”元·范子安《竹葉舟》劇：“師父又要把我掉在大江之中，險喪性命，你好促掐也。”

**一八七　尖酸促掐**　《義俠記》劇：“尖酸老，促掐老。”

**一八八　尖酸刻薄**　《石頭記》五五回："都是你們尖酸刻薄。"

**一八九　尖酸**　《荷花蕩》劇："這些蘇州人，在行尖酸的太多。"

**一九〇　隨高逐低**　見《言語》"争長論短"。

**一九一　隨波逐流**　見《水火》。

**一九二　風吹兩邊倒**　見《天文》。

**一九三　東風東倒，西風西倒**　同上。

**一九四　推倒油瓶不扶**　《石頭記》十六回："他們就指桑説槐的抱怨坐山觀虎鬬，借劍殺人，引風吹火，站乾岸，推倒油瓶不扶。"

**一九五　自慚形穢**　《晉書·衛玠傳》："王濟每見玠，歎曰：'珠玉在前，使我形穢。'"今人云"自慚形穢"，本此。

**一九六　自由自在**　《五燈會元》華光範有"自由自在"語。元人《冤家債主》劇："這廝千自由，百自在。"

**一九七　自愛**　《老子》："聖人自愛不自貴。"

**一九八　自尊**　《史記·楚世家》："熊通曰：'王不加我位，我自尊耳。'乃立爲武王。"

**一九九　自大**　《孔叢子》："自大而不修其所以大，不大矣。"

**二〇〇　妄自尊大**　《後漢書·馬援傳》："子陽井底蛙耳，而妄自尊大。"《小忽雷》劇："豈敢妄自尊大。"

**二〇一　夜郎自大**　《漢書·西南夷傳》："滇王與漢使言：'漢孰與我大？'及夜郎侯亦然，各自以一州王，不知漢廣大。"

**二〇二　託大**　《世説》："庾中郎善於託大。"

**二〇三　大排場**　見《宫室》"小結構"。

**二〇四　大來頭**　《拜月亭記》劇："韓景陽，大來頭。"

**二〇五　大模大樣**　《燕子箋》劇："到要粧一箇大模大樣。"《長生殿》劇："我且問你，這般大模大樣，是幾時起的？"

**二〇六　粧模作樣**　《長生殿》劇："他在那裏粧模作樣。"

**二〇七　妝身分**　《荷花蕩》劇："你到不要妝身分。"分，去聲。

**二〇八　擺架子**　《冬青樹》劇："我這箇不通的進士，擺箇甚麽架子。"

**二〇九　拿班兒做勢**　《臨川夢》劇："今日白送你一箇狀元罷，你反拿班兒做勢，我倒要請教！"

**二一〇　假充大頭鬼**　見《鬼神》。

**二一一　又做師娘又做鬼**　同上。

**二一二　爲鬼爲蜮**　同上。

**二一三　不受籠絡**　《宋史·胡安國傳》："中丞許翰曰：'蔡京得政，士大夫無不受其籠絡，超然遠舉，不爲所污，如安國者實鮮。'"籠音攏。

**二一四　没籠頭的馬**　《石頭記》八回："他是没籠頭的馬。"籠音龍。

**二一五　龍生九子，各有所好**　《金印記》劇："副云：'曉得龍生九子！'浄云：'種種各别。'"《升庵外集》："俗傳龍生九子不成龍，各有所好。弘治中，御書小帖，以問内閣，李文正據羅玘、錙績之言，具疏以對。今影響記之：一曰贔屭，好負重，今碑下趺是也；二曰螭吻，好望，今屋上獸頭是也；三曰蒲牢，好吼，今鐘上紐是也；四曰狴犴，有威力，故立於獄門；五曰饕餮，好飲食，故立於鼎蓋；六曰虮蝮，好水，故立於橋柱；七曰睚眦，好殺，故立於刀環；八曰狻猊，好煙火，故立於香爐；九曰椒圖，好閉，故立於門鋪。”好，去聲。

**二一六　君子不奪人所好**　《指月録》：“秀才問趙州曰：‘某甲欲覓和尚手中拄杖。’曰：‘君子不奪人所好。’”元·馬致遠《任風子》劇：“可不道‘君子不奪人之好’。”

**二一七　枉爲小人**　《朱子語録·富而可求章》云：“君子贏得做君子，小人枉了做小人。”今人云“枉爲小人”，本此。

**二一八　可惡之極**　《水滸記》劇：“嘮嘮叨叨，可惡之極哉！”惡，去聲。

**二一九　深惡而痛絶之**　《大學》注：“言有此媢疾之人，妨賢而病國，則仁人必深惡而痛絶之。”《意中緣》劇：“這樁事，學生不但不喜，又且深惡而痛絶之。”

# 智愚

**一　太子細**　《北史·源思禮傳》："爲貴人當舉綱維，何必太子細也。"

**二　粗中帶細**　《刀會》劇："俺三弟有些粗中帶細。"《夢筆生花·杭州俗語·雜對》："粗中帶細；死裏逃生。"

**三　暗中摸索**　《隋唐佳語》："許敬宗性輕傲，見人多忘之。或謂其不聰，曰：'卿自難識，若遇何、劉、沈、謝，暗中摸索着，亦可識。'"《奈何天》劇："這等講來，只得暗中摸索。"

**四　胸有成竹**　見《文事》"枝枝節節而爲之"。

**五　有撇斷**　《小爾雅》："蔽，斷也。"《説文通訓》："蔽借爲擎。"今蘇俗言人明決，曰"有撇斷"。撇音辟，斷音鍛。

**六　有才情**　《世説新語》："林公謂孫興公、許元度曰：'二賢故自有才情。'"

**七　肚才**　《夢筆生花·杭州俗語·雜對》："手藝；肚才。"

**八　内行**　又："内行；外教。"行音杭。

**九　明輔**　《通俗編》："《元曲選》張國賓《薛仁貴》劇，有'做箇明輔'語，猶云作證見也。"今流俗稱人"明輔"，並非指作證見，猶云最明白的。

**一〇　明見萬里**　《後漢書·竇融傳》："以爲天子明見

萬里之外。”《比目魚》劇：“真可謂明見萬里，智察秋毫。”

**一一　自作聰明**　《書·蔡仲之命》：“無作聰明亂舊章。”今人有“自作聰明”語。

**一二　聰明反被聰明誤**　蘇軾詩：“人皆養子望聰明，我被聰明誤一生。”《通俗編·俚語集對》：“聰明反被聰明誤；惡强自有惡强磨。”

**一三　聰明一世，懵懂一時**　《談藪》：“甄龍友平生給捷，一時懵懂。”《八義記》劇：“我程嬰聰明了一世，懵懂了一時。”《蝴蝶夢》劇：“田氏呀，田氏！你聰明一世，懵懂一時。”《蕩寇志》百六回：“真所謂聰明一世，懵懂一時。”懵懂音猛董。

**一四　聰明智慧**　元人《舉案齊眉》劇：“他便有甚聰明智慧在那裏？”《石頭記》二九回：“若論這小姐的模樣兒，聰明智慧。”

**一五　聰明伶俐**　見《家族》“長兄爲父，長嫂爲母”。

**一六　百靈百利**　《悦生隨抄》：“范蜀公言家中子弟，連名百字，幾乎尋盡。或曰：‘百靈百利，百巧百窮，恐未必取以爲名也。’蜀公爲之大笑。”

**一七　千變萬化**　《列子·湯問篇》：“千變萬化，惟意所適。”

**一八　變化無窮**　《三國志演義》八四回：“變化無窮，不能學也。”謂八陣圖。

**一九　臨機應變**　又四三回：“臨機應變，百無一能，誠爲天下笑耳！”

**二〇　見幾而作**　《易·繫辭》：“君子見幾而作，不俟終日。”幾，平聲。

**二一　瞻前顧後**　《離騷經》：“瞻前而顧後兮。”

**二二　内清外濁**　《太玄經》："内清外濁，敝衣裹玉。"

**二三　外清内濁**　見《頭面》。

**二四　分而爲二**　《易·繫辭》："分而爲二以象兩。"

**二五　知其一，不知其二**　《説苑·臣術篇》："孔子與子貢論管仲、子産，曰：'女知其一，不知其二。'"又《琵琶記》劇二語同。

**二六　點頭得知**　《殺狗記》劇："伶人點頭就知，呆漢棒打不曉。"按，伶人，謂伶俐人也。點頭就知，今人云'點頭得知'也。

**二七　足智多謀**　元人《連環記》劇："此人足智多謀，可與共事。"《長生殿》劇："足智多謀膽絶倫。"

**二八　鬼計多端**　周亮工《書影》："關雲長《三上張翼德書》云：'操之鬼計百端，非羽智縛，安有今日？將軍罪羽，是不知羽也。'"按，今人之語，則云"鬼計多端"也。

**二九　苦肉計**　《鳳求凰》劇："假粧病態，僞作愁容，這分明是箇苦肉計。"

**三〇　爲今之計**　《紅拂記》劇："爲今之計，除是罷役休兵就撫安。"

**三一　萬全之計**　元人《隔江鬭智》劇："豈不是萬全之計也！"

**三二　無所施其技**　《蕩寇志》百十二回："陣上我叫楊志與李成寸步不離，他亦無所施其技。"《歸田瑣記》："雖狡獪無所施其技。"

**三三　當局者迷，旁觀者清**　《唐書·元行沖傳》："當局稱迷，旁觀必審。"按，後人所云"當局者迷，旁觀者清"本此。

**三四　智者千慮，必有一失；愚者千慮，必有一得**　《史記·淮陰侯傳》："廣武君曰：'智者千慮，必有一失；愚者千慮，必有一得。'"

**三五　不會**　《傳燈録》："僧問宗乘中事，永明曰：'禮拜著？'曰：'學人不會。'"

**三六　不魏**　《新方言》："揚子《方言》：'魏，能也。'今謂不能曰'不魏'。"

**三七　大不是**　《北史·隋元德太子傳》："其有深可嫌責者，但云'大不是'。"

**三八　不是人**　《朝野僉載》："李日知責令史曰：'你撩得李日知嗔，你亦不是人矣。'"

**三九　不成人**　《禮記·禮器》："禮也者，猶體也。體不備，君子謂之不成人。"

**四〇　不成器**　《禮記·學記》："玉不琢，不成器；人不學，不知道。"

**四一　長進**　《吴志·張昭傳》："長子承，勤於長進，篤於物類。"長，上聲。

**四二　不長進**　《宋書·前廢帝紀》："孝武讓其書不長進。"

**四三　中用**　《詩》"白華菅兮"箋："菅柔忍中用。"中，去聲。

**四四　不中用**　《禮記·王制》："木不中伐。"注："伐之非時，不中用。"

**四五　有道理**　《詩》"有倫有脊"傳："所言有道理。"

**四六　不明道理**　《吴志·陸抗傳》："小人不明理道，所見末淺。"按，今人云："不明道理。"

**四七　識時務**　《蜀志·先主傳》注："司馬德操曰：'儒生俗士，豈識時務？識時務者，在乎俊傑。'"

**四八　不識時務**　《後漢書·張霸傳》："鄧騭當朝貴盛，欲與霸交，霸逡巡不答，衆人笑其不識時務。"

**四九　不知輕重**　《晉書·愍懷太子傳》："不知紙上語輕重。"

**五〇　不知利害**　《莊子·齊物論》："齧缺曰：'至人固不知利害乎？'"

**五一　不知甘苦**　《墨子·非攻篇》："少嘗苦曰苦，多嘗苦曰甘，則必以此人爲不知甘苦之辨矣。"

**五二　不知香臭**　《易林》："鼻目易處，不知香臭。"臭，讀抽，去聲。

**五三　不可教訓**　《左傳·文十八年》："顓頊氏有不才子，不可教訓。"

**五四　不辨菽麥**　又《成十八年》："周子有兄而無慧，不能辨菽麥，故不可立。"

**五五　不可救藥**　《詩·大雅》："多將熇熇，不可救藥。"

**五六　不郎不秀**　《留青日札》："元時稱人，往往以郎、官、秀爲等級，今之鄙人曰'不郎不秀'，言其不高不下也。"《通俗編》："一説，謂即《詩》'不稂不莠'也。"

**五七　郎不郎，秀不秀**　《繡襦記》劇："弄得來，郎不郎，秀不秀，難道到着你一世無成。"

**五八　不上臺盤**　見《人事》"另起爐竈"。

**五九　不分皁白**　元人《漁樵記》劇："你也不分一箇皁白。"

**六〇　不明不白**　見《言語》。

**六一　不圓通**　《輟耕録》："俗謂不圓通轉變者，曰'方頭'。"

**六二　没出豁**　《水滸》三七回："你閒嘗最賭得直，今日如何怎麽没出豁？"

**六三　廢物**　《吴越春秋》："不能報仇，畢爲廢物。"

**六四　絶物**　《孟子》："齊景公曰：'既不能令，又不受命，是絶物也。'"

**六五　滯貨**　《周禮·泉府》："掌以市之征布斂京之不售貨之滯於民用者，以其賈買之。"《通俗編》："按，閱《輟耕録》，謂俗以不合時宜曰滯貨。出於《世説》，不知其先出《周禮》也。"又見《年齒》"老孛相"。

**六六　搗子**　《水滸》三十回："那兩箇搗子，便跪在地下。"

**六七　外教**　見《内行》。

**六八　門外漢**　《夢筆生花·杭州俗語·雜對》："門外漢；梁上君。"

**六九　現世寶**　《戲鳳》梆子腔："生云：'你站在一邊，待爲君的現寶。'貼云：'想必是現世寶。'生云：'胡説！'"《奈何天》劇："現世寶，現世寶，你看又不中看，喫又不中喫，爲甚麽不早些死了，活在世上做甚麽？"

**七〇　昏天黑地**　見《天地》。

**七一　冒失鬼**　見《鬼神》。

**七二　糊塗鬼**　同上。

**七三　糊塗蟲**　《山西通志》："臨事憒憒曰'糊塗蟲'。"原注："宋·吕端小事糊塗，大事不糊塗。"

**七四　糊裏糊塗**　《病玉緣》劇："俺親歷此境，也自覺糊裏糊塗，不甚明白哩！"

**七五　麪糊盆**　見《朝署》。

**七六　癡人面前莫説夢**　見《言語》。

**七七　癡又不癡，乖又不乖**　《比目魚》劇："你這箇孩子癡又不癡，乖又不乖，説的都是夢話。"

**七八　假粧風魔**　元人《賺蒯通》劇："蒯文通去了也，誰想此人假粧風魔。"

**七九　混世魔王**　《石頭記》三回："我有一箇孽根禍胎，是這家裏的混世魔王。"

**八〇　獃頭獃腦**　見《頭面》。

**八一　書獃子**　見《文事》。

**八二　賣獃**　《范石湖集》有《賣癡獃》詞。

**八三　呆鄧鄧**　《通俗編》："'呆鄧鄧'，見元人《賺蒯通》曲。按，呆，古通保，今俗讀孩，實不典。"又，俗讀呆若愛，平聲。

**八四　二十五**　《談徵》："今人以材料不足者，謂之二十五。"又有嘲獃子者，謂之十二、十三、二十五。

**八五　七顛八倒**　《霞箋記》劇："只爲一箇小娘，弄得七顛八倒。"

**八六　恍恍惚惚**　《六韜》："有湛湛而無誠，有恍恍惚惚而反忠實。"

**八七　痰迷心竅**　《石頭記》四六回："金彩已經得了痰迷心竅。"《夢筆生花·杭州俗語·雜對》："痰迷心竅；火燒眉毛。"

**八八　悔後遲**　元·李致遠《風雨還牢》劇："我如今手摑着胸膛悔後遲。"

**八九　護短**　嵇康《與山濤書》："仲尼不假蓋於子夏，護其短也。"

**九〇　藏拙**　韓愈詩："倚玉難藏拙。"

**九一　自暴自棄**　《孟子》："自暴者，不可與有言也；自棄者，不可與有爲也。"

**九二　愚而好自用**　《中庸》：“愚而好自用，賤而好自專。”好，去聲。

**九三　賢愚不等**　《殺狗記》劇：“今時人何異古時人，自古賢愚不等。”《蝴蝶夢》劇：“人類雖同，那賢愚有不等。”

**九四　蠢爾蠻荆**　《詩·小雅》：“蠢爾蠻荆，大邦爲讎。”今譏人之愚蠢者，每引此語。

**九五　坐井觀天**　見《天文》。

**九六　之字路**　見《地理》。

**九七　困到鼓裹**　《通俗編》：“《釋名》：‘瞽，鼓也。瞑瞑然如合於鼓皮也。’按，俗詆懵昧之人曰：‘如在鼓裹。’”又按，今人有“困到鼓裹”之語。

**九八　撞木鐘**　《通俗編》：“《漢書·百官志》將作大匠屬官，有主章。師古注曰：‘今所謂木鐘者，蓋章音之轉耳。’按，唐有木鐘之官。今以假借官事欺人，曰‘撞木鐘’，或者因此。”

**九九　打定盤星**　朱子詩：“記取淵冰語，莫錯定盤星。”今人有“打定盤星”之語。

**一〇〇　打退堂鼓**　見《朝署》。

**一〇一　你有關門法，我有跳牆計**　見《宫室》。

**一〇二　落圈套**　《牧羊記》劇：“只怕你落在圈套之中，也不怕你飛上天去。”

**一〇三　露底裹**　《後漢書·竇融傳》：“口陳肝膽，自以底裹上露。”

**一〇四　露出馬脚來**　元人《陳州糶米》劇：“這一來，則怕我們露出馬脚來。”《永團圓》劇：“這叫箇雲端裹放轡頭，露出馬脚來哉。”

**一〇五　騎兩頭馬**　元人《氣英布》劇有“騎兩頭馬”之語。

**一〇六　畫虎不成**　馬援《戒兄子嚴敦書》:"效季良不得，陷爲天下輕薄子，此所謂'畫虎不成反類狗'者也。"

**一〇七　畫蛇添足**　《戰國策》:"楚有祠者，賜其舍人卮酒，舍人相謂曰:'數人飲之不足，一人飲之有餘，請畫地爲蛇，先成者飲酒。'一人之蛇成，引酒且飲，乃左手持卮，右手畫蛇曰:'吾能爲之足。'未成，一人之蛇成，奪其卮曰:'蛇固無足，子安能爲之足?'遂飲其酒。"《蕩寇志》百十七回:"得勝不回，是畫蛇添足矣。"

**一〇八　對牛彈琴**　《通俗編》引《莊子·齊物論》注:"是猶對牛鼓簧耳。按，與今諺小别。惟《五燈會元》、惟《簡答僧問》，直云對牛彈琴。"又《俚語集對》:"騎騾擂鼓；對牛彈琴。"

**一〇九　别人偷牛我摸椿**　《通俗編》:"《易》:'元妄之災，或繫之牛，行人之得，邑人之災。'按，今諺云'他人牽牛我拔樁'，由此語稍演。"今人多云"别人偷牛我摸樁"，亦同此語。又按，今江西人云"人家喫肉我淘湯"，並同此意。

**一一〇　羊子攻籬笆**　《易·大壯》:"羝羊觸藩，不能退，不能遂，無攸利。"按，藩，籬也。今人云"羊子攻籬笆"，本此。

**一一一　狗子夾尾巴**　《廣古今五行記》:"周太祖見李順興來，請其策謀。李云:'黄狗逐黑狗，急走出筋斗。一過出筋斗，黄狗夾尾走。'"今人有敗事者，謂之"狗子夾尾巴"是也。

**一一二　狐狸精露尾巴**　《通俗編》:"《洛陽伽藍記》:'後魏孫巖娶妻三年，未脱衣服，私怪之。伺其睡熟，陰解其衣，有尾長三尺，懼而出之，變爲一狐而走。'按，俗以作僞者露其本色，曰'狐狸精露尾巴'，即其事也。"

# 善惡

**一　彼善於此**　《孟子》："春秋無義戰，彼善於此，則有之矣。"

**二　擇其善者而從之**　《論語》："子曰：'三人行，必有我師焉，擇其善者而從之，其不善者而改之。'"

**三　上帝有好生之德**　見《天文》。

**四　吉人自有天相**　同上。

**五　欺軟怕硬**　《石頭記》六回："説他不公道，欺軟怕硬。"

**六　欺不得冬瓜鉋瓠子**　《升庵外集》引諺云："無奈冬瓜何，捉着瓠子磨。"按，今人云"欺不得冬瓜鉋瓠子"，本此。鉋音抱。

**七　人惡人怕天不怕，人善人欺天不欺**　《尋親記》劇："自古道：'人惡人怕天不怕，人善人欺天不欺。'"又元人《殺狗勸夫》、《花間四友》二劇，祇有"人善人欺天不欺"之語。

**八　善有善報，惡有惡報**　元人《誤放來生債》劇："善有善報，惡有惡報，不是不報，時辰未到。"元人《冤家債主》劇："果然善有善報，惡有惡報，如同影響，分毫不錯，真可畏也。"

**九　善惡到頭終有報**　元人《雷轟薦福碑》劇："善惡到頭終有報，只争來早與來遲。"又《龐居士誤放來生債》劇語同。

**一〇　好心好報**　見《心意》。

**一一　好人難做**　宋·李之彦《東谷所見》："好官易做，好人難做。"

**一二　善門難開**　《借妻》梆子腔："净云：'我想善門是難開的。因爲好朋友，把老婆借與他，説過當日去，當日回，他就不想送還了，好朋友，天理良心！'"

**一三　大開方便之門**　見《人事》。

**一四　良心發見**　見《心意》。

**一五　天理良心**　同上。

**一六　一片婆心**　同上。

**一七　一塵不染**　見《性情》。《憐香伴》劇同。

**一八　大慈大悲**　見《釋道》。

**一九　糯米菩薩**　見《鬼神》。

**二〇　忠厚没用**　《儒林外史》三回："你是箇爛忠厚没用的人。"

**二一　陰功萬代**　《金鎖記》劇："發箇大慈悲，照顧他暫延性命，萬代陰功。"

**二二　修橋補路**　見《地理》。

**二三　齋僧布施**　見《釋道》。

**二四　近朱者赤，近墨者黑**　傅休奕《太子少傅箴》："近朱者赤，近墨者黑。聲和則響清，形正則影直。"《蜃中樓》劇："自古道：'近朱者赤，近墨者黑。'"言近善人則爲善，近惡人則爲惡也。

**二五　流芳百世，遺臭萬年**　《晉書》："桓温嘗撫枕歎曰：'大丈夫不能流芳百世，亦當遺臭萬年。'"

**二六　改邪歸正**　《慎鸞交》劇："小的一干人衆都是良民，被他擄去做賊的。如今改邪歸正，綁出賊首投降。"《蕩寇志》

百一回："他們自然改邪歸正。"

**二七 邪氣** 《文子·符言篇》："君子行正氣，小人行邪氣。"

**二八 放肆** 陳琳《檄吴將校部曲》："猶鷇卵始生毛翰，而便陸梁放肆。"《蜃中樓》劇："都是你們惹他放肆。"

**二九 太横** 《史記·主父偃傳》："或説偃曰：'太横。'"横，去聲。

**三〇 潑皮** 《元典章》："有新附軍人，結連惡少潑皮，爲害尤甚。"

**三一 青皮** 見《流品》。

**三二 流氓** 同上。

**三三 亡命之徒** 《水滸》六二回："倘若這些亡命之徒，引兵到來，朝廷救兵不及，那時悔之晚矣。"

**三四 地棍** 見《流品》。

**三五 光棍不喫眼前虧** 見《朝署》"清官難斷家務事"。

**三六 不念舊惡** 《論語》："子曰：'伯夷、叔齊，不念舊惡，怨是用希。'"《衣珠記》劇："君子不念舊惡，還求老爺憐念這兩箇老人家。"

**三七 惡少年** 《漢書·昭帝紀》："發三輔及郡國惡少年，屯遼東。"

**三八 惡模樣** 《義山雜俎》品目有"惡模樣"，凡十二事。

**三九 惡貫滿盈** 《書·太誓》："商罪貫盈。"傳曰："紂之爲惡，一以貫之，惡貫已滿，天絶其命。"元人《硃砂擔》劇："兀那鐵旛竿，你今日惡貫滿盈，有何理説？"《雙珠記》劇："惡貫滿盈，刑條罔赦。"

**四〇 惡人自有惡人磨** 元人《賺蒯通》劇："那裏也惡

人自有惡人磨，這的是强中更遇强中手。”又《謝金吾》、《桃花女》劇二語同。《野獲編》：“近時陸少白起龍，太倉人。有膂力，倔强使氣，與同里吴慎庵之彦有違言。陸鑄一鐵尺，置懷中，上刻‘此尺專打吴之彦’。吴畏之，遷居於郷。吴爲王弇州從甥，偶問曰：‘少白乃欲死我，甥何罪？’王笑曰：‘子誠無罪，但諺云“惡人自有惡人磨”，則二君是也。’吴無以答。”

**四一　十惡不赦**　見《獄訟》。又元·關漢卿《竇娥冤》劇：“這藥死公公的罪名，犯在十惡不赦。”

**四二　萬惡淫爲首**　《鳳求凰》劇：“‘萬惡淫爲首，百行孝爲先’，這兩句成語，就是上帝所頒的條律。”

**四三　罪惡滔天**　《長生殿》劇：“罪惡滔天，總皆由我，如何懺悔得盡。”

**四四　罪大惡極**　歐陽修《縱囚論》：“刑入於死者，乃罪大惡極，此又小人之尤甚者也。”

**四五　罪不容誅**　元·秦簡夫《東堂老》劇：“若論議五刑發落，可便罪不容誅。”元·賈仲名《玉梳記》劇：“壞人倫罪不容誅。”

**四六　行凶作惡**　《西遊記》二八回：“他説我行凶作惡。”

**四七　風流罪過**　《北齊書·郎基傳》：“潘子美遺之書曰：‘在官寫書亦是風流罪過。’”

**四八　造口業罪**　見《言語》。

**四九　不知不罪**　見《獄訟》。

**五〇　欲加之罪，何患無辭**　《左傳》：“里克曰：‘欲加之罪，其無辭乎？’”注云：“言不患無辭。”按，今人云：“欲加之罪，何患無辭。”

**五一　空做惡冤家**　《夢筆生花·杭州俗語·雜對》：“尋

着熟皂隸；空做惡冤家。”

**五二　冤家路窄**　《水滸》六四回注：“寫得冤家路窄。”《蕩寇志》九六回：“誰知樂極生悲，冤家路窄。”窄音仄。

**五三　冤冤相報**　見《天文》“天理難容”。

**五四　一報還一報**　元·紀君祥《大報讐》劇：“少不得一報還一報，無虚誤。”

**五五　一不做，二不休**　見《人事》。

**五六　一而再，再而三**　同上。

**五七　一之爲甚，其可再乎**　同上。

**五八　不爲已甚**　《孟子》：“仲尼不爲已甚者。”《千金記》劇：“我聞孔仲尼不爲已甚。”

**五九　無所不爲**　《孟子》注：“無所不爲者，安能有所爲耶？”《小忽雷》劇：“他倚仗着叔叔的勢，要無所不爲。”

**六〇　無一善狀**　《論語·原壤章》注：“以其自幼至老，無一善狀。”

**六一　小人閒居爲不善**　《大學》：“小人閒居爲不善，無所不至。”

**六二　强盜發善心**　見《盜賊》。

**六三　其心不善**　見《心意》。

**六四　存心不善**　同上。

**六五　忍心害理**　同上。

**六六　傷天害理**　《空谷香》劇：“你幫着家主，做這傷天害理的事。”

**六七　使黑心**　見《心意》。

**六八　使壞心**　同上。

**六九　喪良心**　同上。

**七〇　起不良之心**　同上。

**七一　狼子野心**　同上。

**七二　人面獸心**　同上。

**七三　始作俑者**　《孟子》："仲尼曰：'始作俑者，其無後乎！'"今有首爲不善者，人每以此語譏之。俑音勇。

**七四　自作孽**　《書·太甲》："天作孽，猶可違；自作孽，不可逭。"

**七五　自作自受**　見《獄訟》。

**七六　知法犯法**　同上。

**七七　違條犯法**　同上。

**七八　一人做事一人當**　《石頭記》五五回："俗語説'一人作罪一人當'。"《釵釧記》劇："生云：'如今皇甫吟，現在丹墀，你自去與他講。'副云：'老皇，一身做事一身當，怎麼扳扯我起來？'"《蕩寇志》八七回："大丈夫一人做事一人當，豈肯連累他人！"

**七九　作福作威**　見《朝署》。

**八〇　狐假虎威**　同上。

**八一　朋比爲奸**　《清朝野史大觀》："皇太后詔曰：'載垣、端華、肅順朋比爲奸，專權跋扈，茲據該王大臣等，按律擬罪，將載垣等凌遲處死。'"

**八二　助紂爲虐**　《孟子》注："奄，東方之國，助紂爲虐者也。"《石頭記》八回："賈瑞一任薛墦横行霸道，不但不管約，反助紂爲虐，討好兒。"

**八三　私通外國**　《精忠記》劇："浄云：'你手裏拿的什麼東西？'丑云：'是火筒。'浄云：'要他何幹？'丑云：'要他私通外國。'"《夢筆生花·杭州俗語·雜對》："私通外國；

大開後門。”

**八四　武斷鄉曲**　《史記·平準書》：“兼并豪黨之徒，以武斷於鄉黨。”斷音“決斷”之斷。

**八五　勢不壓鄉黨**　《涇諺彙録》：“山高遮不得太陽，官高壓不倒鄉黨。”今人多云“勢不壓鄉黨”，同此。

**八六　横行霸道**　見上“助紂爲虐”。

**八七　看你横行到幾時**　元·楊顯之《秋夜雨》劇：“正是：‘常將冷眼看螃蟹，看你横行到幾時。’”又元人《瀟湘雨》劇二語同。

**八八　强中更有强中手**　見《武備》。

**八九　歹人**　元人《碧桃花》劇：“委實不是歹人。”歹音“好歹”之歹。

**九〇　爲非作歹**　元·尚仲賢《柳毅傳書》劇：“看他果還有本事，爲非作歹哩！”《石頭記》五七回：“並不叫你爲非作歹。”

**九一　姦盜邪淫**　見《婦女》。

**九二　無法無天**　見《天文》。

**九三　天有眼**　同上。

**九四　玄天上帝**　同上

**九五　天網恢恢**　同上。

**九六　天道好還**　同上。

**九七　天不怕，地不怕**　見《天地》。

**九八　天不容，地不載**　同上。

**九九　天誅地滅**　同上。

**一〇〇　天理難容**　見《天文》。

**一〇一　殺人可恕，情理難容**　見《獄訟》。

**一〇二　殺人不眨眼**　《五燈會元》：“曹翰征胡則，渡江，入廬山寺。緣德淡坐如常。翰曰：‘汝不聞殺人不眨眼將軍乎？’德熟視曰：‘汝安知有不懼生死和尚耶？’”《水滸》四回：“他是箇殺人不眨眼的魔君。”眨音札，目動也。

**一〇三　殺生害命**　元人《看錢奴》劇：“此人毀僧謗佛，殺生害命。”元人《吕洞賓度鐵拐李岳》劇：“他雖是殺生害命爲家計，這惡業休提。”

**一〇四　殺去了頭，碗大箇疤**　元人《疏者下船》劇：“不愁巨斧當頭劈，只結的碗口一箇大瘡疤。”今聞兇惡者云“殺去了頭，碗大箇疤”，乃知即本於此。

**一〇五　借刀殺人**　《鸞釵記》劇：“親娘專會借刀殺人。”《尋親記》劇：“員外專要借刀殺人，使弗得的。”

**一〇六　亂臣賊子，人人得而誅之**　《孟子》注：“蓋邪説害正，人人得而攻之，不必聖賢。如《春秋》之法，亂臣賊子，人人得而誅之，不必士師也。”《鳳求凰》劇：“自古道：‘亂臣賊子，人人得而誅之。’聽了這不公不法的話頭，叫我如何忍得。”

**一〇七　能殺人，能救人**　《五燈會元》：“歸省曰：‘此宗門中，亦能殺人，能活人。’”今人則有“能殺人，能救人”之語。

**一〇八　從井救人**　《論語》：“宰我問曰：‘仁者雖告之曰“井有仁焉”，其從之也。’子曰：‘何爲其然也？君子可逝也，不可陷也；可欺也，不可罔也。’”按，“有仁”之“仁”當作“人”。從，謂隨之於井而救之也。

**一〇九　救人一命，勝造七級浮屠**　元·鄭德輝《傷梅香》劇：“救人一命，勝造七級浮屠。”《小忽雷》劇二語同。

**一一〇　如狼似虎**　元人《盆兒鬼》劇：“夫妻每當夜生心，

都很毒如狼似虎，被殺死一命歸陰。”元·楊文奎《兒女兩團圓》劇：“俺兄弟七八箇，如狼似虎哩。”

**一一一　老虎口裏**　元人《陳州糶米》劇：“我要告這劉衙內，誰想正投在老虎口裏。”

**一一二　放虎歸山**　《蜃中樓》劇：“放虎歸山嶠。”

**一一三　捉虎容易放虎難**　《朝野遺記》：“方岳飛獄具，秦檜獨居書（空）〔室〕，若有思者。其妻王氏窺見，笑曰：‘老漢何無決耶？捉虎易，放虎難也。’檜掣然。”《精忠記》劇：“壁上有幾行字，待我看來：‘縛虎容易放虎難，無言終日倚闌干。男兒兩點恓惶淚，流入襟懷透膽寒。’呀！這詩是我與夫人在東窗下做的，何人寫在此？”

**一一四　老虎頭上拍蒼蠅**　《儒林外史》六回：“今日爲他得罪嚴老大，老虎頭上拍蒼蠅。”

**一一五　兩虎相鬭，必有一傷**　《史記·陳軫傳》：“卞莊子欲刺虎，館豎子止之曰：‘兩虎方且食牛，食甘必争，争則必鬭，鬭則大者傷，小者死。從傷而刺之，一舉必有兩虎之名。’”俗云“兩虎相鬭，必有一傷”，本此。

# 獄訟

**一　呈子**　《蕩寇志》九七回:“戴春一到,便要去遞呈子。”

**二　辭訟**　《漢書·薛宣傳》:“辭訟例不滿萬錢,不爲移書。”

**三　告狀**　《水滸》二十回:“那婦人已知告狀不準,不怕他。”

**四　滾釘板告御狀**　《明史·列女傳》:“孝女諸娥,山陰人。父士吉,洪武初,爲糧長。有黠而逋賦者,誣士吉於官,論死。二子炳、煥亦罹罪。娥方八歲,晝夜號哭,與舅陶山長走京師訴冤。時有令,冤者非卧釘板,勿與勘問。娥展轉其上,幾斃,事乃聞,勘之,僅戍一兄而止。娥重傷卒。里人哀之,肖像配曹娥廟。”今演《九更天》劇者,有“滾釘板告御狀”事,云出於商,不知出於明也。

**五　原告,被告**　元·李行道《灰闌記》劇:“這原告跪在這壁,被告跪在那壁去。”

**六　無門投告**　見《宫室》。

**七　一字入公門,九牛拔不出**　《普燈録》:“慧南禪師云:‘一字入公門,九牛曳不出。’”今云:“一字入公門,九牛拔不出。”

**八　兩造**　《書·吕刑》:“兩造具備。”《集傳》:“兩造者，兩争者皆至也。《周官》：‘以兩造聽民訟。’具備者，詞證皆在也。”

**九　審問**　《通俗編》引《書·吕刑》“其審克之”、《詩·魯頌》“淑問如皋陶”，爲此二字之源。

**一〇　詳情**　元·關漢卿《竇娥冤》劇：“大人詳情。”

**一一　容情**　《宋史·選舉志》：“考官容情任意，許臺諫風聞彈奏。”

**一二　取保**　《北史·宋繇傳》：“局内降人左澤等，爲京畿送省，令取保放出。”

**一三　具結**　《續通鑑》：“宋寧宗時，禁僞學，詔具甘結者，申説並非僞學之人。”

**一四　開釋**　《書·多方》：“開釋無辜。”

**一五　開一綫之恩**　《春燈謎》劇：“倘元帥開一綫之恩，情願聽受招安。”

**一六　打官司**　元人《抱粧盒》劇：“對詞恰便是打官司。”

**一七　喫官司**　《水滸》三五回：“情願教小可明喫了官司。”

**一八　了官事**　《晉書·傅咸傳》：“官事未易了也。”

**一九　無頭官事**　《還魂記》劇：“還怕有那無頭官事，誤了你好生涯。”

**二〇　無頭案**　《夢筆生花·杭州俗語·雜對》：“無頭公案；獨脚衙門。”

**二一　案卷**　《蕩寇志》九七回：“經承書辦，手捧案卷到旁。”

**二二　弔案卷**　青藤山人《路史》：“釣、調字，今俱作弔，如弔生員考試、弔文卷查勘，俱誤。弔生員，當作調；弔文卷，當作釣也。”按，“弔文卷”，今所謂“弔案卷”是也。

**二三　莫須有**　《兩般秋雨盦隨筆》：“《宰相編年録》：

‘岳鄂王獄具，秦檜言岳雲與張憲書，其事必須有。蘄王爭曰：“必須有三字，何以使人甘心？”’今皆作‘莫須有’。檜以險很，故入人罪，必欲使爰書有據，決不以模棱語了事也。似宜從‘必須有’爲是。”

**二四　自作孽**　見《善惡》。

**二五　自作自受**　《五燈會元》：“僧問金山穎：‘一百二十斤鐵枷，教阿誰擔？’穎曰：‘自作自受。’”

**二六　一人做事一人當**　見《善惡》。

**二七　誘人犯法**　《刑律·作僞科目》有“誘人犯法”之語。《風箏誤》劇：“我不但治家不嚴，又且誘人犯法了。”

**二八　知法犯法**　《夢筆生花·杭州俗語·雜對》：“知法犯法；在家出家。”

**二九　違條犯法**　元·鄭廷玉《後庭花》劇：“老夫人做下違條犯法。”元·關漢卿《智斬魯齋郎》劇：“他做違條犯法的事，昨已斬了。”

**三〇　犯法身無主**　《黨人碑》劇：“犯法身無主；官差不自由。”

**三一　苦主**　《水滸》三五回：“又苦無苦主執證。”

**三二　兇身**　又二回：“不敢擅自捉拏兇身。”

**三三　人命官司**　《石頭記》四回：“人命官司，他竟視爲兒戲。”

**三四　人命關天**　元·曾瑞卿《留鞋記》劇：“包待制詩云：‘從來三尺貴持平，莫把愚民苦用刑。人命關天非細事，舉頭豈可没神明。’”《春燈謎》劇：“人命關天，怎麼把箇斬罪當做兒戲？”

**三五　伸冤**　《易林》：“比户爲患，無所伸冤。”

**三六　不白之冤**　《蕩寇志》百二十回：“今日遭了不白之冤。”

**三七　冤枉十五貫**　俞樾《春在堂隨筆》：“南宋臨安有劉貴者，妻王氏，妾陳氏。一日，携其妻往祝妻父壽。妻父王翁，以其貧也，予錢十五貫，使營什一，留女而遣婿先歸。途遇其友，因飲而醉。及歸，妾見所負錢，問其故，劉貴醉後戲之曰：‘吾因家貧，不能共活，已賃汝於人矣，此賃錢也，明日當送汝去。’言已，就枕，即入睡鄉。妾思告知其父母，乃之鄰人朱三老家，告以故，且寄宿矣，黎明即行。而劉貴固熟睡未醒，有賊入其家，竊其錢。劉貴驚覺，起而追之。適地下有斧，賊即取斧斫劉，殺之，盡負錢去。次日，鄰人見其門久不啟，入視得狀。朱三老乃言夜間其妾借宿事，因共追尋。妾行路未半，力疲少憩。有崔寧者，自城中賣絲，亦得錢十五貫，與之同憩。追者至，并要之歸。聞於官，謂崔與妾有姦，殺其夫，竊資偕亡也，竟尸於市。後其妻以夫死家貧，其父王翁使人迎之歸。塗遇大雨，避入林中，爲盜所得，據爲妻。偶言及數年前曾爲賊，入人家，殺其主人，得錢十五貫。妻乃知殺其夫者即此盜也。乘間出告於臨安府，事乃白。殺盜，没其家貲，以半給其妻。妻遂入尼菴以終。按，此事不知出何書，余於國初人作小説曰《今古奇聞》者見之。於今梨園所演《十五貫》絶異，且事在南宋，非明時也。疑自宋相傳有十五貫冤獄，後人改易其本末，附會況太守事耳。”今猶有“冤枉十五貫”之語。

**三八　掌嘴**　元·李行道《灰闌記》劇：“趙令史云：‘掌嘴！我這衙門裹問事，真箇官清法正，件件依條例的。’”

**三九　上刑具**　《小忽雷》劇：“重責三十板，上了刑具。”

**四〇　上腦箍**　《還魂記》劇：“那鳥官喝道：‘馬不弔不肥，

人不椮不直，把這厮上起腦箍來。’”《巧團圓》劇：“你不受刑罰，那裏肯招，叫左右，快取腦箍上起來。”箍音姑。

**四一　下腦箍**　元·關漢卿《包待制三勘蝴蝶夢》劇：“現如今拿住你，到公庭，責口詞，下腦箍，使椮子，這其間，痛怎支？”絳珠女史《西泠劇》彈詞：“記得當年李自成，孩兒十八犯燕京，殺人如草不聞聲。李短張長總就擒，降的降、逃的逃、走的走，腦箍三下黃金盡，手板羣來絳節迎。可憐萬壽山前路，社稷傷心殉國君。”相傳明臣降李自成者，自成勒逼出家財，及腦箍三下而黃金皆盡矣。

**四二　頭號板子**　《杏花村》劇：“用頭號板子，重打四十。”

**四三　不打自招**　《三國志演義》四七回注，有“不打自招”語。

**四四　屈打成招**　元人《神奴兒》劇：“三推六問，屈打成招。”

**四五　打荆條**　王孟箕《家訓·御下篇》：“夫法莫嚴於官府，打用竹板，笞用荆條。”

**四六　打屁股**　元人《舉案齊眉》劇：“他家忒實賣弄，打的屁股能重。燒酒備下三瓶，到家自己煖痛。”

**四七　霹拍霹拍**　《春燈謎》劇：“考察時，那扎板也來嚇人，不住的霹拍、霹拍，又霹拍。”

**四八　一五一十，十五二十**　《後尋親記》劇：“外云：‘胡説，打！一五一十，十五二十。’衆云：‘打完。’”

**四九　當場出醜**　《獅吼記》：“小生，咳！當場出醜！”《夢筆生花·杭州俗語·雜對》：“當場出醜；拍案驚奇。”

**五〇　不知不罪**　《慎鸞交》劇：“古語道得好，不知者不罪。”

**五一　依律治罪**　元·賈仲名《玉梳記》劇：“下官想來，不如做一角文書，將那柳茂英鎖送府牢，依律治罪。”

**五二　皇子犯法，庶民同罪**　《比目魚》劇：“豈不聞皇親犯法，庶民同罪。”今人多云：“皇子犯法，庶民同罪。”

**五三　十惡不赦**　見《善惡》。

**五四　以一警百**　《漢書·尹翁歸傳》：“其收取人心也，以一警百，吏民皆服，恐懼改行。”

**五五　手摹腳印**　見《婦女》。

**五六　手靠腳鐐**　《新方言》：“《説文》：‘梏，手械也，古沃切。’今人通言手梏，音如靠。”按，《蕩寇志》有“鋃鐺鐐鐽”之語，是“手梏”俗作“手靠”，又作“手鐽”矣。若“鐐”字之義，《元曲選》及《明史·刑法志》有之。俗云“手靠腳鐐”，固有所本，今字典失刑具之義矣。《鮫綃記》劇：“哭的哭，叫的叫，那放他腳鐐手靠。”鐐音遼。

**五七　披枷帶鎖**　元·鄭廷玉《後庭花》劇：“怎敢就叫他披枷帶鎖？”《鮫綃記》劇：“因見你相貌古怪，爲何披枷帶鎖？”

**五八　獄不通風**　《鸞釵記》劇：“自古道牢獄不通風。”《念八翻傳奇》：“獄不通風，況是天牢，怎容易放人出入。”

**五九　送監飯**　《翡翠園》劇：“我再到府前打聽打聽，還要送飯監裏去來。”監，平聲。

**六〇　拖牢洞**　《蕩寇志》九五回：“你如今拖牢洞死了。”

**六一　虎頭牌**　又八五回：“魏虎臣見了那角移文，好似囚犯見了虎頭牌。”

**六二　牢頭禁子**　清·吴騫《與秦小峴廉使書》：“浙江按察司署，故宋岳忠武王第也。獄在司左，人初入，牢頭例索賄，謂之常例錢。”《鮫綃記》劇：“禁子！禁子！快些開門！”按，自古獄卒，或稱“牢頭”，或稱“禁子”，今人並云“牢頭禁子”。

**六三　亞把手**　《後漢書·宦者傳》注：“韋昭《辨釋名》曰：‘五百字本爲伍伯。伍，當也；伯，道也。使之導引，當道陌中以驅除也。’案，今俗呼行杖人爲‘五百’也。”又《禰衡傳》：“黃祖大怒，令五百將出，欲加箠，衡方大罵，祖恚，遂令殺之。”按，五百，今俗讀若亞把。五亞、百把，同列韻表五部，音得相通。故五百手可讀若亞把手。

**六四　劊子手**　《説文》：“劊，斷也。”《通訓》：“今大辟刑人者，蘇俗謂之劊子手。”劊音檜。

**六五　悔後遲**　見《智愚》。又《翡翠園》劇：“禍到臨頭，後悔應遲。”今江北俗語云：“監門口的匾，悔後遲。”

**六六　悔之晚矣**　《繡襦記》劇：“我如今悔之晚矣！”

**六七　早知今日，悔不當初**　元·高則誠《琵琶記》劇，有“早知今日，悔不當初”語。《水滸》四十回：“你這廝早知今日，悔不當初。”

**六八　燒埋銀子**　《石頭記》四回：“馮家得了許多燒埋銀子，也無甚話説了。”此言苦主所得燒尸埋骨的銀子。

**六九　有錢得生，無錢得死**　《通俗編》引漢諺云：“廷尉獄，平如砥。有錢生，無錢死。”按，今人云“有錢得生，無錢得死”，蓋本漢諺也。

**七〇　得錢賣放**　《蜃中樓》劇：“雜云：‘禀大王，這蝦是最溜滑的，被他一跳就跳脱了。’净云：‘分明是得錢賣放，推下去斬了！’”

**七一　殺人償命，欠債還錢**　李之彦《東谷所見》：“諺有之：‘殺人償命，欠債還錢。’理也。”元人《合同文字》劇：“若不是親呵，道不的殺人償命，欠債還錢！”

**七二　殺人可恕，情理難容**　《五燈會元》：“殺人可恕，無理難容。”元人《氣英布》劇：“骨剌剌旗門開處，那楚重瞳在陣面上，高呼無徒，殺人可恕，情理難容。”

**七三　刀下留人**　《蕩寇志》百十七回：“刀斧手將白瓦爾罕推出帳外，將要行刑，忽見火光中一位佳人，大呼：‘刀下留人。’”

**七四　鋼刀雖快，不斬無罪之人**　《五燈會元》：“剛刀雖利，不斬無罪之人。”《後尋親記》劇：“鋼刀雖快，不斬無罪之人。”

**七五　千刀萬剮**　《蕩寇志》八三回：“我便挺身而出，由他千刀萬剮。”剮音寡。

**七六　凌遲碎剮**　元人《謝金吾詐拆清風樓》劇：“上木驢兒，凌遲碎剮。”

**七七　上木驢兒剮**　見上。

**七八　魚鱗剮**　《千鍾禄》劇：“快把這老賊，押赴雨花臺，魚鱗細剮。”

**七九　敲牙割舌**　又：“末云：‘你不怕九族全誅麽？’外云：‘就殺俺十族何妨！’末云：‘叫武士，快把這老賊敲牙割舌！’”按，謂方孝孺也。

**八〇　剥皮抽筋**　《萬里圓》劇：“奴才！皮都剥下來，筋都抽掉你的。”

**八一　五牛分尸**　《瑞筠圖》劇：“便尸分五牛，也該身受。”按，古謂之車裂刑，即轘刑也。

# 頭面

**一　烏雲蓋頂**　見《天文》。

**二　泰山壓頂**　見《地理》。

**三　頂搭子**　《西遊記》三一回："有兩箇小孩子，正在那裏耍子，被行者趕上前一把抓住頂搭子。"

**四　腦帶兒**　《名義考》："中州人謂頭爲腦帶。"今俗謂之"腦帶兒"。

**五　緊箍兒呪**　《石頭記》七三回："寶玉聽了這話，便如孫大聖聽見了緊箍兒呪一般。"箍音姑，呪音晝。

**六　腸肥腦滿**　《香祖樓》劇："如此生財有道，應當腦滿腸肥，誰知到老無成，依舊嫖光賭浄。"

**七　丢在腦後**　元·康進之《李逵負荆》劇："把煩惱都也丢在腦背後。"

**八　摸不着頭腦**　見《言語》。

**九　大頭腦**　《朱子語録》："要見得一大頭腦分明，便於操舍之間，有用力處。"

**一〇　没頭腦**　《鶴林玉露》："李白見永王璘反，便從臾之。詩人之没頭腦，至於如此。"

**一一　没頭没腦**　見《言語》。

**一二　鬼頭鬼腦**　《拜月亭記》劇："我説你這等鬼頭鬼腦。"《比目魚》劇："這箇秃驢，鬼頭鬼腦，一定是你拾到了，快拿出來！"《蕩寇志》九五回："因爲人鬼頭鬼腦，故爾出了箇渾名，叫箇陰搗鬼。"

**一三　獃頭獃腦**　《石頭記》四七回："你本來獃頭獃腦。"

**一四　硬頭硬腦**　元人《孟良盗骨》劇："兀那客官，怎這等硬頭硬腦也？"《翠屏山》劇："貼云：'這是我丈夫新結義的兄弟。'旦云：'叫石叔叔！'副云：'呀！怪道有些硬頭硬腦也。'"

**一五　光頭圓腦**　鄭清之《詠茄》詩："光頭圓腦作僧看。"

**一六　點頭晃腦**　《西遊記》二四回："看他生在枝頭，手腳亂動，點頭晃腦。"謂人參果，形如小兒也。

**一七　依頭順腦**　《堂斷》梆子腔："下官到任以來，那些百姓到也依頭順腦。今日是三、六、九放告日期，左右把放告牌擡出去。"

**一八　昏頭搭腦**　《霞箋記》劇："相公！你是極聰明的，被那張麗容弄得昏頭搭腦。"《荷花蕩》劇："我封雲起父母早亡，竟在外面昏頭搭腦過日子。"《黨人碑》劇："跌得昏頭搭腦。"

**一九　頭昏腦悶**　元·戴善夫《風光好》劇："小官一生不喜音樂，但聽音樂，頭昏腦悶。"

**二〇　頭暈眼花**　《水滸》三五回："不覺自家也頭暈眼花，撲地倒了。"《蕩寇志》百三五回："公孫勝忽覺頭暈眼花，精神恍惚。"

**二一　頭角峥嶸**　《鳳求凰》劇："試看他峥嶸頭角，豈是蛾眉家數。"《春燈謎》劇："雖然頭角峥嶸，依舊家風淡薄。"

**二二　頭尾相稱**　《通俗編》："'頭尾相稱'，見《傳燈録》

疏仁山與石霜問答。”稱，去聲。

**二三　從頭至尾**　見《言語》。

**二四　有頭有尾**　同上。

**二五　有頭無尾**　《朱子語録》：“若是有頭無尾的人，便是忠也不久。”

**二六　無頭無尾**　元·鄭廷玉《後庭花》劇：“這官司無頭無尾，那賊人難捉難拿。”

**二七　藏頭露尾**　見《言語》。

**二八　虎頭蛇尾**　《通俗編》引《五燈會元》：“大小祖師，龍頭蛇尾。”按，今俗云“虎頭蛇尾”，惟見元·康進之曲，據其義，則當以龍爲是。元·康進之《李逵負荆》劇：“這廝敢狗行狼心，虎頭蛇尾。”

**二九　摇頭擺尾**　《傳燈録》：“元安辭臨濟去，濟曰：‘門下有箇赤梢鯉魚，摇頭擺尾，向南方去。’”元人《隔江鬬智》劇：“鼇魚脱卻金鈎釣，擺尾摇頭再不來。”

**三〇　畏首畏尾**　《左傳》：“畏首畏尾，身其餘幾？”《吕語集粹》：“畏首畏尾，只是怕事怕人。”

**三一　肥頭大耳**　《太平廣記》：“唐逸士殷安，謔其子堪爲宰相曰：‘汝肥頭大耳，不識古今。’”

**三二　交頭接耳**　見《言語》。

**三三　改頭换面**　晁迥《客語》：“違順美惡皆是體，改頭换面了出來。”元·鄭廷玉《忍字記》劇：“人死爲羊，羊死爲人，還同脱袴着衣，一任改頭换面。”

**三四　抛頭露面**　《翡翠園》劇：“雖是抛頭露面，只落得穿州撞府。”《燕子箋》劇：“人在亂離間，顧不得抛頭露面。”

**三五　劈頭劈臉**　元·石君寶《秋胡戲妻》劇：“把這廝

劈頭劈臉亂拳搥。”《石頭記》八十回：“便劈頭劈臉，渾身打起來。”

**三六　滿頭滿臉**　《石頭記》十二回：“滿頭滿臉，渾身皆是尿屎。”

**三七　伸頭縮頸**　許洞《嘲林君復》詩：“豪門送客鵝伸頸，好客臨門鼈縮頭。”按，“伸頸縮頭”今人易之曰“伸頭縮頸”。

**三八　焦頭爛額**　見《水火》。

**三九　垂頭喪氣**　韓愈《送窮文》：“主人於是垂頭喪氣，上手稱謝。”《石頭記》三三回：“你垂頭喪氣，咳些什麼？”喪，去聲。

**四〇　麞頭鼠目**　《唐書》：“苗晉卿薦元載，李揆輕載相寒，謂晉卿曰：‘龍章鳳姿士不見，麞頭鼠目子，乃求官耶？’”

**四一　攔頭一棒**　見《言語》。

**四二　披頭散髮**　《水滸》二一回：“閻婆去廳上，披頭散髮來告。”

**四三　蓬頭獅子**　《夢筆生花·杭州俗語·雜對》：“蓬頭獅子；瞎眼貓兒。”

**四四　蓬頭鬼**　見《鬼神》。

**四五　磕頭蟲**　見《動物》。

**四六　磕頭禮拜**　元·武漢臣《生金閣》劇：“何須的禮拜磕頭把咱央。”元·關漢卿《玉鏡臺》劇：“我這裏磕頭禮拜。”《水滸》五二回：“戴宗每日磕頭禮拜，求告真人。”

**四七　磕頭如搗蒜**　元·范子安《竹葉舟》劇：“則問你搗蒜似的街頭拜。”《蕩寇志》七二回：“衙内先跪下去，磕頭搗蒜也似的。”《石頭記》七一回：“那小厮聽了，磕頭如搗蒜。”

**四八　磕響頭**　《小忽雷》劇：“被我磕上幾箇響頭，一溜煙走脱。”

**四九　出人頭地**　《憐香伴》劇：“且看你妙算神機，出人頭地。”按，歐陽修稱蘇軾語：“老夫當避此人一頭地。”

**五〇　不得出頭**　《冥報記》：“宜州皇甫遷轉胎猪腹，見夢妻兒，得贖還。兒女云：‘爺作業不善，受此猪身，男女出頭不得。’”

**五一　不敢擡頭**　見《時日》“二月二龍擡頭”。

**五二　擡頭不起**　《朱子集·答潘叔昌》曰：“世俗近年，有一議論，愈見卑狹，令人擡頭不起，轉身不得。”

**五三　在人矮檐下，不敢不低頭**　《合縱記》劇：“小生云：‘在他矮檐下。’生云：‘怕你不低頭。’”《琵琶記》劇：“在他檐下過，誰敢不低頭！”《水滸》二七回：“古人道：‘不怕官，只怕管。’在人矮檐下，不敢不低頭。”

**五四　爲頭**　《元典章》：“監察合行事件，有丞相爲頭，尚書省官某大夫爲頭，一同奏過。”

**五五　蘇空頭**　《通俗編》：“今蘇杭人相嘲，蘇謂杭曰：‘阿獃。’杭謂蘇曰：‘空頭。’”現今杭謂蘇曰“空頭”，蘇謂杭曰“鐵頭”，言戴帽有遲早也。

**五六　烏龜縮頭**　《五燈會元》：“僧問祖師西來意。大同旺曰：‘入市烏龜。’曰：‘意旨何如？’曰：‘得縮頭時且縮頭。’”元·石君寶《秋胡戲妻》劇：“李大户詩云：‘如今且學烏龜法，只是縮了頭來不見人。’”

**五七　怕樹葉子打破頭**　《通俗編》：“李壽卿《三度臨岐柳》曲：‘樹葉可打破頭。’”元人《度柳翠》劇：“哎，柳翠也抵多少樹葉兒，可使打破你這頭。”今人有“怕樹葉子打破頭”之語，言膽小也。

**五八　頭上是天**　見《天文》。

**五九　癩子頭上拍蒼蠅**　《通俗編·俚語集對》：“缺嘴口裏咬跳蝨；癩子頭上拍蒼蠅。”

**六〇　羅蜂叮瘌黎**　又：“馬蟻扛曲蟮；壺蜂叮瘌黎。”今人多云“羅蜂叮瘌黎”。瘌音臘。

**六一　蛇無頭而不行**　《金史·斜卯愛實傳》：“好作詩詞，語鄙俚。自草《括粟榜文》有‘雀無翅兒不飛，蛇無頭兒不行’等語。以而作兒，掾雖知之，不敢易也。京城目之曰‘雀兒參政’。”《水滸》三四回：“自古道‘蛇無頭而不行’，若無仁兄去時，他那裏如何肯收留我們。”

**六二　頭不梳，臉不洗**　《五燈會元》：“僧問慧顒：‘如何是無縫塔中人？’顒曰：‘頭不梳，面不洗。’”今人多云“頭不梳，臉不洗”。

**六三　臉通紅**　《石頭記》五五回：“吴新登家的滿臉通紅。”

**六四　臉飛紅**　見《婦女》。

**六五　臉上挂招牌**　《通俗編·俚語集對》：“臉上挂招牌；口裏送盒子。”

**六六　熱臉向冷臉**　又：“熱臉盪冷臉；輕拳復重拳。”今人多云“熱臉向冷臉”。

**六七　陪笑臉**　《通俗編》：“‘陪笑臉’，見關漢卿《謝天香》、曾瑞卿《留鞋記》曲。”

**六八　蟹殼臉**　《夢筆生花·杭州俗語·雜對》：“蟹殼臉；狗嘴鬚。”

**六九　鴨蛋臉**　見《婦女》。

**七〇　死皮賴臉**　《石頭記》二四回："死皮賴臉，三日兩頭兒來纏著舅舅。"

**七一　臉皮厚**　《金印記》劇："虧你臉皮兒生得厚！"

**七二　老臉皮**　元·關漢卿《玉鏡臺》劇："若是他來時節，我抓了他那老臉皮。"《石頭記》五四回："少不得老臉皮厚的。"

**七三　看臉色**　見《天文》"出門看天色"。

**七四　打腫了臉充胖子**　《涇諺彙録》："打腫了臉充胖子。"注云："言要虛場面也。"

**七五　白面書生**　見《文事》。

**七六　方面大耳**　《鳴鳳記》劇："方面大耳，一把大鬍子。"《蕩寇志》八八回："樂廷芳生得方面大耳。"

**七七　外面好看**　《朝野僉載》："桑維翰曰：'居宰相，如著新鞋襪，外面好看，其中不快活也。'"

**七八　中看不中喫**　《紅梨記》劇："副云：'王老爺！咱喜歡他不中用，只中看，不中喫。'"《石頭記》三五回："寶玉是外相好，裏頭糊塗，中看不中喫的。"中，去聲。

**七九　滿面春風**　《通俗編》："'滿面春風'，王實甫《麗春曲》用此語。"《石頭記》五回："滿面春風的問好。"

**八〇　唾面自乾**　《舊唐書·婁師德傳》："教其弟耐事，弟曰：'有人唾面，潔之而已。'師德曰：'潔之是違其怒，正使自乾耳。'"乾音干。

**八一　當面錯過**　《五燈會元》："大智問智策：'汝自天台來，見智者麼？'策曰：'當面蹉過。'"元·范子安《竹葉舟》劇："異人難遇，怎好當面錯過！"元人《漁樵記》劇："我尋賢士，覓賢士，争些當面錯過！"

**八二　反面無情**　《長生殿》劇："休怪我李豬兒，今日反面無情也。”

**八三　兩面三刀**　《涑水家儀》：“凡女僕兩面二舌，虛飾造讒者，逐之。”元·李行道《灰闌記》劇：“豈知他有兩面三刀，向夫主廝搬調。”《石頭記》六五回：“嘴甜心苦，兩面三刀。”

**八四　人面獸心**　《晉書·孔嚴傳》：“降附之徒，皆人面獸心，難以感義。”《雙珠記》劇：“只道他是好意，誰知這廝人面獸心。”

**八五　做面子**　《舊唐書·張濬傳》：“濬出軍討太原，中尉内使餞於長樂。楊復恭奉卮酒屬濬，濬辭，復恭曰：‘相公握禁兵，擁大旆，獨一面，不領復恭意，作面子耶？’”按，作音做。

**八六　老面皮**　《夢筆生花·杭州俗語·雜對》：“小耳朵；老面皮。”

**八七　抹面光**　又：“丢眼色；抹面光。”

**八八　聞名不如見面**　《水滸》二回：“聞名不如見面，見面勝似聞名。”

**八九　紅光滿面**　《鮫綃記》劇：“如今紅光滿面，頓有救人之意。”

**九〇　别開生面**　杜甫《丹青引》：“凌煙功臣少顏色，將軍下筆開生面。”《冬青樹》劇：“别開生面避羅罝，另立朝綱營殿閣。”《意中緣》劇：“西厢也屬意中緣，死後别開生面。”

**九一　人生面不熟**　元·武漢臣《生金閣》劇：“喒到這裏，人生面不熟，投奔誰的是？”

**九二　面生可疑**　元·王子一《誤入桃源》劇：“你這兩

箇面生可疑之人，我那裏認得。”

**九三　面甜**　《夢筆生花·杭州俗語·雜對》：“手辣；面甜。”

**九四　面善**　《翡翠園》劇：“有些面善，一時卻想不起了。”

**九五　燒灰也認得**　《白兔記》劇：“生云：‘如今那箇姓劉的，你可認得他？’丑云：‘燒成灰，我也認得他。’”

**九六　面孔**　《開元傳信記》：“黃幡綽嘲劉文樹曰：‘文樹面孔不似胡孫，胡孫面孔强似文樹。’”

**九七　面黃肌瘦**　《西遊記》六八回：“那國王面黃肌瘦。”《水滸》五回：“見幾箇老和尚坐地，一箇箇面黃肌瘦。”

**九八　面帶憂容**　《水滸》五五回：“徐寧只是眉頭不展，面帶憂容。”

**九九　面不改色**　元·秦簡夫《趙禮讓肥》劇：“今朝拿住這厮，面不改色。”

**一〇〇　面如土色**　《三國志演義》二一回：“諕得玄德面如土色。”《水滸》十四回：“唬得公孫勝面如土色。”

**一〇一　本來面目**　《傳燈録》：“道明求法於六祖，六祖曰：‘那箇是明上座本來面目。’”蘇軾《老人行》：“本來面目長如故。”元·谷子敬《城南柳》劇：“你既知本來面目，我今番度你成道。”

**一〇二　有何面目**　《史記·孟嘗君傳》：“客亦有何面目見文乎？”

**一〇三　語言無味，面目可憎**　見《言語》。

**一〇四　奇形怪狀**　見《婦女》“終身大事”。又《晉書·温嶠傳》：“於牛渚磯，燃犀角而照，見奇形怪狀。”

**一〇五　十不全**　《奈何天》劇：“丑道：‘天生我這副面貌，不但粗蠢，又且怪異，身上的五官四肢，没有一件不帶些毛病。

近來有箇作孽的文人，替我起箇混名，叫箇闕不全。又替我做一篇《像贊》，雖然刻毒，卻也説得不差。’一面指，一面做，一面説介道：‘我眼不叫做全瞎，微有白花；面不叫做全疤，但多黑誌；手不叫做全禿，指甲寥寥；足不叫做全蹺，腳跟點點；鼻不全赤，依稀微有酒糟痕；髮不全黃，朦朧似有沉香色；口不全吃，急中言常帶雙聲；背不全駝，頸後肉但高三寸；更有一張歪不全之口，忽動忽静，暗中似有人提；還餘兩道不全之眉，或斷或連，眼上如經樵採。’”又：“小生道：‘前日有箇相士，説大爺是大富大貴之相。闕忠問他，何以見得？他説大爺身上有十不全，猶如骨牌裏面有八不就。曉得八不就是難逢難遇的，就曉得十不全是極富極貴之相了。’”

**一〇六　三分像人，七分像鬼**　《水滸》二三回：“你看我那三寸丁，穀樹皮，三分像人，七分似鬼。”《病玉緣》劇：“可惜他十八歲入院，如今十載，大約三分像人，七分像鬼了。”

**一〇七　貌不驚人**　元人《氣英布》劇：“你在孤家帳下，貌不能驚人，才不能出衆。”

**一〇八　以貌取人**　《史記·仲尼弟子列傳》：“以貌取人，失之子羽；以言取人，失之宰予。”按，子羽，澹臺滅明字。

**一〇九　凡人不可貌相，海水不可斗量**　《通俗編》引《淮南子·泰族訓》：“江海不可斗量也。”“今人言海水不可斗量，本此。”按，所引衹一句，尚未得確證也。元人《小尉遲認父歸朝》劇：“古語云：‘凡人不可貌相，海水不可斗量。’”《荷花蕩》劇語同。相，去聲。量，平聲。

**一一〇　真人不露相**　《病玉緣》劇：“自古道：‘真人不露相，露相不真人。’”

**一一一　相隨心轉**　《夢筆生花·杭州俗語·雜對》：“相

遂心轉；笑逐顔開。”

**一一二　相貌堂堂**　《三國志演義》五二回：“相貌堂堂，威儀出衆。”

**一一三　監貌辨色**　《千字文》：“聆音察理，監貌辨色。”

**一一四　内清外濁**　見《智愚》。

**一一五　外清内濁**　《石頭記》六六回：“誰知是外清而内濁。”

**一一六　虚有其表**　《開元遺事》：“蕭嵩草蘇頲爲相制云：‘國之瓌寶。’頲父名瓌，明皇曰：‘豈可斥其父名！’擲於地曰：‘虚有其表耳！’”

**一一七　一模一樣**　《瑞筠圖》劇：“適纔所見之女，與亡女一模一樣。”

**一一八　千里眼、順風耳**　《比目魚》劇：“大爺到省下去了，難道有千里眼、順風耳不成？”

**一一九　牆有風，壁有耳**　見《言語》。

**一二〇　隔壁聽**　《夢筆生花·杭州俗語·雜對》：“落街走；隔壁聽。”

**一二一　耳聽好消息**　元·鄭德輝《王粲登樓》劇：“眼望捷旌旗，耳聽好消息。”又《琵琶記》、《長生殿》劇二語同。

**一二二　耳邊風**　見《言語》。

**一二三　耳報神**　同上。

**一二四　打耳刮子**　《桃花扇》劇：“我們走去，打他箇耳刮子。”《石頭記》七一回：“且打他們幾箇耳刮子。”

**一二五　打嘴巴子**　《石頭記》六八回：“自己舉手，左右開弓，自己打了一頓嘴巴子。”

**一二六　掌嘴**　見《獄訟》。

**一二七　老鴉嘴**　《兒孫福》劇："生成箇張老鴉嘴，有傛話説？"

**一二八　尖嘴栩腮**　《看燈》梆子腔："看他那尖嘴縮腮，好像那猪八戒。"《荆釵記》劇："鴛鴦鴛鴦，尖嘴栩腮。"

**一二九　打寒噤**　《蕩寇志》七三回："只見高衙内打了箇寒噤。"

**一三〇　打噴嚏，耳朵熱，一定有人説我**　元·康進之《李逵負荆》劇："打嚏耳朶熱，一定有人説。"按今人云："打噴嚏，耳朶熱，一定有人説我。"嚏音帝。

**一三一　疾雷不及掩耳**　見《天文》。

**一三二　掩耳盗鈴**　《通俗編》："今言'揜耳偷鈴'，始見於《傳燈録》。元沙備云：'塞耳偷鈴，徒自欺誑。'"元人《舉案齊眉》劇："難道他掩耳偷鈴？"《能改齋漫録》："諺云'掩耳偷鈴'，非也。亦有所本，《吕氏春秋》：'范氏亡，有得其鐘者，欲負而走，則大鐘不可負，以椎毁之，鐘鏗然有聲。恐人聞之，急掩其耳。'然世之惡聞其過者，亦猶此也。"按，掩耳盗鐘，今俗語作"掩耳盗鈴"。

**一三三　掩到耳頭喫炒米**　《夢筆生花·杭州俗語》："掩着耳朶喫栗子。"今俗或云"掩到耳頭喫炒米"。

**一三四　洗耳恭聽**　《安天會》劇："請老將軍試説一遍，貧僧洗耳恭聽。"

**一三五　裝耳聾**　《夢筆生花·杭州俗語·雜對》："假眼瞎；裝耳聾。"

**一三六　推聾裝啞**　《女小兒語》："好聽偷瞧，自家尋氣。裝啞推聾，倒得便宜。"

**一三七　耳背**　元·楊文奎《兒女兩團圓》劇："我有些耳背，

你聽者。”按，背如佩音，輕讀之。

**一三八　耳無聞，目無見**　《孟子》：“三日不食，耳無聞、目無見也。”

**一三九　耳聞不如目見**　《説苑·政理篇》：“耳聞之，不如目見之。”《魏書·崔浩傳》：“耳聞不如目見。”

**一四〇　耳而目之**　《吕氏春秋·審分覽》：“任登舉士於趙襄子，襄子以爲中大夫，相國曰：‘意者君耳而未之目耶？’襄子曰：‘吾舉登也，已耳而目之；登所舉，吾又耳而目之。’”

**一四一　以耳爲目**　見《飲食》“爲嘴傷身”。又《歸田瑣記》：“俗人以耳爲目，自古已然矣。”

**一四二　親目所覩**　元·張國賓《薛仁貴》劇：“卻被那總管張士貴要混賴薛仁貴的功勞，這是老夫在陣上親目所覩的，怎生好混賴也！”

**一四三　明目張膽**　《宋史·劉安世傳》：“明目張膽，以身任責。”《吕語集粹》：“古人之相與也，明目張膽，推心置腹。”

**一四四　目不邪視**　《三國志演義》十一回：“婦人請糜竺同載，竺上車端坐，目不邪視。”

**一四五　目中無人**　《石頭記》十回：“他就目中無人。”

**一四六　目瞪口呆**　《三國志演義》八七回：“朱褒目瞪口呆，不能回答。”《水滸》三回：“嚇得莊家目瞪口呆，罔知所措。”

**一四七　眼力**　劉禹錫詩：“減書存眼力，省事養心王。”

**一四八　眼眵**　《説文》：“䁾，目蔽垢也。”《通訓》：“蘇俗謂之眼眵。”《新方言》：“《説文》：‘眵，一曰“瞢兜”，叱支切。’今人謂眼中凝汁爲‘眼眵’，讀如矢。”

**一四九　眼中疔**　《古今風謡》：“宋真宗時，丁謂用事，童謡曰：‘欲得天下寧，須拔眼中丁。’”元·李文蔚《燕青博魚》劇：“與你拔了眼中的釘子哩。”元人《殺狗勸夫》劇，又有“眼中疔”語。

**一五〇　眼孔大**　《唐書·安禄山傳》：“帝爲起第京師，以中人督役，戒曰：‘善爲部署。禄山眼孔大，毋令笑我。’”

**一五一　眼孔小**　《海録碎事》：“太祖念桑維翰，趙普曰：‘維翰愛錢。’上曰：‘措大眼孔小，賜與十萬貫，則塞破屋子矣。’”

**一五二　眼不見爲浄**　見《飲食》。

**一五三　眼睛光碌碌**　《蜃中樓》劇：“小姐，怪道他眼睛光碌碌，原來是騙你下來看尊足。”

**一五四　眼睛濛濛淞淞**　《燕子箋》劇：“我因連日多用了幾杯，這眼睛濛濛淞淞的，認得字不清楚。”

**一五五　眼睛糢糢糊糊**　《春燈謎》劇：“原來是醉裏糢糢糊糊，撞在别家船上睡了。”言眼睛糢糢糊糊也。

**一五六　眼睛長在額頭上**　《通俗編·俚語集對》：“眼睛生在額角頭；卵子縮在太陽裏。”今人云：“眼睛長在額頭上。”長，上聲。

**一五七　好眼睛**　元·賈仲名《玉梳記》劇：“官人，你好眼睛！”

**一五八　好眼毒**　元·李文蔚《燕青博魚》劇：“兄弟，你好眼毒也！你怎生便認得出來？”

**一五九　眼淚汪汪**　《集韻》：“䀜䀜，目欲泣貌。又通作汪。”盧綸詩：“汪汪淚盈目。”《探親》梆子腔：“眼淚汪汪往前行。”

**一六〇　眼淚在肚裏落**　《四朝聞見録》：“憲聖對高宗曰：‘大姐姐遠在北方，臣妾短於定省。每遇天日晴美，侍上宴樂，方一思之，肚裏淚下。’”按，今人云“眼淚在肚裏落”，本此。

**一六一　揩揩眼淚别處哭**　《西遊記》三九回：“如今用不着你了，你也揩揩眼淚别處哭去。”

**一六二　淚如雨下**　《水滸》三五回：“説罷，淚如雨下。”

**一六三　眼珠子**　《博雅》：“目謂之眼，珠子謂之眸。”

**一六四　有眼無珠**　《衣珠記》劇：“安人有眼無珠，把他輕慢。”《病玉緣》劇：“你是箇曹邱絶技肆雌黄，未免有眼無珠欠酌商。”

**一六五　有眼不識泰山**　《通俗編》：“劉伶《酒德頌》：‘熟視不覩泰山之形。’今云‘有眼不識泰山’，本此。”按，《通俗編》失於考據，不足爲證。《水滸》一回：“小兒有眼不識泰山。”《合縱記》劇：“小人有眼不識泰山，望乞恕罪！”

**一六六　親眼看見**　《翠屏山》劇：“此事必要哥哥親眼看見，方好行事。”

**一六七　佛眼相看**　《水滸》六一回：“佛眼相看，不忘大德。”《精忠譜》劇：“片言不合，那肯佛眼相看。”

**一六八　另眼相看**　《瑞筠圖》劇：“獄卒感悟，另眼相看。”《蜃中樓》劇：“須要另眼相看。”

**一六九　走馬看花**　孟郊《登第》詩：“春風得意馬蹄疾，一日看遍長安花。”今人以看物不審者，謂之“走馬看花”。

**一七〇　老眼無花**　《香祖筆記》：“予於前卷，太息郟縣仝軌之遇。乙酉九月，予歸田且近一載，一日得《河南題名小録》，則軌居然領解額第一，自喜老眼無花。”

**一七一　獨眼龍**　《五代史》：“李克用一目眇，人號獨眼龍。”

**一七二　一雙鬼眼**　見《鬼神》。

**一七三　雞瞀眼**　《埤雅》："瞀音木。雀目夕昏，人有至夕昏不見物者，謂之雀瞀。"今俗所謂"雞瞀眼"是也。

**一七四　看不上眼**　《儒林外史》四七回："余大先生看不上眼。"

**一七五　看喬了**　又四回："惹紳衿老爺們看喬了。"

**一七六　大眼看小眼**　"大眼看小眼"見《夢筆生花·杭州俗語》。

**一七七　冤家離眼前**　《水滸》二三回："你搬了去，倒謝天地，且得冤家離眼前。"

**一七八　近在眼前**　《琵琶記》劇："遠不遠千里，近只近在眼前。"今人有"遠在天邊，近在眼前"之語。

**一七九　只顧眼前**　《殺狗記》劇："凡事只顧眼前。"

**一八〇　火燒眉毛，且顧眼前**　《五燈會元》："僧問蔣山佛慧：'如何是急切一句？'慧曰：'火燒眉毛。'"又《思凡》劇："火燒眉毛，且顧眼下。"《奈何天》劇："俗語講得好，'火燒眉毛，且顧眼前'。"

**一八一　眼前就有高低**　《合縱記》劇："你知道眼前就有高低。"

**一八二　揚眉吐氣**　李白《與韓荊州書》："君侯何惜階前盈尺之地，不使白揚眉吐氣、激昂青雲耶？"《荊釵記》劇："那時節贈母封妻，纔得箇揚眉吐氣。"

**一八三　眉清目秀**　元人《神奴兒》劇："昨日箇眉清目秀，今日箇便腰屈頭低。"《水滸》十九回："生得眉清目秀，齒白脣紅。"

**一八四　眉眼不開**　見《醫病》。

**一八五　東一張，西一望**　《白兔記》劇："走出來乘風凉，東一張，西一望。”

**一八六　鼻梁骨**　《燕子箋》劇：“打你鼻梁骨，打踢不輕饒。”

**一八七　鼻塌嘴歪**　《蕩寇志》七一回：“只見兩箇人，攙着那鳥教頭，打得鼻塌嘴歪。”

**一八八　仰人鼻息**　《後漢書·袁紹傳》：“孤客窮軍，仰我鼻息。”今人以依賴他人者，謂之“仰人鼻息”。

**一八九　鼻涕拖得一丈長**　《通俗編·俚語集對》：“鼻涕拖得一丈長；骨頭没有四兩重。”

**一九〇　得一望二，鼻子扯丈二**　唐·段成式《酉陽雜俎》：“新羅國有第一貴族金哥，其遠祖名旁㐌，有弟一人，甚有家財。其兄旁㐌因分居，乞衣食。國人有與其隙地一畝，乃求蠶穀種於弟。弟蒸而與之，㐌不知也。至蠶時，有一蠶生焉，日長寸餘，未幾，大如牛，食數樹桑葉不足，國人謂之巨蠶，意其蠶之王也。其弟知之，伺間殺其蠶。經日，四方百里内蠶飛集其家，四鄰共繰之不暇。穀惟一莖植焉，其穗長尺餘，㐌常守之，忽爲鳥所折，銜去。㐌逐之，上山五六里，鳥入一石罅。日没徑黑，㐌因止石側。至夜半月明，見羣小兒赤衣共戲。一小兒云：‘爾要何物？’一曰：‘要酒。’小兒露一金錐子擊石，酒及樽悉具。一曰：‘要食。’又擊之，餅餌羹炙羅於石上。良久，飲食而散，以金錐插於石罅。㐌大喜，取其錐而還。所欲隨擊而辦，因是富侔國力，常以珠璣贍其弟。弟始悔其前所欺蠶穀事，仍謂㐌：‘試以蠶穀欺我，我或如兄得金錐也。’㐌知其愚，諭之不從，乃如其言。弟蠶之，止得一蠶，如常蠶；穀種之，復一莖植焉。將熟，亦爲鳥所銜。其弟大悦，隨之入山，止鳥入處，遇羣鬼怒曰：‘是竊予金錐者。’乃執之，謂曰：‘爾欲爲我築塘三板乎？爾欲鼻長一丈乎？’其弟請築塘三板。三日，飢困不堪，求哀於鬼，乃拔其鼻，鼻如象而歸。國人怪而聚觀之，慚恚而卒。其後㐌子孫戲擊錐，求狼糞，因雷震，錐失所在。”按，今人云“得一望二，鼻子扯丈二”，本此。

**一九一　困困**　《新方言》：“《説文》：‘困，故廬也。’困有居處之義，故古文困作朱。今直隸、淮西、江南、浙江，皆謂寢曰困，亦取從止之義。”按，俗又有“盹”字，音困。《篇海》：“盹，目藏也。”今俗以寢爲困困，又或作“盹盹”。

**一九二　似困非困**　《夢筆生花·杭州俗語·雜對》：“似困非困；未慌先慌。”

**一九三　㱿一㱿**　《説文》：“㱿，卧驚也。火滑切，音忽。”段注：“今江蘇俗語曰‘睡一㱿’。”《通訓》：“蘇俗語，略略睡曰‘困一㱿’。”《新方言》：“《説文》：‘㱿，卧驚也。’《廣雅》：‘㱿，覺也。’今人謂睡至醒時曰‘睡一覺’，或曰‘睡一㱿’。”按，睡一㱿，即略略睡也。今人又或云“㱿一㱿”。

**一九四　打嗏麻**　《戒菴漫筆》：“唐·李涉《題櫻桃》詩：‘今日顛狂任君笑，趁愁得醉眼麻嗏。’今人欲睡而眼合縫者，曰麻嗏，蓋如此寫。”按，麻嗏，古人所謂呵欠也。“麻嗏”二字，俗又顛倒作“嗏麻”。人欲睡而口開、目將流淚者，謂之打嗏麻。嗏麻疊韻，今人讀若蝦麻。小説書中，往往多寫作“哈嗎”二字，殊覺不典。

**一九五　打磕銃**　《新方言》：“《莊子·外物篇》：‘䗥蜳不得成。’案，䗥蜳，猶伀伀也。淮南謂假寐爲‘䗥蜳’，上音如沖，下音如惇。吴越曰‘打磕䗥’，音如沖。直隸曰‘打蜳兒’，音如堆。”按，《新方言》“打”皆作“朾”。又《一文錢》劇：“做了一日生活，到夜頭就要打磕銃。”

**一九六　打磕睡**　《新方言》：“《説文》：‘寐，卧也。’

今廣德謂卧爲寐，倦極思卧曰‘打默寐’。”《説文》：“磕，石聲。”段注：“今俗用爲磕破、磕睡字。”又《六一詩話》：“吕文穆未第時，胡旦見其詩曰‘挑盡寒燈夢不成’。胡笑曰：‘渴睡漢耳！’明年，吕中甲科，使人寄聲曰：‘渴睡漢，狀元及第矣！’”今俗謂之“打磕睡”，或作“打渴睡”。

**一九七　磕睡蟲**　《風箏誤》劇：“我家相公見了書本就要睡覺，只怕書裏的蠹魚，就是磕睡蟲變的。”

**一九八　人中**　《七修類稿》：“人中，人居天地之中，天氣通於鼻，地氣通於口也。”

**一九九　嗓子**　清·孫點《歷下志遊》：“咽喉爲嗓子，東三府謂之‘吞子’。吞讀去聲。”嗓音賞。

**二〇〇　胡嚨**　《集韻》：“㗅，音胡，咽喉也。”按，“㗅”本作“胡”。《新方言》：“《説文》：‘胡，牛顄垂也。’紹興謂喉曰‘胡嚨’，此本義也。”

**二〇一　虎牙**　《説文》：“猗，虎牙也。”段注：“俗謂門齒外出曰‘虎牙’。”

**二〇二　槽牙**　《石頭記》三九回：“今年左邊的槽牙活動了。”

**二〇三　五綹長鬚**　《蕩寇志》七二回：“丹砂口唇，飄着五綹長鬚。”綹音柳。

# 身體

**一　身子**　元·吴昌齡《風花雪月》劇："今日弄的我一箇身子七死八活。"

**二　身不由己**　《白兔記》劇："只爲苦取功名，此身不由己。"《石頭記》十二回："賈瑞正身不由己。"

**三　身從何來**　《尋親記》劇："你没有父親，身從何來？"《白羅衫》劇："小生云：'太夫人，你老爺身從何來麽？'"

**四　身上腤臢**　元·石君寶《曲江池》劇："這叫化頭，身上腤臢稀臭的。"腤臢，不潔也。腤音諳，俗讀盎，平聲。又字典無"臢"字，俗轉贊音，讀若張。

**五　身上臘離臘塌**　《衣珠記》劇："身上臘離臘塌，那好去見夫人。"

**六　身敗名裂**　《蕩寇志》百二三回："我只爲你這廝，身敗名裂。"

**七　身家性命**　又八七回："我們在此不顧身家性命。"

**八　性命交關**　《杏花村》劇："此事，是你我性命交關的事了。"

**九　貼身**　梁同書《直語補證》："俗謂左右媵妾曰'貼身'。"宋·莊綽《雞肋編》："今所謂貼身服事人也。"

**一〇　五短身材**　《琵琶記》劇："丑云：'令尊又長大，又肥胖？'小生云：'家父是五短身材。'"

**一一　護身符**　元人《抱粧盒》劇：“守着粧盒做護身符。”元人《冤家債主》劇：“但存留孩兒在，就是我護身符。”《石頭記》八十回：“自謂得了護身符。”

**一二　現身説法**　《石頭記》三二回總評：“行文如繪，真是現身説法。”

**一三　設身處地**　《奈何天》劇：“我設身處地，委實難留。”《蕩寇志》百十九回：“恐老父台設身處地，亦當怒髮衝冠。”

**一四　挺身而出**　見《獄訟》“千刀萬剮”。

**一五　轉身不得**　見《頭面》“擡頭不起”。

**一六　單身客人**　見《蹤跡》。

**一七　渾身落井**　《夢筆生花·杭州俗語·雜對》：“渾身落井；衆手移山。”

**一八　渾身出冷汗**　元·賈仲名《玉梳記》劇：“兩耳火雲燒，渾身冷汗出。”

**一九　嚇得一身冷汗**　《水滸》六一回：“嚇得一身冷汗，半晌答應不得。”

**二〇　捏了一把汗**　《陔餘叢考》“捏了一把汗”原注：“《元史》：‘憲宗召趙璧，問爲治之要，璧請先誅近侍之尤不善者。璧出，世祖謂曰：“秀才！汝渾身是膽耶！吾亦爲汝握兩手汗也。”’”

**二一　汗流浹背**　又“汗流浹背”原注云：“趙巘謂豐稷曰：‘聞君言，使我汗流浹背。’”

**二二　渾身十萬八千根毛孔**　《燕子箋》劇：“渾身上十萬八千根毛孔，孔孔皆是刁鑽。”

**二三　寒毛子**　《新方言》：“《説文》：‘榦，獸毫也。’

《廣雅》：‘乹謂之毫。’則不别人獸矣。今直隸、陝西、江浙、廣東，皆謂毫爲乹毛，讀平聲。按，《集韻》乹音寒，亦作寒。《儂雅》：‘人身三萬六千毛孔，遇寒落而復生，故曰寒毛。’今人云‘寒毛子’是也。”

**二四　粉骨碎身**　《三國志演義》四回：“曹操以前事告吕伯奢曰：‘若非陳縣令，已粉骨碎身矣！’”《比目魚》劇：“下官既受國恩，就是粉骨碎身也説不得。”

**二五　要脱身，難脱身**　見《蹤跡》。

**二六　脱身之計**　同上。

**二七　隨身之寶**　見《貨財》。

**二八　隨身衣服**　見《服飾》。

**二九　量體裁衣**　同上。量，平聲。

**三〇　肥肥胖胖**　《繡襦記》劇：“養得你肥肥胖胖。”

**三一　心寬體胖**　《大學》：“心廣體胖。”《奈何天》劇：“都是他自己積德，感動神明，故有此心廣體胖的效驗。”按，胖，安舒也，音盤。今人云“心寬體胖”，讀若肥胖之胖。

**三二　居移氣，養移體**　《孟子》：“居移氣，養移體，大哉居乎！”又見《朝署》“飛黄騰達”。

**三三　魂不附體**　見《性情》。

**三四　赤膊**　《通俗編》：“按，《漢書》‘赤地千里’注：‘空盡無物曰赤。’流俗有赤貧、赤手、赤膊等言，皆此義。”又引《周禮·掌戮》注：“膊，謂去衣磔之。”按，膊爲甚不美語，今率以裸體爲赤膊，何耶？《説文》：“髆，肩甲也。”按，“赤膊”當作“赤髆”。

**三五　赤條條**　《水滸》三七回：“那人脱得赤條條地。”

**三六　堂子裏洗澡**　元·楊顯之《秋夜雨》劇：“我去那

堂子裏，把箇澡洗。”

**三七　齋戒沐浴**　《孟子》：“雖有惡人，齋戒沐浴，則可以事上帝。”齊音齋。

**三八　香湯沐浴**　《蕩寇志》百十四回：“又分付備下香湯，沐浴更衣。”

**三九　矮矬矬**　《博雅》：“矬，短也，又作䣕。”《丹鉛録》：“京師里語，目形容短矬曰䣕。《文選》有“䣕脆”之語。《唐書·王伾傳》：‘形容䣕陋。’《通鑑音義》作七禾切。”按，矬、䣕並讀坐，平聲。俗目矮人曰“矮矬矬”。

**四〇　矮子矮，一肚子拐**　《義俠記》劇：“老旦云：‘什麼蹊搭？’丑云：‘阿！曉得，矮子肚裏蹊搭多。’”今江北人云：“矮子矮，一肚子拐。”即此意。

**四一　頎而長兮**　《詩·齊風》：“猗嗟昌兮，頎而長兮。”頎音祈。俗目長人曰“頎而長兮”。

**四二　動手**　《全唐詩話》：“商則任麇邱尉，性廉，而令丞皆貪。一日宴會，令丞皆舞，尉但回身而已。令問之，曰：‘長官與贊府皆動手，尉更動手，百姓何容活耶？’人皆大笑。”

**四三　交手**　《南史·李安人傳》：“相者曰：‘君後當大富貴，與天子交手共戲。’”

**四四　隨手**　《史記·淮陰侯傳》：“鍾離眛曰：‘吾今日死，公隨手亡矣。’”

**四五　毒手**　《晉書·石勒載記》：“謂李陽曰：‘孤往日厭卿老拳，卿亦飽孤毒手。’”《蜃中樓》劇：“你下不得這雙毒手。”

**四六　高擡貴手**　元·范子安《竹葉舟》劇：“只望高擡貴手。”《水滸》四四回：“萬望高擡貴手，饒恕殘生。”

**四七　上下其手**　見《朝署》。

**四八　不忍下手**　《揮塵録》："碑工李仲寧，太守使劖黨籍姓名，曰：'不忍下手。'"

**四九　先下手爲强**　見《武備》。

**五〇　信手拈來**　元人《度柳翠》劇："一番信手拈來。"

**五一　束手無措**　《癸辛雜志》："束元嘉知泰州，禁醋甚嚴，有大書於都門者曰：'束手無措。'"

**五二　袖手旁觀**　韓愈《祭柳子厚文》："不善爲斲，血指汗顔。巧匠旁觀，縮手袖間。"《途歎》梆子腔："早知今日遭磨難，何不去袖手旁觀、尸位素餐。"

**五三　游手好閒**　元人《殺狗勸夫》劇："我不打你别的，我打你游手好閒、不務生理的。"《漁家樂》劇："一班游手好閒之人，聚集一堆。"好，去聲。

**五四　妙手空空**　《劍俠傳》有"妙手空空兒"。《空谷香》劇："怎得妙手空空，割斷同心帶。"

**五五　手無縛雞之力**　元人《抱粧盒》劇："我陳琳手無縛雞捉鼠之力。"元人《賺蒯通》劇："那韓信手無縛雞之力，有甚麽本事在那裏？"《水滸》三三回："我兩箇手無縛雞之力，只好喫飯。"

**五六　肩不能挑擔，手不能提籃**　《意中緣》劇："肩又不能挑，手又不能提。"今人所謂"肩不能挑擔，手不能提籃"是也。擔，去聲。

**五七　打架**　《石頭記》九回："他們昨兒學裏打架。"

**五八　打兩記**　《琵琶記》劇："惜春這箇丫頭，若要打他兩記，弗是成精，就是作怪哉！"按，俗讀記若基，非。

**五九　打抱不平**　《石頭記》四五回："氣了我，只要給平兒打抱不平兒。”

**六〇　打箇落花流水**　又四回：“打了箇落花流水。”

**六一　手膀子打斷，向裏彎**　《涇諺彙録》：“手臂膊打斷，向裏彎。”注：“《詩》云：‘兄弟鬩于牆，外禦其侮。’諺語即此意。”今人云“手膀子打斷，向裏彎”，稍異。

**六二　相打無好拳，相罵無好言**　見《言語》。

**六三　雙手抵不到四拳**　《拜月亭記》劇：“你曉得雙拳不敵四手。”《通俗編·俚語集對》：“一身不充二役；雙手難敵四拳。”今人云“雙手抵不到四拳”。

**六四　赤手空拳**　元·馬致遠《岳陽樓》劇：“只落得赤手空拳。”《小忽雷》劇：“争奔命，多淹蹇，依然赤手空拳。”

**六五　空手兩拳頭**　《繡襦記》劇：“空手捻了兩拳頭。”

**六六　拳頭没眼睛**　元人《争報恩》劇：“只是拳頭無眼，過誤打死了人。”《義俠記》劇有“拳頭没眼”之語。今人云“拳頭没眼睛”是也。

**六七　拳頭腳跟**　《蜃中樓》劇：“你看看我的拳頭，看看我的腳跟。”

**六八　拳打腳踢**　《巧團圓》劇：“各用拳打腳踢，外喊介：‘地方惡少打死人，街坊鄰里快來救护！’”

**六九　横七竪八**　見《死喪》。又《蕩寇志》七五回：“一路扁擔，横七竪八打出去。”

**七〇　拉拉扯扯**　《石頭記》三十回：“誰同你拉拉扯扯的！”

**七一　推推攮攮**　《字彙》：“攮，音囊，推攮也。”俗以與物辭物，而固與固辭者，謂之“推推攮攮”。

**七二　五瓣梅花印**　《比目魚》劇：“你不要看輕了我，

我的巴掌全揮，有五瓣梅花印。”

**七三　巴掌**　見上。

**七四　摩拳擦掌**　元·康進之《李逵負荆》劇：“俺可也摩拳擦掌。”《三國志演義》四九回：“一箇箇摩拳擦掌，準備厮殺。”《水滸》五一回：“李逵摩拳擦掌。”

**七五　孤掌難鳴**　元·戴善夫《風光好》劇：“今日是難鳴的孤掌，不線的單絲。”《水滸》四八回：“只是單絲獨線，孤掌難鳴。”

**七六　指頭**　見《時日》“今朝”：“指頭曰擲頭”。按，擲音直。今淮南以指頭爲隻頭。

**七七　大拇指頭**　元·李行道《灰闌記》劇：“大拇指頭搔癢，隨上隨下。”

**七八　十箇指頭有長短**　見《家族》。

**七九　一庹長**　《通俗編》引《造字類》：“兩腕引長曰一庹，音托。見吴氏《字彙補》。”

**八〇　手舞足蹈**　《孟子》：“則不知手之舞之，足之蹈之。”《蜃中樓》劇：“待兄弟手舞足蹈説一番。”

**八一　手足無措**　《論語》：“刑罰不中，則民無所措手足。”《蕩寇志》百三五回：“急得手足無措。”

**八二　手脚慌張**　元人《玉壺春》劇有“手脚慌張”語。

**八三　手忙脚亂**　《五燈會元》：“雲門偃曰：‘忽一日眼光落地，莫似落湯螃蟹，手忙脚亂。’”元人《百花亭》劇：“諕的我手忙脚亂。”《水滸》二五回：“嚇得手忙脚亂。”

**八四　費手脚**　朱子《答敬夫集大成説》：“來説似頗傷煩，費脚手，無餘味矣。”今人則有“費手脚”之語。

**八五　七手八脚**　《五燈會元》：“德光上堂偈云：‘七

手八腳，三頭兩面。耳聽不聞，眼覷不見。’”

**八六　指手畫腳**　《水滸》四二回：“李逵在背後聽了，正待指手畫腳，没做奈何處。”《蕩寇志》七五回：“那莊家便賣弄精神，指手畫腳。”按，畫本音合，流俗多讀若話。

**八七　揑手揑腳**　《水滸》三十回：“徑踅到鴛鴦樓胡梯邊來，揑手揑腳，摸上樓來。”揑音逆。

**八八　動手動腳**　《水滸》二三回：“不可躁暴，便去動手動腳。”《巧團圓》劇：“動腳的動腳，動手的動手，打死這箇老賊。”

**八九　前腳後腳**　《水經·濡水》注：“秦始皇於海中作石橋，入海四十里，見海神，神怒其負約，令速去。始皇轉馬，前腳猶立，後腳隨崩。”

**九〇　失腳**　《餘冬序録》：“今世俚語云：‘前人失腳，後人把滑。’”按，今人則云：“前人跌跟頭，後人把滑。”

**九一　焐腳**　見《時日》“臘月裏”。

**九二　赤腳**　韓愈詩：“一婢赤腳老無齒。”

**九三　赤腳大仙**　見《仙佛》。

**九四　立腳不住**　《三國志演義》四五回：“大江面上，戰船一擺，早立腳不住。”

**九五　打孤拐**　《蕩寇志》七二回：“原來被麗卿打壞孤拐骨，行走不得。”

**九六　腳古拐**　元·李文蔚《燕青博魚》劇：“我若負了你的心，燈草打折古拐骨。”按，古讀若孤。

**九七　腳打鼓**　《夢筆生花·杭州俗語》有“腳打鼓”之語。今俗有“頭打鑼”、“腳打鼓”之語。

**九八　腳步響**　元人《争報恩》劇：“房門外走的鞋底鳴，

腳步響。”

**九九　腳踏實地**　見《地理》。又元人《吕洞賓度鐵拐李岳》劇：“不能勾兩腳踏實地。”

**一〇〇　腳不點地**　《朱子語類》：“人之所以易於流轉不定者，只是腳根不點地耳。”《水滸》三十回：“卻似牽羊的一般，腳不點地，拖了村裹來。”

**一〇一　趁腳蹺**　見《言語》。

**一〇二　頭重腳輕**　《水滸》十五回：“只見這十五箇人，頭重腳輕，一箇箇面面廝覷，都軟倒了。”

**一〇三　寒從腳下起**　《夢筆生花·杭州俗語·雜對》：“寒從腳下起；惡向膽邊生。”

**一〇四　疾足者先得**　《史記·蒯通傳》：“秦失其鹿，天下共逐之，是以高材疾足者先得焉。”《桃花扇》劇：“自古道：‘中原逐鹿，捷足先得。’”

**一〇五　足不出户**　《蕩寇志》百二六回：“二人躲在火藥局内，足不出户。”

**一〇六　深居簡出**　韓愈《送文暢序》：“夫獸深居而簡出。”又《蕩寇志》百十二回：“更兼他深居簡出不喜趨走。”

**一〇七　摇摇擺擺**　《水滸》二三回：“自摇摇擺擺踏着八字腳去了。”元人《陳州糶米》劇：“我做箇州官不歹，斷事處摇摇擺擺。”《奈何天》劇：“摇摇擺擺過廊西。”

**一〇八　遲遲吾行**　《孟子》：“孔子之去齊，接淅而行。去魯，曰：‘遲遲吾行也。’”

**一〇九　一步不可行**　《論語》注：“正牆面而立，言即其至近之地，而一物無所見，一步不可行。”

**一一〇　寸步難行**　《病玉緣》劇：“但是旅費空乏，寸步難行。”

**一一一　寸步不離**　見《智愚》“無所施其技”。又《水滸》三五回：“只在交椅後坐，寸步不離。”

**一一二　一步高一步**　見《朝署》。

**一一三　步步起花頭**　《通俗編·俚語集對》：“步步起花頭；箭箭上靶子。”

**一一四　同起同坐**　《水滸》三五回：“只和兩箇公人，同起同坐。”

**一一五　奔波**　見《水火》。

**一一六　跑骽兒**　《黑龍江外紀》：“關中人來貿易，俗稱跑骽兒。”按，“骽”爲“腿”之正字。

**一一七　趾高氣揚**　《左傳》：“舉趾高，心不固矣。”《桃花扇》劇：“喜一旦趾高氣揚，廿四考中書模樣。”

**一一八　精疲力竭**　《奈何天》劇：“到了住馬的時節，自然精疲力竭。”

**一一九　四肢無力**　《金鎖記》劇：“餓得我四肢無力，我那里走得動呀！”

**一二〇　不上不下**　《蜃中樓》劇：“把我的身子，弄得不上不下。”

**一二一　前仰後磕**　《石頭記》四二回：“越發笑的前仰後合。”按，當作“前仰後磕”。

**一二二　東倒西歪**　元·曾瑞卿《留鞋記》劇：“卻原來醉醺醺東倒西歪。”《水滸》二八回：“雖然帶着五七分酒，卻裝做十分醉的，前顛後偃，東倒西歪。”

**一二三　喫飯防噎，走路防跌**　《水滸》九回：“豈不聞古人云：‘喫飯防噎，走路防跌。’”

**一二四　前人跌跟頭，後人把滑**　見上“失腳”。

**一二五　蹩得高，跌得重**　《老殘遊記》：“鄙人並非無志功名，一則性情過於疏放，二則俗説‘攀得高，跌得重’。不想攀高，是想跌得輕的意思。”按，“攀”當作“蹩”，讀若辦，平聲。

**一二六　跌跌銃銃**　《義俠記》劇：“客人走得跌跌銃銃。”銃音充。

**一二七　打踉蹌**　《水滸》三一回：“叉開五指，望店主人臉上只一掌，那店主人打箇踉蹌，直撞過那邊去。”按，踉蹌讀若亮槍。

**一二八　打滑澾**　《清朝野史大觀》：“禁中冬月打滑撻，先汲水澆成冰山，高三四丈，瑩滑無比。使勇健者着帶毛猪皮履，其滑更甚，從頂上一直挺立而下，以到地不仆爲勝。”按《説文》：“滑，澾也。”朱子《楚辭》注：“突梯，滑澾也。”是“滑撻”應作“滑澾”。

**一二九　倒栽葱**　《蕩寇志》九七回：“一箇姚蓮峰，腳在上，頭在下，認真一箇倒栽葱。”《夢筆生花·杭州俗語·雜對》：“熱炒菜；倒栽葱。”

**一三〇　翻來覆去**　元人《凍蘇秦》劇：“我翻來覆去直到明。”《水滸》二五回：“將近三更，武松翻來覆去睡不着。”

**一三一　搥搥背**　元·武漢臣《生金閣》劇：“我有些腿疼，過來與我搥一搥背。”

**一三二　伸懶腰**　《石頭记》二六回：“只見黛玉在牀上伸懶腰。”

**一三三　閃腰**　《尋親记》劇：“阿唧！阿唧！閃（子）〔了〕腰哉！”

**一三四　丂腰**　《新方言》：“《説文》：‘亞，醜也。象人局背之形。’今人謂局腰爲呼腰，呼即亞之古音。直隸或言問腰，湖北則言訶腰，並即亞字。凡亞聲語後，多轉可聲。”今按，問、訶並當作丂，兩丂顛倒，則成亞字。《説文》：“丂，反丂也。”讀若呵。今人言丂腰，當作此字，象折腰之形也。

**一三五　跎子直直腰**　《百喻經》：“譬如有人卒患背僂，詣醫療治。醫以酥塗，上下着板，用力痛壓，不覺雙目一時迸出，脊雖得直，命不得存。”《還魂记》劇：“跎子唱喏，直當伸直子箇腰。”今俗有“跎子直直腰”之語。

**一三六　鞠躬**　《日知録》：“古人之拜，如今人鞠躬，故通計一席之間，賓主交拜，近至於百，注云‘百以喻多’是也。”按，《論語·鄉黨篇》：“鞠躬如也。”注云：“鞠躬，曲身也。”此望文生訓，失其義矣。蓋“如”爲形容字，“躬”字之下，不宜係以“如”字。即以《鄉黨篇》證之，若“色勃如也，足躩如也”。是此句作“躬鞠如也”則可，作“鞠躬如也”則不可。據《説文》：“匔匑”，形容曲脊之貌。”古本《論語》當是“匔匑”二字，秦漢乃改爲“鞠躬”耳。

**一三七　打恭**　《小忽雷》劇：“丑打恭介。”《白羅衫》劇：“我還没有打恭。”

**一三八　打千兒**　《石頭记》八回：“打跧兒請安。”《老殘遊记》：“有打千兒的，有作揖的，大半打千兒居多。”

**一三九　作揖**　見上。《白羅衫》劇：“我與你好弟兄，起來大家作揖。”

**一四〇　百拜**　見上“鞠躬”。

**一四一　頓首拜**　《周禮·大祝》：“辨九㩻，一曰䭫首，二曰頓首。”注：“㩻音拜，䭫音啓，本又作稽。稽首拜，頭至地也。頓首拜，頭叩地也。”

**一四二　男兒膝下有黃金**　元·賈仲名《玉梳記》劇："男兒膝下有黃金。"《連相》梆子腔："男兒膝下有黃金，怎肯低頭拜婦人？"

**一四三　潤肺**　《開元遺事》："楊貴妃多苦肺熱，晨游後苑，口吸花露以潤肺。"

**一四四　壯膽**　《唐書》："汝陽王璡，醉不能下殿，上遣人掖出之。璡曰：'臣以三斗壯膽，不覺至此。'"

**一四五　斗膽**　《三國志·姜維傳》注："死時見剖，膽如斗大。"《琵琶记》劇："斗膽請再操一曲。"

**一四六　渾身是膽**　見上"捏了一把汗"。

**一四七　全副精神**　《蕩寇志》百二七回："提起全副精神，備禦官軍。"

**一四八　滿腹精神**　《晉書》："温嶠謂錢鳳曰：'錢世儀精神滿腹。'"

**一四九　精神力氣**　《牧羊記》劇："喫了這藥，覺道有些精神力氣。"

**一五〇　皮裏膜外**　《儒林外史》四七回："到底是箇皮裏膜外的帳。"

**一五一　隔層肚皮隔層牆**　《夢筆生花·紘索樂府》："隔層肚皮隔層山。"今俗則云"隔層牆"。

**一五二　那是你肚裏的蚘蟲**　見《心意》。

**一五三　心肝五臟**　《水滸》三十回："蔣門神坐在交椅上，見是武松，把這心肝五臟，都提在九霄雲外。"

**一五四　五臟六腑**　元人《黑旋風雙獻功》劇："五臟六腑剛是俏，四肢八節卻無才。"《董西廂》劇："五臟六腑又調和，不須醫療。"

**一五五　窮骨頭**　見《貧富》。

**一五六　賤骨頭**　《夢筆生花·杭州俗語·雜對》："爛屁股；賤骨頭。"

**一五七　輕骨頭**　《繡襦記》劇："曉得我是箇輕骨頭叫化子了。"

**一五八　骨頭没有四兩重**　見《頭面》"鼻涕拖得一丈長"。又《琵琶記》劇："一把骨頭没得四兩重。"

**一五九　骨瘦如豺**　見《醫病》。

**一六〇　狐騷臭**　《兩般秋雨盦隨筆》："人患腋氣，俗謂之狐騷臭。粵人爲尤甚。"臭音抽，去聲。

**一六一　自家屙屎不覺臭**　《五燈會元》保寧仁勇有"自屎不覺臭"之語。今人則云"自家屙屎不覺臭"。按，屙音阿，上厠也。

**一六二　臭烘烘**　《殺狗記》劇："阿呀！臭烘烘牛糞，没那喫介。"

**一六三　上茅池**　見《宫室》"茅池"。

**一六四　出恭**　《古今筆記》："《劉安别傳》：'安既上天，坐起不恭，仙伯主者，奏安不敬，謫守都厠三年。'按，今人如厠曰出恭，當本此。因"不恭"而訛爲"出恭"也。"《後尋親記》劇："我去出箇大恭就來。"按，今人以屙菌爲出恭，非也。當作"出共"，"共"即"糞"字之省耳。自小篆"䡿"字，隸變爲糞。由是《玉篇》作"𦔮"，《集韻》作"䊃"，《字彙補》作"粪"，三字皆寓"共"字之變體。"糞"字既从共，後世遂省爲"共"字。以糞與共分二義，共、恭古本通用，故共又訛爲恭，竟不知此"共"字从糞省矣。攷糞之爲字，古文或作𥻝，上从米者，《説文》"䡿"下引官溥説云：

"似米而非米者，矢字。"矢即菌也。中从癶者，足剌撥也。足剌撥者，兩足張而有所撥除也。下从出、从丿者，象出共之形也。蓋隸之"糞"字从共，古文之"𡙇"字从出，"出共"二字，其義如此，不可誤作"出恭"矣。

**一六五　出大恭**　見上。

**一六六　出小恭**　《石頭記》九回："二人假作出小恭，走到後院，説私己話。"謂小解也。

**一六七　小解**　元人《盆兒鬼》劇："俺可要起來小解了。"《石頭記》二回："半夜中，霍啟要小解。"

**一六八　解手**　《冬青樹》劇："没相干，我是解手的。"

# 言语

**一　開口**　《史記·信陵君傳》："公子誠一開口請如姬，如姬必許諾。"

**二　免開尊口**　《夢筆生花·杭州俗語·雜對》："免開尊口；但放其心。"

**三　獅子大開口**　又："獅子大開口；雞兒不撒尿。"

**四　誇大口**　元人《凍蘇秦》劇："今日誇了大口。"

**五　藉口**　《左傳》："苟有以藉口，而復於寡君。"

**六　失口**　《禮記》："君子不失口於人。"

**七　破口**　《瑞筠圖》劇："袁指揮不消破口。"謂罵也。

**八　依金口**　《繡襦記》劇："副云：'正是發財的時候。'老旦云：'依金口。'"

**九　鹽醬口**　《西遊記》六七回："那老者戰戰兢兢道：'這和尚鹽醬口，説妖精，妖精就來了。'"今俗又有"婦人鹽醬口"之説，謂不吉利之言也。

**一〇　衝口而出**　《朱子文集·答吕伯恭》云："不得已而有言，則衝口而出，必至傷事也。"

**一一　衆口一辭**　《蕩寇志》二一回："衆口一辭，諒必不錯。"

**一二　説口吧吧**　《五燈會元》："黄龍道震師偈：'枯椿怒石人，何得口吧吧。'"《渭南集·大慧真贊》："平生嫌遮老子説法，口吧吧地。"或作"口巴巴地"。

**一三　開口傷人**　《還魂記》劇："這賊種開口傷人。"

**一四　血口噴人**　《羅湖野録》："崇覺空嘗頌野狐話曰：'含血噴人，先污其口。'"今人以污衊人者，謂之"血口噴人"。

**一五　造口業罪**　《楞嚴經》："什提云：'我有口業。'"《通俗編》引此，有"造口業罪"之一語。

**一六　有口難分説**　元·李行道《灰闌記》劇："着我有口難分。"元·馬致遠《黄粱夢》劇："渾身是口難分辯。"又《刀會》劇："好教俺渾身是口，怎樣的分説。"今人云"有口難分説"，均本此。

**一七　空口説白話**　《舊唐書·憲宗紀》："裴度曰：'君子小人，觀其所行，當自區别。'上曰：'卿等既言之，當行之，勿空口説。'"《通俗編》引此，有"空口説白話"之語。

**一八　人多口雜**　《石頭記》九回："寧府中人多口雜。"

**一九　狗口裏那有象牙吐**　《通俗編》："《抱朴子》：'虎尾不附貍身，象牙不出鼠口。'按，流俗變言'狗口'。"《石頭記》四二回："狗嘴裏還有象牙？"《涇諺彙録》："狗嘴裏吐不出象牙，言不善人必無善語也。"今人多云"狗口裏那有象牙吐"。

**二〇　金口玉言**　《玉搔頭》劇："這位客人的話，到是金口玉言。"

**二一　頓口無言**　《刀會》劇："俺三弟只此一句話，説得某家頓口無言。"《夢筆生花·杭州俗語·雜對》："伸頭不出；頓口無言。"

**二二　要知心腹事，但聽口中言**　《合縱記》劇：“要知心腹事，但聽口中言。”《通俗編》：“《古樂府》：‘尺素如殘雪，結成雙鯉魚。要知心裹事，看取腹中書。’按，今諺云‘要知心裹事，但聽口中言’，似即因此改竄。”

**二三　滿口應承**　《小忽雷》劇：“據他滿口答應。”

**二四　心口相應**　元人《氣英布》劇：“也須索箇心口相應。”

**二五　口不應心**　《三國志演義》十四回：“只恐口不應心。”

**二六　口快心直**　元人《合同文字》劇：“俺父親口快心直。”元·康進之《李逵負荊》劇：“你也忒口快心直也。”

**二七　口是心非**　《焚香記》劇：“一謎價口是心非。”《水滸》四二回：“極要談忠説孝，只是口是心非。”

**二八　口甜心苦**　《女訓約言》：“莫眼空意大，莫口甜心苦。”按，《石頭記》六五回作“嘴甜心苦”。

**二九　口裹甜如蜜，心裹似黄連**　元·武漢臣《玉壺春》劇：“口甜如蜜鉢，心苦似黄蘗。”《通俗編》引此二語，作“口裹甜如蜜，心裹似黄連”。

**三〇　口口吐的鮮紅血，人人只當蘇木水**　元·關漢卿《救風塵》劇：“吐下鮮紅血，只當做蘇木水。”按，今人云“口口吐的鮮紅血，人人只當蘇木水”。當，去聲。

**三一　口口聲聲**　《杏花村》劇：“口口聲聲，説我父親是箇孝子。”《瑞筠圖》劇：“怎麼口口聲聲，只要皇爺朝謁上皇？”

**三二　口實**　《書·仲虺之誥》：“予恐來世，以台爲口實。”台音怡，我也。口實，猶話柄也。

**三三　口碑**　《五燈會元》："太平安云：'勸君不用鐫頑石，路上行人口似碑。'"元·楊文奎《兒女兩團圓》劇："豈不聞道路上，行人也那口似碑。"

**三四　口頭禪**　《辭源》："口頭禪，謂不能領會禪理，但取僧家（敷）〔膚〕淺之常語，資爲談助也。"按，《辭源》爲近人所作，多出杜撰，不知考據，其實明人有"口頭禪"之語。《吕語集粹》："無慎獨工夫，不是真學問；無大庭效驗，不是真慎獨。終日嘵嘵，只是口頭禪耳！"

**三五　口音不對**　《蕩寇志》八四回："人地生疏，口音不對。"

**三六　口説無憑**　元·喬孟符《揚州夢》劇："兩箇口説無憑。"《小忽雷》劇："口説無憑，立下誓書便了。"《比目魚》劇："口説無憑，做出便見。"

**三七　失言**　《論語》："可與言而不與之言，失人；不可與言而與之言，失言。知者不失人，亦不失言。"

**三八　決不食言**　《鳳求凰》劇："既然訂了婚約，遲早總是一般，我決不食言。"

**三九　不以人廢言**　《論語》："君子不以言舉人，不以人廢言。"《憐香伴》劇："君子不以人廢言，還該照公道，加些圈點纔是。"

**四〇　不信好人言**　元·關漢卿《救風塵》劇："不信好人言，必有恓惶事。"

**四一　敢怒而不敢言**　杜牧《阿房宫賦》："不敢言而敢怒。"《水滸》二回："李忠見魯達兇猛，敢怒而不敢言。"

**四二　難説難言**　《水滸》十四回："這箇梁山泊去處，難説難言。"

**四三　默默無言**　《桃花扇》劇：“既傳我們到此，也不可默默無言。”

**四四　食不語，寢不言**　《尋親記》劇：“自古道‘食不言，寢不語’，請睡！請睡！”按，《論語》作“食不語，寢不言”，《尋親記》非誤引也，劇本往往變化用之。

**四五　先入之言**　《漢書·息夫躬傳》：“毋以先入之言爲主。”《憐香伴》劇：“把幾句先入之言打動他。”

**四六　先入爲主**　見上。

**四七　名正言順**　《論語》：“名不正則言不順，言不順則事不成。”《三國志演義》七三回：“名正言順，以討國賊。”

**四八　不言而喻**　《孟子》：“四體不言而喻。”《奈何天》劇：“三箇合來湊成一箇品字，大家不言而喻罷了。”

**四九　大言不慚**　《石頭記》七八回：“誰知你大言不慚了。”

**五〇　出言不遜**　《三國志演義》二七回：“廖化曰：‘杜遠出言不遜，被某殺死。’”

**五一　忠言逆耳**　《家語》：“孔子曰：‘良藥苦於口而利於病，忠言逆於耳而利於行。’”《殺狗記》劇：“忠言逆耳，反生怒嗔。”

**五二　巧言令色**　《論語》：“巧言令色，鮮矣仁。”《水滸》六三回：“天兵在此，還敢巧言令色麼？”

**五三　造言生事**　《孟子》：“好事者爲之也。”朱注：“謂喜造言生事之人也。”

**五四　妖言惑衆**　《石頭記》六七回：“世上也少一箇妖言惑衆的人了。”

**五五　一言不發**　《刀會》劇：“俺大哥乃是仁德之君，

一言不發。”

**五六　一言難盡**　元人《凍蘇秦》劇：“着小生一言難盡。”《水滸》十四回：“因此一言難盡。”

**五七　一言爲定**　《石頭記》六六回：“你我一言爲定。”

**五八　一五一十**　《水滸》二五回：“卻踅過來，就一五一十，都對他們説了。”

**五九　一老一實**　《蕩寇志》百二六回：“張三竟一老一實，當面招供。”

**六〇　一是一，二是二**　《通俗編》：“《五燈會元》慈濟聰偈：‘一即一，二即二，把定要津，何處出氣？’”按，今人云“一是一，二是二”，本此。

**六一　一傳十，十傳百**　《宋史·選舉志》：“老儒賣文場屋，一人傳十，十人傳百，致試卷多有雷同，合取卷參驗黜落。”《千金記》劇：“我集了楚歌曲，等待風清月朗之夜，向高阜去處，悠揚吹唱。再令軍士扮作楚軍，混入楚營。一人傳十，十人傳百，吹散了他八千子弟。”

**六二　一言既出，駟馬難追**　宋·歐陽修《筆記》：“俗云‘一言既出，駟馬難追’，即《論語》‘駟不及舌’也。若較其理，則俗諺爲是。”元人《伍員吹簫》劇：“專諸曰：‘大丈夫一言既出，駟馬難追，豈有翻悔之理？’”

**六三　君子一言，快馬一鞭**　《傳燈録》南源道明上堂，有“快馬一鞭，快人一言”之語。今人多云“君子一言，快馬一鞭”。

**六四　姑妄言之，姑妄聽之**　《莊子·齊物論》：“爲汝妄言之，汝以妄聽之。”《陔餘叢考》“姑妄言之，姑妄聽之”原注：“見《莊子·逍遥遊》。”

**六五　語言無味，面目可憎**　韓愈《送窮文》："面目可憎，語言無味。"《合縱記》劇："假如照鏡覺面目可憎，對人亦語言無味也。"《意中緣》劇："我家小姐被那面目可憎、語言無味的人相得厭了。"按，今人則倒置其辭，上下兩句互易矣。

**六六　歇後語**　《白羅衫》劇："叫我通文[illegible]箇，打起歇後語來。"按，"外甥打燈籠，照舊"、"秤鈎子打釘，兑直"之類，皆歇後語也。

**六七　千言萬語**　吕近溪《女小兒語》："萬語千言，要他學好。"

**六八　三言兩語**　元·武漢臣《生金閣》劇："不消三言兩句，管教他隨順哥哥便了。"《水滸》六十回："三言兩語，盤倒那先生。"

**六九　花言巧語**　元人《抱粧盒》劇："急的俺忐忐忑忑，花言巧語的支吾。"《憐香伴》劇："還在我跟前花言巧語。"

**七〇　甜言蜜語**　《蕩寇志》七九回："甜言蜜語，無般不會。"

**七一　粗言濁語**　《女論語》："粗言濁語，衝突尊賢。"

**七二　胡言亂語**　元人《風雪漁樵記》劇："你只管哩胡言亂語。"《水滸》四十回："不許你胡言亂語，多嘴多舌。"

**七三　自言自語**　《殺狗記》劇："我方纔聽見你在此自言自語。"《玉搔頭》劇："皇上自言自語，不知講些甚麼？"

**七四　閒言閒語**　元·關漢卿《金線池》劇："他見俺有些閒言閒語，必然使性出門去。"

**七五　言聽計從**　《奈何天》劇："且喜得言聽計從，竟着我便宜行事。"

**七六　言過其實**　《三國志·馬謖傳》："先主謂諸葛亮曰：'馬謖言過其實，不可大用。'"

**七七　言大而夸**　蘇軾《六一居士集序》："言有大而非夸，達者信之。"今人云"言大而夸"，本此。

**七八　大而無當**　《莊子·逍遥遊》："吾聞言於接輿，大而無當。"當，去聲。

**七九　言之有理**　《長生殿》劇："衆卿言之有理。"

**八〇　句句有理**　《琵琶記》劇："他的言語，句句有理。"

**八一　强詞奪理**　《三國志演義》四三回："孔明所言，皆强詞奪理，均非正論。"《空谷香》劇："羞色膽包天，强詞奪理。"强，上聲。

**八二　理屈詞窮**　《蕩寇志》八十回："理屈詞窮，抵賴不去。"

**八三　不對卯眼**　《通俗編》："'卯眼'，見《木經》。按《程子語録》'榫卯圓則圓，榫卯方則方'，蓋即卯眼。"今人以言不合意者謂之"不對卯眼"，本此。

**八四　前言不對後語**　《石頭記》五四回："可是前言不答後語。"《通俗編》："'前言不對後語'，見《五燈會元》。"《蕩寇志》八十回："你前言不對後語，你的口供在此。"

**八五　驢頭不對馬嘴**　《通俗編》："《左傳》：'風馬牛不相及也。'注云：'馬逐上風而去，牛逐下風而來，故不相及也。'俗云'牛頭不對馬嘴'是也。"按，俗云"驢頭不對馬嘴"，非"牛頭不對馬嘴"也。《通俗編》失於考據，故杜撰一句耳。《合縱記》劇："丑對外：'跟那箇相公去？'外：'是二相公去。'丑：'可是前年跟他到雲夢山去的？'外：'正是。'丑：'哎！説起了他，疼了頭的。'外：'倒了。'丑：

‘到好。’外：‘怪道二相公説你勤喫懶做，又要剋減東西。’丑：‘他到這等説！三老爹！我還不曾告訴你，我跟了他三年，若見他一兩猪油，我就賭一箇誓！’外：‘出路人不要罰誓。’丑：‘那一年承你分付，隨他出門，到了驢頭上。’外：‘馬頭上。’丑：‘驢頭不對馬嘴。二相公説：“唐二！你上岸去看一看，什麽相應物事，買些喫飯。”我説：“嗄。”一跳上岸，到市心裏，打聽些米價，俱差不多，只有醃蛋好買。下船來對二相公説：“諸物皆貴，只有醃蛋好買。”二相公説：“取拜匣來。”我説：“嗄。”一掇掇來，放在桌上，他取出銀包，稱了半日。三老爹呵，你道買多少？’外：‘敢是買一百？’丑：‘多。’外：‘五十？’丑：‘多。’外：‘難道買十箇？’丑：‘多。’外：‘這等買多少？’丑：‘稱得二釐銀子與我，説“買了來”，我一走走到醃蛋店裏，在人叢中捱進去，遞與他，被他一箇嘆唾道：“這小厮豈不是獃的，這銀子壓定盤星也壓不起，買什麽東西？”其時唐二到也乖巧，就説：“我主人在船中，要買三五百箇醃蛋，先買一箇去看樣。”那管店説：“既如此，你揀一箇拿去。”被我拿了一箇。來到船中，二相公一見，笑容可掬道：“唐二到也中用，快與我煮起來。”我去整治端正了，一手盛了飯，一手擎了蛋，放在二相公面前，他就變了面，説：“狗才，至可惡而無以加焉，無有一毫而不可惡者也。”我説：“二相公爲何着惱？”他説：“你剋落了東西，還要多講！”我説：“二相公！再没什麽了？”他説：“胡説！蛋湯怎麽不拿來？”三阿爹！這就是我剋減東西了。喜得唐二祖宗有幸，蛋湯不曾傾去，雙手捧在他面前，他就喫了一口。三阿爹！那箇蛋若有些破損，還有些味道，囫圇一箇，湯是雪淡的。覺得没味，他説：“唐二，湯賞了你罷。”小人在旁，忍不住一笑。

三阿爹！你説二相公説出什麽話來？’外：‘他怎麽説？’丑：‘説“濫小人，喫得些，便是歡喜的”。就説我勤喫懶做。二相公的喫法又好。’外：‘怎麽？’丑：‘照了亮光那頭，戳了一箇眼，把筯子在内捌了，就過了一盌飯。我説：“二相公，再用一筯。”他説：“狗才，君子略嘗滋味，你那裏曉得。取我文房四寶過來。”’外：‘要他何用？’丑：‘他裁了一紙條，上寫“洛陽廩膳生員蘇封”，拿了些漿糊，把這蛋眼封了。他説：“以後不要叫蛋，只叫下飯。”自此喫一頓，封一頓，足足喫了三年。回來遇了黄梅天，驀然想起道：“唐二，不好了，下飯烏化了，你與我曬一曬！”依他曬在船頭上，忽然鬼頭風起，把那蛋直吹在九霄雲裏。我就着忙，跪在船上叫道：“蛋老爹！蛋阿太！你下來，我賠二相公不起。”那蛋忽作人言道：“但能言之，不能行之，我自飛也。”’外：‘蛋怎麽會説話？’丑：‘三阿爹！但説何妨？我正在慌忙之間，二相公説：“唐二，我身子不爽快，你爲何在外喧嚷？”我説：“二相公的下飯，曬在這裏，被風刮在半空裏去了，因此着忙喧嚷。”其時二相公慨然得緊道：“既吹去就罷了，我前日算命，説這兩日要破財，今日風吹鴨蛋殼，財去人安樂。”這等慳吝主顧，不去不去。’外：‘那箇扯你？’丑：‘我自扯淡。’”此謂“蘇秦”。又“風吹鴨蛋殼”二句及“扯淡”，皆本此，故詳記之。又《儒林外史》五二回：“陳正公聽了這些話，驢頭不對馬嘴。”

**八六　一張嘴**　《荷花蕩》劇：“十箇指頭一張嘴，一生穿喫不愁他。”

**八七　一張寡嘴**　《三國志演義》四二回“外書”：“他人喫盡老力，我只出一張寡嘴。”

**八八　兩張嘴**　《鳳求凰》劇：“他是兩張嘴，你是一張嘴。”

**八九　摩嘴**　《通俗編》：“《文選·長楊賦》：‘鑿齒之徒，相與摩牙而争之。’按，俗以口舌相競爲摩牙，似即借用其説。”今俗或云“摩嘴”是也。

**九〇　插嘴**　《五燈會元》慧琳深有“插嘴斯駡”語。

**九一　擰嘴**　《石頭記》四二回：“把黛玉按在炕上，便要擰他的嘴。”擰音寧，以針擰也。

**九二　臭嘴**　《荷花蕩》劇：“不是幫閒爲活計，只張臭嘴那能敷？”

**九三　快嘴三娘子**　《通俗編·俚語集對》：“快嘴三娘子；老臉二官人。”今俗又有“鑾頭六將軍；空心大老官”之對，未詳所出。

**九四　歪嘴兒吹喇叭**　又：“瞎婆彈琵琶；歪嘴吹喇叭。”《夢筆生花·杭州俗語》有“歪嘴兒吹喇叭”之語。

**九五　嘴硬**　《朝野僉載》：“尚書右丞陸餘慶，轉洛州長史，其子嘲之曰：‘陸餘慶筆頭無力嘴頭硬。’”

**九六　多嘴多舌**　見上“胡言亂語”。又楊顯之《瀟湘夜雨》劇：“你休要多嘴多舌。”

**九七　饒舌**　《傳燈録》：“閭邱公詬寒山、拾得，二人笑曰：‘豐干饒舌。’”

**九八　嚼舌**　元人《貨郎擔》劇：“要你來嚼舌！”

**九九　啟齒**　《舊唐書·長孫無忌傳》：“發言啟齒。”元人《碧桃花》劇：“小生有句話説，只是不好啟齒。”

**一〇〇　胡説**　《新方言》：“胡、倭、蠻，四裔之國也，今謂行事無條理，語無倫次曰胡。浙江别謂之倭。又凡專擅自恣者，通謂之蠻。”《游覽志餘》：“胡説曰扯淡。”

**一〇一　索性説**　《朱子文集》："騁意過當，遂煞不住，不免索性説了。"

**一〇二　老實的説**　元人《看錢奴》劇："我老實的説與你知。"

**一〇三　道聽塗説**　《論語》："道聽而塗説，德之棄也。"《風箏誤》劇："好笑這位按君，不知聽了那箇的誑言，在這邊道聽塗説。"

**一〇四　鍋頭飯好喫，過頭話難説**　見《飲食》。

**一〇五　是非窠**　《荆釵記》："那哼儕是非窠裏。"窠音科。

**一〇六　説是非**　《五燈會元》："來説是非者，就是是非人。"

**一〇七　説之再三**　《石頭記》四八回有"説之再三"之語。

**一〇八　説説笑笑**　《風箏誤》劇："那些女客們來，也和他説説笑笑。"

**一〇九　説得入港**　《水滸》二回："較量些槍法，説得入港。"

**一一〇　説得天花亂墜**　《五燈會元》："地藏恩云：'老子住世四十九年，説得天花亂墜。'"《鳳求凰》劇："你們做媒的口嘴，最善形容，就説得天花亂墜，我也不信。"

**一一一　説話如放屁**　《花鼓》梆子腔："浄云：'偷雞的來，是你喫的。'貼云：'説話如放屁。'"

**一一二　説謊調白**　元人《度柳翠》劇："你這和尚，風張風勢，説謊調皮。"《元典章》："官人令史，每做賊説謊。又惡黨局騙財物，其局之名，七十有二，如太學龜、美人局、調白之類是也。"《通俗編》："按，以假易真，謂之'調白'。"

今俗以“説謊調白”爲一句，蓋本於元時語也。調，去聲。

**一一三　憑空説謊**　《女訓約言》：“莫憑空説謊，莫喜佞悦讒。”

**一一四　齦瓜皮，説大話**　《通俗編》：“‘食瓜皮’，見《北周書》王羆事。”按，流俗有“齦瓜皮，説大話”之語。齦音肯。

**一一五　啞子喫黄連，説不出的苦**　《傳習録》：“劉觀時問：‘未發之中，請得略示氣象否？’先生曰：‘啞子喫苦瓜，與你説不得。’”《琵琶記》劇：“正是啞子漫嘗黄柏味，難將苦口向人言。”《春燈謎》劇：“啞口黄連，捱不過度日如年。”《通俗編》：“啞子喫黄連，説不出的苦。”

**一一六　真人面前莫説假**　《五燈會元》：“真人面前不説假。”《慎鸞交》劇：“真人面前莫説假話，豈有過來數日，還不曾相近之理。”

**一一七　癡人面前莫説夢**　《丹鉛總録》：“癡人面前不可説夢，達人面前不可言命。宋人《就月録》以爲陶淵明之言，不知何據？”《陸象山語録》引俗諺云：“癡人面前説不得夢。”今人語云：“癡人面前莫説夢。”

**一一八　逢人説項**　《尚書故實》：“楊敬之愛才公正，知江表有項斯者，公贈以詩曰：‘幾度見詩詩盡好，及觀品格過於詩。平生不解藏人善，到處逢人説項斯。’”

**一一九　剛説曹操，曹操就到**　《夢筆生花·杭州俗語·雜對》：“剛説曹操；賽過周倉。”今俗云：“剛説曹操，曹操就到。”操，去聲。

**一二〇　能説不能行**　《傳燈録》：“唐莊宗賜存奬馬，存奬墮馬傷足，唤院主作木拐子，曰：‘跛脚法師，説得行不得。’”《鹽鐵論》：“躄者能言遠，不能行也。”今俗有“能説不能行”之語。

**一二一　自有傍人説短長**　《桃花扇》劇：“大風吹倒梧桐樹，也要傍人説短長。”元人《抱粧盒》劇：“大鵬飛上梧桐樹，自有傍人説短長。”

**一二二　張家長，李家短**　《蜀碧》：“賊天性特與人殊。殺人之令，有以語犯死者；有以事犯死者；有令健卒羅織，而按户以死者；有言事小兒夜行街巷，聽人陰談，以白堊識其門，而收之以死者。一小兒聞人俚語曰‘張家長，李家短’，具陳之獻，獻笑曰：‘此我家勝自成之兆也。’遽命釋焉。”按，獻，張獻忠也；自成，李自成也。“張家長，李家短”，人謂出於明末，不知宋元時已有此語。《水滸》二十回：“正在那裏張家長，李家短，説白道了。”

**一二三　争長論短**　《通俗編·俚語集對》：“争長論短；隨高逐低。”

**一二四　長話短話**　《巧團圓》劇：“如今長話短話，都不必提。”

**一二五　没巧不成話**　《水滸》二三回：“正是没巧不成話。”

**一二六　與君一夕話，勝讀十年書**　元·吴昌齡《花間四友》劇：“東坡云：‘共君一夕話，勝讀十年書。’”《老殘遊記》：“‘與君一夕話，勝讀十年書。’真是聞所未聞。”

**一二七　逢人只説三分話**　劉改之詩：“逢人只可少説話。”《續傳燈録》：“大覺璉語云：‘逢人只可三分話，未可全拋一片心。’”按，今小説書云：“逢人只説三分話，未可全拋一片心。”

**一二八　難説話**　元·秦簡夫《東堂老》劇：“這老兒可

有些兜搭，難説話。”

**一二九　不乾不浄的話**　《杏花村》劇：“更且口内不乾不浄，説出許多挾制的話頭。”乾音干。

**一三〇　説鬼話**　《金陵雜志》：“背此人之面，而説彼人之短者，謂之‘説鬼話’。”

**一三一　鬼話連篇**　見《盜賊》“強盜畫喜容”。《金鎖記》劇：“鬼話連篇，我何曾借你的夾被？”

**一三二　路上説話，草裏有人**　《西遊記》十回：“張梢與李定叙别，只正是‘路上説話，草裏有人’。”

**一三三　話頭**　《鶴林玉露》：“陳了翁日與家人會食，食已，必舉一話頭，令家人答。”

**一三四　話柄**　《通俗編》：“《羅湖野録·寄寂音頌》曰：‘冷地看他成話欛。’欛即猶云‘話柄’也。”

**一三五　話不虚傳**　元·鄭德輝《王粲登樓》劇：“此人矜驕傲慢，果然話不虚傳。”

**一三六　話不投機半句多**　元·賈仲名《玉梳記》劇：“話不投機一句多。”《琵琶記》劇：“酒逢知己千鍾少，話不投機半句多。”又《長生殿》劇二語同。

**一三七　打鄉談**　《鳴鳳記》劇：“你方纔説什麽嬉子麻，可是你在那裏打鄉談駡我？”

**一三八　老生常談**　《世説》：“何晏、鄧颺令管輅作卦，卦成，輅稱引古義，深以戒之。颺曰：‘此老生之常談。’”

**一三九　無稽之談**　《書·大禹謨》：“無稽之言勿聽。”《兩般秋雨盦隨筆》：“《釋文》‘堯殺長子考監明’；《尸子》‘舜兄狂弟傲’；《竹書紀年》‘太甲殺伊尹’；《韓詩外傳》‘柳下惠殺身以成其信’；《淮南子·人間訓》‘曹共公觀晉文公駢脅，使袒而捕魚’；《墨子·明鬼》‘鄭穆公見句芒神，錫壽十九’；《史通·雜説》‘自古刑餘之人，惟以彌子瑕爲始’；《風俗通》‘秦穆公殺百里奚而非其罪’；《説苑·尊賢》‘介之推十五相荆，仲尼使人往視’；《墨子·非儒下篇》‘晏子對齊景公曰：“孔丘之荆，知白公之謀，而奉以石乞”’；《論衡·問孔篇》‘孔子見陽貨，汗流卻走’；《癸辛雜識》‘仲尼本名兵，已乃去其下二筆’；《論衡·龍虚篇》‘子貢滅鬚爲婦人’；何休《公羊》注‘定姜服五加皮，不死’；《顔氏家訓·勸學篇》‘曾子七十乃學’；‘齊宣王見屠羊者，哀其無罪，以家易之’，此見於《幽求子》。皆無稽之談也。”

**一四〇　信口胡談**　《桃花扇》劇：“俺柳麻子信口胡談，卻也燥脾。”

**一四一　家醜不可外談**　《通俗編》：“‘家醜不可外揚’，見《五燈會元》。《元曲選·争報恩》、《㑳梅香》二劇，皆以此爲中冓之言。”《西遊記》六九回：“古人云：‘家醜不可外談。’”

**一四二　紙上談兵**　見《武備》。

**一四三　談何容易**　東方朔《非有先生論》：“吴王曰：‘可以談矣。’先生曰：‘於戲！可乎哉！可乎哉！談何容易！’”《意中緣》劇：“談何容易，又没長房暗縮歸程。”

**一四四　街談巷議**　張衡《西京賦》：“街談巷議，彈射臧否。”《雲谿友議·自序》：“余少游秦、吴、楚、宋，每逢寒素之士，作清苦之吟，或樽酒和酬，稍蠲於遠思，諺云：‘街談巷議，有裨於王化，野老之言，聖人採擇。’孔子聚萬國歌謡，以成其《春秋》也。”按，此街談巷議之爲諺語，其來久矣。

**一四五　高談闊論**　元·賈仲名《玉梳記》劇：“倚仗着

高談闊論。”《董西廂》劇：“高談闊論曉今古。”

**一四六　議論多而成功少**　《丹鉛總録》：“宋人議論多而成功少，元人評之當矣。”《三國志演義》四三回“外書”：“文人之病，患在議論多而成功少。”

**一四七　自有公論**　《世説》：“庾公問王大將軍：‘卿有何友，何者居右？’王曰：‘自有公論。’”

**一四八　存而不論**　《莊子·齊物論》：“六合之外，聖人存而不論；六合之内，聖人論而不議。”

**一四九　過而不留**　見下“耳邊風”。

**一五〇　不贊一辭**　《史記·孔子世家》：“至於爲《春秋》，筆則筆，削則削。子夏之徒，不能贊一辭。”

**一五一　善爲説辭**　《孟子》：“宰我、子貢，善爲説辭。”

**一五二　一面之詞**　《翡翠園》：“他一面之詞，何足爲信！”《水滸》三三回：“若聽一面之詞，誤了多少緣故。”

**一五三　背前背後**　《石頭記》十九回：“背前背後，亂説那些混話。”

**一五四　背後罵人**　《合縱記》劇：“不要背後罵人。”

**一五五　相打無好拳，相罵無好言**　《五燈會元》：“保寧勇引俚語曰：‘相罵無好言，相打無好拳。’”今多互易其語曰：“相打無好拳，相罵無好言。”

**一五六　罵了狗血噴頭**　《儒林外史》三回：“周進被胡屠户罵了狗血噴頭。”

**一五七　有理不帶聲高**　《五燈會元》：“大潙善果師云：‘有理不在高聲。’”按，今人云“有理不帶聲高”，本此。

**一五八　無聲無臭**　《中庸》引《詩》曰：“‘上天之載，無聲無臭。’至矣。”

**一五九　聲色不動**　歐陽修《相州晝錦堂記》："垂紳正笏，不動聲色。"《吕語集粹》："知微者不動聲色，要在能察幾。"《慎鸞交》劇："小弟是箇腐儒，見了他聲色不動，他不笑我，也就殼了。"

**一六〇　忍氣吞聲**　《五燈會元》普孜、奉能、慧南，並有"飲氣吞聲"語。元·楊顯之《秋夜雨》劇："從今後吞氣吞聲。"《水滸》十五回："衆軍忍氣吞聲，只得睡了。"

**一六一　不做聲，不做氣**　《朱子語録》："鄉原是不做聲，不做氣，陰沈做罪過的人。"元·武漢臣《生金閣》劇："可怎麽，不做聲，不做氣，從背後擳將我過來。"

**一六二　上氣不接下氣**　《蜃中樓》劇："我們吹得上氣不接下氣，口涎連着鼻涕。"《玉搔頭》劇："萬歲，你這様會跑馬，把臣趕得上氣不接下氣。"

**一六三　打耳插**　《夢筆生花·杭州俗語·雜對》："打耳插；拔頭簭。"

**一六四　裝耳聾**　見《頭面》。

**一六五　交頭接耳**　《水滸》九回："他卻交頭接耳，説話都不聽得。"《比目魚》劇："我從今日起，把他們的坐位，都派定了，各人坐在一處，不許交頭接耳。若有犯規的，要求先生責治。"

**一六六　牆有風，壁有耳**　《春燈謎》劇："牆有風，壁有耳，防口舌，有哄傳。"

**一六七　耳邊風**　《益智録》："耳邊風，言風過耳邊，過而不留，耳不聽受也。"又元人《小尉遲》劇："你將我口中言，看成做耳邊風。"

**一六八　耳報神**　《石頭記》四七回："又不知是誰來作

耳報神的？”

**一六九　從頭至尾**　朱子《答吕伯恭書》有“從頭徹尾”語。元·鄭廷玉《後庭花》劇：“你從頭至尾説真實。”《水滸》三九回：“從頭至尾，談了一遍。”

**一七〇　藏頭露尾**　元人《桃花女》劇：“不争我藏頭露尾，可甚的知恩報恩。”《琵琶記》劇：“我問着你，你又藏頭露尾。”

**一七一　有頭有尾**　《朱子語類》：“又問：‘聖賢大公，固未敢請，學者之心當如何？’曰：‘也只要存得這箇在，克去私意，這兩句是有頭有尾説話。’”

**一七二　没頭没腦**　《鳳求凰》劇：“没頭没腦，教我那裏去問？”

**一七三　摸不着頭腦**　《石頭記》七一回：“一時抓尋不着頭腦。”又二八回：“叫我摸不着頭腦。”

**一七四　攔頭一棒**　《夢筆生花·杭州俗語·雜對》：“攔頭一棒；開口八張。”今有突阻人言者，謂之“攔頭一棒”。

**一七五　呼來喝去**　《三國志演義》二二回有“呼來喝去”之語。

**一七六　呼應不靈**　《夢筆生花·杭州俗語·雜對》：“吹彈得破；呼應不靈。”

**一七七　大聲疾呼**　韓愈《復上宰相書》：“將有介於其側者，雖其所憎惡，苟不至乎欲其死者，則將大其聲疾呼，而望其仁之也。”《臨川夢》劇：“若非大聲疾呼，正恐沈迷不返。”

**一七八　大呼小叫**　元人《謝金吾詐拆清風樓》劇：“是什麽人，在門前大呼小叫？”《水滸》三一回：“武松卻大呼小叫道：‘主人家！你真箇没東西賣？’”

**一七九　大驚小怪**　元人《神奴兒》劇："爲甚這般大驚小怪？"《水滸》十七回："去時不要大驚小怪，只恐怕走露了消息。"

**一八〇　拍案驚奇**　見《獄訟》"當場出醜"。

**一八一　喝道**　見《朝署》。

**一八二　喝彩**　陸游詩："信手梟盧喝成彩。"馬臻詩："新腔翻得梨園譜，喜入王孫喝采聲。"

**一八三　嘍喝**　《聞見後録》："歐陽公曰：'蠅可憎矣，尤不堪蚊子，自遠嘍喝來咬人也。'"

**一八四　嘍五喝六**　元人《氣英布》劇有"呼么喝六"之語。今人以大聲嘍喝人者，謂之"嘍五喝六"。

**一八五　夾七夾八**　《奈何天》劇："只有這位姓周的口裏還夾七夾八，連夫人也見教了幾聲。"

**一八六　文傷傷**　《水滸》二八回："不要文謅謅的，只揀緊要的話直説來。"元·關漢卿《謝天香》劇："則今番文傷傷的施才藝。"按，謅音鄒，傷音縐，平仄皆可用。

**一八七　忐忐忑忑**　見上"花言巧語"。忐忑音萏特。俗又以爲半吞半吐者，謂之"忐忐忑忑"。

**一八八　爽爽快快**　《蕩寇志》九六回："你去説媒時，竟爽爽快快，説明一切聘禮。"

**一八九　炒炒鬧鬧**　元人《凍蘇秦》劇："炒炒鬧鬧痛傷情。"

**一九〇　沸沸揚揚**　《精忠譜》劇："隔了幾天，卻沸沸揚揚，傳説朝廷差了一位孫總兵，領十數萬人馬來，打退金人了。"

**一九一　不平則鳴**　韓愈《送孟東野序》："大凡物不得

其平則鳴。”《石頭記》五八回：“自古説‘物不平則鳴’。”

**一九二　不明不白**　《臨川夢》劇：“不明不白人來到，如眠如死境蹊蹺。”

**一九三　不問青紅皁白**　《石頭記》二五回：“不問青紅皁白，滿口裹應着。”又八十回：“也不問青紅皁白。”

**一九四　聞所未聞**　《法言》：“七十子之於仲尼也，日聞所未聞，見所未見。”《史記·陸賈傳》：“尉佗曰：‘越中無足與語，至生來，令我日聞所未聞。’”

**一九五　使之聞之**　《論語》：“孺悲欲見孔子，孔子辭以疾。將命者出户，取瑟而歌，使之聞之。”

**一九六　夫子不答**　又：“南宫适問於孔子曰：‘羿善射，奡盪舟，俱不得其死然，禹稷躬稼而有天下？’夫子不答，南宫适出，子曰：‘君子哉若人！尚德哉若人！’”

**一九七　所問非所答**　《石頭記》二回：“所答非所問。”《夢筆生花·杭州俗語·雜對》：“所問非所答；能説不能行。”

**一九八　對答如流**　《三國志演義》四二回：“衆人見孔明對答如流，盡皆失色。”

**一九九　惟命是聽**　《左傳》：“賓媚人致晉師曰：‘若其不幸，敢不惟命是聽！’”

**二〇〇　未可厚非**　《臨川夢》劇：“但葉夢熊殺降一事，亦未可厚非也。”

**二〇一　賭呪發誓**　《石頭記》七四回：“衆丫頭們慌了，都跪了賭呪發誓。”呪音晝。

**二〇二　商量**　《易》注：“商量，裁制之謂也。”《琵琶記》劇：“我兒！你進去與五娘子商量商量，計較計較。”量，平聲。

**二〇三　計較計較**　見上。又《漢書·賈誼傳》“反脣相稽”注：“相與計較也。”較音教。

**二〇四　分付**　《漢書·原涉傳》：“分付諸客。”按，俗作“吩咐”，非。

**二〇五　招呼**　《書》“籲俊”疏：“招呼賢俊之人，與共立於朝。”

**二〇六　含胡**　《唐書·顔杲卿傳》：“禄山斷其舌曰：‘復能罵否？’杲卿含胡而絶。”今人以語未決絶者，謂之“含胡”。

**二〇七　班駁**　《合縱記》劇：“今日到班駁我小子起來。”

**二〇八　孟浪**　《莊子·齊物論》：“夫子以爲孟浪之言。”崔注云：“不精要之貌。”

**二〇九　荒唐**　又《天下篇》：“荒唐之言。”注：“荒，大也。唐，空也。”

**二一〇　黄六**　《李氏疑耀》：“京師勾欄中，諱語以紿人者，曰‘黄六’。蓋黄巢兄弟六人，巢爲第六，而多詐騙，故以爲詈也。”

**二一一　戲弄**　《漢書·司馬遷傳》：“主上所戲弄，倡優畜之。”

**二一二　愚弄**　《左傳·襄四年》：“寒浞施賂於外，愚弄其民。”

**二一三　打諢**　《遼史·伶官傳》：“打諢的不是黄旛綽。”諢音混。

**二一四　誂禍**　《史記·吴王濞傳》：“使中大夫應高誂膠西王。”《集韻》：“誂音窕。”《玉篇》：“誂，弄也。”又俗所謂“誂禍”者，亦是此字。

**二一五　扯淡**　見上“驢頭不對馬嘴”。又《游覽志餘》：“餘杭人有諱本語，而巧爲俏語者，如詬人嘲我曰‘溜牙’，胡説曰‘扯淡’，有謀未成曰‘埽興’，無言默坐曰‘出神’，則自宋時梨園市語之遺，未之改也。”

**二一六　搗鬼**　元人《看錢奴》劇：“都是你搗鬼。”《通俗編》：“風人之體，但取音同，不論字異，今俗亦然，如云‘石臼裏舂夜叉，搗鬼’，以搗爲禱也。”

**二一七　嚼蛆**　《通俗編》：“《北夢瑣言》：‘僞蜀親騎軍人，各有名號，如“姜癲子”、“嗑蛆”等。’按，‘嗑蛆’，當即今俗所云‘嚼蛆’。”蛆音區。

**二一八　兜搭**　見上“難説話”。

**二一九　囉唆**　《石頭記》八回：“黛玉道：‘囉唆什麽！’”囉唆音羅梭，多言也。

**二二〇　静辦**　元·李行道《灰闌記》劇：“我的女兒在家，也受不得這許多氣，便等他嫁了人去，倒也静辦。”元人《凍蘇秦》劇：“既然他兩箇要去，省的在我耳朶根邊，終日‘子曰、子曰’，伊哩烏蘆的，這般炒閙，倒也静辦。”

**二二一　拍馬屁**　見《交際》。

**二二二　趁脚蹺**　《通俗編·俚語集對》：“假眼睛；順脚蹺。”今謂附和人言者，則云“趁脚蹺”。蹺音敲。

**二二三　什麽**　《摭言》：“韓愈問牛僧儒，且道拍板爲什麽？”《集韻》：“不知而問曰‘拾没’。没音母果切。”《别雅》：“麽即没之平聲。”《通俗編》：“按，什麽，當即恁麽之轉。”

**二二四　作什麽**　見《人事》“等箇人”。作音做。

**二二五　隔裏箇裏**　《餘冬序録》：“蘇州方言，謂此爲箇裏。箇音如隔，音義相類也。”《新方言》：“《莊子·齊物論》注：‘故與此同義。’今湖北語猶謂此爲故，音轉如過，言此處則曰‘故里’，或書作‘箇裏’，非也。江南運河而東，至於浙江，謂此爲故，音如格。”按，隔、箇雙聲，“隔裏”即“箇裏”也。江北則以此處爲“隔裏”，彼處爲“箇裏”；惟隔、箇二字連用，則專指此處也。

**二二六　格裏句裏**　《新方言·後序》：“吴人以格爲語端，格、句一聲之轉，故吴曰‘句吴’。”今江北人云“句裏”，即“格裏”也。句讀若彀。

**二二七　這箇那箇**　《朱子語録》：“那箇是《易》之體，這箇是《易》之用。”《通俗編》：“‘這’亦作‘遮’，《東坡集·十二時偈》：‘遮箇在油鐺，不寒亦不熱。’”

**二二八　很好很是**　《通俗編》：“《元典章》有‘哏不便當’。按‘哏’字未見諸字書，而其辭則至今承之，如‘哏好’、‘哏是’之類，度其義當云‘甚’耳。世俗不知，或以‘很’字當之，則無義解。”

**二二九　幸虧**　《新方言》：“《説文》：‘虧，氣損也。’今人謂幸曰虧。幸者屰夭，本有不足義。”按《説文》幸作㚔。

**二三〇　應該**　又：“《説文》：‘該，軍中約也。’約成則分定，故今人謂分所應爲曰‘該’。”按，應讀平聲，俗讀去聲，非也。

**二三一　難不成**　又：“古言然則，今言難倒，難即是然，倒有反義。作難道者，音譌無義。”《朱子語録》：“子謂顔淵曰：‘吾見其進也。’不成是與顔淵説。”按，“不成”即“難不成”也。

**二三二　不能彀**　《通俗編》："《漢書·匈奴傳》：'平城之下亦誠苦，七日不食，不能彀弩。'世凡不勝任、不滿意者，俱借此以爲辭。"王實甫曲，有"誰能彀"語。《拜月亭記》劇："不能彀千里故人來。"

**二三三　不敢，不敢**　《北史·宋繇傳》："宋士遜誣奏李構，蓼父責之，驚跪曰：'不敢，不敢！'"

**二三四　不過如此**　《論語·子張問十世章》注："大約世數不過如此。"

**二三五　如此如此**　《漢書·汲黯傳》注："云云，猶言如此如此也。"

**二三六　究竟如何**　《傳燈録》："僧問省念師，如何是不欺人眼底，又問究竟如何？"

**二三七　平正通達**　《孟子》注："其心明乎正理而無蔽，然後其言平正通達而無病。"

**二三八　虚無縹緲**　白居易《長恨歌》："山在虚無縹緲間。"《臨川夢》劇："他説那兩人呵，不過虚無縹緲。"

**二三九　必力不剌**　見《水火》。又元·李行道《灰闌記》劇："這婦人會説話，想是箇久慣打官司的，口裏必力不剌，説上許多，我一些兒不懂。"剌音辣。

**二四〇　咭力骨碌**　《拜月亭記》劇："他兩箇只管咭力骨碌，骨碌咭力。"

**二四一　伊哩烏蘆**　見上"静辦"。

**二四二　談天**　見《天文》。

**二四三　拉天**　同上。

**二四四　東天扯到西天**　同上。

**二四五　通天徹地**　見《天地》。

**二四六　海闊天空**　見《天文》。

**二四七　雲淡風輕**　同上。又，閒談者，謂之“雲淡風輕”之語。

**二四八　平地風波**　見《水火》。

**二四九　走漏風聲**　《十五貫》劇：“不許走漏風聲。”

**二五〇　捕風捉影**　見《天文》。

**二五一　不是風，就是雨**　同上。

**二五二　和盤托出**　《奈何天》劇：“和盤托出要批評，可也没甚高低。”言告人心腹語也。

**二五三　打破沙鍋璺到底**　《通俗編》“打破砂盆問到底”，引黄庭堅《拙軒頌》有“打破沙盆一問”句。按，問音同璺，沙盆質極脆薄，破則其璺到底。俗怪人詰問不已而爲斯語，同音假借，古風人之例也。元·吴昌齡《花間四友》劇：“葛藤接斷老婆禪，打破沙鍋璺到底。”

**二五四　悶葫蘆**　元人《薦福碑》劇：“一箇箇粧做悶葫蘆。”

**二五五　暗藏春色**　元·吴昌齡《花間四友》劇：“堪做俺佛門弟子，你明明的把禪關問答，怎知俺闇闇的把春色包藏。”《夢筆生花·杭州俗語·雜對》：“暗藏春色；明察秋毫。”

**二五六　隔靴抓癢**　《詩話總龜》：“詩不着題，如隔靴抓癢。”今人以言不着力者，亦謂之“隔靴抓癢”。

**二五七　自相矛盾**　《韓非子》：“人有鬻矛與楯者，譽其楯之堅，物莫能陷也；俄而又譽其矛，物無不陷也。人應之曰：‘以子之矛，陷子之楯，何如？’其人弗能應也。”《瑞筠圖》劇：“欲令其當場自相矛盾，以發一笑。”

**二五八　一刀兩斷**　《朱子語録》：“克己者，是從根源上一刀兩斷，便斬絶之。”《病玉緣》劇：“家庭樂事，大約從此一刀兩斷了。"

**二五九　兩面三刀**　見《頭面》。

**二六〇　碰釘子**　《石頭記》四五回："説給你們别硼釘子。"《夢筆生花·杭州俗語·雜對》："碰釘子；打板兒。"

**二六一　斬釘截鐵**　《朱子語録》："孟子説義利等處，説得斬釘截鐵。"《吕語集粹》："實見得是時，便要斬釘截鐵，脱然爽潔，不可拖泥帶水，倚壁靠牆。"《石頭記》六六回："他小妹果是箇斬釘截鐵之人。"

**二六二　倒樹尋根**　元人《碧桃花》劇："你可也休將咱盤問，只管裏絮叨叨，拔樹尋根。"即今人云"倒樹尋根"是也。

**二六三　釜底抽薪**　《漢書·枚乘傳》："欲湯之滄，一人炊之，百人揚之，無益也，不如絶薪止火而已。不絶之於彼，而救之於此，譬猶抱薪而救火也。"今人以切要之言，謂之"釜底抽薪"，本此意也。

**二六四　麻雀兒生鵝蛋**　元人《漁樵記》劇："駱駝上梁兒，麻雀抱鵝蛋。"今人以小事開大口者，謂之"麻雀兒生鵝蛋"。

# 心意

**一　甘心**　《左傳》：“管召讐也，請受而甘心焉。”

**二　稱心**　陶潛詩：“人亦有言，稱心易足。”稱，去聲。

**三　當心**　《禮記·曲禮》：“凡奉者當心，提者當帶。”

**四　不當心**　《蕩寇志》七一回：“這厮眼見不當心。”

**五　留心**　《史記·蒙恬傳》：“惟大夫留心。”

**六　多心**　《吕覽·審應覽》：“周公口唔不言，以精相告。紂雖多心，弗能知矣。”

**七　寒心**　《戰國策》：“秦王之暴，而積怒於燕，足爲寒心。”

**八　開心**　《連相》梆子腔：“猪八戒喫鑰匙，開心哉。”

**九　放心**　《水滸》二十回：“放下心，不怕他。”

**一〇　放寬心**　元人《百花亭》劇：“只要你放寬心。”

**一一　陪小心**　《水滸》三四回：“酒保又陪小心道：‘上下周全小人的買賣。’”

**一二　了願心**　又三回：“我曾許下剃度一僧，只不曾有箇心腹的人，了此願心。”

**一三　使黑心**　元人《抱粧盒》劇：“你使一片黑心腸，做甚麽？”

**一四　使壞心**　《石頭記》五六回："又説他使壞心。"

**一五　喪良心**　《夷堅志》："徐偲病忘，食肉不知其爲肉，飲酒不知其爲酒，蓋苦學精思，喪其良心云。"喪，去聲。

**一六　起不良之心**　元·關漢卿《竇娥冤》劇："誰知他起不良之心。"《意中緣》劇："就起不良之心。"

**一七　天理良心**　《空谷香》劇："太爺，你也拿出些良心天理來呀！"《蕩寇志》八四回："天理良心，天下通行。"

**一八　一片婆心**　《通俗編》："《傳燈録》臨濟自黄蘗往參大愚，述三度被打話。愚曰：'黄蘗與麼，老婆心切。'"按世所謂"一片婆心"，本此。

**一九　出於本心**　《鳳求凰》劇："我們兩箇請罪，是出於本心。"《奈何天》劇："家主出於本心，何悔之有？"

**二〇　無所用心**　《論語》："子曰：'飽食終日，無所用心，難矣哉！'"

**二一　狼子野心**　《左傳》："狼子野心，是乃狼也。"

**二二　人面獸心**　見《頭面》。

**二三　海乾終見底，日後見人心**　見《水火》。

**二四　狗咬吕洞賓，不識好人心**　《石頭記》二五回："彩霞駡道：'没良心的，狗咬吕洞賓，不識好人心！'"

**二五　畫虎畫皮難畫骨，知人知面不知心**　元·孟漢卿《魔合羅》劇："便好道：'畫虎畫皮難畫骨，知人知面不知心。'"按《水滸》四四回語同。今小説家亦連用此二語。

**二六　以己之心，度人之心**　《中庸》注："以己之心，度人之心，未嘗不同，則道之不遠於人者可見。"度，入聲。

**二七　心很**　《國語》："宵之很在面，瑶之很在心。"

**二八　心燋**　《列子·楊朱篇》："名乃苦其身，燋其心。"

**二九　心花**　李白詩：“心花期啟發。”

**三〇　心坎兒**　《石頭記》二九回：“説到自己心坎兒上來。”

**三一　心心念念**　元·關漢卿《金線池》劇：“我女兒心心念念，只要嫁韓秀才。”

**三二　心悦誠服**　《孟子》：“以德服人者，中心悦而誠服也，如七十子之服孔子也。”《桃花扇》劇：“老師想是不喜奉承的，晚生惟有心悦誠服而已。”

**三三　心滿意足**　《病玉緣》劇：“得你這樣好青衣，我已心滿意足。”《石頭記》二三回語同。

**三四　心平氣和**　《朱子語類》：“心平則氣自和。”《呂語集粹》：“心平氣和，而有强毅不可奪之力。”

**三五　心無二用**　《夢筆生花·杭州俗語·雜對》：“心無二用；事在兩難。”

**三六　心掛兩腸**　《琵琶記》劇：“只是俺心掛兩頭，如何是好？”今人則云“心掛兩腸”，稍異。

**三七　心血來潮**　《夢筆生花·杭州俗語·雜對》：“骨頭生鏽；心血來潮。”

**三八　心不在焉**　見《飲食》“食而不知其味”。又《鳳求凰》劇：“你的棋子，一向是好的，爲甚麽會輸？可見是心不在焉的緣故！”

**三九　心猿意馬**　《參同契》注：“心猿不定，意馬四馳。”元·喬孟符《兩世姻緣》劇：“唤回我心猿意馬。”

**四〇　心安理得**　陳榕門評《呂語集粹》：“君子惟求合乎理，理得則心安。”

**四一　好心好報**　《隋書·譙國夫人傳》：“我事三代主，

唯用一好心，今賜物俱存，忠孝之好報也。”

**四二　良心發見**　《通俗編》：“‘良心發見’，見《孟子·牛山章》集注。”見音現。

**四三　小心謹慎**　《漢書·霍光傳》：“小心謹慎，未嘗有過。”

**四四　隨心所欲**　《論語》：“七十而從心所欲，不踰矩。”注：“從，隨也，隨其心之所欲，而自不過於法度。”

**四五　清心寡欲**　元·鄭廷玉《忍字記》劇：“我奉師父法旨，着我清心寡欲。”

**四六　盡心竭力**　《論語·甯武子章》注：“盡心竭力，不避艱險。”

**四七　盡心力而爲之**　《孟子》：“盡心力而爲之，後必有災。”

**四八　於心何忍**　《雷峰塔》劇：“虧你下這般很心，於心何忍？”

**四九　用心太過**　《蕩寇志》一百十四回：“此小姐因軍機重事，用心太過。”

**五〇　放心大膽**　《石頭記》六七回：“方得放心大膽的說定了。”

**五一　提心弔膽**　《蕩寇志》百三四回：“公孫勝退入帳中，提心弔膽，那敢就睡。”

**五二　定心圓子**　江盈科《雪濤小説》：“知足知止之言，真是定心丸子，不可一日不服。”今語作“定心圓子”，音之誤也。

**五三　死心塌地**　元人《氣英布》劇：“我若是不殺他楚使，他怎肯死心塌地，便肯歸降我？”元·石君寶《曲江池》

劇：“俺那女兒也死心塌地，與我覓錢。”《水滸》三一回：“兩箇閉口無言，只得死心塌地。”

**五四　其心不善**　《水滸》五二回：“其心不善，且教你喫些磨難。”

**五五　存心不善**　《殺狗記》劇：“存心不善，結交非義謀凶惡。”

**五六　貪心不足**　《三國志演義》六一回：“何故貪心不足，又來擾我江南？”

**五七　瞞心昧己**　《呂語集粹》：“諺云‘瞞心昧己’，有味哉，其言之矣！”元·李致遠《風雨還牢》劇：“他一剗兒瞞心昧己。”

**五八　忍心害理**　《香祖樓》劇：“我裴畹也是憐香惜玉之人，怎肯忍心害理！”

**五九　粗心浮氣**　《意中緣》劇：“這是下官粗心浮氣，莫怪莫怪！”

**六〇　喪心病狂**　《巧團圓》劇：“你這老頭兒，敢是喪心病狂了。”喪，去聲。

**六一　有心機**　《後漢書·宦者傳》：“鄭重爲人，謹敏有心幾。”按，幾，平聲。今人則作“有心機”。

**六二　費盡心機**　《琵琶記》劇：“常懷憂悶，費盡心機。”《荷花蕩》劇：“爲傅小姐費盡心機。”

**六三　嘔心血**　《三國志演義》四三回：“司馬徽笑曰：‘元直欲去，自去便了，何又惹他出來嘔心血也！’”

**六四　傳授心法**　《中庸》朱注引程子曰：“此篇乃孔門傳授心法。子思恐其久而差也，故筆之於書，以授孟子。”《病玉緣》劇：“妾身是過來人，現在輪到女兒，那自然傳授心法。”

**六五　相隨心轉**　見《頭面》。

**六六　福至心靈**　見《禍福》。

**六七　鐵石心腸**　《皮日休文集》：“宋廣平貞姿勁質，疑其鐵石心腸，不解吐婉媚辭。”元·戴善夫《風光好》劇：“他多管是鐵石心腸。”

**六八　口甜心苦**　見《言語》。

**六九　口快心直**　同上。

**七〇　口是心非**　同上。

**七一　膽戰心驚**　《拜月亭記》劇：“膽戰心驚，如何可免？”元人《神奴兒》劇：“好着我膽戰心驚。”

**七二　膽欲大而心欲小**　《陔餘叢考》：“膽欲大而心欲小。”原注：“見《淮南子》。”

**七三　心有餘而力不足**　《石頭記》二五回：“只是心有餘而力量不足。”

**七四　疑心生闇鬼**　見《鬼神》。

**七五　爲人不做虧心事，半夜敲門不喫驚**　《古謡諺》：“日間不作虧心事，半夜敲門不喫驚。”元人《盆兒鬼》劇：“爲人本分作經營，淡飯粗茶心自寧；平生莫做虧心事，半夜敲門不喫驚。”今人語云：“爲人不做虧心事，半夜敲門不喫驚。”

**七六　要知心腹事，但聽口中言**　見《言語》。

**七七　人心是肉做的**　《賈子》：“世人不以肉爲心則已，若以肉爲心，人亦可知也。”《通俗編》：“按即諺云‘人心肉做’。”今人有“人心是肉做的”之語。

**七八　人心不足蛇吞象**　羅洪先詩：“人心不足蛇吞象，世事到頭螳捕蟬。”又元人《冤家債主》劇二語同。

**七九　皇天不負苦心人**　見《天文》。

**八〇　不到黄河心不死**　見《水火》。

**八一　一心一意**　《鳳求凰》劇："如今一心一意，只是襬解罷了。"

**八二　三心二意**　《精忠譜》劇："有患同難，弗要三心二意。"元·關漢卿《救風塵》劇："争奈是匪妓，都三心二意。"

**八三　誠心誠意**　《石頭記》三八回："大遠的誠心誠意來了。"

**八四　稱心滿意**　《三國志演義》四四回："曹操得二女，稱心滿意，必班師矣！"稱，去聲。

**八五　同心合意**　《漢書·匡衡傳》："朕嘉與卿同心合意。"《水滸》五九回："全賴衆兄弟扶助，同心合意。"

**八六　回心轉意**　元·關漢卿《竇娥冤》劇："俺媳婦兒，待他有箇回心轉意，再作區處。"

**八七　有意栽花花不發，無心插柳柳成陰**　元·關漢卿《智斬魯齋郎》劇："著意栽花花不發，等閒插柳柳成陰。"《荷花蕩》劇："著意栽花花不發，無心插柳柳成陰。"今人則云："有意栽花花不發，無心插柳柳成陰。"

**八八　如意**　見《什物》。

**八九　萬事如意**　《石頭記》五三回："新春大喜大福，榮貴平安，加官進禄，萬事如意。"

**九〇　不如意**　《漢書·京房傳》："陛下雖行此道，猶不得如意。"

**九一　中意**　《漢書·杜周傳》："奏事中意任用。"中，去聲。

**九二　不中意**　《漢書·孔光傳》："以議不中意，左遷廷尉。"

**九三　適意**　《晉書·文士傳》："張翰曰：'人生貴適意耳。'"

**九四　稱意**　《戰國策》："貫珠勸齊襄王下令，言田單能稱寡人之意。"稱，去聲。

**九五　留意**　《史記·樂毅傳》："惟君王留意焉！"

**九六　執意**　《宋史·王安石傳》："自信所見，執意不回。"《意中緣》劇："我家小姐平日是最執意的。"

**九七　差强人意**　《後漢書·吴漢傳》："帝曰：'吴公差强人意，隱若一敵國矣。'"差音雌。

**九八　頗有此意**　《比目魚》劇："頗有此意，只是不敢自專。"

**九九　何足介意**　《蜀志·先主傳》："袁公路家中枯骨，何足介意。"

**一〇〇　一場好意**　元人《抱粧盒》劇："休教辜負了兩箇忠臣一場好意。"

**一〇一　好意反成歹意**　《殺狗記》劇："我送你歸家，好意反成惡意。"《意中緣》劇："休得要一味相猜，把好意翻成惡意。"今人多云"好意反成歹意"。歹音獃，上聲。

**一〇二　不過意**　《蕩寇志》七三回："那娘子止不住腮邊的淚，希真老大不過意。"

**一〇三　不以爲意**　又百二回："董平不以爲意。"

**一〇四　以意爲之**　《禮記·禮運》："故聖人耐以天下爲一家，以中國爲一人者，非意之也。"注："非意之，謂非以私意忖度而爲之也。"

**一〇五　有意思**　《南史·齊宗室傳》："晉安王子懋，武帝諸子中，最爲静恬，有意思。"思，去聲。

**一〇六　得意揚揚**　《史記·管晏列傳》："意氣揚揚，甚自得也。"《荀子·儒效篇》："揚揚如也。"注："揚揚，得意之貌。"

**一〇七　可意會而不可言傳**　《石頭記》五回："惟心會而不可言傳，可神通而不可語達。"今人多云"可意會而不可言傳"。

**一〇八　可想而知**　《蕩寇志》九五回："他兩箇待老子如此，待兄弟可想可知。"

**一〇九　想當然耳**　《後漢書·孔融傳》："融與曹操書，稱武王伐紂，以妲己賜周公。操不悟，後問出何經典？對曰：'以今度之，想當然耳！'蓋以曹丕納甄氏諷曹也。"

**一一〇　想入非非**　《楞嚴經》："於無盡中，發實盡性，如存不存，若盡不盡，如是一類，名爲非想非非想處。"按，今人云"想入非非"本此。

**一一一　想這箇念頭**　元人《隔江鬬智》劇："纔想這箇念頭。"

**一一二　左思右想**　《蕩寇志》九六回："左思右想，遲疑不絕。"

**一一三　胡思亂想**　《朱子語類》："學者爲學，未問真知與力行，且要收拾此心，令有箇頓放處。若收斂都在義理上安頓，無許多胡思亂想，則久久自於物欲上輕，於義理上重。"元·鄭廷玉《忍字記》劇："不可胡思亂想，須要緜緜密密。"《水滸》七回："你休得要胡思亂想，只顧放心去。"

**一一四　思前想後**　《石頭記》七九回："思前想後，不覺滴下淚來。"

**一一五　匪夷所思**　《易·渙卦》："渙有丘，匪夷所思。"

夷，平常也，非平常之見所能思及也。

**一一六　三思而行**　《論語》：“季文子三思而後行。子聞之曰：‘再，斯可矣！’”《琵琶記》劇：“凡事三思而行。”三，去聲。

**一一七　三番四復**　《綵雪亭雜言》：“三番四復，猶豫不決，此是現在忘想也。”復，或作覆。

**一一八　七上八下**　元·賈仲名《玉梳記》劇：“弄得箇七上八下。”《水滸》二一〔六〕回：“那胡正卿心頭十五箇弔桶打水，七上八下。”

**一一九　忘其所以**　《荆釵記》劇：“倘若喫了兩鍾酒，忘其所以，到是學生之過哉。”《夢筆生花·杭州俗語·雜對》：“忘其所以；無可如何。”

**一二〇　方寸亂矣**　《蜀志》：“徐庶母爲曹操所虜，庶辭昭烈曰：‘本欲與將軍共圖王霸之業，今母爲彼獲，方寸亂矣。’”《資暇録》：“今人稍惑撓未決，則云‘方寸亂矣’，此不獨誤也，何失言甚歟！‘方寸亂矣’見《蜀志》徐庶事。苟事不相類，其可輕用耶？”

**一二一　茅塞**　《孟子》：“今茅塞子之心矣。”

**一二二　留神**　《後漢書·郎顗傳》：“丁寧再三，留神於此。”

**一二三　下情**　《管子·明法篇》：“下情求不上通，謂之塞；下情上而道止，謂之侵。”

**一二四　情願**　顔延之《庭誥》：“施其情願，庀其家食。”

**一二五　兩相情願**　《釵釧記》劇：“當初與皇甫吟連姻，還是兩相情願的。”

**一二六　一相情願**　見《性情》。

**一二七　願上鉤**　《桃花扇》劇:“太公釣魚,願者上鉤。”

**一二八　天從人願**　見《天文》。

**一二九　惟天可表**　同上。

**一三〇　定盤星**　《度叔》梆子腔:“把定盤星兒錯認了。”

**一三一　胸有成竹**　蘇軾《偃竹記》:“畫竹必先得成竹於胸中。”《病玉緣》劇:“他見識深遠,諒有成竹在胸哩!”

**一三二　葫蘆裏賣甚藥**　《邯鄲夢》劇:“看看他葫蘆裏賣倸箇藥。”《三國志演義》四三回注:“不知他葫蘆裏賣甚藥。”

**一三三　隔層肚皮隔層牆**　見《身體》。

**一三四　馬蟻上熱鍋**　《水滸》五五回:“如熱鍋上螞蟻,走頭無路。”《石頭記》三九回:“急的熱鍋上螞蟻一般。”《通俗編·俚語集對》:“螞蟻上鍋埒,活咫;癩黿墶牀腳,死掌。”

**一三五　那是你肚裏的蚘蟲**　元·秦簡夫《東堂老》劇:“你何不早説,誰是你肚裏的蚘蟲!”今人云“那是你肚裏的蚘蟲。”按,《説文》:“蛕,腹中長蟲也。”《集韻》作蛔。《廣韻》作蚘。本音回,俗讀若爲,回、爲以音近而訛也。

# 貧富

**一　受用**　《周禮·大府》："頒其賄于受用之府。"

**二　享福**　見《禍福》。

**三　暴發户**　《儒林外史》五三回："徐九公子道：'也是那些暴發户人家,若是我家,他怎敢大膽？'"今俗云"暴發塢",以音近而譌也。

**四　沈萬三**　明·孔邇述《雲蕉館紀談》："沈萬三，蘇州吴縣人也。家貧無産，以漁爲生。一日飯畢，就水洗碗，碗忽墜水中。因摸之，不知碗所在，但覺前後左右，纍纍如石彈，乃盡取之，有識者曰：'此烏鴉石也，一枚得錢數萬。'萬三因以富。或曰，夏日仰卧漁船上，見北斗翻身，遂以布襴盛之，得一杓。及天明有一老者，引七人挑籮擔七條而至，謂之曰：'汝爲我守之。'言訖不見，啟視，皆馬蹄金也，以此致富。二説不同。太祖既定金陵，欲爲建都之地，廣其外城，府庫虚乏，難以成事。萬三願與對半而築，同時舉工，先完三日。太祖酌酒慰之，心實不悦也。適萬三築蘇州街，以茅山石爲心，上謂其有謀反心，殺之，血出盡白，家財入官。"明·郎瑛《七修類稿》："國初，南都沈萬三秀者，甚富。今會同館是其故宅，後湖中地，是其花園。京城自洪武門至水西門，乃其所築。太祖欲殺之，皇后苦諫，乃得流雲南。”清·宋長白《柳亭詩話》：“金陵水西門，有豬龍爲患，明太祖以沈仲榮聚寶盆鎮之，乃止。”注云：“仲榮，名富，行三，人因稱爲沈萬三。張三豐授以爐火術，有‘百八火牛耕夜月’之句。其富敵國，盆即鼎器也。”清·褚人穫《堅瓠集》：“明初沈萬三貧時，夜夢青衣百餘人乞命。及旦，見漁翁持青蛙百餘，將事刲刳，萬三感悟，以鏹買之，縱於池中。嗣後喧鳴達旦，聒耳不能寐。晨往毆之，見俱環踞一瓦盆，異之，持歸以爲盥手具。萬三妻遺一銀記於其中，而見其中銀記盈滿，不可數計。以金試之，亦如是。由是財雄天下。”

**五　朝奉**　《言鯖》：“徽俗稱富翁爲朝奉，亦有所本。漢諸侯多奉朝請，奉朝請者，逢朝會，請名而已。”朝音潮。

**六　老朝奉**　見《年齒》。

**七　老封君**　同上。

**八　財主**　《世説》：“陳仲弓曰：‘盜殺財主，何如骨肉相殘？’”

**九　富貴有餘**　《儒林外史》二七回：“這菜一定是魚，取富貴有餘的意思。”

**一〇　富潤屋**　見《宫室》。

**一一　富而好禮**　《論語》：“子貢問曰：‘貧而無諂，富而無驕，何如？’子曰：‘可也。未若貧而樂，富而好禮者也。’”按，“富而好禮”，謂不越禮也。今人俗語，反以踵事增華言之，誤矣。好，去聲。

**一二　敵國之富**　見上“沈萬三”。又《宋史·秦檜傳》：“檜開門受賂，富堪敵國。”今人所謂“敵國之富”是也。

**一三　君子周急不繼富**　《論語》：“吾聞之也，君子周急不繼富。”《衣珠記》劇：“自古説‘君子周急不繼富’。”

**一四　嫌貧愛富**　見《婦女》。

**一五　豬來窮，狗來富**　《田家五行志》："豬來貧，狗來富，猫來開質庫。"《雪濤談叢》："余邑諺云：'豬來窮家，狗來富家，猫來孝家。'"今俗祇言"豬來窮，狗來富"。

**一六　爲富不仁**　《孟子》："陽虎曰：'爲富不仁矣，爲仁不富矣。'"虎恐以仁害富，孟子則恐以富害仁也。《尋親記》劇："那張敏爲富不仁，眼前惡報。"又《龍川集·喻夏卿墓志》："昔孟子有取於爲仁不富之論，而世俗常言曰'慈不主兵，義不主財'，其説遂以行。而閭巷之奸夫猾子，借是以成其家，雖見鄙於清論，見絶於公法，終不爲之變也。"

**一七　白手成家**　《病玉緣》劇："白手成家，黄金滿屋，錢高北斗，粟爛南倉。"

**一八　成家立業**　《一文錢》劇："經營立業，成家稱了素豐。"

**一九　一家飽煖千家怨**　《夢筆生花·杭州俗語·雜對》："一家飽煖千家怨；前人田地後人收。"

**二〇　一毛不拔**　《孟子》："楊子取爲我，拔一毛而利天下，不爲也。"《鸞釵記》劇："你直頭一毛不拔。"

**二一　羊子身上拔根毛**　《通俗編》："'九牛亡一毛'，見《漢書·司馬遷傳》。按，俚諺'牯牛身上拔根毛'即此意。"今人又有"羊子身上拔根毛"之語，比富人之用財也。

**二二　養尊處優**　《清朝野史大觀》："訥相（納爾經額）爲承平大吏，養尊處優，素不知兵。"

**二三　居移氣，養移體**　見《身體》。

**二四　將無作有**　元·康進之《李逵負荆》劇："不要你將無作有，只要你前來依後。"

**二五　命裏有終須有**　潘子真《詩話》:“命中若有終須有,到底無時不奈何。”元·關漢卿《金線池》劇:“我命裏有終須有,命裏無枉生受。”

**二六　有的不知没的苦**　《夢筆生花·紘索樂府》:“有的不知没的苦,車的不如削的圓。”

**二七　出頭日子**　見《禍福》。

**二八　過日子**　見《醫病》“昏昏沈沈”。

**二九　得過且過**　《輟耕録》:“五臺山有鳥,名號寒蟲。當夏,儀采絢爛,自鳴曰:‘鳳凰不如我。’比至深冬,毛羽脱落,遂自鳴曰:‘得過且過。’”《第二碑》劇:“爲此得過且過,竟成槁木形骸。”

**三〇　裝門面**　見《宫室》。

**三一　做面子**　見《頭面》。

**三二　錦上添花**　見《天文》“雪中送炭”。黄庭堅《了了菴頌》:“又要涪翁作頌,且教錦上添花。”

**三三　雪中送炭**　見《天文》。

**三四　擔雪填井**　同上。

**三五　湯拌雪**　同上。

**三六　郊寒島瘦**　《香祖筆記》:“宗室紅蘭主人,工書畫,有《玉池生集》。又刻郊、島二家詩,曰《寒瘦集》。”《桃花扇》劇:“我輩的施爲,到底有些郊寒島瘦。”按,郊,孟郊也;島,賈島也。寒瘦皆評其詩。今人遂比寒酸人矣。

**三七　救窮**　《雜道書》:“地肺山,其下有草,名曰救窮,食之可以絶穀。”

**三八　窮鬼**　韓愈《送窮文》:“三揖窮鬼而告之。”

**三九　窮秀才**　《翡翠園》劇:“一箇窮秀才,屋裏飯也没得喫。”

**四〇　窮漢養嬌兒**　見《家族》。

**四一　窮嘴**　《栗齋詩話》：“俚語云：‘老手舊肐膊，窮嘴餓舌頭。’”

**四二　窮骨頭**　元·鄭德興《㑳梅香》劇：“他那窮骨頭，消不得相公宅。”《金印記》劇：“窮骨頭，有何福分做官！”

**四三　窮忙**　見《人事》。

**四四　窮人家**　《青箱雜記》：“晏元獻每言富貴，不及言金玉錦繡，惟言氣象，若‘樓臺側畔楊花過，簾幙中間燕子飛’，窮人家有此景否？”

**四五　窮日子**　《借妻》梆子腔：“過你娘的窮日子罷！”

**四六　窮孝敬**　《念八翻傳奇》：“不免訪他寓處去，磕一箇頭兒，也當我一箇窮孝敬。”

**四七　窮坑難填**　《復齋漫録》：“劉輡爲豐城尉，性不飲酒。推官某善飲啖，抵邑公會，以諺語戲曰：‘小器易盈真縣尉。’劉答曰：‘窮坑難滿是推官。’”元·秦簡夫《東堂老》劇：“可也填不滿你這窮坑。”

**四八　窮斯濫矣**　《論語》：“子曰：‘君子固窮，小人窮斯濫矣。’”

**四九　窮雖窮，還有三擔銅**　《夢筆生花·杭州俗語·雜對》：“窮三擔；瘟千刀。”按，俗有“窮雖窮，還有三擔銅”之語。擔，去聲。

**五〇　窮不與富争，富不與官争**　見《朝署》。

**五一　只愁富，不愁貧**　元·李文蔚《燕青博魚》劇：“常占勝，不占輸；只愁富，不愁貧。”

**五二　穿不窮，喫不窮，算計不到一世窮**　《涇諺彙録》：

“穿不窮，喫不窮，算計不到一世窮。”

**五三　喫酒三年窮，不喫酒也三年窮**　見《飲食》。

**五四　冷溲、餓屁、窮説謊**　《涇諺彙録》：“冷溲、餓屁、窮説謊。”按，溲、虚雙聲，故俗讀溲若虚也。

**五五　水窮山盡**　見《地理》。又《殺狗記》劇：“任你滿帆風使，終有箇水窮山盡。”

**五六　民窮財盡**　《桃花扇》劇：“你是奸臣馬士英，弄得民窮財盡。”《奈何天》劇：“年歲凶荒，民窮財盡。”

**五七　民不聊生**　《雪中人》劇：“總因有司失職，民不聊生。”

**五八　其窮無比**　《西遊記》三七回：“你那東土，雖是中原，其窮無比，有甚寶貝？”

**五九　一貧如洗**　元人《舉案齊眉》劇：“小生屢次使人説親，他見小生一貧如洗，堅執不肯。”《尋親記》劇：“他一貧如洗，那裏有銅錢銀子使用？”

**六〇　比上不足，比下有餘**　見《朝署》。

**六一　上無片瓦，下無立錐**　見《文事》“功不成，名不就”。

**六二　窮無立錐之地**　見《宫室》。

**六三　家徒四壁**　《還魂記》劇：“正是家徒四壁求楊意。”《蕩寇志》百二十回：“現在是瓶無儲粟，家徒四壁。”

**六四　孤老院**　《儒林外史》三二回：“那箇借屋與他住？只好搬到孤老院。”

**六五　破落户**　見《宫室》。

**六六　落魄**　見《史記·酈食其傳》。

**六七　溜打鬼**　見《鬼神》。

**六八　討飯坯**　見《飲食》。又《永團圓》劇：“丑云：‘你罵我儈箇？’副云：‘罵你箇討飯坯。’”

**六九　討飯没路走**　《夢筆生花·杭州俗語·雜對》：“討飯没路；食禄有方。”今人有“討飯没路走”之語。

**七〇　走頭無路**　見《地理》。

**七一　盡頭路**　《西遊記》四七回：“罷了，來到盡頭路了。”

**七二　天無絶人之路**　見《天文》。

**七三　天堂路，地獄門**　見《天地》。今乞丐自道其苦曰：“有錢就是天堂路，無錢就是地獄門。”

**七四　上天無路，入地無門**　同上。

**七五　叫天不應，叫地不應**　同上。

**七六　拆東天，補西天**　見《天文》。

**七七　東不着，西不着**　《水滸》十六回：“逃走在江湖上，東又不着，西又不着。”

**七八　指東劃西**　見《地理》。

**七九　典家堂，賣土地**　見《家族》“牽爺娘，帶祖宗”。

**八〇　識到秤，没漿賣**　《通俗編·俚語集對》：“斫得樹倒有柴燒；識得秤來没肉賣。”今江北語云“識到秤，没漿賣”，似不若“無肉賣”爲是。

**八一　這山望見那山高**　見《地理》。

**八二　留得青山在，不愁没柴燒**　元人《看錢奴》劇：“我只道留下青山怕没柴。”《涇諺彙録》：“留得青山在，不愁没柴燒。”此慰貧者之語也。

**八三　青黄不接**　《元典章》：“詔云：‘正是青黄不接之際。’”此謂田禾將收未收之時。

**八四　衣食不周**　《翡翠園》劇：“小人打聽舒家，衣食不周。”

**八五　衣不充身，食不充口**　見《飲食》。

**八六　用度不足**　《後漢書·光武紀》：“頃者師旅未解，用度不足，故行什一之税。”

**八七　一日不作，一日不收**　《野客叢書》：“今俗語謂‘一日不作，一日不食’，而《趙世家》已曰‘一日不作，百日不食’。”今人或云“一日不作，一日不收”。

**八八　一年好似一年**　見《時日》。

**八九　一年不如一年**　同上。

**九〇　自顧不暇**　《通俗編》：“《晉書·劉聰載紀》：‘彼方憂自固，何暇來耶？’按，今俗云‘自顧不暇’，訛也。”《病玉緣》劇：“我的現象，已到這般，自顧不暇，何敢多求。”

**九一　自食其力**　《禮記·禮器》：“食力無數。”注：“謂自食其力之人。”

**九二　力不從心**　《後漢書·班超傳》：“超之氣力，不能從心。”

**九三　心有餘而力不足**　見《心意》。

**九四　實偪處此**　《左傳》：“無滋他族，實偪處此。”《病玉緣》劇：“怎奈勢有萬難，儂家又實偪處此。”今貧苦者常有此語。

**九五　無可奈何**　《漢書·王莽傳》：“太保舜謂太后曰：‘事已至此，無可奈何！’”

**九六　倒架子**　《石頭記》二回：“如今外面的架子，雖不甚倒，内囊卻也盡上來了。”

**九七　空架子**　又：“不過是舊日的空架子。”

**九八　空空如也**　《論語》：“有鄙夫問於我，空空如也。”謂腹内空疏也。今人之無錢者，亦有是語。

**九九　空手兩拳頭**　見《身體》。

**一〇〇　赤手空拳**　見《身體》。

**一〇一　妙手空空**　同上。

**一〇二　巴巴結結**　元人《盆兒鬼》劇：“則是結結的這巴巴。”

**一〇三　量體裁衣**　見《服飾》。

**一〇四　手長衣袖短**　同上。

**一〇五　只重衣衫不重人**　同上。

**一〇六　焉得人人而濟之**　《孟子》：“君子平其政，行辟人可也，焉得人人而濟之？”

**一〇七　上山擒虎易，開口告人難**　《琵琶記》劇：“正是‘上山擒虎易，開口告人難’。”

# 人事

**一　事體**　《後漢書·胡廣傳》："練達事體，明解朝章。"

**二　事情**　《孟子》序："以爲迂闊而遠於事情。"

**三　事到如今**　元·關漢卿《竇娥冤》劇："事到如今，也顧不得别人笑話了。"

**四　事不宜遲**　元人《桃花女》劇："此事不宜遲慢。"《夢筆生花·杭州俗語·雜對》："道猶未了；事不宜遲。"

**五　事必躬親**　曾鞏《越州趙公救菑記》："公於此時，蚤夜憊心力，不少懈，事細鉅必躬親。"

**六　事不關心**　元·戴善夫《風光好》劇："事不關心，關心者亂。"

**七　事關重大**　《瑞筠圖》劇："商議復請上皇臨朝，事關重大。"

**八　重大生活**　元人《桃花女》劇："近因年老，做不的甚麽重大生活。"

**九　事事不過三**　《西遊記》二七回："常言道'事事不過三'，我若不去，真是箇下流無恥之徒。"

**一〇　事在人爲**　《永團圓》劇："丑云：'如今寬卻心頭帳。'副云：'事在人爲必克臧。'"

**一一　事在兩難**　見《心意》“心無二用”。

**一二　進退兩難**　《水滸》十六回：“因此躊躇未決，進退兩難。”《比目魚》劇：“進退兩難，卻怎麼處？”

**一三　左難右難**　元·馬致遠《岳陽樓》劇：“只恁麼左難右難。”

**一四　千難萬難**　《水滸》十五回：“那裏知道路上千難萬難。”

**一五　登天的難**　見《天文》。

**一六　慣出難題目**　《通俗編·俚語集對》：“慣出難題目；好做奇文章。”

**一七　管事**　《史記·李斯傳》：“趙高入秦宮，管事二十餘年。”

**一八　生事**　《公羊·桓八年傳》：“遂者何？生事也。”

**一九　多事**　《家語》：“金人銘曰：‘毋多事，多事多患。’”

**二〇　底事**　《陔餘叢考》：“江南俗語，問何物爲‘底物’，何事爲‘底事’，唐以來已入詩詞中。”

**二一　誤事**　《南史·南郡王義宣傳》：“阿兄誤人事。”

**二二　濟事**　《吴語》：“可以濟事。”

**二三　不濟事**　《管子·小問篇》：“桓公曰：‘事其不濟乎？’”

**二四　不了事**　《南史·蔡撙傳》：“武帝曰：‘卿殊不了事。’撙曰：‘臣未嘗有不了事之目。’”

**二五　大不了的事**　《石頭記》七回：“有什麼大不了的事情！”

**二六　天大的事**　元人《抱粧盒》劇：“適遇了一樁天大

的事。”

**二七　紅白大事**　《石頭記》七二回：“還有幾家的紅白大事。”

**二八　大事化爲小事，小事化爲没事**　又六二回：“大事化爲小事，小事化爲無事。”按，“無事”，今俗則作“没事”。

**二九　少不更事**　見《年齒》。

**三〇　並無此事**　《杏花村》劇：“叔叔嗄！姪兒並無此事。”

**三一　逍遥無事**　元·李文蔚《燕青博魚》劇：“且喜兄弟今日逍遥無事了也。”

**三二　安然無事**　《蕩寇志》九七回：“冥然罔覺，安然無事。”

**三三　多一事不如少一事**　《石頭記》七四回：“多一事不如省一事。”按，“省一事”，今俗作“少一事”。

**三四　造言生事**　《孟子》：“好事者爲之也。”注：“謂喜造言生事之人也。”《石頭記》七四回：“怕的是小人趁便，又造言生事。”

**三五　打叉的事**　《蕩寇志》百二二回：“不料驟然起了一樁打叉的事。”叉音汊。

**三六　合當有事**　《水滸》二二回：“也是合當有事。”《蕩寇志》百七回：“這日合當有事，同時撞出兩起禍來。”

**三七　因人成事**　《史記·平原君傳》：“毛遂招十九人曰：‘公等碌碌，所謂因人成事者也。’”

**三八　貴人多忘事**　元人《連環記》劇：“常言道：‘貴人多忘事。’”《繡襦記》劇：“正所謂‘貴人多忘事’，他叫鄭元和。”

**三九　明人不做暗事**　《西遊記》八四回："明人不做暗事。"《巧團圓》劇："明人不做暗事，竟在青天白日之下，何等不好。"

**四〇　今日不知明日事**　元·張國賓《羅李郎》劇："可正是'今日不知明日事，前人田土後人收'。"

**四一　秀才不出門，能知天下事**　見《文事》。

**四二　天下本無事，庸人自擾之**　《唐書·陸象先傳》："天下本無事，庸人自擾之。"

**四三　要知心腹事，但聽口中言**　見《言語》。

**四四　世上無難事，只怕用心人**　《荷花蕩》劇："正是'世間無難事，只怕有心人'。"今人或云"世上無難事，只怕用心人"。

**四五　行所無事**　《孟子》："禹之治水也，行其所無事也。"

**四六　正經事**　《石頭記》七回："又當甚麽正經事問我。"

**四七　不做好事**　《五代史》後唐明宗責王建曰："汝爲節度使，不做好事。"

**四八　一樁好事**　元·李行道《灰闌記》劇："若是有緣分，得成全了一樁好事，豈不美哉！"俗讀樁若莊。

**四九　好事多磨**　元·楊顯之《秋夜雨》劇："從來好事多磨折。"《董西廂》劇："真是所謂'佳期難得，好事多磨'。"

**五〇　好事不出門，惡事傳千里**　《北夢瑣言》："晉相和凝，少時好爲曲子詞，布於汴洛。洎入相，專託人收拾焚毁不暇。然相國厚重有德，終爲艷詞玷之。契丹入夷門，號爲'曲子相公'。諺所謂'好事不出門，惡事行千里'，士君子得不戒之乎！"《水滸》二三回："自古道：'好事不出門，惡事傳千里。’”

**五一　好事者爲之也**　見上“造言生事”。好，去聲。

**五二　公事畢**　見《朝署》。

**五三　公事忙**　同上。

**五四　無事忙**　《石頭記》三七回：“你的號早有了‘無事忙’，忙字確當得很。”

**五五　和事老**　見《年齒》。

**五六　百事大吉**　見《禍福》。

**五七　萬事如意**　見《心意》。

**五八　凡事豫則立**　《中庸》：“凡事豫則立，不豫則廢。”

**五九　大事不胡塗**　《宋史·吕端傳》：“太宗曰：‘吕端小事胡塗，大事不胡塗。’”

**六〇　實事求是**　《漢書·河間獻王德傳》：“修學好古，實事求是。”

**六一　遇事生風**　《通俗編》：“《漢書·趙廣漢傳》：‘見事風生，無所回避。’”今云“遇事生風”，本此。

**六二　輕事重報**　元·鄭廷玉《忍字記》劇：“這廝輕事重報。”

**六三　閒事莫管**　《漁隱叢話》：“世間俚語，往往極有理者，如云‘聞事莫説，問事不知，閒事莫管，無事早歸’，是也。”

**六四　謀事在人，成事在天**　見《天文》。

**六五　人逢喜事精神爽**　見《禍福》。

**六六　一人做事一人當**　見《善惡》。

**六七　無事生非**　《十五貫》劇：“無事生非，常言道‘是非只爲多開口’。”

**六八　無事消遣**　《三國志演義》二一回："無事消遣耳。"

**六九　無事早歸**　見上"閒事莫管"。

**七〇　無事不登三寶殿**　見《宮室》。

**七一　有事在身**　《尋親記》劇："因你有事在身，心忙意亂。"

**七二　有事弟子服其勞**　見《文事》。

**七三　中人**　《通俗編》："'中人'，見魯褒《錢神論》。"

**七四　不偏之謂中**　《中庸》："子程子曰：'不偏之謂中，不易之謂庸。'"按，《通俗編·識餘》亦引之。作中人者，每引此語。

**七五　居間**　《史記·游俠傳》："邑中賢豪居間者以十數。"今爲人寫田房契者，或寫"居間者"，本此。

**七六　代勞**　李百藥詩："長歌且代勞。"

**七七　能者多勞**　《石頭記》十五回："只是俗語說的'能者多勞'。"

**七八　贊成**　見《時日》"彼一時，此一時"。

**七九　作保**　拾得詩："爲他作保見，替他說道理。"《爛柯山》劇："一不與人做媒，二不與人作保。"

**八〇　作梗**　《北史·魏收傳》："羣氏作梗，遂爲邊患。"今人阻撓人事者，亦云"作梗"。

**八一　和爲貴**　見《性情》。

**八二　排難解紛**　見《交際》。

**八三　調停**　《綱鑑》："自司馬光卒後，王安石之徒多爲飛語，以搖在位。大臣爲自全計，吕大防、范純仁尤畏之，欲用其黨以平舊怨，謂之調停。"

**八四　調人**　《周禮·調人》："掌司萬民之讐，而調和之。"

**八五　替人**　《唐書·文藝傳》："杜審言病甚，宋之問、武平一等省候何如，答曰：'我在，久壓公等，但等不見替人。'"

**八六　過來人**　《奈何天》劇："要知山下路，須問過來人。"《意中緣》劇："只有我過來人，方纔了了。"

**八七　梯己人**　《山居新語》："嘗見周草窗家藏徽宗在五國城寫歸御批，有云'可付體己人'者，即所謂'梯己人'。"《水滸》三二回："花榮手下，有幾個梯己人。"

**八八　等箇人**　《傳燈録》："布袋和尚在街衢立，或問：'作甚麽？'曰：'等箇人。'"

**八九　得饒人處且饒人**　《陔餘叢考》："自出洞來無敵手，得饒人處且饒人。"原注："見《西溪叢語》蔡州棋道人詩。"元·關漢卿《竇娥冤》劇："正是'得放手時須放手，得饒人處且饒人'。"

**九〇　解鈴還是繫鈴人**　《西遊記》七一回："解鈴還問繫鈴人。"《鳳求凰》劇："古語道得好，'解鈴還用繫鈴人'。"《翡翠園》劇："自古'解鈴還是繫鈴人'，不向長史處求救，卻向誰來？"

**九一　若要人不知，除非己不爲**　《殺狗記》劇："欲人不知，除非莫爲。"《通俗編》："苻堅引諺云：'欲人不知，莫若不爲；欲人不聞，莫若不言。'今人云：'若要人不知，除非己不爲。'蓋本於此。"

**九二　與人方便，自己方便**　《古謠諺》："顧起元引諺云：'與人方便，自己方便。'"又《拜月亭記》劇二語同。

**九三　大開方便之門**　《一文錢》劇："今有龐居士，廣放來生債，大開方便之門。"《病玉緣》劇："咱們既已發明此種奇方，索性大開方便之門，可將從前病院改創醫局，豈不甚好！”

**九四　成也蕭何，敗也蕭何**　元人《賺蒯通》劇：“争奈韓信軍權太重，倘有歹心，可不覷漢朝天下，如同翻掌。非是我成也蕭何，敗也蕭何，做恁的反覆的勾當。”

**九五　貴幹**　《水滸》十四回：“教授到此貴幹？”《琵琶記》劇：“今日到舍，有何貴幹？”

**九六　能幹**　《後漢書·循吏傳》：“孟嘗清行出俗，能幹絶羣。”

**九七　調度**　《吴志·陸遜傳》：“今日乃知調度自有方耳。”調，去聲。

**九八　處置**　韓愈詩：“如此處置非所喜。”

**九九　料理**　《通俗編》：“韓愈詩：‘爲逢桃樹相料理。’按，料讀平聲，今俗讀仄聲。史彌遠詩‘好景賸將詩料理’，循俗讀也。”

**一〇〇　斟酌**　《國語》韋昭注：“斟，取也；酌，行也。”

**一〇一　彌縫**　《左傳》：“彌縫其闕，而匡救其災。”

**一〇二　唐塞**　《淮南子·人間訓》有“唐塞”二字。按，唐彦謙詩作“搪塞”。

**一〇三　安排**　《莊子·大宗師》有“安排”二字。

**一〇四　安穩**　《晉書·顧愷之傳》：“行人安穩，布帆無恙。”

**一〇五　妥貼**　《説文》：“帖，帛書署也。”段注：“今人所謂籤也，引申爲帖服、爲帖妥。俗作貼。”又《説文》：“眲，安也。”段注：“凡妥眲當作此字。帖其假字也。”又按，當作貼，《楚辭》注云：“事不妥貼。”

**一〇六　熨貼**　杜甫詩：“美人細意熨貼平，裁縫滅盡針線迹。”

**一〇七　刁頓**　《蜃中樓》劇:“待下次刁頓刁頓他便了。”

**一〇八　打算**　《錢唐遺事》:“賈似道忌害閫臣，行打算法以除之。”

**一〇九　打緊**　《元典章》:“海道官糧，是最打緊勾當。”

**一一〇　不打緊**　《蕩寇志》七七回:“真是胖子的褲帶，全不打緊。”

**一一一　極没要緊**　錢曾《讀書敏求記》:“公是先生《極没要緊》一卷，即劉原甫弟子記也。”

**一一二　俯就**　《禮記》:“賢者俯而就之，不肖者企而及之。”

**一一三　隨便**　《新方言》:“《説文》:‘念，嘗思也。’《大雅》‘殿屎’，《説文》引作‘唸吚’。今衡州謂‘隨意’爲‘隨唸’，或作‘隨鈿’，通語曰‘隨便’。”

**一一四　不便當**　《元典章》:“額外令試驗人員，在地方待闕，侵官蝕民，實於公私兩不便當。”當，去聲。

**一一五　的當**　《新方言》:“《説文》:‘亭，民所安定也。’今人謂事之安、事之定，曰‘亭當’。言決定者，亦曰‘的當’。的、亭一聲之轉。的之非耵，猶周之非帖，皆聲類絶遠也。”“的亭”二字，今俗作“的停”。

**一一六　不的當**　朱彧《可談》:“都下市井，謂作事無據曰‘没雕當’。”《通雅》:“今語‘不的當’即此聲也。”《通俗編》:“按，《玉篇》有‘伄儅’二字，總訓‘不當’，即是無據，何更云‘没雕當’？殆猶‘不振’曰‘答颯’，俗反曰‘没答颯’;‘不當’曰‘尷尬’，俗反曰‘不尷尬’者耶？”

**一一七　停當**　見上“的當”。

**一一八　停停當當**　《朱子語録》："喜怒哀樂未發，此心停停當當，恰在中間。"元人《桃花女》劇："先與他停停當當，鞁上這一重鞍轡。"

**一一九　不當人子**　《蕩寇志》八二回："劉母見麗卿下跪，連忙扶起道：'卿姑請起，不當人子。'"當，平聲。按，人子方跪親前，若非人子，他人不敢當也，故云"不當人子"。又《西遊記》二四回："那長老戰戰兢兢道：'這箇是三朝未滿的孩童，如何與我解渴？'仙童道：'此物叫箇人參果，實是樹上結的。'長老道：'樹上又會結出人來？拿過去，不當人子。'"又按，"人"字當作"仁"，如《論語》"井有仁焉"之"仁"，本當作"人"，故知此"人"字當作"仁"也。"不當仁子"，謂殺生害命，及拋棄字紙、米糁，皆不能當仁人君子也。然俗或云"當仁子"，或云"不當仁子"，信口言之，反正皆一意也。

**一二〇　辟辟實實**　《素問》："脈搏而實，如指彈石，辟辟然。"按，"辟辟實實"本此。

**一二一　實實在在**　《奈何天》劇："也要實實在在替朝廷做些事業纔好。"

**一二二　正正經經**　《憐香伴》劇："正正經經聽了半日，只説當真，原來又是取笑。"

**一二三　正大光明**　《呂語集粹》："以至公無私之心，行正大光明之事。"《巧團圓》劇："輕將蓮步背親移，畢竟與正大光明的舉動違。"

**一二四　現現成成**　見《婦女》"嬌嬌滴滴"。又《憐香伴》劇："那書房裏頭巾圓領，現現成成，拿來穿起就是。"

**一二五　安安穩穩**　元人《抱粧盒》劇："小儲君到也安

安穩穩。”

**一二六　堂堂皇皇**　《白羅衫》劇：“堂堂皇皇，弗做偷雞摸狗的事體。”

**一二七　烈烈轟轟**　見《武備》。

**一二八　瑣瑣碎碎**　《石頭記》二九回：“其間瑣瑣碎碎。”

**一二九　零零碎碎**　《朱子語録》：“《洪範》是治最緊切處，這箇若理會不通，又去理會甚麽零零碎碎？”

**一三〇　渺渺茫茫**　元·馬致遠《黄粱夢》劇：“神仙的事，渺渺茫茫。”

**一三一　奇奇怪怪**　《憐香伴》劇：“海市現形，奇奇怪怪，真好看也！”

**一三二　稀奇古怪**　《春燈謎》劇：“還有許多稀奇古怪的事。”

**一三三　少所見，多所怪**　見《鬼神》。

**一三四　愈出愈奇**　麻革《游龍山記》：“重溪峻嶺，愈出愈奇。”

**一三五　不足爲奇**　《琵琶記》劇：“敝年兄做的，無非是五言四句、七言八句，不足爲奇。”

**一三六　泄泄沓沓**　《孟子》：“泄泄，猶沓沓也。”謂怠緩之意也。泄音異。沓音塌。

**一三七　忙忙碌碌**　《温氏母訓》：“少寡之人，只看晏眠早起，惡逸好勞，忙忙碌碌，無一刻閒空者，此必守志人。”

**一三八　急急忙忙**　《論衡·書解篇》：“汲汲忙忙，何暇著作。”元·鄭德輝《王粲登樓》劇：“你儘今生飄飄蕩蕩，便來世也只急急忙忙。”

**一三九　連忙**　朱子詩：“連忙畢土功。”

**一四〇　窮忙**　《老學庵筆記》："元豐時，評尚書省曹語云：'户、度、金、倉，日夜窮忙。'"

**一四一　慌忙**　《通俗編》："白居易詩：'荒忙爲求情。'"今作"慌忙"。

**一四二　不要慌，不要忙**　元·紀君祥《大報讐》劇："不索慌，不索忙。"索，要也。今人云"不要慌，不要忙"是也。

**一四三　忙裏偷閒**　見《性情》"苦中作樂"。

**一四四　不憚煩**　《孟子》："何許子之不憚煩？"

**一四五　刻不停留**　《蕩寇志》百二三回："賀太平作事迂徐，惟有涉到舉賢、除奸兩事，便刻不停留。"

**一四六　無暇及此**　《鳳求凰》劇："此時也無暇及此。"

**一四七　並行不悖**　《中庸》："道並行而不相悖。"

**一四八　素位而行**　又："君子素其位而行，不願乎其外。"

**一四九　勉强而行**　又："或安而行之，或利而行之，或勉强而行之。"强，上聲。

**一五〇　三思而行**　見《心意》。

**一五一　獨斷獨行**　《雪中人》劇："獨斷獨行，不曾思前想後。"

**一五二　苗頭**　《新方言》："茅，明也。郭璞引《左傳》'前茅慮無'，杜解云'茅，明也'。凡標幟明目者，皆得云茅。今語爲苗。諸細物爲全部耑兆及標準者，皆爲'苗'，或云'苗頭'。"今俗言事之端緒，每言"苗頭"是也。

**一五三　原來頭**　《兩般秋雨盦隨筆》："惟傭工某人，係原來頭，言初次也。"今俗亦有是語，並指人與事物言之。

**一五四　下場頭**　《通俗編》："'下場頭'，見《元曲選·陳州糶米》、《謝天香》二劇。"又元·宫大用《范張雞黍》劇：“有一日，天打算衣絶禄盡下場頭。”

**一五五　不到頭**　《睽車志》：“逆亮自製尖頭靴，頭極長鋭，取於便鐙，足底處不及指，謂之‘不到頭’。”按，逆亮，金主完顔亮也。今俗以事無結局者，謂之“不到頭”。

**一五六　頭緒**　《朱子文集·答張敬夫》曰：“不主敬而欲存心，外面未有一事，裹頭已是三頭兩緒矣。”

**一五七　千頭百緒**　《朱子語類》：“萬理雖只是一理，學者且要去萬理中，千頭百緒都理會，四面湊合來，自見得是一理。”

**一五八　没頭腦**　見《頭面》。

**一五九　摸不着頭腦**　同上。

**一六〇　丟在腦後**　同上。

**一六一　有頭無尾**　同上。

**一六二　有始無終**　《晉書·劉聰載記》：“小人有始無終。”元·紀君祥《大報讐》劇：“斷不肯有始無終。”

**一六三　没把柄**　《通俗編》：“《草木子》：‘文及翁作《雪詞》嘲賈似道云“没把没鼻，霎時間作出謾天謾地”。’按，‘把’猶言‘柄’，‘鼻’猶言‘紐’，以器爲喻也。”又按，今人有“没把柄”之語。

**一六四　没捆兒**　《石頭記》六六回：“你又編這混話，越發没了捆兒了。”

**一六五　没後梢**　元·鄭德輝《倩女離魂》劇有“没下梢”之語。即今人所謂“没後梢”也。

**一六六　收梢結果**　元人《賺蒯通》劇有“收園結果”語。今人則云“收梢結果”。

**一六七　結果**　沈作喆《寓簡》：“今之學者，謂得科名爲‘了當’，仕宦者，謂至從官爲‘結裹’。”按，俗作“結果”。

**一六八　下落**　元《抱粧盒》劇：“定要還我一箇下落。”

**一六九　千斤擔子**　《續傳燈録》：“僧問道一，如何學人着力處？曰：‘千斤擔子兩頭摇。’”《玉搔頭》劇：“千斤擔子一人擔。”按，擔，去聲。“一人擔”之“擔”，讀平聲。

**一七〇　如釋重負**　《韓非子》：“堯舉天下傳舜，若釋重負然。”今人卸責任者，每有“如釋重負”之語。

**一七一　義不容辭**　《意中緣》劇：“走書徵素，義不容辭。”《憐香伴》劇：“生云：‘小弟特來奉央。’净云：‘這等，張兄義不容辭了。’”

**一七二　典守者，不得辭其責**　《論語》：“虎兕出於柙，龜玉毁於櫝中，是誰之過與？”注云：“典守者，不得辭其責。”

**一七三　求全責備**　《風箏誤》劇：“只管求全責備，要想甚麽絶世佳人？”

**一七四　備而不用**　《幽閨記》劇：“拿紅帽來，備而不用。”《蕩寇志》七四回：“但是孫静的計，備而不用也好。”

**一七五　以爲後圖**　《左傳》：“鬬伯比曰：‘以爲後圖。’”《三國志演義》九六回：“預備戰伐，以爲後圖。”

**一七六　充類至盡**　《孟子》：“充類至義之盡也。”今人所謂“充類至盡”者，亦謂極而言之也。

**一七七　酩酊**　《通俗編》：“李商隱詩：‘但將酩酊酬佳節。’《集韻》：‘酩酊，醉甚。’按，凡事物至極，流俗輒曰‘酩酊’，假借言耳。”按，酩酊音茗頂，俗有“酩酊如此”之語。

**一七八　擔擱**　林逋詩：“聊爲夫君一擔閣。”又《瑞筠圖》劇：“就去赴席，不及躭擱了。”按，《字典》無“擱”

字，古衹作“閣”。

**一七九　罷休**　《史記·孫武傳》：“吴王謂武曰：‘將軍罷休。’”

**一八〇　開交**　《春燈謎》劇:“上了他的船,怎麽開交?”

**一八一　失錯**　《周禮·太史》疏：“恐事有失錯。”按，錯或轉爲去聲，音如挫。

**一八二　將錯就錯**　《五燈會元》:“楊次公辭世偈:‘將錯就錯，西方極樂。’”

**一八三　躭遲不躭錯**　《玉搔頭》：“古語道‘躭遲不躭錯’,待孩兒從容相中了人,訂過百年之約。”《奈何天》劇:“俗語説得好，‘躭遲不躭錯’，寧可早宿晏行，多走幾箇日子。”

**一八四　錯中錯**　《琵琶記》劇：“錯中錯，訛上訛。”

**一八五　錯到底**　《老學庵筆記》：“宣和間，婦女鞋底尖，以二色帛合而成之，名‘錯到底’。”今俗有“錯到底”之説，則專以事言之也。

**一八六　顛倒錯亂**　《孟子》：“安其危而利其菑。”注：“故其顛倒錯亂，至於如此。”《朱子語類》：“腳拄天，頭拄地，顛倒錯亂，便都壞了。”

**一八七　顛之倒之**　《詩·齊風》：“東方未明，顛倒衣裳。顛之倒之，自公召之。”

**一八八　顛而倒之**　《金印記》劇：“阿呀！阿呀！人窮得顛而倒之。”

**一八九　顛顛倒倒**　《鳳求凰》劇：“弄得我顛顛倒倒，竟像做夢一般。”

**一九〇　七顛八倒**　見《智愚》。又《朱子語録》：“當商之季，七顛八倒，上下崩頹。”《水滸》二三回：“家裏的事，都七顛八倒。”

**一九一　勞而無功**　《莊子·天運篇》：“推舟於陸，勞而無功。”《西遊記》八十回：“卻不是勞而無功。”

**一九二　徒勞無功**　見《詩經》注。又《病玉緣》劇：“只怕藥物不靈，徒勞無功呵！”

**一九三　前功盡棄**　《石頭記》十三回：“豈不將前功盡棄呢？”

**一九四　半途而廢**　《中庸》：“君子遵道而行，半塗而廢，吾弗能已矣。”《殺狗記》劇：“怕只怕半途而廢。”

**一九五　美中不足**　《病玉緣》劇：“夫人勿遽開心，還有美中不足哩。”

**一九六　不一而足**　《公羊傳》：“許夷狄者，不一而足也。”宋濂《閱江樓記》：“觸類而思，不一而足。”

**一九七　一力擔當**　《鳳求凰》劇：“連你娶親的事，我也一力擔當。”

**一九八　一望而知**　《病玉緣》劇有“一望而知”之語。

**一九九　一勞永逸**　《齊民要術》：“苜蓿長生，種者一勞永逸。”

**二〇〇　一動不如一靜**　《貴耳集》：“宋孝宗幸靈隱，見飛來峰，曰：‘既是飛來，何不飛去？’僧靜輝對曰：‘一動不如一靜。’”

**二〇一　一把連**　《夕陽紅淚録》：“俗語有所謂‘一把連’者，連當作蓮。按，明制，宫中每夜，寢殿門既闔，内臣散歸值房，所卸衣，總挂牀前架上，熏以蘭麝，名曰‘一把連’。夜間御前有事，以便頃刻裝裹趨赴也。事見秦蘭徵《天啟宫詞》注中。”

**二〇二　一筆勾消**　元人《百花亭》劇：“我只道姻緣簿，消除一筆勾。”

**二〇三　一不做，二不休**　《通俗編》：“‘一不做，二不休’，見《五燈會元》及關漢卿《救風塵》曲。又元·紀君祥《大報讐》劇：‘我和他一不做，二不休。’”

**二〇四　一舉而兩得**　《晉書·束晳傳》：“一舉兩得，外實内寬。”《通鑑》注：“俗所謂‘因行掉臂，一舉而兩得’者也。”

**二〇五　兩全其美**　元人《連環記》劇：“正可兩全其美也。”《蕩寇志》八七回：“豈不是兩全其美！”

**二〇六　一誤豈可再誤**　《宋史·趙普傳》：“太祖已誤，陛下豈可再誤！”今人云“一誤豈可再誤”，本此。

**二〇七　一之爲甚，其可再乎**　《左傳》：“宫之奇諫曰：‘晉不可啟，寇不可翫，一之爲甚，其可再乎？’”

**二〇八　逼人太甚**　《病玉緣》劇有“逼人太甚”之語。

**二〇九　一而再，再而三**　《蕩寇志》百二七回：“前言我之退兵，不過瞞他一時，豈有一而再，再而三，他還不識得之理！”

**二一〇　三番兩次**　元·鄭廷玉《後庭花》劇：“我與他燈，三番兩次刮殺了。”《西遊記》二七回：“三番兩次，不肯回心轉意。”

**二一一　再三再四**　元·范子安《竹葉舟》劇：“再三再四，度脱你出家，你則不省悟。”

**二一二　推三阻四**　元·武漢臣《生金閣》劇：“這等推三阻四。”元人《隔江鬭智》劇：“我如今並不推三阻四。”《荆釵記》劇：“推三阻四，莫不是行濁言清！”

**二一三　四不拗六**　《楊升庵集》："古語云'三占從二'，今諺云'四不拗六'，言貴從衆也。"

**二一四　七零八落**　《兩般秋雨盦隨筆》："菱角最易落，古諺曰'七菱八落'。"《五燈會元》有文、圓智，俱有"七零八落"之語。

**二一五　八字不曾見兩撇**　《通俗編》："朱子《與劉子澄書》：'聖賢已是八字打開了，人自不領會。'按，今有'八字不見兩撇'之諺，似又因於此語。凡事無端緒者，謂之'八字不曾見兩撇'。"撇音辟。

**二一六　十不離九**　《蕩寇志》百六回："小弟此猜，當十不離九。"

**二一七　十拿九穩**　《燕子箋》劇："此事十拿九穩，必中的計較。"《蜃中樓》劇："今日這頭親事，是十拿九穩。"又《憐香伴》劇："我原説這樁事，是做不來的，你十拿九穩，定要央人去做。"

**二一八　大不相同**　《春燈謎》劇："這一場歡聚，與尋常大不相同。"

**二一九　不約而同**　見《交際》。又《瑞筠圖》劇："原來忠臣所見不約而同。"

**二二〇　非同小可**　元·楊景賢《劉行首》劇："馬丹陽這魔障，非同小可。"《水滸》三八回："正是應謠言的人，非同小可。"

**二二一　終非了局**　《三國志演義》五二回有"終非了局"之語。

**二二二　聽其自然**　《巧團圓》劇："我且不言不語，聽其自然。"

**二二三　自然而然**　《西遊記》三二回："萬緣都罷，諸法皆空，那時節自然而然。"

**二二四　至當不易**　《呂語集粹》："惟拈出一中字，則事事物物，皆有一至當不易的道理。"當，去聲。易音亦，俗讀若異，非。

**二二五　適逢其會**　《瑞筠圖》劇："從來做忠臣的，都有這一箇收場的日子，我章綸特適逢其會耳。"

**二二六　適可而止**　陳榕門《評呂語集粹》："凡事適可而止，過之則爲太盡。"

**二二七　不可則止**　《論語》："子貢問友。子曰：'忠告而善道之，不可則止，毋自辱焉。'"

**二二八　不顧其後**　《詩·小雅》："老馬反爲駒，不顧其後。"《水滸》三八回："是我一時只顧其前，不顧其後。"

**二二九　爲小失大**　《易林》："顧小失大，福逃牆外。"今人云"爲小失大"，本此。爲，去聲。

**二三〇　失於檢點**　《石頭記》四二回："是我失於檢點。"《鳳求凰》劇："到是我失於檢點。"

**二三一　萬無一失**　《通俗編》："《史記·淮陰侯傳》：'以此參之，萬不失一。'今云'萬無一失'，本此。"按"萬無一失"，古本有此語。《水滸》一回："只去蒲城縣，萬無一失。"

**二三二　智者千慮，必有一失**　見《智愚》。

**二三三　欲罷不能**　《論語》："顏淵曰：'欲罷不能，既竭吾才，如有所立卓爾。'"《桃花扇》劇："事已至此，欲罷不能。"

**二三四　欲速則不達**　《論語》："欲速則不達，見小利則大事不成。”

**二三五　捉摸不定**　《朱子語録》：“福善禍淫，其常理也，若不如此，便是天地也把捉不定了。”《蕩寇志》七六回：“霍霍的飛來飛去，捉摸不定。”

**二三六　既往不咎**　《論語》：“成事不説，遂事不諫，既往不咎。”《西遊記》三一回：“君子既往不咎，不必説了。”

**二三七　仍舊貫**　《論語》：“魯人爲長府。閔子騫曰：‘仍舊貫，如之何？何必改作？’”仍，因也。貫，事也。

**二三八　右傳之二章**　見《文事》。仍如從前之事者，亦多引此語。

**二三九　亂雜而無章**　同上。

**二四〇　顯而易見**　《蕩寇志》九九回：“此事顯而易見。”

**二四一　井井有條**　《荀子·儒效篇》：“井井兮其有條理也。”

**二四二　盡心竭力**　見《心意》。

**二四三　盡心力而爲之**　同上。

**二四四　所作所爲**　《玉搔頭》劇：“寡人自今日以前，所作所爲，無一事不可以亡國。”

**二四五　莫之爲而爲**　《孟子》：“莫之爲而爲者，天也。莫之致而至者，命也。”《蕩寇志》百十六回：“老拙此來，真是因緣生法，莫之爲而爲。”

**二四六　樂得而爲之**　《陔餘叢考》：“樂得而爲之。”原注：“胡澹菴謫嶺南時，方務德爲廣師，待之頗厚。秦檜死，方罷官，入京謀起用。會澹菴已召用，偶與王梅溪語其事，梅溪曰：‘此君子也。’方由此進用。故時人有‘樂得爲君子’之語。”樂音洛。

**二四七　以不解解之**　又“以不解解之”，原注：“見《吕覽·審問篇》。”《雪中人》劇：“天下事，以不解解之最妙。”

**二四八　公私兩盡**　《小忽雷》劇：“可謂公私兩盡。”

**二四九　兩頭不着**　《西遊記》三四回：“莫弄得兩頭不着。”

**二五〇　不犯着**　《蕩寇志》百一回：“將軍此次來替高俅出力，甚不犯着。”

**二五一　有着落**　《朱子語録》：“大抵看道理，要看他分合各有着落，方是仔細。”

**二五二　有若無**　《論語》：“有若無，實若虛。”今人以無足輕重之事，亦曰“有若無”。

**二五三　莫須有**　見《獄訟》。又《桃花扇》劇：“這也是莫須有之事。”《風箏誤》劇：“這‘莫須有’三字，也難定案。”

**二五四　無中生有**　《釵釧記》劇：“看你這等小小年紀，這等無中生有。”《蕩寇志》七七回：“無中生有，尋我的錯處。”

**二五五　無緣無故**　《石頭記》四四回：“無緣無故，白受了一場氣。”

**二五六　豈有此理**　《齊書·虞悰傳》：“鬱林王廢，悰竊歎曰：‘王、徐遂縛袴廢天子，天下豈有此理耶！’”

**二五七　輕舉妄動**　《瑞筠圖》劇：“輕舉妄動，如何是好？”《蕩寇志》七七回：“未知虛實，切勿輕舉妄動！”

**二五八　彰明較著**　《史記·伯夷列傳》：“此其尤大彰明較著者也。”

**二五九　没奈何**　《枕亞浪墨續集》：“不得已曰‘没奈何’，見《新唐書·承天皇帝傳》。‘没奈’作‘末奈’。”又《堅瓠集》：“張循王浚家多銀，每千兩鑄一毬，目爲‘没奈何’。”

**二六〇　其奈我何**　《論語・子畏於匡章》注："天既未欲喪此文，則匡人其奈我何？"

**二六一　無可奈何**　見《貧富》。

**二六二　出於無奈**　元・馬致遠《青衫淚》劇："好教我出於無奈！"《杏花村》劇："應該爲父報讐，出於無奈！"

**二六三　將計就計**　元人《柳毅傳書》劇有"將機就機"之語。《三國志演義》十八回："賈詡料知曹操之意，便欲將計就計而行。"

**二六四　弄巧成拙**　《傳燈録》龐居士謁道一禪師，有"適來弄巧成拙"語。元人《誤放來生債》劇："我當初本做善事來，誰想弄巧成拙。"

**二六五　弄假成真**　《瑣綴録》："羅倫《誚吴與弼》詩：'誰知弄假卻成真。'"元人《隔江鬬智》劇："那一箇掌親的，怎知道弄假成真！"

**二六六　是真是假**　元・王子一《誤入桃源》劇："他又不認得他，知道是真是假。"

**二六七　假是假，真是真**　《一捧雪》劇："憑你説的天花亂墜，真是真，假是假。"《夢筆生花・杭州俗語・雜對》："小以成小，大以成大；假則是假，真則是真。"

**二六八　假公濟私**　元人《陳州糶米》劇："他假公濟私，我怎肯和他干罷了也！"

**二六九　假在行**　《夢筆生花・杭州俗語・雜對》："暴落難；假在行。"行音杭。

**二七〇　在行**　班固《弈指》："博懸於投，不必在行。"

**二七一　不在行**　《荷花蕩》劇："這箇盲鰍，説不在行，又在行。"

**二七二　道地**　見《醫病》“道地藥材”。

**二七三　田地**　見《地理》。

**二七四　特地**　陸游詩：“日向山中特地長。”凡言“特地”者，專爲此事也。

**二七五　一敗塗地**　見《武備》。

**二七六　開天闢地**　見《天地》。

**二七七　驚天動地**　同上。

**二七八　通天徹地**　同上。

**二七九　破天荒**　見《天文》。

**二八〇　替天行道**　同上。

**二八一　天字一號**　同上。

**二八二　天塌下來，自有長子頂**　同上。

**二八三　各人自掃門前雪，莫管他人瓦上霜**　同上。

**二八四　未雨綢繆**　同上。

**二八五　風吹草動**　同上。

**二八六　捕風捉影**　同上。

**二八七　水落石出**　見《水火》。

**二八八　拖人落水**　同上。

**二八九　付之流水**　同上。

**二九〇　順水推舟**　同上。

**二九一　順流而下**　同上。

**二九二　一波未平，一波又起**　同上。

**二九三　冰消瓦解**　同上。

**二九四　徹底澄清**　同上。又《杏花村》劇：“務期徹底澄清，以昭平允。”

**二九五　尋門路**　見《宮室》。

**二九六　班門弄斧**　同上。

**二九七　斧頭入鑿子，鑿子入木頭**　同上。

**二九八　木匠打枷**　同上。

**二九九　牆倒衆人推**　同上。

**三〇〇　空中樓閣**　同上。

**三〇一　置之高閣**　《荷花蕩》劇：“他自己家裹要緊的，置之高閣。”

**三〇二　不得下臺**　《蕩寇志》百三四回：“不料如此，不得下臺。”

**三〇三　出頭椽子**　《夢筆生花·杭州俗語·雜對》：“出頭椽子；矮腳櫈兒。”按，“出頭椽子”俗謂首事者也。

**三〇四　單繃子**　又：“單綳子；獨坐兒。”凡一人出場者，謂之“單繃子”。綳，讀若迸。

**三〇五　趁熱鍋子**　《通俗編》：“《啓顔録》：‘齊高帝與近臣作謎，帝先作之。石動筒射曰：“煎餅。”帝曰：“是也。”動筒復爲是謎，帝射不得，問是何物，對曰：“煎餅。”帝曰：“何因更作？”動筒曰：“承大家熱鐺子頭，更作一箇。”’按，即近俗所謂‘趁熱鍋子’也。”

**三〇六　趁熱哄**　《過庭集》：“温公曰：‘范淳父不是趁哄的人。’”今云“趁熱哄”是也。

**三〇七　另起爐竈**　《夢筆生花·杭州俗語·雜對》：“另起爐竈；不上臺盤。”

**三〇八　釜底抽薪**　《儒林外史》五回：“如今有箇道理，是釜底抽薪之法。”

**三〇九　合着油瓶蓋**　《玉搔頭》劇：“我聞得如今的皇上，自充威武大將軍，改姓爲萬。他方纔説父親姓范，官拜威武將軍，又合着這箇油瓶蓋了。”《夢筆生花·杭州俗語·雜對》：“合着油瓶蓋；打斷飯碗頭。”

**三一〇　置之度外**　《憐香伴》劇：“就是功名也聽其有無，年壽也任其修短，一切置之度外。”

**三一一　跳出圈子**　《唐音癸籤》：“杜少陵樂府，盡跳出前人圈子。”

**三一二　跳出火坑**　《石頭記》二回：“可便跳出火坑矣。”

**三一三　外甥打燈籠，照舊**　見《水火》。

**三一四　馬後砲**　見《武備》。

**三一五　無針不引線**　《通俗編》：“《淮南子》：‘先針而後縷，可以成帷；先縷而後針，不可以成衣。’諺語‘無針不引線’本此。”按，所引僅得其大意，不足爲據。“無針不引線”，古本有是諺語，後人劇本，亦有引之者。《病玉緣》劇：“自古道，‘無針不引線’，除藥餌，誰消患？”

**三一六　爲他人作嫁衣裳**　見《婦女》。凡代人作事者，每引此語。

**三一七　前人跌跟頭，後人把滑**　見《身體》“失脚”。

**三一八　前人栽樹，後人乘涼**　《通俗編·俚語集對》：“今年種竹，來年喫筍；前人栽樹，後人乘涼。”

**三一九　鐵樹開花**　見《年齒》“六十花甲子”。又王濟《日詢手鏡》：“吴湘間有俗諺，見事難成，則曰‘須鐵樹開花’。余在廣西見一樹，幹葉皆黑色，問之人，答曰：‘此鐵樹也，每遇丁卯年，花一開。’乃知鐵樹開花之説，有自來矣。”

**三二〇　節外生枝**　《通俗編》：“‘節外生枝’見楊顯之《瀟湘雨》曲。”又元·吴昌齡《花間四友》劇：“東坡節外更生枝，算來不是真君子。”元人《隔江鬬智》劇：“我只道你甚機謀，節外會生枝。”

**三二一　一枝動，百枝摇**　《通俗編》：“《鹽鐵論》：‘一人有罪，州里驚駭，十家奔亡，一節動而百枝摇。’今人云‘一枝動，百枝摇’，本此。”

**三二二　竹頭木屑**　《晉書·陶侃傳》：“造船木屑及竹頭，悉令舉掌之，咸不解所以。後正會，積雪始晴，廳事猶濕，於是以屑布地。及桓温伐蜀，又以所貯竹頭，作丁裝船。其綜理微密，皆此類也。”今人以瑣碎之事，謂之“竹頭木屑”。

**三二三　藕斷絲連**　見《婦女》“瓜熟蒂落”。又孟郊詩：“妾心藕中絲，雖斷猶牽連。”凡事有糾纏者，謂之“藕斷絲連”。

**三二四　依樣畫葫蘆**　《續湘山野録》：陶穀乞罷，太祖曰：“依樣葫蘆，且作且作。”穀作詩云：“堪笑翰林陶學士，年年依樣畫葫蘆。”

**三二五　依貓兒畫貓兒**　《五燈會元》：“祖菴主遣興偈曰：‘一補飢瘡了無事，來朝依樣畫貓兒。’”按，今人云“依貓兒畫貓兒”，本此。

**三二六　三腳貓兒**　明·郎瑛《七修類稿》：“俗以事不盡善者，謂之‘三腳貓’。嘉靖間，南京神樂觀道士袁素居，果有一枚，極善捕鼠，而走不成步，循檐上壁如飛。按，吾鄉有‘三腳貓’一語，據此，不僅吾鄉方言矣。”凡事略知一二者，謂之“三腳貓兒”，今語亦然。

**三二七　鄉下獅子鄉下舞**　《通俗編·俚語集對》：“大家馬兒大家騎；鄉裏獅子鄉下跳。”按“鄉裏獅子鄉下跳”，今語作“鄉下獅子鄉下舞”。言鄉鎮之禮，不行於城市也。

**三二八　騎虎不下**　《新五代史·郭崇韜傳》：“莊宗賜崇韜鐵券，拜侍中、成德軍節度使，依前樞密使，位兼將相，遇事無所回避。而宦官、伶人用事，特不便也。崇韜頗懼，語其故人子弟曰：‘吾佐天子取天下，今大功已就，而羣小交興。吾欲避之，歸守鎮陽，庶幾免禍，可乎？’故人子弟對曰：‘騎虎者勢不得下，今公權位已隆，而下多怨讐，一失其勢，能自安乎？’”

**三二九　騎兩頭馬**　元人《氣英布》劇：“賢弟既是歸漢，便當背楚，卻騎不得兩頭馬者。”

**三三〇　大家馬兒大家騎**　見上“鄉下獅子鄉下舞”。今云“大家馬兒大家騎”者，言人人皆如此也。

**三三一　又要馬兒好，又要馬兒不喫草**　《夜談隨録》：“濟南某富翁，性極慳吝，鄉人號之為‘鐵公雞’，謂一毛不拔也。年五旬無子，議納妾，價欲極廉，而人欲至美，媒笑曰：‘翁所謂“又要馬兒好，又要馬兒不喫草”也。’”

**三三二　好馬不喫回頭草**　《憐香伴》劇：“多承高誼，好馬不喫回頭草，就復了衣巾，也洗不得這場羞辱。”

**三三三　兔兒不喫窠邊草**　見《動物》。

**三三四　順手牽羊**　《拜月亭記》劇：“若要活的，順手牽羊，一去牽過來。咄，這厮看刀！”

**三三五　虎頭蛇尾**　見《頭面》。

**三三六　打草驚蛇**　見《動物》。

# 文事

**一　家塾**　《禮記·學記》："家有塾，黨有庠，術有序，國有學。"

**二　處館**　《荷花蕩》劇："若要處館，必須五經皆通。"元·賈仲名《情寄菩薩蠻》劇："小生今日在蕭公門下處館。"

**三　關書**　《蜃中樓》劇："我如今要把關書定下來年約，恐怕有鑽刺的蒙師來把館圖。"

**四　束脩**　《論語》："自行束脩以上，吾未嘗無誨焉。"《荷花蕩》劇："不過爲着束脩，此事我決不負。"按，脩，脯也。後用脩金。

**五　開蒙**　《儒林外史》三六回："八歲就替他開了蒙。"

**六　學堂**　《華陽國志》："文翁立文學講堂，作石室，在蜀郡城南。"學堂之稱自此始。元人《合同文字》劇："張安住開着箇學堂，教幾箇蒙童度日。"又，學或讀若鶴，見《時日》"今朝"。

**七　學名**　《春秋》疏，題杜氏名下，引劉炫云："漢承焚書之後，諸儒各載學名。"《通俗編》："按今人多於初就傅時定名，故謂名爲'學名'。據此，則其稱謂舊矣。"

**八　學生**　《後漢書·靈帝紀》："光和二年，始置鴻都生學生。"《通俗編》:"按,此爲學校之生,今概呼弟子爲學生,非也。"

**九　男學生**　《還魂記》劇:"女弟子,則争箇不求聞達,和男學生一般兒教法。"

**一〇　女學生**　又:"况且女學生一發難教,輕不得,重不得。"

**一一　女弟子**　見上"男學生"。

**一二　有事弟子服其勞**　《論語》:"有事弟子服其勞。"本指家庭而言。《蜃中樓》劇:"自古道'有事弟子服其勞'。"此指門弟子而言。

**一三　一日爲師**　元·關漢卿《玉鏡臺》劇:"夫人云:'小姐拜哥哥,一日爲師,終身爲父。'"按《還魂記》劇二語同。

**一四　得意門生**　《蕩寇志》百二回:"賀太平極愛金成英,收爲得意門生。"

**一五　高足**　又百七回:"東方先生,乃張師兄高足。"今稱人門生曰"高足"。

**一六　青出於藍**　《荀子·勸學篇》:"學不可已,青出於藍,而青於藍。"《蕩寇志》七六回:"祝永清是欒廷芳最得意的徒弟,端的是青出於藍。"言弟子勝於師也。

**一七　上學**　《陸劍南詩集》:"更挾殘書讀,渾如上學時。"

**一八　放學**　又:"貪看忘卻還家飯,恰似兒童放學時。"

**一九　真才實學**　《意中緣》劇:"若没有真才實學的人,怎敢如此?"又:"若果有真才實學,我就恕他些,也罷了。"

**二〇　一學就會**　《繡襦記》劇:"但願你一學就會。"《夢筆生花·杭州俗語·雜對》:"一學就會;再借不難。"

**二一　不學無術**　《漢書·霍光傳》："光不學無術，陰妻邪謀。"

**二二　人不學，不知義**　《三字經》："玉不琢，不成器。人不學，不知義。"按，《禮記·學記》云："玉不琢，不成器。人不學，不知道。"

**二三　賴學精**　《夢筆生花·杭州俗語·雜對》："教書匠；賴學精。"

**二四　同學**　《漢書·蕭望之傳》："望之事同縣后蒼，以令詣太常受業，復事同學博士白奇。"《古今筆記》："王應奎《柳南隨筆》云：'自前明崇禎至本朝順治末，東南社事甚盛，士人往來投刺，無不稱社監者，後忽改稱同學，自黄太沖始也。'"按，清代文網密，故太沖不敢稱社監，改稱同學。雖一稱謂，亦可以觀世變也。

**二五　同門**　《詩》箋："良朋善同門也。"又見《後漢書·王丹傳》。

**二六　專門**　見《漢書·儒林傳》。

**二七　專門名家**　《香祖筆記》："畫家界畫最難，如衛賢、馬遠、夏珪、王振鵬，皆以此專門名家，不足貴也。"

**二八　無師之學**　《儒林外史》四五回："他們説的好聽，究意是無師之學。"

**二九　飽學**　見《文心雕龍》。

**三〇　飽學秀才**　元人《殺狗勸夫》劇："我每兩箇，都是飽學秀才。"

**三一　老秀才**　《明實録》："洪武十四年六月詔於國子諸生中，選才學優等、聰明俊偉之士，得三十七人。命之博極羣書，講明道德經濟之學，以期大用，稱之曰'老秀才'。"《通俗編》：

"按，三字爲今世學者所惡聞，不知其重如此。"

**三二　秀才不出門，能知天下事**　《通俗編》："《老子》：'不出户，知天下。'按，今諺云'秀才不出門，能知天下事'即此。"

**三三　秀才怕歲考**　《憐香伴》劇："净云：'如今遇了作孽的宗師，要來歲考。'丑云：'秀才不考不怕，銀子不嚇不來。'進見介：'周相公原來在此抱佛脚。'"

**三四　長友小友**　《儒林外史》二回："我們學校規矩，老友是從來不同小友序齒的。"老友，清云"長友"。長，上聲。

**三五　增廣生員**　《論語·子適衛章》外注："漢明帝尊師重傅，臨雍拜老，宗戚子弟，莫不受學。唐太宗大召名儒，增廣生員，教亦至矣。然而未知所以教也。"

**三六　廩膳生員**　見《言語》"驢頭不對馬嘴"。

**三七　老先生**　《古今筆記》："《史記·賈誼傳》：'每詔令下議，諸老先生不能言，賈生盡爲之對。''老先生'三字，初見於此，然未嘗以相稱也。相稱則自宋司馬君實起，朱子亦稱劉元城爲'老先生'。'老先生'之稱，至宋始盛。"

**三八　道學先生**　《意中緣》劇："竟是箇道學先生。"《風箏誤》劇："不像文、周、孔、孟，那一般道學先生。"

**三九　假道學**　《小忽雷》劇："娘子，你這樣假道學！"

**四〇　假斯文**　《桃花扇》劇："今日偏要假斯文説他一回。"

**四一　斯文同骨肉**　《意中緣》劇："四海之内皆爲兄弟，況屬斯文，又同骨肉。"

**四二　文傷傷**　見《言語》。

**四三　文質彬彬**　《論語》："質勝文則野，文勝質則史。文質彬彬，然後君子。"彬音兵。

**四四　白面書生**　《晉書》："高陽王隆曰：'温詳之徒，皆白面書生。'"《宋書》："沈慶之曰：'耕當問奴，織當問婢，陛下今欲伐國，而與白面書生謀之，事何由濟？'"

**四五　世代書香**　《石頭記》五四回："世宦書香。"又五七回："世代書宦。"按，合二語，則曰"世代書香"，今語如此。

**四六　書獃子**　《慎鸞交》劇："竟有一班書獃子，要從公定起花案來。"《意中緣》劇："好笑那些書獃子，錢便花了許多，還不曾與夫人見面。"按，獃讀帶，平聲。

**四七　書中自有黄金屋**　李之彦《所見集》：《勸學文》言："'書中自有黄金屋'，自斯言一入於胸，未得志時，惟以金多爲榮矣。"元人《半夜雷轟薦福碑》劇："安居不用架高堂，書中自有黄金屋。"

**四八　念書**　見《時日》"今朝"。又《連相》梆子腔："一心只想表姐，那有心情念書。"

**四九　背書**　《周禮·大司樂》注："倍文曰諷。"疏："謂不開讀之。"按，古字"倍"與"背"同。倍文，即今之"背書"也。

**五〇　伴讀**　《遼史·百官志》："聖宗太平八年，長沙郡王宗允等，奏選諸王伴讀。"

**五一　讀生書**　姚合《下第》詩："閉門辭雜客，開篋讀生書。"

**五二　與君一夕話，勝讀十年書**　見《言語》。

**五三　知書達禮**　《牧羊記》劇："奈何你所見不從，枉自知書達禮。"元人《泣江舟》劇："只我這知書達禮當恭謹。"

**五四　讀書明理**　《意中緣》劇："他是箇讀書明理之人。"

**五五　讀書君子**　元·王子一《誤入桃源》劇："我看二位，

都是讀書君子。”

**五六　讀書人做官**　《合縱記》劇：“白馬紫金鞍，騎出萬人看。問到誰家子，讀書人做官。”

**五七　半瓶醋的讀書人**　《石頭記》六四回：“又有一等半瓶醋的讀書人。”言半通半不通也。

**五八　惟有讀書高**　《琵琶記》劇：“世上萬般皆下品，思量惟有讀書高。”

**五九　挾書包**　姜長卿《崇川竹枝詞》：“兒童六歲挾書包，尚著銀紅顧繡袍。謁了先生三拜罷，一盤粽子棗兒糕。”

**六〇　擺書攤**　《荷花蕩》劇：“不免在書鋪廊外，擺箇書攤。”

**六一　童而習之**　《法言·吾子篇》：“童而習之，白紛如也。”言皓首猶亂也。

**六二　樂此不疲**　《後漢書·光武帝紀》：“太子見帝勤勞，承閒進諫。帝曰：‘我自樂此，不爲疲也。’”樂音洛。

**六三　開卷有益**　《澠水燕談》：“宋太宗詔撰《太平御覽》等書，日覽二卷，因事有闕，則暇日追補。嘗曰：‘開卷有益，朕不以爲勞也。’”

**六四　勤有功，戲無益**　《三字經》：“勤有功，戲無益。戒之哉，宜勉力。”

**六五　手不釋卷**　清·梁章鉅《浪蹟續談》：“鄭蘇年師，主鼇峰講席，來從游者甚衆。師校閱課卷，必詳必慎，幾有日不暇給之形。時余讀禮家居，師令襄同校閱，自鐫一小印，曰‘手不釋卷’，笑謂余曰：‘此四字究不知始於何時？’余曰：‘但記得《華陽博議》中有此語，而不名一人。如謂馬懷素、吕思禮、于休烈、李磎，仕宦中不釋卷者；劉昺、魯肅、崔林、辛術，軍旅中不釋卷者；劉實、王起、趙逸、崔元翰，耄耋中不釋卷者；司馬光，童稚中不釋卷者；裴皞，亂離中不釋卷者；皇甫謐、裴漢，疾病中不釋卷者。’師賞其博洽。”

**六六　過目不忘**　《晉書·苻融載記》：“融下筆成章，耳聞則誦，過目不忘。”《三國志演義》六十回：“楊修謂張松曰：‘公過目不忘，真天下奇才也。’”

**六七　一目十行**　《通俗編》：“《北齊書·河南王孝瑜傳》：‘讀書十行俱下。’今人云‘一目十行’，本此。”行音杭。

**六八　一字不差**　《燕子箋》劇：“果然是一字不差。”差音叉。

**六九　《三字經》**　蕭良有《龍文鞭影》：里中熊氏，藏有大板《三字經》，明蜀人梁應井爲之圖，聊城傅光宅爲之序，較坊本多敘元明統系八句，乃知出於明人，究未知誰作也。明神宗居東宫時，曾讀是書。

**七〇　《千字文》**　《南史·周興嗣傳》：“帝次韻王羲之書千字，使興嗣爲文，帝稱善。”《呂語集粹》：“要體認，不須讀盡古今書，只一部《千字文》，終身受用不盡。”

**七一　《千家詩》**　清·梁章鉅《浪蹟續談》：“宋·劉後村有《分門纂類唐宋千家詩選》，所録惟近體，而趣尚顯易，本爲初學設也。今村塾所謂《千家詩》，上集七言絶八十三首，下集七言律三十九首，大半在後村選中，蓋據其本而增删之，故詩僅數十家，而仍以千家爲名。下集忽有明太祖《送楊文廣征南》之作，又或作《贈毛伯温南征》，實不可解。可知增删之者，出自明人也。”

**七二　《百家姓》**　《玉照新志》：“《百家姓》是兩浙錢氏有國時，小民所著。蓋趙乃本朝國姓，錢氏奉正朔，故以錢次之，孫乃忠懿王之正妃，其次則南唐李氏。次句‘周吴鄭王’，皆武肅而下嬪妃也。”清·梁章鉅《浪蹟續談》引《玉照新志》云云，“按陸放翁自注：‘農子十歲，乃遣之入學，所讀《雜事》、《百家姓》之類，謂之村書。’則《百家姓》之有自宋以前無疑。陳敏孫《書録解題》，有《千姓編》一卷，不著撰人，末云‘嘉祐八年，采貞子記’，豈即所著耶？明洪武時，翰林院編修吴沈等據户部黄册，編爲《千家姓》，見楊升庵《外集》。蓋古《百家姓》，原不止百家，《戒菴漫筆》云‘《百家姓》單姓四百零八，複姓三十’是也。”

**七三　諸子百家**　《後漢書》注：“諸子百家，六十九家，言百家，舉成數也。”元人《百花亭》劇：“但不知“九流三教”、“諸子百家”，可都通曉麽？”

**七四　五經四書**　元人《舉案齊眉》劇：“我做秀才快噇飯，五經四書不曾慣。”

**七五　引經據典**　《清朝野史大觀》：“陸御史直言極諫，引經據典，洋洋數千言。”

**七六　不見經傳**　《吕語集粹》：“凡字不見經傳，語不根義理，君子不出諸口。”見音現。傳，去聲。

**七七　經濟學問**　《石頭記》三二回：“你知經濟學問的。”按，中國自古以來，以“經濟學問”連綴，是經濟爲才幹也。今人喜用日本名詞，以經濟爲錢財，謬矣！

**七八　連篇累牘**　《北史·李諤傳》：“連篇累牘，不出月露之形。”《還魂記》劇：“則俺連篇累牘無人見。”

**七九　斷簡殘篇**　元·喬孟符《金錢記》劇：“生涯是斷簡殘篇。”

**八〇　一部十七史，從何處説起**　薛應旂《宋元通鑑》：“文天祥至燕，丞相孛羅召見。天祥仰首言曰：‘自古帝王，有興有廢。’孛羅曰：‘且問盤古至今，幾帝幾王？’天祥曰：‘一部十七史，從何處説起！’”

**八一　唐宋八大家**　《兩般秋雨盦隨筆》：“吾杭清波門外，有廟曰‘金元七總管’，姚古芬述其友人陳姓者云，可對‘唐宋八大家’。”

**八二　時文八股**　《石頭記》七三回：“更有時文八股，不過是後人餌名釣禄之階。”

**八三　起承轉合**　范德機《詩注》：“作詩有四法：起要平直，承要春容，轉要變化，合要淵永。”《通俗編》：“按，今世俚儒，朝夕誦此四字，不知四字之言詩不言文也。”

**八四　參差錯落**　《三國志演義》二二回外書：“參差錯落，極敍事筆法之妙。”參差音稱雌。

**八五　顛撲不破**　《朱子語録》：“伊川‘性即理也’，横渠‘心統性情’之句，顛撲不破。”

**八六　一揮而就**　《荆釵記》劇：“我老孫做俚鄙文字，一揮而就。”又《繡襦記》劇：“一時草興發狂，一揮而就。”此言書法也。

**八七　一氣呵成**　《夢筆生花·杭州俗語·雜對》：“兩脚擱起；一氣呵成。”

**八八　枝枝節節而爲之**　蘇軾《文與可畫偃竹記》：“今畫家乃節節而爲之，葉葉而累之，豈復有竹乎？故畫竹必先得成竹於胸中。”今人作文艱澀者，每云“枝枝節節而爲之”。

**八九　虚字眼**　《風箏誤》劇：“那未必有心，可能無尾，這八箇虚字眼呵，有無限情意包裹。”

**九〇　之乎者也矣焉哉**　《留青日札》載時諺云：“之乎

者也矣焉哉，用得成章好秀才。”《燕子箋》劇：“只是之乎者也矣焉哉，字字不通一竅。”

**九一　天開文運**　《春燈謎》劇：“文運天開，英才入彀。”

**九二　文不加點**　《文選》禰正平《鸚鵡賦序》：“衡因爲賦，筆不停綴，文不加點。”

**九三　添註塗改**　《清朝野史大觀》：“鶴沙吴白華侍郎，嘗奏準試場中，加‘添註塗改’字樣。士子一時不檢，往往被貼。迄今邑中人談及科場條例，未有不呼其名而唾罵者。”按，‘添註塗改’非始於清，唐已有之矣。《兩般秋雨盦隨筆》：“鄉會試卷，於文後寫添註塗改字數。按，唐咸通中，盧子期者著《初舉子》一卷，細大無遺，就試三場，避國諱、宰相諱。士人家小子弟，忌用熨斗時把帛，慮有曳白之嫌。燭下寫試無誤筆，即題其後云‘並無揩改塗乙’，如有即言字數。見《容齋隨筆》。此科場添註塗改之所本也。”

**九四　鐵板註腳**　陳榕門《評吕語集粹》：“‘勸善規過’四字，此是友字‘鐵板註腳’。”

**九五　班班可考**　《小忽雷》劇：“傳奇家强半是平空造，只此事班班可考。”

**九六　有憑有據**　《桃花扇》劇：“實事實人，有憑有據。”

**九七　文章自古無憑據**　《侯鯖録》：“歐陽公知貢舉，常覺座後有一朱衣人點頭者，然後其文入格。嘗有詩云：‘文章自古無憑據，惟願朱衣暗點頭。’”

**九八　無場外的舉子**　《儒林外史》三回：“自古無場外的舉人，如不進去一考，如何甘心？”舉人，或作舉子。

**九九　連中三元**　《百順記》劇：“我兒連中三元，榮歸晝錦。”

**一〇〇　獨占鼇頭**　元人《陳州糶米》劇："殿前曾獻昇平策，獨占鼇頭第一名。"《金印記》劇："我蘇秦呵，終須有日獨占鼇頭。"占，去聲。

**一〇一　五子登科**　見《家族》。

**一〇二　金榜題名**　《翡翠園》劇："但願相公此去，金榜題名。"

**一〇三　榜上無名**　見《禍福》"時運不濟"。

**一〇四　名落孫山**　《小忽雷》劇："及至榜發，賤名卻落孫山之外。"

**一〇五　小前程**　元·武漢臣《生金閣》劇："小生只博箇小前程。"

**一〇六　抱佛腳**　見上"秀才怕歲考"。又見《仙佛》"閒時不燒香，急則抱佛腳"。

**一〇七　風簷寸晷**　《荷花蕩》劇："那風簷寸晷之下，那能一律工製，必陰使一飽學故儒佐之。"《憐香伴》劇："風簷寸晷之下，那有好句。"

**一〇八　窗下休言命，場中莫論文**　《鳳求凰》劇："所以上帝設有成規，每到臨場，就命俺在暗中典試。經我中過的卷子，就有許多暗圈暗點，加在字句之旁，替他增了氣色，不怕那些主考不在錦上添花；經我丟過的卷子，就有許多暗塵暗土，蓋在筆墨之上，替他掩了菁華，不怕那些簾官不似眼中着屑。這叫做'窗下休言命，場中莫論文'。"

**一〇九　十年窗下無人問，一舉成名天下知**　元·關漢卿《蝴蝶夢》劇："父親母親，你孩兒十年窗下無人問，一舉成名天下知。"又《琵琶記》劇二語同。此亦科舉時之常言也。

**一一〇　功名性急**　元·范子安《竹葉舟》劇："你看這

秀才功名性急，想是要回下處温習經史去哩！”

**一一一　功成名就**　《蕩寇志》百十一回：“恭喜仁兄此去，功成名就。”

**一一二　功不成，名不就**　《漁家樂》劇：“只爲守着這幾本破書，幾年上弄得功不成，名不就，上無片瓦，下無立錐。”

**一一三　斷章取義**　《左傳》：“賦《詩》斷章。”《蜃中樓》劇：“但凡占卜之事，拘不得許多，須要斷章取義。”《石頭記》五六回：“如今只斷章取義，念出底下一句來。”斷，去聲。

**一一四　急就章**　漢·史游有《急就篇》。《奈何天》劇：“不能勾從容細繪流民狀，只好在馬上封題急就章。”凡倉卒成文者，謂之“急就章”。

**一一五　出口成章**　《繡襦記》：“好妙得勢，出口成章。”《三國志演義》七七回：“人皆言子建出口成章。”

**一一六　七步成章**　《琵琶記》劇：“休道是七步成章。”亦言曹子建事。

**一一七　右傳之二章**　《大學》右傳之二章，釋新民。今人以從前之事，後日仍如此者，謂之“右傳之二章”。傳，去聲。

**一一八　約法三章**　《漢書·高祖紀》：“吾當王關中，與父老約，法三章耳：殺人者死，傷人及盜抵罪。”按，“與父老約”一句，“法三章耳”一句，今人有“約法三章”之語，蓋斷句之誤。

**一一九　亂雜而無章**　韓愈《送孟東野序》：“其爲言也，亂雜而無章。”

**一二〇　死工夫**　《燕子箋》劇：“欲求生富貴，須下死工夫。”

**一二一　水磨工夫**　《意中緣》劇：“拚些水磨工夫。”

**一二二　細論條目工夫**　《大學》："凡傳十章。前四章，統論綱領旨趣；後六章，細論條目工夫。"凡與人細談事理者，每引此語。論，平聲。

**一二三　若要工夫深，鐵也磨成針**　《通俗編》："宋·鄭思省《百二十圖詩》有一題云《驪山老姥磨鐵杵，欲作繡針圖》，今俗語云'只要功夫深，鐵杵磨成針'即本於此。"今人或云："若要工夫深，鐵也磨成針。"

**一二四　天造地設**　見《天地》。又凡文字巧合者，謂之"天造地設"。

**一二五　登峰造極**　《意中緣》劇："那裏像他的翰墨文章，樣樣登峰造極。"

**一二六　矯揉造作**　《巧團圓》劇："他一進門來，就拜爲慈母。原想帶回來送與爹爹，配成一對老夫婦，那裏知道是生就的母親，不須矯揉造作。"按，"矯揉造作"，文士恆言之，蓋謂勉强妄爲也。

**一二七　直捷了當**　《病玉緣》劇："不如待俺自救這小姐出險，一直送到俺的甥兒那邊，豈不直捷了當呢？"凡評文者亦有此語。當，去聲。

**一二八　雅俗共賞**　又："他的粲花妙舌，端莊流麗，雜以詼諧，尤爲雅俗共賞。"

**一二九　聲希味淡**　《空谷香》劇有"聲希味淡"之語。凡爲文高古者，人每以此語評之。

**一三〇　題目**　《通俗編》："《南史·王僧虔傳》：'誡子曰："往年取《三國志》聚牀頭，汝曾未窺其題目？"'按此與今作文者，先有題目意合，而古言題目，義各不同。"又按，今人喜用日本名詞，無論難易事，概曰"問題"，非也。

**一三一　難題目**　《翡翠園》劇：“這箇難題目，教我那哼畫策。”《意中緣》劇：“這樁事情，真是箇難題目。”

**一三二　慣出難題目**　見《人事》。

**一三三　隱僻題目**　《朱子語類》：“今爲主司者，務出隱僻題目，以乘人之所不知。”

**一三四　小題大做**　《翡翠園》劇：“你們這班朋友，慣是小題大做。”《石頭記》七三回：“不過是他們小題大作便了。”作音做。

**一三五　借題發揮**　《玉搔頭》劇：“正好借題發揮，出我們的私氣。”

**一三六　草稿**　《史記·屈原傳》：“王使原爲憲令，屬草稿未定，上官大夫見而欲奪之。”

**一三七　佳作**　《北史·馮熙傳》：“賈元壽撰《北芒寺碑》，孝文稱爲佳作。”李白《春夜宴桃李園序》：“不有佳作，何伸雅懷？”

**一三八　揣摩**　《戰國策》：“得太公《陰符》之謀，伏而誦之，簡練以爲揣摩。”

**一三九　推敲**　《摭言》：賈島於驢背吟“僧敲月下門”句，過權京兆韓吏部而不覺，洎擁至馬前，則曰：“欲作‘敲’字，又欲作‘推’字，神遊詩句，致衝大官。”韓曰：“作‘敲’字佳矣。”

**一四〇　琴棋書畫**　元·喬孟符《兩世姻緣》劇：“吹彈歌舞，琴棋書畫，無不精妙。”

**一四一　詩詞歌賦**　元人《漁樵記》劇：“那裹也詩詞歌賦，端的箇半星無。”

**一四二　歪詩**　《風箏誤》劇：“都是你一首歪詩將興掃。”

**一四三　打燈謎**　《廣東通志》：“元夕黏詩藏謎，以示博通，曰‘打燈謎’。”

**一四四　嘔心血**　見《心意》。又《桃花扇》劇：“嘔吐了心血無限。”

**一四五　大作家**　《盧氏雜説》：“王嶼好與人作碑誌，有送潤筆者，誤叩王維門。維曰：‘大作家在那邊。’”

**一四六　捉刀**　《世説》：“魏武將見匈奴使，自以形陋，不足雄遠國，使崔季珪代，帝自捉刀立牀頭。既畢，令間諜問曰：‘魏王何如？’使者答曰：‘魏王雅望非常，然牀頭捉刀人，此乃英雄也。’”今以代人作文者，謂之“捉刀”。

**一四七　槍手**　《夢筆生花》載鮑煜《槍手》文，亦謂代人作文也。

**一四八　老手**　蘇軾詩：“老手王摩詰，窮交孟浩然。”

**一四九　熟套子**　《桃花扇》劇：“這是俺説書的熟套子。”套，讀滔，去聲。

**一五〇　清清楚楚**　《風箏誤》劇：“休教那殢雨愁雲把我字句磨，好待他清清楚楚入秋波。”

**一五一　不落空**　朱子詩：“不涉言詮不落空。”

**一五二　不通**　《論衡·别通篇》：“通人猶富人，不通者猶貧人也。通人胸懷百家之言，不通者空腹無一諜之誦。”

**一五三　不通不通**　《春燈謎》劇：“僉押日，這鼓兒時常笑我，他道是‘不通不通又不通’。”

**一五四　一竅不通**　《吕氏春秋·貴直篇》：“紂殺比干而視其心。孔子曰：‘其竅通，則比干不死矣。’”高誘注云：“紂心不通，安於爲惡，若其一竅通，則比干不見殺。”《燕子箋》劇：“只是‘之乎者也矣焉哉’，字字不通一竅。”《憐香伴》劇：“怎麽那一竅不通的周公夢，他怎麽也會中？”竅音峭。

**一五五　瞎七瞎八**　見《朝署》“僉押”。

**一五六　目不識丁**　《唐書·張弘靖傳》：“天下無事，爾輩挽兩石弓，不如識一丁字。”今人云“目不識丁”本此。

**一五七　杜撰**　王楙《野客叢書》：“杜默爲詩，多不合律，故言事不合格者，曰‘杜撰’。俗又有杜田、杜園之説。杜之云者，猶言假耳，如言自釀薄酒曰‘杜酒’，此正與‘杜撰’説同。”

**一五八　雷同**　《禮記·曲禮》：“毋勦説，毋雷同。”

**一五九　大同小異**　《蕩寇志》百二十回：“凡畫家寫山水，雖復盡態極妙，卻與真地形大同小異。”今論文者亦有此語。

**一六〇　鼉鼓逢逢**　《詩·大雅》：“鼉鼓逢逢。”逢音蓬。今有詞意犯重複者，人每引此語誚之。

**一六一　關門閉户掩柴扉**　見《宫室》。又按，從前時文詞意重複，人亦引此語誚之。

**一六二　平鋪直敘**　《風箏誤》劇：“不像那詩書庸腐文章板，平鋪直敘没波瀾。”

**一六三　生吞活剥**　《大唐新語》：“李義府嘗賦詩云：‘鏤月成歌扇，裁雲作舞衣；自憐迴雪影，好取洛川歸。’有棗强尉張懷慶，好偷名士文章，乃爲詩曰：‘生情鏤月爲歌扇，出意裁雲作舞衣；照鏡自憐迴雪影，時來好取洛川歸。’人爲之諺曰：‘活剥王昌齡，生吞郭正一。’”凡人亦有以典故堆砌成文者，亦謂之“生吞活剥”。

**一六四　拖泥帶水**　見《水火》。今人以文字拖沓者，亦謂之“拖泥帶水”。

**一六五　粘皮帶骨**　《詩話總龜》：“作詩畏粘皮帶骨，石曼卿《紅梅》詩，恨其粘皮帶骨耳。”

**一六六　挂一漏百**　《通俗編》：“韓愈詩：‘團辭試提挈，

掛一念萬漏。’今人云‘掛一漏百’本此。”

**一六七　不倫不類**　《清朝野史大觀》：“光緒二十六年二月十六日，殺奏事處太監寇連材於菜市，因違例上奏，不倫不類者十條。”

**一六八　謬種流傳**　《宋史·選舉志》：“理宗朝，有司命題苟簡，或執偏見臆説，或發簡用事訛舛，所取之士既不精，數年之後，復俾之主文，是非顛倒逾甚，時謂之‘謬種流傳’。”種，上聲。

**一六九　以訛傳訛**　《石頭記》十七回：“以俗傳俗，以訛傳訛。”

**一七〇　一傳十，十傳百**　見《言語》。

**一七一　咬文嚼字**　《小忽雷》劇：“不比那些外官的酸子，一味咬文嚼字。”《還魂記》劇：“你是箇犯罪之人，誰來與你咬文嚼字？”

**一七二　片紙隻字**　陳鼎《八大山人傳》：“八大山人者，明寧藩宗室。山人嗜酒，人愛其筆墨，多置酒招之，如愛書，則攘臂搦管，狂叫大呼，洋洋灑灑，數十幅立就。醒時，欲求片紙隻字不可得。”

**一七三　別字**　《後漢書·儒林傳》：“《讖書》非聖人所作，其中多近鄙別字，恐疑誤後生。”《日知録》：“近鄙者猶今俗用之字。別字者，本當爲此字而誤爲彼也。今人謂之‘白字’，乃‘別’音之訛。”

**一七四　白字**　見上。

**一七五　捉白字**　《白羅衫》劇：“倒來捉我的白字，我就兜頭一篙子。”

**一七六　白紙上寫黑字**　元·秦簡夫《東堂老》劇：“揚

州奴云：‘白紙上寫着黑字哩！’”元人《看錢奴》劇：“不要閒説，白紙上寫着黑字哩！”

**一七七　丁相公畫一字**　見《婦女》“丁奶奶畫一字”。

**一七八　一字值千金**　吴融《謽光上人草書歌》：“不係知之與不知，須言一字千金值。”《霞箋記》劇：“學生聞得子昂一字值千金。”《意中緣》劇：“浄云：‘自古道，“一字值千斤”，待我稱他一稱，看有多少重？’末云：‘“一字值千金”，是説文理值錢的意思，那有稱得的道理！照你説起來，一箇字重一千斤，若識得十箇字，就有一萬斤重了。’”

**一七九　瞎字也不識**　《談徵》：“有人誤識臧武仲名，蕭穎士譏之曰：‘汝紇字也不識。’今俗云‘瞎字也不識’，乃‘紇’字之訛也。”

**一八〇　字無百日工**　《法書要録》：“唐·徐浩論書云：‘張伯英臨池學書，池水盡黑；永師登樓不下，四十餘年；張公精熟，號爲草聖；永師拘滯，終著能名。以此而言，非一朝一夕所能盡美。俗云“書無百日工”，蓋悠悠之談耳。宜白首攻之，豈但百日乎！’”今俗有“字無百日工”之語。

**一八一　紙上無名**　《慎鸞交》劇：“你説紙上無名，我們鎖你不得麽？現有當身文契，你還不知道麽？”

**一八二　兩指闊的條兒**　元人《吕洞賓度鐵拐李岳》劇：“只消得二指闊紙提條。”今云“二指闊的條兒”。

**一八三　一撇一捺**　《琵琶記》劇：“早間寫箇八字，忘了一撇一捺。”撇音辟；捺音難，入聲。

**一八四　八字不曾見兩撇**　見《人事》。

**一八五　寫作俱佳**　《霞箋記》劇：“好，好，寫作俱好。”《意中緣》劇：“聞得相公是當今才子，寫作俱佳。”

**一八六　對客揮毫**　《小忽雷》劇："明窗净几，對客揮毫。"《憐香伴》劇："對客揮毫不搆思，自矜倚馬男兒。"

**一八七　蠅頭小楷**　《石頭記》七十回："臨的是鍾王蠅頭小楷字跡。"

**一八八　龍飛鳳舞**　《老殘遊記》："草書寫得龍飛鳳舞，出色驚人。"

**一八九　潦草**　朱子《訓學齋規》："寫字未問工拙如何，且要一筆一畫，嚴正分明，不可老草。"《通俗編》："按，今言'潦草'，乃'老草'之音訛也。"又，"老草"或作"憦慞"。

**一九〇　東塗西抹**　《摭言》："薛逢嘗策羸馬赴朝，值新進士綴行而出，左右斥令回避新郎君，逢遣价語之曰：'莫乞相阿婆，三五少年時，也曾東塗西抹來。'"《鳳求凰》劇："彷佛初登第，塗東更抹西。"

**一九一　鬼畫符**　見《鬼神》。

**一九二　上大人**　清·梁章鉅《浪蹟續談》："余前撰《歸田瑣記》，載祝允明《猥議》言：'上大人，孔乙己。化三千，七十士。尔小生，八九子。佳作仁，可知禮也。'謂此係孔子上父書，近似有理。葉盛《水東日記》：'宋學士晚年寫此，必知所自。'似是元末明初有此語。既閱《通俗編》載《傳燈録》云：'或問陳尊宿："如何是一代時教？"陳曰："上大人，邱乙己。"'《五燈會元》亦載郭功甫謁白雲，雲曰：'夜來枕上作箇《山頌》。'謝功甫大儒，乃曰：'上大人，邱乙己。化三千，七十士。尔小生，八九子。佳作仁，可知禮也。'公初疑，後聞小兒誦之，忽有省。據此則知唐末先有此語，北宋時已爲小兒誦矣。其文特取筆畫簡少，以便童蒙，無取義理。祝氏之説，未免附會無稽矣。”

**一九三　文房四寶**　見《言語》“驢頭不對馬嘴”。又晁氏《讀書志》：《文房四寶》五卷，宋蘇易簡撰，集古今紙墨筆硯事實，繼以賦頌述作。

**一九四　金不換**　《墨經》：“凡墨日日用之，一歲纔減半分，如是者萬金不換。”

**一九五　小大由之**　《論語》：“小大由之。”言小事、大事，無不由斯禮也。今人名筆爲“小大由之”，言小字、大字皆宜也。

**一九六　把筆**　《還魂記》劇：“學生自會臨書，春香還勞把筆。”

**一九七　潤筆**　見前“大作家”。又《隋書·鄭繹傳》：“高熲戲繹曰：‘筆乾。’繹答曰：‘出爲方岳，杖策言歸，不得一錢，何以潤筆？’”

**一九八　大手筆**　《唐書·蘇頲傳》：“頲與張説，以文章顯，聲望略等，時號‘燕許大手筆’。”

**一九九　紙墨筆硯**　見上“文房四寶”。又《長生殿》劇：“紙墨筆硯，已安排齊備了。”

**二〇〇　端硯**　《東軒筆録》：“端溪硯有三種：曰巖石，曰西坑，曰後歷。”

**二〇一　澄泥硯**　《硯譜》：“虢州澄泥，唐人品硯，以爲第一，今人罕用。”《通州物産志》：“澄泥硯，出州中。相傳倭來犯時，取石壓船，渡海至州，棄江灘上。海門陸某製爲硯，能發墨，水不涸，由是著名。有鱔魚黄、玫瑰紫、蟹壳青、緑豆砂、赤豆砂諸名。”姜長卿《崇川竹枝詞》：“玫瑰紫石澄泥硯，龍尾端溪姤不如；温潤愛他紅玉輭，十三嬌小女兒膚。”

**二〇二　騎縫印**　見《朝署》。

**二〇三　一㮚印**　同上。

**二〇四　一炷香**　見《朝署》“手本”。

**二〇五　八行書**　《意中緣》劇：“‘我在這裏寫書，凡有客來,不許通報。’唱道:‘八行代我傳心事,千里從人索好音。’”行音杭。

**二〇六　三凶四吉**　《古今印史》：“印法諺曰：‘用一不用二，用三不用四。’此取奇數也，其扶陽抑陰之義乎？”按，吾鄉信封面用印，有俗語云“一凶，二吉，三俗，四平安”，與此不同。今又有“三凶四吉”之語，亦取偶數也。

**二〇七　簡板**　《老學庵筆記》：“王荆公以金漆板代書帖，士人效之。久之，其製漸精，南人謂之簡板。”

**二〇八　尺牘**　《漢書·陳遵傳》：“與人尺牘，主者藏弆以爲榮。”

**二〇九　拜帖**　明·張萱《疑耀》：“古人書啓往來，及姓名相通，皆以竹木爲之，所謂刺也。今之拜帖用紙，蓋起於熙寧。余謂簡札用紙，其來已久，意東漢造紙之後，簡札之制，已爲之一變矣！王沂公取殘簡，裂去前幅，以遺孫京。是時書帖已有長餘，但不如今之侈耳。今用七八摺爲全簡，是後人極奢之所致也。”

**二一〇　全柬**　“全簡”見上。又，“全柬”見《朝署》“手本”。

**二一一　花押**　見《朝署》。

# 武備

**一 御駕親征** 《奈何天》劇：“不消御駕親征，你們殺他幾陣便了。”

**二 元帥** 《左傳》：“作三軍，謀元帥。”

**三 先鋒** 《唐書·薛仁貴傳》：“帝遣問先鋒白衣者誰？召見嗟異。”

**四 假張飛** 《三國志演義》六三回：“原來先過去的，是假張飛。”

**五 放走夏侯惇** 《三國志》劇：“你昨日與我賭頭爭印，你今放走夏侯惇，叫刀斧手與我將張飛綁了。”

**六 關公單刀赴會** 《吴志·魯肅傳》：“備遣羽爭三郡。肅往益陽相拒，邀羽相見，各駐兵百步上，但請將軍單刀俱會。”《通俗編》：“此正史文，原有單刀會事。俗言關公單刀赴會，事不虛也。”《三國志演義》六六回：“關公曰：‘吾來日獨駕小舟，只用親隨十餘人，單刀赴會。’”

**七 曹操八十三萬人馬** 《三國志》劇：“今有曹操不伏前輸，又領八十三萬人馬。”操，去聲。

**八 趙子龍百萬軍中救阿斗** 元人《隔江鬭智》劇：“趙雲云：‘百萬軍中，抱得後主回還。’”按此時阿斗，不應稱後主。《蜀志·劉封傳》："孟達與封書曰：'自立阿斗爲太子，相識之人，相爲足下寒心。'"《三國志演義》八三回："糜芳曰：'目今阿斗太子，是我外甥。'"阿音壓。按，長坂之戰，有趙子龍百萬軍中救阿斗事，此時子龍口中，祇可稱公子而已。

**九 秦瓊** 元人《認父歸朝》劇："我打聽得大唐將老兵驕，病了秦瓊，閒了敬德。"按，《唐書》有《秦叔寶傳》，不名瓊也。然則所謂"姓秦名瓊字叔寶"者，元人妄撰也。

**一〇 尉遲恭** 又："分明是活脱下一箇單鞭奪槊尉遲恭。"俗讀尉若裕。按，《唐書》有《尉遲敬德傳》，另有"尉遲恭"，元人誤以爲敬德耳。清·葉名澧《橋西雜記》："壹貳叁肆等字，見《菽園雜記》，謂始於明初刑部尚書開濟，而宋邊實《崑山志》已有之。考石刻《龍藏寺碑》'勸奬州内士庶壹方人等'，唐《開元寺貞和尚塔銘》書'開元貳拾陸年'，元和《華岳廟題名》'壹月貳拾陸日'，又云'元和拾伍年壹月，尉遲恭粟米壹仟伍百石'，蓋不始自宋也。"按，元和爲唐憲宗年號，此時始有尉遲恭，非高祖、太宗時之尉遲敬德可知。

**一一 李元霸第一條好漢** 《精忠譜》劇："我蘇州城裹城外第一條好漢顔佩韋。"按，《説唐》小説，稱李元霸爲第一條好漢，謬甚。《唐書·高祖諸子傳》："高祖二十二子，竇皇后生建成、太宗皇帝、元吉、元霸。元霸幼辨慧，隋大業十年薨，年十六。"《通俗編》："按，今《隋唐》小説撰元霸勇力諸事，全無所據。"

**一二 薛仁貴白袍** 見上"先鋒"。又《唐書》："仁貴自恃饒勇，欲立奇功，乃異其服色，著白衣。"《通俗編》："按，元·張國賓雜劇稱仁貴白袍將，亦實。"

**一三 楊家將** 俞樾《春在堂隨筆》："演義家所稱名將，在唐曰薛家，皆薛仁貴子孫也。在宋曰楊家，皆楊業子孫也。楊業諸子，見於史者，曰延朗、延浦、延訓、延環、延貴、延彬，而延昭最知名，即延朗改名也。史稱延昭智勇善戰，所得奉賜悉犒軍，未嘗問家事，出入騎從如小校，號令嚴明，與士卒同甘苦，遇敵必身先行陳，克捷功推於下，故人樂爲用。在邊防二十餘年，契丹憚之，目爲楊六郎。至今楊六郎之名，固猶在人口也。延昭子文廣，以討賊張海功，授殿直，范仲淹宣撫陝西，置麾下。從狄青南征，後爲定州路副都總管，遷步軍都虞侯，蓋亦不墜其家風者。此楊家將之大略也。”將，去聲。

**一四 楊老令公撞李陵碑** 元人《孟良盜骨》劇：“末扮鬼魂上：‘老夫楊令公是也，因與吐番韓延壽交戰，被他圍在虎口交牙峪中，內無糧草，外無救軍，老夫不能得脱，撞李陵碑而亡。’”按，楊老令公死於契丹，非吐番也。不食而死，非撞碑而亡也。《宋史》：“楊業以驍勇聞，人號無敵，契丹望見業旌旗，輒引去。雍熙三年，副潘美北征，兵敗被擒，不食三日死。”據此，則撞碑不足信矣。

**一五 楊六郎** 見上“楊家將”。

**一六 在唐留姓，在宋留名** 俞樾《春在堂隨筆》：“張朗齋軍門曜，爲蒯士薌廉訪賀蓀妻昆弟之子。咸豐中，蓀丁外艱，奉命墨絰赴光州任。時賊氛方熾，過湯陰及朱仙鎮，謁岳忠武王祠，夜夢王延入，旁坐者爲張桓侯，王指謂蓀曰：‘汝妻姪張曜，乃桓侯後身，今以助汝。’是時，賊圍固始七十餘日，力戰解圍，曜有力焉。嗣後在豫二十年，轉戰數千里，皆曜爲先鋒云云。世傳桓侯後身，在唐爲張睢陽，在宋爲岳忠武。故前人作桓侯祠聯云有‘唐會顯姓宋留名’之語。今在我朝爲軍門，則又一顯姓矣。惟忠武既爲桓侯轉世，何以廉訪夢中見忠武又見桓侯？殆前身後身，非一非二，是以如來隨衆生意，現種種身，神道與佛理，固無異歟？”今人謂張桓侯，猶有“在唐留姓，在宋留名”之語。

**一七　前程遠大**《小忽雷》劇：“若再淹留，恐誤前程遠大。”《憐香伴》劇：“克紹書香，將來前程遠大。”

**一八　前程萬里**《南楚新聞》：“魏公〔子〕，崔相鉉之子也。隨父訪韓滉，滉命詠架上鷹，歎曰：‘此兒可謂前程萬里也！’”元·石君寶《曲江池》劇：“自來功名之事，前程萬里。”《荆釵記》劇：“願今朝奮前程萬里，願今朝奮前程萬里！”

**一九　將軍不下馬，各自奔前程**　元·李直夫《虎頭牌》劇：“正是將軍不下馬，各自奔前程。”元人《氣英布》劇：“從今後將軍不下馬，各自奔前程。”

**二〇　千軍萬馬**　元·鄭廷玉《疏者下船》劇：“早着俺千軍萬馬都驚走。”《玉搔頭》劇：“耀千軍萬馬，耀千軍萬馬，兵力堪誇。”

**二一　招兵買馬**　《白兔記》劇：“到了邠州，岳節度使在那裹招軍買馬。”《水滸》七一回：“招兵買馬，積草屯糧。”

**二二　汗馬功勞**　元人《賺蒯通》劇：“只因汗馬功勞大，封破平陽萬户侯。”

**二三　上馬一提金，下馬一提銀**　元人《伍員吹簫記》劇：“再賜你上馬一提金，下馬一提銀。”《三國志演義》七七回，亦有此二語，謂曹操賜關公也。

**二四　下馬威**　《小忽雷》劇：“是和非自有公評在，休裝下馬威。”《蜃中樓》劇：“叫丫鬟取家法過來，待我賞他箇下馬威。”

**二五　馬到功成**　元人《認父歸朝》劇：“老尉遲這一去，馬到功成。”《慎鸞交》劇：“且喜兵行賊殄，馬到功成。”

**二六　馬失前蹄**　《三國志演義》六二回：“那馬忽失前蹄，雙足跪地。”

**二七　威風**　《殷芸小説》：“李膺爲侍御史，青州凡六郡，惟陳仲舉爲樂安視事，餘皆移病去，其威風如此。”

**二八　八面威風**　李紹聞《雲間雜志》：“宋徽宗内庫所藏玉杯三：其一名教子昇天；二名八面威風；三則單螭作把，外多花紋。”

**二九　大將軍八面威風**　《鐵冠圖》劇：“老旦云：‘聖天子百靈相助。’衆云：‘大將軍八面威風。’”

**三〇　長他人志氣，滅自己威風**　《三國志演義》五二回：“長别人鋭氣，滅自己威風。”又《蕩寇志》百八回：“長他人志氣，滅自己威風。”長，上聲。

**三一　威風凜凜**　《三國志演義》一回：“相貌堂堂，威風凜凜。”

**三二　殺氣騰騰**　元人《氣英布》劇：“殺氣騰騰散遠空。”

**三三　烈烈轟轟**　又：“轟轟烈烈，奪利争名。”《鳴鳳記》劇：“大丈夫在世呵，也要烈烈轟轟做一場。”

**三四　三令五申**　《史記·孫武子傳》：“約束既布，乃設鈇鉞，即三令五申之。”《三國志演義》八三回：“昨已三令五申。”

**三五　一朝權在手，便把令來行**　朱灣詩：“一朝權在手，看取令行來。”《古謡諺》：“一朝權在手，便把令來行。”

**三六　獨當一面**　《漢書·張良傳》：“漢王之將，獨韓信可屬大事，當一面。”《蕩寇志》百二回：“門生願獨當一面。”

**三七　四面八方**　《三國志演義》八四回：“陸遜上馬，引數十騎來看石陣，但見四面八方皆有門户。”

**三八　四面受敵**　《史記·留侯世家》："雒陽田地薄，四面受敵，非用武之國也。"《三國志演義》十九回："徐州四面受敵。"

**三九　棋逢敵手**　《西遊記》四六回："正是棋逢敵手，將遇良才。"

**四〇　强中更有强中手**　元人《桃花女》劇："强中更有强中手，惡人終被惡人磨。"《回山》梆子腔："强中更有强中手，方顯梁山手段高。"

**四一　先下手爲强**　元人《泣江舟》劇："凡事先下手爲强。"元·紀君祥《大報讐》劇："先下手爲强，後下手爲殃。"《鳳求凰》劇："俗語説得好：'先下手爲强。'"

**四二　强將手下無弱兵**　《蘇東坡集》題連公壁曰："俗語云'强將手下無弱兵'，真可信也。吾觀連公之子孫，無一不好事者，此事當日盛矣。"《陔餘叢考》："死人身邊有活鬼，强將手下無弱兵。見周遵道《豹隱紀談》及《栗齋詩話》，謂俚語自然成對也。"《合縱記》劇："正所謂'强將手下無弱兵'。"將，去聲。

**四三　陪了夫人又折兵**　元人《隔江鬭智》劇："張飛云：'周瑜，周瑜，休誇妙計高天下，衹教陪了夫人又折兵。'"《三國志演義》六二回："周郎妙計安天下，陪了夫人又折兵。"

**四四　内無糧草，外無救兵**　"内無糧草，外無救軍"，見上"楊老令公撞李陵碑"。元·尚仲賢《尉遲恭》劇："裏無糧草，外無救兵。"《三國志演義》七六回："内無糧草，外無救兵，危在旦夕。"

**四五　草木皆兵**　《晉書·苻堅載記》："堅登城，望八公山草木，皆類人形，顧謂苻融曰：'此亦勍敵也，何謂兵少乎？'"

**四六　紙上談兵**　《石頭記》七六回："卻天天紙上談兵。"

**四七　先禮而後兵**　《翡翠園》劇："度理原情，後兵先禮。"《三國志演義》十一回："郭嘉諫曹操曰：'劉備遠來救援，先禮後兵，主公當用好言答之。'"《蕩寇志》八二回："先禮後兵，直道在我。"今人有"先禮而後兵"之語。

**四八　慈不掌兵，義不掌財**　見《貨財》。又見《盜賊》"成則爲王，敗則爲寇"。

**四九　養兵千日，用兵一時**　元·馬致遠《漢宮秋》劇："養軍千日，用軍一時。"《桃花扇》劇二語同。《水滸》六十回："養兵千日，用在一時。"今人多云"養兵千日，用兵一時"。

**五〇　用兵如神**　《三國志演義》五九回："丞相用兵如神。"《蕩寇志》七八回："雲天彪用兵如神。"

**五一　按兵不動**　《吕氏春秋》："趙簡子將襲衛，使史默覘之曰：'其佐多賢也。'簡子按兵而不動。"《三國志演義》三回："何進使人迎董卓於澠池，卓按兵不動。"

**五二　緩兵之計**　《三國志演義》九九回："孔明用緩兵之計。"

**五三　兵貴神速**　《紅拂記》劇："李靖云：'靖聞兵貴神速。'"

**五四　兵臨城下**　《三國志演義》七回："兵臨城下，將至河邊，豈可束手待斃。"

**五五　文武雙全**　元·馬致遠《黄粱夢》劇："自幼學得文武雙全。"《三國志演義》五二回："文武雙全，名聞天下。"

**五六　文武全才**　《鳴鳳記》劇："幸他紀律嚴明，謀猷克固，可謂文武全才矣。"

**五七　文曲星，武曲星**　見《天文》。

**五八　出將入相**　《唐書·李德裕傳》：“出入將相，二十餘年。”《小忽雷》劇：“出將入相，奏凱還朝。”將、相，並去聲。

**五九　千軍易得，一將難求**　《三國志演義》七十回：“三軍易得，一將難求。”元·鄭廷玉《疏者下船》劇：“要得千軍易，偏求一將難。”

**六〇　請將不如激將**　《西遊記》三一回：“請將不如激將，等我激他一激。”《憐香伴》劇：“我有道理，請將不如激將，且待我激他一激。”

**六一　五虎上將**　《蕩寇志》九二回：“忽報大寨有公文到，果然是五虎上將關勝病亡。”又《三國志演義》：“先主以關、張、趙、馬、黄爲五虎上將。”

**六二　蝦兵蟹將**　《紅梨記》劇：“莫不是蝦兵蟹將水魔耶？”《蜃中樓》劇：“不過替二哥效勞，訓練些蝦兵蟹將。”

**六三　將門之子**　《風筝誤》劇：“原來戚公子有這樣高才，不愧是將門之子！”

**六四　將在外，君命有所不受**　元人《隔江鬬智》劇：“你豈不聞‘將在軍，君命有所不受’？”《三国志演義》六二回：“將在外，君命有所不受。”

**六五　將在謀，而不在勇**　元人《小尉遲認父歸朝》劇：“可不道將在謀而不在勇。”

**六六　有萬夫不當之勇**　元·尚仲賢《尉遲恭》劇：“此人使一條水磨鞭，有萬夫不當之勇。”元人《小尉遲認父歸朝》劇：“憑着我坐下馬、手中槍，有萬夫不當之勇。”

**六七　勇而無謀**　《三國志演義》十五回：“吕布勇而無

謀，輕於去就。”

**六八　重賞之下，必有勇夫**　《黄石公上略》：“香餌之下，必有死魚；重賞之下，必有勇夫。”《西廂記》劇张生道：“重赏之下，必有勇夫。”又《奈何天》劇二語同。

**六九　不入虎穴，焉得虎子**　《後漢書·班超傳》：“不入虎穴，不得虎子。”《三國志演義》七十回：“不入虎穴，焉得虎子。”

**七〇　兩國相争，不斬來使**　《三國志演義》四五回：“魯肅曰：‘兩國相争，不斬來使。’”又《臨川夢》劇：“古人常説道：‘兩國相争，不斬來使。’”

**七一　各爲其主**　《蜀志·關羽傳》：“及羽斬顔良，曹公知其必去，重加賞賜。羽盡封其所賜，拜書告辭，而奔先主於袁軍。左右欲追之，曹公曰：‘彼各爲其主，勿追也。’”《浣紗記》劇：“你也曉得各爲其主，無怪其然。”爲，去聲。

**七二　興問罪之師**　《慎鸞交》劇：“以後若有變局，待我好興問罪之師。”

**七三　師出無名**　《漢書·高祖紀》：“兵出無名，事故不成。”《玉搔頭》劇：“所慮者，師出無名，難以號令天下。”

**七四　班師回朝**　元·喬孟符《兩世姻緣》劇：“今聞得他班師回朝，我不免就軍門前見他。”《水滸》五三回：“尅日埽清山寨，班師回朝。”朝音潮。

**七五　好本事**　元人《隔江鬬智》劇：“劉封好本事，上陣膽包身。”

**七六　賭本事**　元人《黑旋風雙獻功》劇：“那泰安山神州廟前，有一等打擂臺，賭本事的，要與人厮打。”

**七七　摜交**　《清朝野史大觀》：“穆宗喜舞劍，尤喜摜交。擐交須身體靈活，年稍長，即不能。其精者，擐交至數十度。”擐，讀環，去聲。

**七八　八段錦**　《夷堅志》：“李似矩爲起居郎，嘗以夜半時起坐，噓吸按摩，行所謂‘八段錦’者。”

**七九　打摞臺**　見上“賭本事”。摞音類。

**八〇　端制子**　《儒林外史》：“端的起三百斤的制子。”

**八一　有氣力**　《史記·吕后紀》：“朱虛侯劉章有氣力。”

**八二　有膽氣**　《周益公集》記鄭樞密事，“乞求有膽氣謹密之人”。

**八三　北方風氣剛勁**　《中庸》注：“南方風氣柔弱，北方風氣剛勁。”

**八四　一鼓作氣**　《左傳》：“曹劌曰：‘夫戰，勇氣也，一鼓作氣，再而衰，三而竭。’”

**八五　擂鼓**　《升庵外集》：“岑參《凱歌》：‘鳴笳擂鼓擁軍回。’”《紅拂記》劇：“擂鼓篩鑼，吶喊摇旗。”擂音雷。

**八六　篩鑼**　見上。《雪蓑漫鈔》：“今人呼洗曰‘沙鑼’，又曰‘厮鑼’。國朝賜契丹、西夏，使人皆用此語。究其説，軍中不暇持洗，以鑼代之。又中原人以擊鑼爲篩鑼，東南亦有言之者。篩、沙音相近也。”篩音衰。

**八七　旗鼓相當**　《管輅别傳》：“太守單子春，欲試輅之才辨，謂輅曰：‘吾欲自與卿旗鼓相當。’”《風箏誤》劇：“如今只得與他旗鼓相當，纔能勾畫疆自守。”

**八八　鳴鼓而攻之**　《論語》：“子曰：‘求，非吾徒也，小子鳴鼓而攻之可也。’”《永團圓》劇：“外云：‘學生亦不因諸生相懇，曲護蔡生。總之，秉公便了。’衆云：‘好呀，鳴鼓而攻之哉！’”

**八九　偃旗息鼓**　《蜀志·趙雲傳》注：“雲陷敵還，更大開門，偃旗息鼓，曹軍疑有伏，引去。”

**九〇　摇旗吶喊**　見上“擂鼓”。又元人《兩世姻緣》劇：“摇旗納喊。”吶作納。《水滸》五一回：“摇旗吶喊，擂鼓鳴金。”

**九一　横衝直撞**　《水滸》五四回：“那連環馬軍，漫山遍野，横衝直撞將來。”撞，上聲。

**九二　飛揚跋扈**　《北史·齊神武紀》：“侯景專制河南十四年，常有飛揚跋扈之志。”

**九三　耀武揚威**　元·鄭廷玉《疏者下船》劇：“着誰人買馬招軍，重與俺揚威耀武。”《三國志演義》五回：“袁術喝張飛曰：‘量一縣令手下小卒，安敢耀武揚威！’”

**九四　夜不收**　《倒精忠》劇：“邊上夜不收，報緊急軍情的。”《連環記》劇：“打聽軍情事，名爲‘夜不收’；日間藏草内，黑夜過荒邱。俺乃能行探子是也。”按，“探子”名“夜不收”，今俗以店外站牌爲“夜不收”，非也。

**九五　旗牌官**　《燕子箋》劇：“叫旗牌官，快撥供應人役等。”

**九六　火牌令箭**　又：“追勦賊兵，發火牌令箭。”

**九七　奇門遁甲**　《三國志演義》四九回：“曾遇異人，傳授奇門遁甲天書，可以呼風喚雨。”

**九八　馬後砲**　元人《隔江鬭智》劇：“張飛云：‘大哥須要計較此事，不要做了馬後砲，弄的遲了。’”

**九九　拖刀計**　《焚香記》劇：“誰想他暗藏着拖刀計。”元·鄭廷玉《後庭花》劇：“教平人正中拖刀計。”

**一〇〇　單刀直入**　《傳燈録》："靈祐曰：'單刀直入，則凡聖盡露真常。'旻德曰：'若是作家戰將，便須單刀直入。'"

**一〇一　匹馬單槍**　《五燈會元》："慧覺謂皓泰曰：'埋兵掉鬭，未是作家。匹馬單槍，便請相見。'"

**一〇二　動真刀真槍**　《夢筆生花·杭州俗語·雜對》："趁熱鍋熱竈；動真刀真槍。"

**一〇三　刀槍劍戟**　元人《小尉遲認父歸朝》劇："明晃晃槍刀劍戟。"今語作"刀槍劍戟"。按，戟音棘，俗多讀若几，非。

**一〇四　方天戟**　《連環計》劇："手提畫桿方天戟，擋住咽喉龍虎鬧。"

**一〇五　大刀闊斧**　《水滸》三三回："大刀闊斧，徑奔清風寨來。"

**一〇六　丈八蛇矛**　《連環計》劇："跨下烏騅能戰馬，蛇矛丈八手中提。"

**一〇七　弓上絃，刀出鞘**　《千鍾禄》劇："軍士每，你們須要弓上絃，刀出鞘。"

**一〇八　開弓不放箭**　《儒林外史》十三回："還是開弓不放箭，大家弄幾箇錢有益。"

**一〇九　左右開弓**　《左傳》："欒伯左射馬而右射人。"此即"左右開弓"也。又見《頭面》"打嘴巴子"。

**一一〇　四兩撥千斤**　《蕩寇志》八八回："兵器又不在斤兩上分高低，古人説得好：'四兩能撥千斤重。'"

**一一一　千觔閘**　又百二九回："關上賊兵，放下那千觔重閘，任森不先不後，不早不遲，閘板下來，任森托住。"

**一一二　烏合之衆**　《後漢書·耿弇傳》："發突騎以轔

烏合之衆，如摧枯折腐耳。”

**一一三　寡不敵衆**　《孟子》：“然則小固不可以敵大，寡固不可以敵衆，弱固不可以敵彊。”《水滸》六二回：“可憐寡不敵衆，兩箇當下盡被殺了。”

**一一四　秀才造反**　《夢筆生花·杭州俗語·雜對》：“秀才造反；君子愛才。”前清有“秀才造反，一世無成”之語。

**一一五　窮寇莫追**　《孫子》：“歸師莫遏，窮寇莫追。”《夢筆生花·杭州俗語·雜對》：“好人難做；窮寇莫追。”

**一一六　鞭長莫及**　《左傳》：“古人有言曰：‘雖鞭之長，不及馬腹。’”今人所謂“鞭長莫及”是也。

**一一七　罷於奔命**　《左傳》：“余必使爾罷於奔命以死。”罷音疲。

**一一八　虛張聲勢**　見《地理》“强龍難敵地頭蛇”。又《三國志演義》二二回：“權且虛張聲勢。”

**一一九　勢不兩立**　《三國志·周瑜傳》：“孫權曰：‘孤與老賊勢不兩立。’”《蕩寇志》九二回：“我與他勢不能兩立。”

**一二〇　勢如破竹**　《晉書·杜預傳》：“兵威已振，譬如破竹，數節之後，迎刃而解。”《三國志演義》九五回：“憑高視下，勢如破竹。”《鐵冠圖》劇：“一路勢如破竹，果然鷄犬無驚。”

**一二一　牢不可破**　韓愈《平淮西碑》：“并爲一談，牢不可破。”

**一二二　瓦罐不離井上破**　《通俗編》“瓦罐終須井上破”，引《漢書·陳遵傳》述揚雄《酒箴》曰：“子猶瓶矣，居井之眉……一旦叀礙，爲甇所轠。”注云：“言瓶爲井甇所擊，終破碎也。”元·賈仲名《玉梳記》劇：“井口上瓦罐终須破。”

又《夢筆生花·絃索樂府》有“瓦罐不離井上破”之語。按今小說家云“瓦罐不離井上破，將軍難免陣前亡”亦本此。

**一二三　當頭陣**　《浣紗記》劇：“我我我，千軍萬馬去當頭陣。”

**一二四　一字長蛇陣**　《小忽雷》劇：“一字長蛇陣勢全。”

**一二五　一夫當關，萬夫莫開**　李白《蜀道難》：“劍閣峥嶸而崔嵬，一夫當關，萬夫莫開。”《蕩寇志》九一回：“那兗州府城東鎮陽關，險峻異常，真是一夫當關，萬夫莫開。”

**一二六　斬關落鎖**　《三國志演義》十七回：“斬關落鎖，大隊擁入。”

**一二七　明修棧道，暗度陳倉**　元人《氣英布》劇：“孤家用韓信之策，明修棧道，暗度陳倉。”

**一二八　暗箭難防**　《三國志》劇：“教你明槍容易躲，暗箭最難防。”又《淤泥河》劇二語同。

**一二九　步步爲營**　《三國志演義》七一回：“拔寨前進，步步爲營。”

**一三〇　偷營劫寨**　元人《氣英布》劇：“喒也曾緝林林，劫寨偷營。”《水滸》四十回：“我們衆人偷營劫寨，只可使一遍，如何再行得？”

**一三一　出其不意**　《孫子·始計篇》：“攻其無備，出其不意。”

**一三二　不計其數**　《水滸》六二回：“人喊馬嘶，不計其數。”

**一三三　裏應外合**　《合縱記》劇：“我今用他不打緊，做了裏應外合，反爲國蠹。”《三國志演義》二一回：“暗約舉火爲號，裏應外合。”《水滸》四八回：“裏應外合，必成大事。”

**一三四　生擒活捉**　《水滸》五四回：“生擒活捉這夥反賊解京。”

**一三五　併箇死活**　又四八回：“我们今日便和伯伯併箇你死我活。”

**一三六　屍横遍野，血流成河**　又六二回：“屍横遍野，血流成河。”又《精忠譜》劇二語同。

**一三七　百發百中**　《史記》：“養由基善射，去柳葉百步射之，百發百中。”中，去聲。

**一三八　百戰百勝**　《孫子·謀攻篇》：“百戰百勝，非善之善也。不戰而屈人，善之善者也。”蘇軾《留侯論》：“項籍唯不能忍，是以百戰百勝，而輕用其鋒；高祖忍之，養其全鋒，而待其敝，此子房教之也。”

**一三九　五花八門**　《儒林外史》四二回：“那小戲子跑上塲來，串了一箇五花八門。”

**一四〇　攻打城池**　《水滸》六二回：“其餘盡隨出去，攻打城池。”

**一四一　三打祝家莊**　元·李致遠《風雨還牢》劇：“宋江道：‘晁蓋哥哥並衆頭領，讓我坐第二把交椅。哥哥三打祝家莊，身亡之後，衆兄弟讓我爲頭領。’”

**一四二　圍得密不通風**　元·紀君祥《大報讐》劇：“必然把太平莊上兵圍擁，鐵桶般密不通風。”

**一四三　把得水泄不通**　《三國志演義》四九回：“圍得盡是東吴軍馬，把得水泄不通。”泄音洩，亦與洩同，漏洩也。

**一四四　殺得落花流水**　《萬里圖》劇：“好打好打，打得落花流水。”《蕩寇志》九二回：“雖不曾勦滅那厮，卻也殺得他落花流水。”

**一四五　殺得片甲不回**　《紅拂記》劇：“殺得箇片甲不回。”

**一四六　雞犬不留**　《鐵冠圖》劇：“打破城池，殺得百姓雞犬不留。”

**一四七　草菅人命**　見《醫病》。

**一四八　如入無人之境**　《奈何天》劇：“如入無人之境，無人之境。”

**一四九　英雄無用武之地**　《通鑑》：“亮説權曰：‘今操芟夷大難，略已平矣。遂破荆州，威震四海。英雄無用武之地，故豫州遁逃至此，願將軍量力而處之。’”《千金記》劇：“我想智謀有必戰之時，英雄無用武之地。”

**一五〇　一敗塗地**　《漢書·高帝紀》：“今置將不善，一敗塗地。”師古注：“一見破敗，即肝腦塗地也。”蘇洵《管仲論》：“威公之薨也，一敗塗地。無惑也！彼獨恃一管仲，而仲則死矣。”

**一五一　立於不敗之地**　《孫子·軍形篇》：“善戰者，立於不敗之地。”

**一五二　打敗**　《北史·邵護傳》：“相將至唐河北，被定州官軍打敗。”

**一五三　坐觀成敗**　《史記·任安傳》：“見兵事起，欲坐觀成敗，見勝者欲縱合之。”《三國志演義》九八回：“是坐觀成敗耳。”

**一五四　壁上觀**　《漢書·項籍傳》：“諸侯軍救鉅鹿者十餘壁，莫敢縱兵。及楚擊秦，諸侯皆從壁上觀。楚戰士無不一當十，呼聲動天地。諸侯軍人人惴恐。”

**一五五　勝敗乃兵家常事**　《水滸》五四回："勝敗乃兵家常事，何必掛心！"《長生殿》劇："我想勝敗乃兵家常事，臨陣偶然失利，情有可原。"

**一五六　帶罪立功**　《蜃中樓》劇："著我帶罪立功去。"

**一五七　將功折罪**　元人《隔江鬬智》劇："如今權饒你，將攻折罪。"元·康進之《李逵負荊》劇："若拿得兩個棍徒，將功折罪。"

# 禍福

**一　福人**　《冥祥記》：“僧達謂李清曰：‘先生是福人，當易拔濟耳。’”

**二　福氣**　黃庭堅《題跋》：“王著用筆圓熟，如富貴人家子，非無福氣，但病在少韻耳。”元·關漢卿《玉鏡臺》劇：“卻有那般福氣。”

**三　福至心靈**　《古謡諺》：“‘福至心靈，禍來神昧’，胡三省引諺也，與史炤《通鑑》疏引諺同。”《奈何天》劇：“難道是我福至心靈，竟把聰明孔竅，都洗開了不成？”《夢筆生花·杭州俗語·雜對》：“財多身弱；福至心靈。”

**四　福祿壽三星**　見《天文》。

**五　福祿雙全**　元·賈仲名《玉梳記》劇：“我如今福祿雙全。”

**六　福壽雙全**　見《年齒》。

**七　後福**　《御史臺記》：“陸元方臨終曰：‘吾陰騭於人多矣，其後福必不淺也。’”

**八　萬福**　《老學庵筆記》：“王廣津《宫詞》：‘新睡起來思舊夢，見人忘卻道勝常。’”勝常，猶今婦人言萬福也。蓋萬福之言，宋已盛行。

**九　惜福**　《宋史·太祖紀》："戒魏國長公主曰：'汝生長富貴，當念惜福。'"

**一〇　享福**　《鶡冠子》："享其福禄而百事理。"

**一一　癡福**　《五燈會元》："風穴沼謂省念曰：'汝作許多癡福。'"

**一二　癡人有癡福**　《憐香伴》劇："難道我這等癡人，竟有這等癡福？"《通俗編·俚語集對》："好心得好報；癡人有癡福。"

**一三　平爲福**　《莊子·盗跖篇》："平爲福，有餘爲害。"

**一四　天官賜福**　梁元帝《旨要》："上元爲天官賜福之辰。"《奈何天》劇："小聖上元一品賜福天官，紫薇大帝。"又："這是很地煞降災的符水，善天官賜福的旌旗。"

**一五　君子問災不問福**　《水滸》六十回："君子問災不問福，只求推算目下行藏。"

**一六　塞翁失馬，焉知非福**　《淮南子》："塞上叟失馬，人皆弔之。叟曰：'此何詎不爲福？'數月，馬引胡駿馬而至，人皆賀之。叟曰：'此何詎不爲禍？'家富馬良，其子好騎，墮而折髀，人皆弔之。叟曰：'此何詎不爲福？'一年，胡夷大入，丁壯者戰死十九，子獨以跛故，父子相保。"《病玉緣》劇："塞翁失馬，焉知非福？你眼前不信俺的話也罷，到了日後，纔覺得俺不是説笑話哩！"

**一七　兒孫自有兒孫福，莫與兒孫作馬牛**　見《家族》。

**一八　洪福齊天**　《燕子箋》劇："此是朝廷洪福齊天。"《尋親記》劇："大老爺洪福齊天，故此逢凶化吉。"

**一九　没福消受**　元·關漢卿《智斬魯齋郎》劇："只怕張珪没福消受。"《意中緣》劇："雖蒙見允，只怕没福消受。"

**二〇　有福之人人服事，無福之人服事人**　元人《黑旋風雙獻功》劇："牢子云：'有福之人人服侍，無福之人服侍人。'"《古謠諺》："韓雍引諺云：'有福之人人服事，無福之人服事人。'"

**二一　壽山福海**　《劉誠意集》有《壽山福海圖歌》。

**二二　福如東海，壽比南山**　《鳴鳳記》劇："願老祖爺福如東海，壽比南山。"

**二三　五福壽爲先**　《書·洪範》："九五福：一曰壽，二曰富，三曰康寧，四曰攸好德，五曰考終命。"《朱子語類》："吕與叔惜乎壽不永，如天假之年，必所見又別。程子稱其深潛縝密，可見他資質好，又能涵養。某若只如吕年，亦不得到此田地矣！五福説壽爲先若此。"

**二四　多福多壽多男子**　見《家族》。

**二五　華祝三多**　見《家族》注。華音話。

**二六　華封三祝**　同上。

**二七　富貴福澤**　張子《西銘》："富貴福澤，將厚吾之生也！"

**二八　富貴不斷頭**　《博古圖》："漢千秋萬歲鐵鑑銘曰：'千秋萬歲，富貴不斷。'"《石頭記》十九回："上面是五色富貴不斷頭卍字的花樣。"

**二九　夫榮妻貴**　見《家族》。

**三〇　大富大貴**　《玉搔頭》劇："此人姿容俊偉，器宇軒昂，竟是箇大富大貴之人。"

**三一　長命富貴**　《唐書·姚崇傳》："求長命，得長命；求富貴，得富貴。"元人《爭報恩》劇："恰纔姐姐救了我性命，則願得姐姐長命富貴。"

**三二　榮華富貴**　《史記·外戚世家》："丈人當時富貴，

光耀榮華。”元·關漢卿《智斬魯齋郎》劇：“我只道他一世榮華富貴，可怎生被包待制斬了。”《丹鉛録》：“榮字當入東字韻，與融音同。楚越齊魯，其音皆同也。按《越絶書》曰：‘種留封侯，不知令終。二賢比德，種獨不榮。’以榮與終叶。古韻已如此，後人入庚字韻，蓋誤以榮爲縈也。”

**三三　一路榮華到白頭**　《夢筆生花·杭州俗語》有“一路榮華到白頭”之語。余向見一畫，則鷺絲也，芙蓉也，白頭翁鳥也，題以此句，取其吉兆耳。

**三四　有福同享，有禍同當**　又《杭州俗語·雜對》：“喫酒圖醉，喫飯圖飽；有福同享，有禍同當。”

**三五　天有不測風雲，人有暂時禍福**　見《天文》。

**三六　謝天謝地**　見《天地》。

**三七　歡天喜地**　同上。

**三八　喜從天降**　元·馬致遠《青衫淚》劇：“貴腳踏賤地，使下官喜從天降。”《病玉緣》劇：“喜從天降，剗卻萬千愁。”

**三九　喜鵲叫，有人到**　《通俗編·俚語集對》：“寒蟲鳴，懶婦驚；喜鵲叫，遠人到。”今人云：“喜鵲叫，有人到。”

**四〇　人逢喜事精神爽**　《五燈會元》：“人逢好事精神爽。”《儒林外史》三回：“人逢喜事精神爽。”

**四一　喜信**　《開元遺事》：“新進士及第，以泥金書帖子，附於家書中，謂之‘喜信’。”

**四二　錯過喜神**　《通俗編·俚語集對》：“倚著閻王勢；錯過喜神方。”今人但有“錯過喜神”之語。

**四三　一團和氣**　《程子全書》：“謝顯道云：‘明道坐如泥塑人，及接人，渾是一團和氣。’”

**四四　和氣致祥**　《漢書·劉向傳》：“和氣致祥，乖氣致異。”

**四五　吉祥如意**　《通俗編》:“‘吉祥如意’，見元人《賺蒯通》劇。”《白兔記》劇：“人口咸寧，吉祥如意。”

**四六　吉利**　《易·大有》：“吉無不利。”

**四七　吉利吉利**　《太平廣記》:“薛昭見一女子，升花茵，酌酒酹之曰：‘吉利吉利，好人相逢，惡人相避。’”

**四八　吉人自有天相**　見《天文》。

**四九　大吉**　《易·家人》：“富家大吉。”

**五〇　百事大吉**　《游覽志餘》:“杭俗元旦，簽柏枝於柿餅，以大橘承之，謂之百事大吉。”

**五一　逢凶化吉**　《石頭記》四二回：“遇難呈祥，逢凶化吉。”

**五二　凶多吉少**　《翡翠園》劇:“此一番解審，凶多吉少。”

**五三　好造化**　《通俗編》：“‘造化’，見《莊子》。元人雜劇有‘好造化’、‘没造化’語。”

**五四　好消息**　見《頭面》“耳聽好消息”。又《舊唐書·崔元暐傳》:“母戒之曰:‘兒子從宦，有人來云:“貧乏不能存。”此是好消息。’”

**五五　出頭日子**　元人《鴛鴦被》劇:“也得箇出頭日子。”《春燈謎》劇：“老死在獄中，何日是箇出頭的日子。”

**五六　城河裏磚頭，也有翻身日**　《夢筆生花·絃索樂府》:“這叫做瓦片尚有翻身日，只争來早與來遲。”今江北人云“城河裏磚頭，也有翻身日”，意亦同也。

**五七　枯木逢春**　元人《凍蘇秦》劇:“恰便似旱苗纔得雨，枯樹恰逢春。”

**五八　白鴿子往旺處飛**　《通俗編·俚語集對》：“鵓鴿只揀旺處；燕子不入愁門。”今人有“白鴿子往旺處飛”之語。

**五九　天下太平**　清·梁章鉅《歸田瑣記》："聞阮雲臺師在相位時，每於歲除前，用松江花絹方箋，篆書'天下太平'字，如秦漢瓦當體，分貽知好。潘芝軒閣老以四字所出，問翰林諸公，皆不能對。師曰：'此五經中句耳。'閣老乃分屬軍機章京數人，各檢一經，始知出仲尼《燕居篇》云：'言而履之，禮也；行而樂之，樂也。君子力此二者，以南面而立，夫是以天下太平也。'"

**六〇　三陽開泰**　《嚴氏書畫記》有《三陽開泰圖》。

**六一　國泰民安**　見《天文》"風調雨順"。

**六二　否極泰來**　見《性情》"樂極生悲"。又白居易詩："樂往必悲生，泰來由否極。"《琵琶記》劇："否極應須會泰來。"否音庀。

**六三　苦盡甘來**　元人《抱粧盒》劇："這玉皇李子，苦盡甘來。"元人《碧桃花》劇："也是我苦盡甘來，常言道，否極早生泰。"

**六四　時來運來**　《小忽雷》劇："時來運來，潑天封拜。"

**六五　時來風送滕王閣**　《合縱記》劇："時來風送滕王閣，運去雷轟薦福碑。"

**六六　時哉，時哉**　《論語》："山梁雌雉，時哉！時哉！"

**六七　時運亨通**　元人《凍蘇秦》劇："終有日時運亨通，封侯拜相。"

**六八　時運不通**　元·范子安《竹葉舟》劇："你孩兒時運不通，不曾得官。"

**六九　時運不濟**　元·曾瑞卿《留鞋記》劇："自謂狀元操手可得，豈知時運不濟，榜上無名。"《意中緣》劇："如今時運不濟，没錢還你。"

**七〇　物極必反**　《鶡冠子》："物極則反，是謂環流。"今人云"物極必反"是也。

**七一　居之安**　《孟子》："自得之，則居之安，居之安，則資之深。"

**七二　安安穩穩**　吴澄詩："安安穩穩萬年枝。"

**七三　平平穩穩**　戴復古詩："平平穩穩，爲公爲卿。"

**七四　五穀豐登**　見《朝署》"加官進爵"。

**七五　年成不好**　見《時日》。

**七六　風調雨順**　見《天文》。

**七七　破屋又遭連夜雨，行船正遇打頭風**　同上。

**七八　天翻地覆**　見《天地》。

**七九　天羅地網**　同上。

**八〇　喪門星，弔客星**　見《天文》。

**八一　斬草除根**　《唐書》："薛季昶謂張柬之曰：'二凶雖除，産、禄猶在，斬草不除根，終當復生。'"《三國志演義》二回："袁紹告何進曰：'若不斬草除根，必爲喪身之本。'"

**八二　禍根**　《吴越春秋》："大夫種曰：'吉者凶之門，福者禍之根。'"

**八三　禍根之苗**　元·秦簡夫《東堂老》劇："你有禍根，有禍苗。"《長生殿》劇："早絶禍根苗。"今人云"禍根之苗"是也。

**八四　祸不單行**　《説苑·權謀篇》："此所謂福不重至，禍必重來者也。"《傳燈録》紫桐和尚舉"禍不單行"語。《水滸》三六回："正是福無雙至，禍不單行。"又《拜月亭記》劇二語同。

**八五　禍從天上來**　《荆釵記》劇："教我怎佈擺這禍從天上來？"《翡翠圖》劇："閉門家裹坐，禍從天上來。"

**八六　天大禍事**　《桃花扇》劇：“兄還不知，有天大禍事來尋你了。”

**八七　拚死無大禍**　《通俗編》：“‘除死無大災’，見馬致遠《黃粱夢》曲。”又元·孫仲章《張鼎勘頭巾》劇：“净云：‘殺了劉員外，也是我；和他老婆通姦，也是我。除死無大災，饒便饒，不饒，把俺兩口兒就哈喇了罷。’”按，“除死無大災”，今人所謂“拚死無大禍”也。

**八八　幸災樂禍**　《顏氏家訓》：“每見文士，頗讀兵書。承平之世，幸災樂禍，兵革之時，構扇反覆，此陷身之本也。”樂音洛。

**八九　飛來之禍**　《後漢書·周榮傳》：“常敕妻子，若卒遇飛禍，無得殯殮。”《通俗編》：“俚俗謂之飛來之禍。”

**九〇　无妄之災**　《易·无妄》：“无妄之行，窮之災也。”《江州淚》劇：“兄以无妄之災，遽遭遠謫，特來拜送。”今人以意外之禍，謂之无妄之災。

**九一　切近之災**　《易·剥》：“剥牀以膚，切近災也。”今人以禍將及身者，謂之“切近之災”。

**九二　逃災避難**　元人《争報恩》劇：“我是逃災避難之人。”難，去聲。

**九三　消災延壽**　見《年齒》。

**九四　逆來順受**　《兒孫福》劇：“凡百事逆來順受。”《憐香伴》劇：“雖則是逆來當順受，也教人難免目睭睭。”

**九五　可以同患難，不可以同安樂**　《吴越春秋》：“范蠡言：‘越王之爲人，可以共患難，不可以共處樂。’”今人云“可以同患難，不可以同安樂”。難，去聲。樂音洛。

**九六　躲過惡時辰**　《蝴蝶夢》劇：“説弗得，且躲過惡時辰再處。”《夢筆生花·杭州俗語·雜對》：“想這好日子；躲過惡時辰。”

**九七　動輒得咎**　韓愈《進學解》：“跋前疐後，動輒得咎。”

**九八　前生冤孽**　《春燈謎》劇：“只也是前生冤孽，撞在這裏來。”

**九九　冤哉枉也**　《夢筆生花·杭州俗語·雜對》：“冤哉枉也；古而怪之。”

**一〇〇　自取之也**　《孟子》：“清斯濯纓，濁斯濯足矣，自取之也。”

**一〇一　不得免焉**　又：“滕，小國也，竭力以事大國，則不得免焉。”

**一〇二　幸而免**　《論語》：“人之生也直，罔之生也幸而免。”

**一〇三　倒煤**　《病玉緣》劇：“俺呵，受盡苦，倒盡煤。”

**一〇四　晦氣**　《爛柯山》劇：“區區真晦氣，白日撞了鬼。”

**一〇五　滅門絶户**　見《家族》。

**一〇六　城門失火，殃及池魚**　見《水火》。又《廣韻》“池”字注：“古有池姓名仲魚者，城門失火，燒死，故諺云云。”

**一〇七　飛蛾投火自燒身**　《梁書·到溉傳》：“若飛蛾之赴火，豈焚身之可吝。”元·楊顯之《秋夜雨》劇：“豈不是飛蛾撲火，自討死喫的。”《水滸》五七回：“正是飛蛾投火身傾喪，怒鼈吞鉤命必傷。”今人云“飛蛾投火自燒身”，殆本諸説。

**一〇八　蝦荒蟹亂**　《平江紀事》：“大德丁未，吴中蟹厄如蝗，平田皆滿，稻穀蕩盡。吴諺云‘蝦荒蟹亂’謂此也。”

# 醫病

**一　毛病**　見《頭面》“十不全”。又《相馬書》：“馬旋毛者，善旋五，惡旋十四，所謂毛病，最爲害者也。”

**二　老毛病**　《夢筆生花·杭州俗語》：“腳不定，手不定，胎裹做成老毛病。”

**三　時氣病**　《山海經》：“英山有鳥焉，曰肥遺，食之已癘。”郭注：“無時氣病也。”

**四　臌脹病**　《比目魚》劇：“你們兩箇都是有臌脹病的麼？”

**五　相思病**　元·鄭德輝《倩女離魂》劇：“但合眼便與王生在一處，這相思病害殺人也！”

**六　單思病**　《四節記》劇：“丑云：‘害箇單思病，在牀上。’旦云：‘甚麼單思病？’丑云：‘他來想你，你不去想他，豈不是單思病！’”

**七　饞癆病**　《儒林外史》十一回：“你又不害饞癆病。”

**八　癆病鬼**　見《鬼神》。

**九　同病相憐**　《吴越春秋》：“同病相憐，同憂相捄。”

**一〇　三好兩歹**　《儒林外史》五四回：“相公娘，也時常三好兩歹的。”

**一一　十病九痛**　《水滸》二三回："便是老身十病九痛，怕有些山高水低。"今人又有"三病六痛"之語。

**一二　只能治得病，治不得命**　《蜃中樓》劇："自古道：'醫得病，醫不得命。'"《石頭記》十一回："任憑是箇神仙，只能治得病，治不得命。"

**一三　久病無孝子**　《夢筆生花·杭州俗語·雜對》："久病牀前無孝子；情人眼裏出西施。"今有"久病無孝子"之語。

**一四　自家有病自家知**　《治世餘聞》："明孝宗詩云：'自身有病自心知，身病還將身自醫。'"按，今人云"自家有病自家知"，本此。

**一五　好漢只怕病來磨**　《夢筆生花·杭州俗語》有"好漢只怕病來磨"之語。

**一六　手到病除**　元人《碧桃花》劇："包你的手到病除。"

**一七　病根**　《後漢書·華陀傳》："有疾者詣陀求療。陀曰：'君病根深，應當剖腹。'"白居易詩："病根牢固去應難。"

**一八　病入膏肓**　《左傳》："醫至，曰：'疾不可爲也，在膏之上，肓之下，攻之不可，達之不及，藥不至焉，不可爲也。'"《小忽雷》劇："病入膏肓不可醫。"《三國志演義》五二回："劉琦過於酒色，病入膏肓。"肓音荒。

**一九　病退遇良醫**　元人《碧桃花》劇："管教你運至遇良醫。"《琵琶記》劇："漫道有病遇良醫。"今人多云"病退遇良醫"。

**二〇　心病難醫**　《傳燈録》："從諗偈云：'若與空王爲弟子，莫教心病最難醫。'"元人《碧桃花》劇："常言道，'心病從來無藥醫'。"

**二一　心病還將心藥醫**　元·吴昌齡《風花雪月》劇：“你道叔父行，怎不將醫來調治，這的是心病還從心上醫。”《霞箋記》劇：“心病還將心藥醫。”《鳳求凰》劇亦同。

**二二　死貓兒當活貓兒醫**　《春渚紀聞》：“有名士爲泗倅者，卧病既久，其子不慧，有名醫自都下還，其子謁之曰：‘大人病勢雖淹，願左右一顧，且作死馬醫也。’聞者無不絶倒。”本作“死馬當活馬醫”，今人訛爲“死貓兒當活貓兒醫”。當，去聲。

**二三　不藥爲中醫**　《漢書·藝文志》引諺云：“有病不治，常得中醫。”今人云“不藥爲中醫”，本此。

**二四　醫者意也**　《子華子》：“醫者理也，理者意也。”《後漢書·郭玉傳》：“醫之爲言意也。”今人則云“醫者意也”。

**二五　醫生**　《元典章》：“至正二十二年，設各路醫學、教授學正，訓誨醫生。”

**二六　醫生有割股之心**　《幽閨記》劇：“還虧一箇老者走出來道：‘列位，醫生有割股之心，難道是要醫殺了人麼？’”

**二七　醫卜星相**　《鳳求凰》劇：“連醫卜星相的話，都是他教導出來的了。”相，去聲。

**二八　庸醫殺人**　《西遊記》六八回：“就是醫死了他，也只得問箇庸醫殺人的罪名，也不該死。”

**二九　草菅人命**　《病玉緣》劇：“杜撰方書任我操，草菅人命筆如刀。”菅音姦。

**三〇　祝由科**　《通俗編》：“《説文》‘褶’字下云‘祝褶也’，乃即祝由。《後漢書·方術傳》趙炳善‘越方’注：‘善禁呪也。’蓋祝由多行於南越，故又謂之越方。”今有善畫辰州符者，謂之“祝由科”。

**三一　郎中**　宋·洪邁《容齋三筆》："神宗立醫官，額止於四。及宣和中，自和安大夫至翰林醫官，凡一百十七人；直局至祇候，凡九百七十九人。三年五月，始詔大夫以二十員，郎中以三十員，醫員以三百人爲額。"按，今北人稱醫爲大夫，南人稱醫爲郎中。蓋宋制，醫官有大夫、郎中也。宋·羅大經《鶴林玉露》："郎中知五府六部事，醫生知五臟六腑事，故稱醫生爲郎中。"按，二説皆出於宋人筆記，未知孰是。究之大經之説穿鑿，當以容齋之説爲是。

**三二　急驚風遇著慢郎中**　《風箏誤》劇："急病難仗緩醫，遠水不澆近火。"《夢筆生花·杭州俗語·雜對》："窮官兒强如富百姓；急驚風遇著慢郎中。"著音作。

**三三　急則治其標**　《病玉緣》劇："如今急則治標，除用兵埽蕩外，並無他策。"《紅拂記》劇："用兵如治病，急則治其標。"

**三四　説嘴郎中没好藥賣**　《夢筆生花·杭州俗語》："賣嘴郎中没好藥。"今人多云："説嘴郎中没好藥賣。"

**三五　藥一帖**　宋·葉紹翁《四朝見聞録》："寧皇每令尚書醫，只進一藥，戒以不用分作三四帖。蓋醫初無的見，以衆藥嘗試人之疾，寧皇知其然也。"《古今筆記》："按今稱藥爲一帖、兩帖，其語自宋已然矣。"

**三六　藥方子**　《石頭記》十回："方將這箇藥方子，並脈案都給賈珍看了。"

**三七　藥引子**　元·吴昌齡《風花雪月》劇："不曾説藥引子。"

**三八　藥裏位甘草**　《杭俗遺風》："八腳行販者，事事在行，般般皆會，此等人，大約通於世務，長於應酬，即諺所謂‘藥中之甘草也’。”今人有“藥裏位甘草”之語。

**三九　卧龍丹**　《蕩寇志》九六回：“便取出一瓶卧龍丹。”

**四〇　靈丹妙藥**　《病玉緣》劇：“儂家只道蟒蛇入酒，毒可殺人，那裏曉得，到是一劑靈丹妙藥。”

**四一　狼虎藥**　《石頭記》五一回：“還説我禁不起麻黄、石膏、枳實等狼虎藥。”

**四二　對症發藥**　《夷堅志》：“張顔承節僕曰：‘都水監杜令史，施惡瘡藥，絶神妙。然不可屈致，當勉詣彼，庶見證付藥，可立愈。’”《病玉緣》劇：“儂家從理想上研究，世間無不可醫之病，倘能對症下藥，豈有不瘳之理。”按，《字典》無“症”字，古祇作“證”，今人無不作“症”，俗云“對症發藥”是也。

**四三　不可救藥**　見《智愚》。

**四四　道地藥材**　《通俗編》引《漢書·田延年傳》：“‘霍將軍召問延年，欲爲道地’，言爲之開通道路，使有安全之地。按，今稱‘道地藥材’，似本諸此。”按，此證非是，蓋自古有“道地藥材”之語。《還魂記》劇：“杜太爺贈的道地藥材。”

**四五　草根樹皮**　與見《飲食》異。元·吴昌齡《風花雪月》劇：“便有那倉公、扁鵲成何濟，也無過草根樹皮。”

**四六　如法泡製**　《清朝野史大觀》：“英果敏撫皖時，傳沿河二營二官至，謂之曰：‘今有洋教士二人來，汝知之乎？’對曰：‘知之。’果敏曰：‘今夜三更，爾率兵銜枚入，駢斬之，並舟子婦孺皆不留。’兩營官唯唯，是夜即如法泡製。”按，“如法泡製”謂治藥也。今人辦事亦云然。

**四七　險症**　《蕩寇志》百二二回：“小可賤恙，竟大是險症。”《鳳求凰》劇：“隨你甚麽險症，都醫得好。”

**四八　症候**　元·關漢卿《智斬魯齋郎》劇："原來是舅子，你的症候，我如今也害了也。"《鳳求凰》劇："請問先生，是箇甚麽症候？可醫得好？"

**四九　發動**　《北史·徐之才傳》："帝每發動，遣騎追之，針藥所加，應時必效。"

**五〇　保重**　歐陽修《與梅聖俞簡》："春寒保重。"又"夏熱千萬保重"。又"千萬冬冷保重"。

**五一　葆養**　《列子·力命篇》："壽夭不存於葆養。"

**五二　平復**　《史記·梁孝王傳》："太后立起坐湌，氣平復。"

**五三　復原**　《病玉緣》劇："小姐呵，你現在雖未十分復原，再過數日，須要刮目相待了。"

**五四　把脈**　元人《寃家債主》劇："我昨日請一箇太醫把脈，那廝也說的，是道我氣裹了食也。"

**五五　大小方脈**　《内經》："醫凡十三科，第一曰大方脈，二曰小方脈。"

**五六　大小傷寒**　《夢筆生花·杭州俗語·雜對》："裏外發熱；大小傷寒。"

**五七　風寒暑濕**　元·關漢卿《竇娥冤》劇："可是風寒暑濕，或是飢餓勞役。"

**五八　寒從脚下起**　見《身體》。

**五九　渾身出冷汗**　同上。

**六〇　熱身子不可吹風**　《石頭記》五一回："熱身子不可吹風。"

**六一　裏外發热**　見上"大小傷寒"。

**六二　氣裹了食**　見上"把脈"。

**六三　胃口倒**　《拜月亭記》劇："虚弱得緊，胃口倒了。"《幽閨記》劇："虚弱得極哉，所以胃口纔倒哉。"

**六四　得穀者生**　《石頭記》四五回："古人説'食穀者生'，今人言病人病重，'得穀者生'是也。"

**六五　死裏逃生**　見《死喪》。

**六六　起死回生**　《翡翠園》劇："若得箇起死回生，甘屈膝女中傑。"《蕩寇志》百十四回："喜的是孔厚醫道高明，常能起死回生。"

**六七　妙手回春**　《病玉緣》劇："門庭如市，妙手回春。"《蕩寇志》百十四回："全仗先生妙手回春。"

**六八　安魂定魄**　《還魂記》劇："安魂定魄，賽過反精香。"

**六九　神清氣爽**　《憐香伴》劇："我神清氣爽渾如故，竟不識病歸何處。"

**七〇　精神恍惚**　《容齋五筆》："厥後疾雖平愈，而精神恍惚，疑奪其魄也。"

**七一　骨瘦如豺**　《蕩寇志》百三回："楊騰蛟見那章匪，骨瘦如豺。"元人《碧桃花》劇："險害了你骨瘦如柴。"《玉搔頭》劇："如今骨瘦如柴，懨懨待斃。"

**七二　面黄肌瘦**　見《頭面》。

**七三　頭昏腦悶**　同上。

**七四　頭暈眼花**　同上。

**七五　眉眼不開**　《夢筆生花·杭州俗語》有"不開眉眼"之語。今人言病人"眉眼不開"是也。

**七六　昏昏沈沈**　《浣紗記》劇："若主公是昏君，我伯嚭是箇昏臣了，昏昏沈沈，怎麽過日子？"元·關漢卿《竇娥冤》劇："我喫下這湯去，怎覺昏昏沈沈的起來？"沈音岑。

**七七　叫爺叫娘**　《史記·屈原列傳》："人窮則呼天，疾病慘怛，未嘗不呼父母也。"俗云："病人有'叫爺叫娘'之苦。""叫爺叫娘"，見《家族》。

**七八　阿哪，阿哪**　《傳燈録》："僧問德山鑒：'如何是不病者？'曰：'阿哪，阿哪！'"《通俗編》："按，此蓋病而呻吟之辭。"

**七九　不自在**　《蕩寇志》百十八回："安先生受了寒氣，有些不自在。"

**八〇　不死不活**　見《死喪》。又，病人有不死不活之狀。

**八一　活受罪**　元人《桃花女》劇："飯也喫不的，教你活受罪。"

**八二　挨日子**　《石頭記》十一回："你道我這病，不過是挨日子。"

**八三　苟延殘喘**　見《年齒》。

**八四　油乾燈草盡**　《蕩寇志》百十四回："那有靈芝仙藥，所用草根樹皮，油乾燈盡，天命已終。"今人言將死之人"油乾燈草盡"。乾音干。

**八五　羊兒風**　《西遊記》四六回："不好了，師父羊兒風發了。"

**八六　發頭風**　《夢筆生花·杭州俗語·雜對》："流口水；發頭風。"

**八七　雞頭暈**　又："雞頭暈；鵝掌瘋。"

**八八　雞瞀眼**　《埤雅》："瞀音木。雀目夕昏，人有至夕昏不見物者，謂之雀瞀。"按，雞亦然，人亦有"雞瞀眼"之説。

**八九　噤口痢**　《夢筆生花·杭州俗語·雜對》："噤口痢；失心風。"

**九〇　小腸氣**　《合縱記》劇："霎時間，小腸疝氣發作。"

**九一　疰夏**　《博雅》："疰，病也，音注。"《通俗編》："按，今謂小兒逢夏多病，曰'疰夏'。"

**九二　火癉**　《集韻》："癉，音丹。"《廣韻》："火癉，小兒病也。"

**九三　痱子**　《集韻》："痱，方未切，音沸。"《玉篇》："熱生小瘡。"《黄帝素問》："汗出見濕，乃生痤痱。"《正字通》："今俗以觸熱膚疹如沸者，曰'痱子'。"按"痱"字，音方未切，讀若佩，上聲。夏日濕熱，人多痱子，小兒尤多。

**九四　癤子**　元·關漢卿《三勘蝴蝶夢》劇："我肚子上有箇癤子。"癤音節。

**九五　割肉醫瘡**　聶夷中詩："二月賣新絲，五月糶新穀；醫得眼前瘡，剜卻心頭肉。"又，"割肉醫瘡"見《飲食》"望梅止渴"。

**九六　害疔瘡**　元·孫仲章《張鼎勘頭巾》劇："我若受他一文銅錢，害疔瘡！"

**九七　鵝掌瘋**　見上"雞頭暈"。

**九八　鶴膝瘋**　《夢筆生花·杭州俗語·雜對》："蛇皮癬；鶴膝瘋。"

**九九　楊梅結毒**　《小忽雷》劇："你只管去包老婆，而小官弄出楊梅結毒來。"

**一〇〇　跌打損傷**　《空谷香》劇："我也喫一杯跌打損傷的藥酒來。"

**一〇一　疲癃殘疾**　張子《西銘》："凡天下疲癃殘疾、

惸獨鰥寡，皆吾兄弟之顛連而無告者也。”

**一〇二　癡聾瘖啞**　《鳳求凰》劇：“世事若從奸巧得，癡聾瘖啞哈西風。”

**一〇三　乾血癆**　《石頭記》八十回：“皆因血分中有病，竟釀成乾血癆之症。”乾音干。

**一〇四　産後驚風**　《拜月亭記》劇：“净云：‘他犯着産後驚風。’旦云：‘這太醫胡説，他是箇男子漢，怎麽到説了女人的病症。’”《八義記》劇：“生云：‘醫什麽人？’末云：‘德安公主。’生云：‘什麽病？’末云：‘産後驚風。’”

## 死喪

**一　死生有命**　《論語》："子夏曰：'商聞之矣，死生有命，富貴在天。'"《途歎》梆子腔："死生有命，富貴在天，堪憐貶謫潮陽路八千。"

**二　死於非命**　《水滸》四十回："宋江曰：'若無衆好漢相救，我和戴院長，皆死於非命。'"

**三　莫非命也**　《孟子》："莫非命也，順受其正。"

**四　命該如此**　《衣珠記》劇："這是你我的命該如此。"《慎鸞交》劇："只也是命該如此。"

**五　有命也没毛**　元·秦簡夫《趙禮讓肥》劇："他那裏高聲叫，多喒是得命也無毛。"《通俗編》："今云'有命也没毛'，本此。"

**六　死灰復然**　《史記·韓安國傳》："獄吏田甲辱之，安國曰：'死灰獨不復然乎？'甲曰：'然即溺之。'"按，"然"即"燃"字，"溺"即"尿"字，小便也。

**七　死得爽脆**　《病玉緣》劇："他無端覓死，死得確也爽脆。"

**八　死得其所**　《左傳》："狼瞫曰：'吾未獲死所。'"《蜃中樓》劇："只是人要死得其所。"《病玉緣》劇："想他這般死法，也算是死得其所哩！”

**九　死無對證**　元人《抱粧盒》劇：“打死了他，做的箇死無對證哩！”

**一〇　死不瞑目**　《瑞筠圖》劇：“只恨未奉吾母終天，死不瞑目。”

**一一　死而無怨**　元·曾瑞卿《留鞋記》劇：“喒兩箇得成雙，死而無怨。”《香祖樓》劇：“早赴泉臺，死而無怨。”《三國志演義》四七回：“我説出你的破綻，教你死而無怨。”

**一二　死在頭上**　《千鍾禄》劇：“方孝孺，你死在頭上，還要出口傷人？”

**一三　死無葬身之地**　《五代史》：“梁主晃曰：‘我死，諸兒非彼敵也，吾無葬地矣。’”元人《賺蒯通》劇：“管送你死無葬身之地。”元·紀君祥《大報讐》劇：“天呀！可憐害了我一家，死無喪身之地。”

**一四　死裏逃生**　《通俗編》：“《晉書·吕光載記》：‘死中求生，正在今日。’今云‘死裏逃生’，本此。”按，此説非也。‘死裏逃生’，自有實證。《繡襦記》劇：“死裏復逃生，卑田院聊寄殘形。”《石頭記》五回：“有恩的死裏逃生。”

**一五　死而復生**　《尋親記》劇：“小人今日得見青天老爺，猶如火裏開蓮，死而復生。”

**一六　死者不可復生**　《漢書·路温舒傳》：“死者不可復生，斷者不可復續。”元人《賺蒯通》劇：“但死者不能復生，我如今便要救他，事已無及。”

**一七　死活存亡**　《何文秀》劇：“奴夫主久别離鄉，不知他死活存亡。”

**一八　死命一條**　《香祖樓》劇：“爲甚麽聽見出兵二字，

便説我是死命一條？”

**一九　死了罷了**　《西川圖》劇：“衆云：‘周瑜氣死了。’净云：‘死了就罷了。’”

**二〇　一了百了**　《病玉緣》劇：“不如決意自了，轉覺一了百了哩！”

**二一　生降死不降，男降女不降**　見《婦女》。

**二二　人之將死，其言也善**　《論語》：“曾子曰：‘鳥之將死，其鳴也哀；人之將死，其言也善。’”《病玉緣》劇：“究竟人之將死，其言也善，儂家不過胡亂寫幾句罷了。”

**二三　人爲財死，鳥爲食亡**　見《財貨》。

**二四　閻王注定三更死，誰敢留人到四更**　《石頭記》十六回：“豈不聞俗語説的，‘閻王叫你三更死，誰敢留人到五更’。”元人《桃花女》劇：“閻王注定三更死，並不留人到四更。”《西遊記》七六回：“閻王注定三更死，誰敢留人到四更。”更，平聲。

**二五　我雖不殺伯仁，伯仁由我而死**　《綱鑑》：“晉元帝永昌元年三月，王敦據石頭，王導帥宗族，每旦詣臺待罪。周顗將入，導呼之曰：‘伯仁！以百口累卿。’顗直入不顧。既見帝，言導忠誠，申救甚至。帝納其言，顗喜，飲酒至醉而出。導又呼之，顗不與言。既出，又上表明導無罪。帝令百官詣石頭見敦。敦參軍吕猗，説敦除周顗、戴淵，敦然之，以問導，導不答。敦遂收顗并淵殺之。導後料檢中書故事，乃見顗表，執之留涕曰：‘我雖不殺伯仁，伯仁由我而死，幽冥之中，負此良友。’”《比目魚》劇：“我雖不殺伯仁，伯仁由我而死。這兩句話，就是下官的罪狀了。”《病玉緣》劇：“其如小姐一命，喪於俺手，我雖不殺伯仁，伯仁由我而死。”凡因己之無意而害人者，往往引此二語。

**二六　詐死**　《夢筆生花·杭州俗語·雜對》："詐死；欺生。"

**二七　不至於死**　元·楊顯之《酷寒亭》劇："你只説誤傷人命，不至於死。"

**二八　老而不死**　見《年齒》。

**二九　貪生怕死**　元·孟漢卿《魔合羅》劇："知道的是他貪生怕死。"《蝴蝶夢》劇："滿眼貪生怕死期，死中樂處有誰知？"

**三〇　忠臣不怕死，怕死不忠臣**　見《朝署》。

**三一　捉生替死**　《憐香伴》劇："把憲規當作生涯做，捉生替死報閻羅。"《夢筆生花·杭州俗語·雜對》："捉生替死；假公濟私。"

**三二　替死鬼**　見《婦女》"收生婆"。

**三三　討債鬼**　見《鬼神》。又，幼殤者，家人多以"討債鬼"詈之。

**三四　有錢得生，無錢得死**　見《貨財》。

**三五　見死不救**　元人《冤家債主》劇："直恁般見死不救。"《病玉緣》劇："天下那有見死不救的道理。"

**三六　拚死無大禍**　見《禍福》。

**三七　生死關頭**　《蝴蝶夢》劇："這的是生死關頭。"《玉搔頭》劇："不用逡巡，這的是生死關頭要認真。"

**三八　不死不活**　元人《抱粧盒》劇："打的你活不活，死不死。"

**三九　你死我活**　元人《度柳翠》劇："世俗人，没來由，争長競短，你死我活。"

**四〇　七死八活**　元·吴昌齡《風花雪月》劇：“今日弄得我身子，七死八活。”《水滸》八回：“這一百棒，打得七死八活。”

**四一　横七竪八**　《水滸》三三回:“一片瓦礫場,横七竪八,燒死的男子、婦人，不計其數。”

**四二　不知死活**　《八義記》劇：“你這廝買乾魚放生，不知死活。”

**四三　除了死法有活法**　見《時日》“過了荒年有熟年”。

**四四　活得不耐煩**　《空谷香》劇：“外云：‘是你的女兒，爲何上弔？’副净云：‘他活得不耐煩了。’”《蕩寇志》八一回：“爹爹做這等事，豈不是活得不耐煩？”

**四五　置之死地**　見《家族》“斬宗絶嗣”。《翡翠園》劇：“恨不得置之死地。”《意中緣》劇：“不忍置之死地。”

**四六　兔死狐悲**　《通俗編》：“《宋史·李全傳》：‘兔死狐泣，李氏滅，夏氏寧得獨存？’按，今語作‘兔死狐悲’。”又按,《通俗編》未得證據。元人《賺蒯通》劇:“今日油烹蒯徹,正所謂兔死狐悲，芝焚蕙歎。”《水滸》二七回：“豈不聞兔死狐悲，物傷其類？”

**四七　貓兒哭老鼠,假慈悲**　《白兔記》劇:“生云:‘阿呀,我的妻呀！’净云:‘猫兒哭老鼠,假慈悲！’”《瑞筠圖》劇:“丑云；‘貓兒哭老鼠，假慈悲！好端端一位小姐，送在你手裹。’”

**四八　傷人乎**　《論語》:“厩焚。子退朝,曰:‘傷人乎？’不問馬。”

**四九　好人不長壽**　元人《冤家債主》劇：“常言道‘好人不長壽’。”

**五〇　物是人非**　元·王子一《誤入桃園》劇：“傷心處

物是人非。”《夢筆生花·杭州俗語·雜對》：“病真藥假；物是人非。”

**五一　家破人亡**　元人《看錢奴》劇：“總是你家破人亡見天敗。”《尋親記》劇：“那張敏這箇爛心肝的，害得他家破人亡。”

**五二　人財兩空**　見《貨財》。

**五三　三長兩短**　《蕩寇志》八五回：“慧娘哭道：‘卿姐三長兩短，奴也不能久存了。’”

**五四　束手待斃**　《風箏誤》劇：“説便是這等説，難道就束手待斃不成？”

**五五　忽然没兮**　《史記·伯夷列傳》：“黄農虞夏，忽然没兮。”

**五六　嗚呼**　元人《合同文字》劇：“看看他氣色晦也，可憐多分要嗚呼了也。”此以死爲“嗚呼”，非歎辭也。

**五七　嗚呼哀哉**　《玉搔頭》劇：“不去不去，亂兵擋住，轉來轉來，只怕還要嗚呼哀哉！”《蕩寇志》七六回：“麗卿乘勢把槍往外一攊，嗚呼哀哉！”此亦以死爲“嗚呼哀哉”。

**五八　不在**　《左傳》：“陳成子曰：‘多陵人皆不在，知伯豈能久乎！’”《蕩寇志》七三回：“郭大哥不知怎的不在了。”

**五九　歸天**　《蕩寇志》九五回：“尊翁歸天，我還不曾來弔唁。”

**六〇　去世**　《四絃秋》劇：“曹師父，穆師父，皆已先後去世。”

**六一　過陰**　《鳳求凰》劇：“一會不動，想是過陰去了。”

**六二　跑掉了**　《儒林外史》六回：“把箇白白胖胖的孩子跑掉了。”

**六三　尸首**　元·楊顯之《酷寒亭》劇：“他如今尸首停在牀榻。”

**六四　完全尸首**　元·康進之《李逵負荆》劇：“但得箇完全尸首，便是十分采。”

**六五　抛尸露骨**　《奈何天》劇：“省得死在他家，盛在幾塊薄板之中，後來要抛尸露骨。”

**六六　借屍還魂**　元人《碧桃花》劇：“有年小婦人早晚該死的，着碧桃借屍還魂，有何不可？”

**六七　冤魂不散**　元人《硃砂擔》劇：“我如今冤魂不散，少不的和你索命。”

**六八　送終**　《夢筆生花·杭州俗語》：“活不見面；死不送終。”

**六九　送老歸山纔是兒**　《涇諺彙録》：“穿破綾羅纔是衣，送老歸山纔是兒。”

**七〇　山高水低**　《水滸》五一回：“便有些山高水低，也更不憂。”言或病或死也。

**七一　黄泉路上没老少**　《夢筆生花·紘索樂府》有“黄泉路上没老少”之語。

**七二　黄葉不落青葉落**　《西遊記》四七回：“古人云：‘黄梅不落青梅落，老天偏害没兒人。’”今人多云：“黄葉不落青葉落。”

**七三　葉落歸根**　《傳燈録》：“六祖慧能涅槃時，答衆曰：‘葉落歸根，來時無日。’”《病玉緣》劇：“你只道春噓寒谷，怎生般苦盡甘來，無非是葉落歸根土一堆。”

**七四　視死如歸**　李陵《答蘇武書》：“使三軍之士，視死如歸。”

**七五　同歸於盡**　《病玉緣》劇："倘有一毫防備不周，勢必同歸於盡。"

**七六　萬物歸土**　《通俗編》："《禮記·祭義》：'衆生必死，死必歸土。'今人云'萬物歸土'，本此。"

**七七　三和土**　《還魂記》劇："這三和土，一謎鉏。"凡下棺以葬者，多用三和土。

**七八　半截身子入土**　《東坡志林》："桃符仰觀艾人曰：'汝何等草芥，輒居我上？'艾人俯而應曰：'汝已半截入土，猶争高下乎！'"今俗有"半截身子入土"之語。

**七九　燒轎馬**　《金陵雜志》"燒轎馬"注："亡者病篤，即預備紙扎轎馬各一事，易簀即避帳後焚之，謂亡者至陰司，即不至徒步以行。"按，"避帳後"當改"至門外"爲是。

**八〇　打狗圓子**　又"打狗餅"注："俗傳人死，必經惡狗村，故易衣後，必以龍眼七枚，懸於手腕，或以麪作毬亦可。俗云'持之可禦惡狗之噬'。"按，麪毬，今俗所謂"打狗圓子"是也。

**八一　倒頭經**　《夢筆生花·杭州俗語·雜對》："開心呪；倒頭經。"倒音島。

**八二　《血盆經》**　見《釋道》。

**八三　《受生經》**《西遊記》三五回："請我們師徒們下來，與你令弟念卷《受生經》。"

**八四　諷經**　見下"六七不喫家常飯"。

**八五　做好事**　《五代史·石昂傳》："禁其家不可以佛事污吾先人。"《通俗編》："按，《元典章》皇慶元年旨云：'今後但做好事处，只與素茶飯。'所謂'好事'，即佛事也。"元·關漢卿《智斬魯齋郎》劇："你做甚麽好事？超度誰？"元人《度柳翠》劇：“今日是老柳十周年，請十衆僧做好事。”

**八六　放焰口**　《夢筆生花·杭州俗語·雜對》：“放焰口；唱灘頭。”焰音冉。

**八七　施食**　見《釋道》。

**八八　超度**　見上“做好事”。

**八九　極樂世界**　柳宗元《净土院記》：“佛言西方過十萬億里，有世界曰‘極樂’。”樂音洛。

**九〇　黄金入櫃**　《明一統志》：“金櫃山，在揚州府南七里，山多葬地。諺云‘葬於此者，如黄金入櫃’，故名。”今以人死而入殮者爲“黄金入櫃”，非也。

**九一　入殮**　《金陵雜志》“入殮”注：“届時，親人均須環送，即將亡者舁入棺内。”

**九二　壽器**　焦竑《字學》：“生前預製棺曰牗，俗言牗器。”《通俗編》：“按，《杜樊川集》：‘池州李使君歿後十一日，處州新命始到，哭以詩云：“縉雲新令詔初行，纔是孤魂壽器成。”’祇用壽字。”

**九三　棺材**　《南史·齊宗室傳》：“始安王遥光，勸上誅高、武諸子孫，并命辦棺材數十具。”

**九四　蓋棺論定**　《晉書》：“劉毅曰：‘丈夫蓋棺事方定。’”今云“蓋棺論定”，本此。

**九五　衣衾棺槨**　《儒林外史》七回：“那時衣衾棺槨都是現成的。”

**九六　題和頭**　《吕氏春秋》：“昔王季葬渦山之尾，欒水齧其墓，見棺之前和。”高誘曰：“棺頭曰和。”按，《廣韻》作“𣏌”。“𣏌”可與“和”通用，今人不知有“𣏌”字，多作“題和頭”。

**九七　墊背錢**　元人《看財奴》劇：“笑則笑賈員外一文

不使，單爲這口銜墊背幾文錢。”俗以“墊”爲“諅”字，諅音奠。

**九八　靈牀**　《後漢書·張奂傳》：“朝殞夕下，措施靈牀。”

**九九　安靈位**　元人《冤家債主》劇：“我死後，誰澆茶？誰奠酒？誰啼哭？誰安靈位？”

**一〇〇　丁憂**　見《家族》。

**一〇一　丁艱**　同上。

**一〇二　先父**　同上。

**一〇三　府君**　同上。

**一〇四　太君**　同上。

**一〇五　顯考**　同上。

**一〇六　顯妣**　同上。

**一〇七　孤子**　同上。

**一〇八　哀子**　同上。

**一〇九　孤哀子**　同上。

**一一〇　降服子**　同上。

**一一一　孝子**　同上。

**一一二　承重孫**　同上。

**一一三　白事**　《石頭記》七二回：“還有幾家的紅白大事。”《清朝野史大觀》：“道光朝，大學士松筠秉政，上甚倚重之；忽請假數日，上不之異也。次日，軍機召見，奏對畢，上忽問曰：‘松筠何事請假？’一滿軍機對曰：‘因該旗主家有白事，松筠照例前往當差。’”注：“滿人謂喪事爲白事。”

**一一四　喪事**　見上。

**一一五　成服**　《金陵雜志》“成服”注：“或三日或五日，全家易凶服，凡有戚畹，均於是日弔唁。富家則揚厲鋪張，燕享奏樂，懸掛燈彩以誌盛。”

**一一六　戴孝**　見《家族》。

**一一七　披麻帶孝**　元人《冤家債主》劇：“想着一家兒，披麻帶孝爲何由？”

**一一八　麻布腰裙**　元·賈仲名《玉梳記》劇：“一條麻布孝腰裙。”

**一一九　回煞**　《清朝野史大觀》：“旗人風俗，人死則停正屋中。死後三日，必回煞。停柩於家，多則二十一日，少則五日。五七有焚帛之舉。六十日有燒船橋之禮。”按，漢人亦有“回煞”之説，約在頭七裏外。出殯則五七居多，甚合古禮士踰月之制度。煞音殺。

**一二〇　避煞**　俞文豹《吹劍録》：“避煞不知所起，惟唐太常博士李方《百忌》載《喪煞損害法》。”

**一二一　七單**　《金陵雜志》“擇七單”注：“以亡者年庚及氣絶時日，與星者推算，擇入殮之吉時，避沖犯之方法。偶一不慎，即犯重喪惡煞，最爲不祥，故金陵人視之，極爲重要。”按，淮南人於亡者靈位旁，貼七單，自首七至百日。

**一二二　頭七**　元人《吕洞賓度鐵拐李岳》劇：“今日是俺哥哥的頭七。”

**一二三　五七**　見上“回煞”。

**一二四　六七不喫家常飯**　《金陵雜志》“作七”注：“每逢七日設盛饌以祭。如有女已嫁者，必於七日致祭。俗云：‘七日不喫自家飯。’富家則延請僧道，禮懺諷經，以求冥福。”按，金陵女家，七七皆致祭亡父母。他處惟六七致祭而已，故有“六七不喫家常飯”之語。

**一二五　七七**　俞文豹《吹劍集》載温公語曰：“世俗信浮屠，以初死七日至七七日、百日、小祥、大祥，必作道場功德，則滅罪生天，否則入地獄。夫天堂無則已，有則賢人生；地獄無則已，有則小人入。以父母死而禱佛，是以其親爲小人，爲罪人也。"

**一二六　修齋理七**　元人《吕洞賓度鐵拐李岳》劇："累七修齋。"又《儒林外史》七回："自此修齋理七。"

**一二七　點主**　《金陵雜志》"點主"注："亡者木主，必請當道之顯者題之。相傳此日爲亡者之吉日，故全家均著吉服，鳴炮奏樂，燈彩搖紅，見者若不知其爲喪事也，俗謂之'點主'。"按，全家吉服，金陵之俗若是，他處或更布服而已。

**一二八　家奠**　又："治喪者，使外姓之人來弔；家奠者，使族中之人行禮。是日，雖貧家亦延僧徒誦經，以求超度。"

**一二九　治喪**　又"治喪"注："約在點主後三四日，其奢華較成服尤甚，其儀制亦與成服略同。來弔唁者，均贈賻爲奠，孝子惟匍匐靈右答禮，别延相知者應接賓客，謂之'司賓'。"

**一三〇　冥洋元寶**　《清異録》："周世宗發引之日，金銀錢寶，皆寓以形，雕印字文，黄曰'泉臺上寶'，白曰'冥遊亞寶。'"按，即今之"冥洋元寶"是也。

**一三一　紙錢**　《唐書·王璵傳》："漢以來，葬者皆有瘞錢。後世里俗，稍以紙寓錢，爲鬼事。至是，璵乃用爲禳祓。"

**一三二　買路錢**　《留青日札》："高子皋曰：'買道而葬，後難繼也。'今人出喪，柩行於道，於前抛金銀紙錢，名曰'買路錢'，即高子皋買道之遺意也。"元人《合同文字》劇："烈不得買路的紙錢。"

**一三三　開路神**　《西遊記》二九回："把腰一伸，就有八九丈長，卻是箇開路神一般。"《金陵雜志》："開路神赤髮藍面。方弼、方相，身高數丈，俗呼'獃子'，皆送葬之具。"

**一三四　引魂旛**　元·宫大用《范張雞黍》劇："張元伯引魂之旛。"

**一三五　領魂雞**　《夢筆生花·杭州俗語·雜對》："跳神肉；領魂雞。"

**一三六　發引**　見上"冥洋元寶"。《金陵雜志》："發引，又謂之'出殯'，羽葆紛繁，鼓樂導引，喪儀盛者數千人、數百人不等。"

**一三七　出殯**　見上。

**一三八　安葬**　《金陵雜志》："先請陰陽生擇定吉地，命墳主掘一深坑，謂之'打金井'。再擇吉時，安葬入穴。"

**一三九　謝孝**　《讀禮通考》："後世有謝孝之禮，多謂晚近之陋習，不知古《士喪禮》篇'拜君命及衆賓'，已先有然。"

**一四〇　百日**　見上"七七"。

**一四一　忌日**　《禮記·祭義》："君子有終身之喪，忌日之謂也。"

**一四二　周年**　《留青日札》："今小兒生日曰周歲，死者曰周年，吉凶之稱未嘗混也。周年即期年，唐明皇諱隆基，故改爲周年。"

**一四三　十周年**　見上"做好事"。

**一四四　冥壽**　俞樾《春在堂隨筆》："世俗有祝冥壽之説，達禮者非之。然顧亭林先生有《（王）〔爲丁〕貢士亡考衢州君生日〔作〕》詩。"

**一四五　陰壽**　姚旅《露書》："南州宗室，謂親死日爲暗忌，生日爲明忌。"《通俗編》："按，鄭泳《麟溪集》：'始遷祖初生之辰，奉神至堂上，行一獻禮，生忌有祭，雖不具《禮經》，亦推孝之一事也。若致親族謁賀，謂之陰壽，縉紳先生恐難言之。'"

# 貨財

**一　大半小半**　《漢書·膠西王傳》注："三分之二爲大半，一爲小半。"

**二　加一**　《左傳·昭三年》："晏子曰：'陳氏三量，皆登一焉，鍾乃大矣。'"杜注："登，加也。"

**三　一錢**　《日知録》："古算法，二十四銖爲兩。近代乃十分其兩，而有錢之名。此字本是借用錢幣之錢，非數字之正名。唐鑄開元通寶，重二銖四絫，即今一錢之重也。"

**四　一分**　又："古時分乃度之名，《説文》：'寸，十分也。'惟《淮南子》'十二粟當一分'，則爲權之名矣。"

**五　一方**　《繼世紀聞》："劉瑾用事，賄賂公行，凡有干謁者，云饋一干，即一千之謂；云饋一方，即一萬之謂。"按，後人又用'万'字，'方'字缺點，以一万爲一萬。今江北俗語，仍有言一方者。惟慶弔之禮，署曰一方，則僅八百文耳。

**六　一丿頭**　劉貢父《詩話》："今言'萬'爲'方'，'千'爲'撇'，非訛也，若隱語耳，蓋北宋已有爲是言者。"又："今之隱語，言一艸頭者，一萬金也；言一丿頭者，一千金也。丿音撇，此與古語同意。"

**七　壹貳叁肆**　見《武備》"尉遲恭"。

**八　一二三四五**　楊萬里詩：“稍稍進薄酒，一二三四五。”

**九　一二三四五六七**　羅隱《人日立春》詩，以‘一二三四五六七’爲句。

**一〇　一金**　《史記·平準書》注：“臣瓚曰：‘秦以一鎰爲一金，漢以一斤爲一金。’”

**一一　一兩**　見上“一錢”。

**一二　斤兩**　《抱朴子》：“我之涯畔無外，而彼之斤兩有限。”

**一三　八兩配半斤**　《五燈會元》谷隱照有“秤頭半斤，秤尾八兩”語。《通俗編》有“八兩原是半斤”語。今人云“八兩配半斤”。

**一四　十來斤**　《隸續》載王莽《候鉦銘》，候鉦重十來斤。

**一五　什二三**　《漢書·高帝紀》：“士卒墮指者什二三。”

**一六　什八九**　《漢書·宣帝紀》：“畜産大耗什八九。”

**一七　念五**　見《時日》“念五日”。

**一八　廿六**　《通俗編》：“《說文》：‘廿，二十并也。’徐鉉曰：‘自古以來，“二十”字從省，并爲“廿”字。’漢石經《論語·八佾·陽貨》篇末，皆題云‘凡廿六章’。《玉篇》‘廿’作‘卄’。又‘三十’字并爲‘丗’，或作‘卅’，又作‘𠦃’。漢石經‘三十而立’，爲‘丗而立’。唐石經爲‘卅’。韓愈《孔戣墓志銘》：‘孔世𠦃八，吾見其孫。’又‘四十’字，古亦并爲‘卌’字。漢石經‘年四十而見惡’，爲‘年卌’，別作‘卌’、‘卌’。蘇軾詩：‘惡業相纏卌八年。’《浙江志》

載杭青枝塢，掘得唐貞元間于府君墓甎，‘四十’字并文爲‘卌’。按，廿音入。今俗皆讀若念，故讀廿六爲念六，餘亦可便於俗用。”

**一九　五箇一花**　《俗呼小録》：“數錢，以五文爲一花。”《通俗編》：“按，凡花五出者爲多，故諺云爾。”今俗所謂‘五箇一花’也。

**二〇　一五一十**　見《言語》。

**二一　三三如九**　《容齋續筆》：“三三如九，三四十二，皆俗語算數。”《通俗編》：“按，‘如’當讀爲‘而’，《大戴禮》云‘三三而九，九九八十一’，可證。”

**二二　三四一十二**　見上。今云“三四一十二”是也。

**二三　二八一十六**　《漢志》如淳、孟康、晉灼注，亦有‘二八十六、三四十二、六八四十八、八八六十四’等語。按，二八十六，今人云“二八一十六”是也。

**二四　四四一十六**　杜預《左傳》注：“諸侯用六，六六三十六人；大夫四，四四十六人。”按，今人云“四四一十六”是也。

**二五　三七二十一**　《淮南子》：“三七二十一。”蘇秦説齊王之辭也。《意中緣》劇：“教你打算盤，三七不知二十一。”

**二六　六六三十六**　見上“四四一十六”。

**二七　六八四十八**　見上“二八一十六”。

**二八　八八六十四**　同上。

**二九　板板六十四**　《通俗編》：“‘板板六十四’，見《豹隱紀談》。按，凡鼓鑄錢，每一板六十四文，乃定例也。”又按，今人有“呆板”者，俗每以此語譏之。

**三〇　九九八十一**　見上“三三如九”。

**三一　八刀**　《殺狗記》劇："我與你講過了，七錠以外，都是我的，不是我一箇人要，還有那一位官人要八刀的。"《小忽雷》劇："斷送了他八刀，也得安穩。"按，"八刀"，"分"字也。

**三二　對分**　《荷花蕩》劇："旦云：'詐來的銀子，與你對分便了。'浄云：'還要三七分。'"

**三三　三七分**　見上。又《琵琶記》劇："'怎麼分法？'丑云：'三七。'浄云：'你得三分，我得七分。'"

**三四　三股均分**　《鳳求凰》劇："你也休想獨得，他也不許自專，拿來三股均分，纔是箇萬全之策。"

**三五　三國歸晉**　見《地理》。

**三六　眠川**　《遊覽志餘》："雜貨鋪市語，一平頭，二空工，三眠川，四睡目，五缺丑，六斷大，七皂底，八分頭，九未丸。"按，今市井之間，多有此等暗數目語，賣魚者尤常道之。

**三七　斷大**　見上。

**三八　通共**　《漢書·原涉傳》："官賦斂送葬，皆千萬以上，妻子通共受之。"

**三九　平頭數**　白居易詩："白髮平頭五十人。"《通俗編》："按，凡計數逢十，今俗謂之'齊頭數'。"平與齊同。

**四〇　約莫數**　《新方言》："《廣雅》：'無慮，都凡也。'《吴都賦》注：'孟浪，猶莫絡，不委細之意。'莫絡、孟浪、無慮，皆一聲之轉。今江淮間人，謂揣度事宜曰'毋量'，即無慮之轉。今南北皆謂粗率㨂量爲'毛㨂'，約舉大數曰'約莫'。蓋無慮急呼曰無，無古音模，毋、毛、莫皆一聲之轉。"

**四一　無數**　《詩》"萬億及秭"疏："言其多，無數也。"

**四二　無萬**　《漢書·成帝紀》：“有青蠅無萬數，飛集未央殿中。”

**四三　無萬八千**　《夢筆生花·杭州俗語·雜對》：“初三十一；無萬八千。”

**四四　無千帶萬**　又：“無千帶萬；破二作三。”《尋親記》劇：“看的人無千大萬，無一箇弗哭。”

**四五　論千論萬**　元人《誤放來生債》劇：“爹家裏論千論萬，滿箱滿匱，無數的銀子。”

**四六　賒三千不如現八百**　《小忽雷》劇：“千錢賒，不如八百現。”按，今人多云“賒三千不如現八百”，少異。

**四七　家有千金，不如日進分文**　元·秦簡夫《東堂老》劇：“家有千貫，不如日進分文。”《殺狗記》劇：“古人云：‘牀頭千貫，不如日進分文。’”今人多云：“家有千金，不如日進分文。”

**四八　千錢百錢**　《漢書·食貨志》“仟佰之得”注云：“仟謂千錢，佰謂百錢。”《夢溪筆談》：“仟佰皆從人，今作阡陌，而皆從阜，蓋古字通用。”

**四九　現錢**　《漢書·王嘉傳》“水衡少府見錢多”注云：“見在之錢也。”“見”字，俗作“現”。

**五〇　腳錢**　《豹隱紀談》：“吳俗重至節，互送禮物，楊度有詩譏之云：‘腳錢費盡渾閒事。’”

**五一　把錢**　《新方言》：“《説文》：‘貱，迻予也。’彼義切。古衹作被。今凡以物與人者，淮西、淮南、吴越皆言貱，音轉如把。”又《説文》：“八，别也。”段注：“今浙江俗語，以物與人，謂之‘八與人’，則分别矣。”按，八讀上聲，即把音也。

**五二　墊錢**　《新方言》：“《廣雅》：‘厧，重也。’

曹憲音鼎。㡇，亦堂練切。今人貿易，先期出錢以相質壓，謂之㡇。俗皆作墊，謬甚。”

**五三　找錢**　《通俗編》：“俚俗謂補不足曰找。據《集韻》，“找”即“划”之變體，而俗讀若爪。蓋以划音胡瓜，誤認瓜爲爪焉耳。俗字之可笑類如此。”《新方言》：“《釋名》：‘爪，紹也。’此明古音爪、紹相同。今衣工謂袂端接袖爲爪袖，爪即紹也。今人又謂以錢沽物，有餘而返其錢爲爪，又謂之繳。”

**五四　本分錢**　《唐書・裴延齡傳》：“陛下本分錢用之無窮，何所難哉！”分，去聲。

**五五　小本錢**　元人《看錢奴》劇：“論你箇小本錢，茶坊酒肆。”

**五六　大本錢**　元・武漢臣《玉壺春》劇：“我雖是走江湖，大本錢，也敢賠家私住幾年。”

**五七　大本錢的客人**　元・秦簡夫《東堂老》劇：“拏這鈔去，置買各項貨物，過往的人看見了，稱贊道：‘好一箇大本錢的客人。’”

**五八　大價錢**　又：“如今誰肯出這般大價錢。”

**五九　身價錢**　《合縱記》劇：“去便去，只是先小人，後君子，把身價錢講一講。”

**六〇　買命錢**　《琶琵記》劇：“要我饒，拿出買命錢來。”

**六一　房飯錢**　元人《合同文字》劇：“小可是箇店小二。我這店裏,下着一箇大漢,房宿飯錢都少,欠下不曾與我。”元・鄭德輝《王粲登樓》劇：“你少了我許多房宿飯錢，不曾與我。”

**六二　外䥈錢**　《篇海》：“䥈，口外切，音檜，錢也。”今俗讀䥈若快，凡意外所得之錢，謂之“外䥈錢”。

**六三　無名錢**　《漢書・張安世傳》：“安世以父子封侯，

詔都内别藏張氏無名錢，以百萬數。”

**六四　古老錢**　《通俗編》：“《書·無逸》傳：‘小人之子，輕侮其父母曰：“古老之人，無所聞知。”’按，如今俚俗所云‘古老錢’，大抵皆祖《書》傳。”

**六五　五銖錢**　《史記·平準書》：“有司言三銖錢輕易姦詐，乃更請諸郡國鑄五銖錢，周郭其下，令不可磨取鋊焉。”

**六六　一弔錢**　清·孫點《歷下志遊》：“尋常用錢，率用蚨票，以五百文爲一千，謂之京錢一弔。”

**六七　櫃兒錢**　《通俗編》：“《篇海》：‘櫃，防教切，音匏。俗謂四十斤爲櫃。’今俗以草一擔爲兩櫃；奴婢所得賣草者之錢，謂之‘櫃兒錢’。”

**六八　放印子錢**　《借妻》梆子腔：“外云：‘小的也窮。’净云：‘他在那裏放印子錢，富得很哩！’”

**六九　儹錢**　《通俗編》：“攢，即彦切。《廣韻》：‘積儹也。’《俗書刊誤》：‘聚錢穀由少至多曰攢。’”《新方言》：“《説文》：‘儹，冣也，作管切。’今通謂積資爲儹錢。”按，“儹”字，江北人多讀若暫，陝西則讀若贊，从贊聲也。他省或有讀若纘者。今俗誤用“賺”字，賺，騙也。唐有“蕭翼賺蘭亭”之事，“賺”字可妄用乎？顧儒基説。

**七〇　撍本錢**　《廣雅》：“敗，本也。”疏證：“《玉篇》云：‘敗本作鐕，鐕或作緡。敗者業也，若今人所謂本錢也。’”《公羊傳》：“撍幹而殺之。”注云：“撍，折聲。”按，今人生意折本錢者，皆謂之“撍本錢”。

**七一　歡喜錢**　《夢筆生花·杭州俗語》有“歡喜錢”之語。

**七二　死要錢**　又《俗語雜對》：“活受罪；死要錢。”又按，《諧鐸》有“棺中出手”一條，即俗所謂“棺材裏伸手，死要錢”是也。

**七三　不直一錢**　《史記·灌夫傳》：“罵臨汝侯曰：‘平生毀程不識不直一錢。’”

**七四　再來不值半文錢**　張叔仁《送謝疊山入燕》詩：“此去好憑三寸舌，再來不值半文錢。”又《鳴鳳記》劇二語同。

**七五　手裏無錢**　《論衡》：“手中無錢之市，使貨主問曰：‘錢何在？’曰：‘無錢。’貨主必不與也。”元·鄭德輝《王粲登樓》劇：“饒君縱使渾身口，手裏無錢說了空。”

**七六　錢上腰**　《鳳求凰》劇：“錢上腰，食近嗓，這歡娛，自天降。”

**七七　錢心重**　元·孟漢卿《魔合羅》劇：“錢心重，情分少。”

**七八　錢會說話**　元人《凍蘇秦》劇：“錢會說話，米會搖擺，無米無錢，失落光彩。”

**七九　錢就是命**　《異林》：“財與命連。”《通俗編》：“今云‘錢就是命’本此。”

**八〇　錢是人之膽**　元·鄭廷玉《後庭花》劇：“可知道錢是人之膽。”

**八一　錢不露白**　《五燈會元》：“錢不露陌。”按，《唐書》有“除陌錢法”，陌與百通。《通俗編》：“今云‘露白’，訛也。”元人《硃砂擔》劇：“自古道‘出外做客，不要露白’，可知被那賊瞧破了也。”

**八二　錢可通神**　張固《幽閒鼓吹》：“唐張延賞判一大獄，召吏嚴緝。明旦，案上留小帖云：‘三萬貫，乞不問此獄。’張怒擲之。明日，復一帖云：‘十萬貫。’遂止不問。子弟乘閒偵之。張曰：‘錢十萬，可通神矣！’”

**八三　錢帶了棺材裏去**　《石頭記》四三回："弄這些錢，那裏使去？使不了，明兒帶了棺材裏去！"

**八四　要錢不要命**　《一片石》劇："今後是要錢不要命了。"

**八五　非錢不行**　《朝野僉載》："鄭愔掌選，貪贓不法，有選人以百錢繫靴帶，行步有聲，愔見問之，對曰：'當今赴選，非錢不行。'"元人《誤放來生債》劇："想今時人非錢不行，有錢的穿的是異錦輕紗，食的是香甜美味；無錢的身穿破衣，口食淡飯。"

**八六　見錢眼開**　《比目魚》劇："自古道'見錢眼開'，我兑下一千兩銀子，與他説話的時節，就拿來擺在面前，他見了自然動火。"《夢筆生花·杭州俗語·雜對》："看飯餓殺；見錢眼開。"

**八七　得錢賣放**　見《獄訟》。

**八八　攻到錢眼裏**　《武林聞見録》："張循王善治生。紹興間，内宴，有優人作善天文者云：'世間貴人，必應星象，我能悉窺之。'用銅錢一文，窺光堯，曰'帝星也'；秦師垣，曰'相星也'；韓蘄王，曰'將星也'；及張循王，曰'不見其星，只見張郡王在錢眼裏坐'。"今人所謂"攻到錢眼裏"是也。

**八九　那有閒錢補笊籬**　元·石君寶《秋胡戲妻》劇："妳，妳也，那有閒錢補笊籬！"《合縱記》劇："縱然金寶如山積，那有得閒錢補笊籬！"

**九〇　一錢逼殺英雄漢**　《夢筆生花·絃索樂府》："一文錢逼死英雄漢。"今俗有"一錢逼死英雄漢"之語。

**九一　有錢使得鬼推磨**　見《鬼神》。

**九二　有錢難買子孫賢**　見《家族》。

**九三　有錢得生，無錢得死**　見《獄訟》。

**九四　得人錢財，與人消災**　元・李行道《灰闌記》劇："常言道'得人錢財，與人消災'。"

**九五　倘來之物**　元・秦簡夫《東堂老》劇："這錢財是倘來之物。"

**九六　原封不動**　元・王仲文《救孝子》劇："是你的老婆，我可也原封不動，送還你罷！"《比目魚》劇："稟老爺，果然有一皮箱銀子，原封不動，取來在這裏。"

**九七　字漫**　《新方言》："《説文》：'㒼，平也。'音如悶。浙江謂錢背爲背。《漢書・西域傳》曰：'以金銀爲錢，文爲騎馬，幕爲人面。'如淳曰：'幕音漫。'漫、㒼一語也。"《東皋雜録》："今人擲錢爲博者，戲以錢文面背爲勝負，曰字、曰幕，幕讀如漫。"

**九八　把傒**　《遊覽志餘》："錢曰把兒。"又江北人謂錢爲"把傒"，少異。

**九九　家兄**　魯褒《錢神論》："視之如兄，字曰孔方。"又云："見我家兄，莫不驚視。"

**一〇〇　孔方兄**　見上。

**一〇一　腰裏貨不硬掙**　元・秦簡夫《東堂老》劇："胡子傳云：'這死狗扶不上牆。'揚州奴云：'不是扶不我上，我腰裏貨不硬掙。'"掙音怎。

**一〇二　有了銀子腰就硬**　《一文錢》劇："我有了銀子，少不得就硬了腰肚。"

**一〇三　雪花銀**　元人《凍蘇秦》劇："祗候人，他倒肯憐咱困窘，齎發與雪花銀。"

**一〇四　雪白的銀子**　元·鄭廷玉《忍字記》劇："雪白的銀子，你看！"

**一〇五　無數的銀子**　見上"論千論萬"。

**一〇六　銅錢銀子**　《義俠記》劇："只顧銅錢銀子，弗顧别人生死。"

**一〇七　散碎銀子**　《雪中人》劇："弟有些散碎銀子，留與哥使用罷！"散音傘。

**一〇八　燒埋銀子**　見《獄訟》。

**一〇九　爛板洋錢**　《夢筆生花·杭州俗語·雜對》："鑽鉛元寶；爛板洋錢。"

**一一〇　錠兒**　《南史·梁廬陵王傳》："嗣子應不慧，見内庫金鋌，問左右曰：'此可食不？'"按，世俗計金銀以錠，錠爲鋌之訛也。又按，錠，燈也。今俗用錠兒，字當作鋌，即紙錠亦當作鋌。下仿此。

**一一一　筆錠如意**　《石頭記》四二回："掏出兩箇筆錠如意的錁子來。"

**一一二　元寶**　《宋史·食貨志》："太宗鑄太平通寶。淳化時，復鑄淳化元寶。"按，謂錢也，後世專稱金銀大鋌爲元寶。

**一一三　鑽鉛元寶**　見上"爛板洋錢"。

**一一四　無價之寶**　元·王實甫《麗春堂》劇："我這珠衣，是無價之寶哩。"元·武漢臣《生金閣》劇："這是一件好東西，真是無價之寶。"

**一一五　隨身之寶**　元·鄭廷玉《忍字記》劇："這'忍'字是你隨身之寶。"

**一一六　金銀財寶**　《水滸》三四回："盡把應有家私，

金銀財物寶貨之資，都裝上車子。”元人《盆兒鬼》劇：“巧言不如直道，兀那厮，你有甚麽金銀財寶，快獻出來買命！”

**一一七　海龍王家少寶**　《通俗編》：“《宣和畫譜》：‘錢鏐號令十三郡，風俗繁庶，族系侈靡。浙人俚語，目之曰海龍君，言富盛若彼也。’”按，今浙中，猶有“海龍君豈少寶”之諺。又按，江北人言“海龍王家少寶”，反言之耳。

**一一八　天平**　元人《陳州糶米》劇：“拿來上天平彈着。你這銀子，只十四兩。”

**一一九　聚寶盆**　見《貧富》“沈萬三”。又《餘冬序録》：“舊傳沈萬三家，有聚寶盆，貯少物，經宿輒滿，百物皆然。太祖取入，試不驗，遂還沈氏。籍没，乃復歸禁中。”

**一二〇　摇錢樹**　《明皇雜録》：“許子和，吉州永新倡家女。入宫，因名永新。臨卒，謂其母曰：‘錢樹子倒矣。’”《占花魁》劇：“被許多人，口稱是万俟府中把女兒搶去。若有些山高水低，可不把我一箇摇錢樹活活的砍折了。”《憐香伴》劇：“我周公夢的秀才，是箇摇錢樹。只求樹不倒，不怕没錢摇。”

**一二一　樹上開花**　《蕩寇志》九四回：“原説這點銀子不彀，不如想箇樹上開花的法子。”

**一二二　夜明珠**　元・武漢臣《生金閣》劇：“瞻天照星斗，没價夜明珠。”《夢筆生花・絃索樂府》：“打呵欠，夜明珠，别人騎馬我騎驢。”

**一二三　魚目混珠**　《病玉緣》劇：“休教魚目混明珠。”

**一二四　白鴿票**　《兩般秋雨盦隨筆》：“粤有白鴿標之戲，標主以《千字文》二十句爲母，每日於二十句散出二十字，令人覆射，射中十字者，予以數百倍之利。”按，近世又有“白鴿票”之目，一名吕宋票，每月一開，殆仿白鴿票之法歟？

**一二五　金玉滿堂**　《老子》："金玉滿堂，莫之能守。"

**一二六　堆金積玉**　李賀詩："堆金積玉誇豪毅。"元·馬致遠《任風子》劇："堆金積玉成何濟？"

**一二七　試金石**　元·關漢卿《金線池》劇："試金石上，把你這子弟每，從頭兒畫分兩界。"

**一二八　指石爲金**　貫休詩："安得龍猛筆，點石爲黃金。"《憐香伴》劇："門生迂疏曲學，瑣尾庸儒，蒙老師指石爲金，使門生脱鱗生翼。"

**一二九　沙裏淘金**　元·楊景賢《劉行首》劇："恰便似沙裏淘金，石中取火，水中撈月。"

**一三〇　日進斗金**　《清朝野史大觀》："蘇州滸墅關，純廟呼爲許墅關，至今遂沿其誤，蓋純廟短於視，未及見水字旁也。乾、道時，推爲美差，有'日進斗金'之謠。"

**一三一　成家立業**　《一文錢》劇："經營立業，成家稱了素豐。"

**一三二　家私**　《續漢書》："靈帝寄小黄門常侍家私錢至數千萬。"元人《冤家債主》劇："怎生儹下這家私，都着他花費了也。"

**一三三　私房**　《北史·崔昂傳》："孝芬兄弟，孝義慈厚，一錢尺帛，不入私房。"

**一三四　内囊**　見《貧富》"倒架子"。

**一三五　有錢的財主**　元·秦簡夫《東堂老》劇："他是有錢的財主。"

**一三六　財主**　見《貧富》。

**一三七　財源**　《荀子·富國篇》："財貨渾渾如泉源，汸汸如江河。"

**一三八　財運**　《拾遺記》："人生財運有限，不得盈溢，懼爲身之患害。"

**一三九　財運亨通**　《香祖樓》劇："財運亨通，可喜。"

**一四〇　財旺生官**　見《朝署》。

**一四一　財多身弱**　《通俗編》："《後漢書·馮衍傳》：'位尊身危，財多命殆，鄙人知之。'今人云'財多身弱'，本此。"按，此説近似，尚未得四字確證。《荷花蕩》劇："那俗語説得好，'財多身弱，福至心靈'。"

**一四二　財帛星**　見《天文》。

**一四三　退財星**　同上。

**一四四　横財**　《獨異志》："盧懷慎暴卒復生，曰：'冥司有三十爐，爲張説鼓鑄横財。'"陸游詩："地下無人鑄横財。"横，去聲。

**一四五　人無横財不發，馬無夜草不肥**　元·鄭廷玉《後庭花》劇："常言道：'馬無夜草不肥，人不得外財不富。'"元·張國賓《合汗衫》劇："人無横財不富，馬無夜草不肥。"又《幽閨記》二語同。今人云"人無横財不富，馬無夜草不肥"，稍異。

**一四六　發財**　《大學》："仁者以財發身，不仁者以身發財。"

**一四七　發洋財**　《清朝野史大觀》："華俄道勝銀行被燬，其時滙豐尚存，屯銀甚多，都中無賴，人人想發洋財矣。"

**一四八　悗頭兒大發財**　《通俗編》："《莊子·大宗師》：'悗乎忘其言。'按，悗，母本切，今方言轉作平聲，有'悗聲發財'語。"今流俗又有"悗頭兒大發財"之語。悗讀悶，平聲。

**一四九　萬貫家財**　元·楊文奎《兒女兩團圓》劇："所

積家財，萬貫有餘。”元·鄭廷玉《忍字記》劇：“萬貫家財，都與他掌管。”

**一五〇　百萬家財**　元人《鴛鴦被》劇：“他是名門舊族，現在百萬家財。”

**一五一　仗義疏財**　《水滸》十九回：“今有晁兄仗義疏財。”

**一五二　慈不掌兵，義不掌財**　見《盜賊》“成則爲王，敗則爲寇”。又“慈不主兵，義不主財”，見《貧富》“爲富不仁”。

**一五三　手不聚財**　《鮫綃記》劇：“丑云：‘借手一觀。’對末云：‘銀子是會賺的，只是東手來，西手去，弗聚財。’”

**一五四　勞民傷財**　《論語·魯人爲長府章》注：“勞民傷財，在於得已，則不如仍舊貫之善。”

**一五五　風吹鴨蛋殼，財去人安樂**　見《言語》“驢頭不對馬嘴”。

**一五六　明中捨財暗中來**　《夢筆生花·杭州俗語·雜對》：“閒時做了忙時用；明中捨去暗中來。”今乞丐叫化者，有“明中捨財暗中來”之語。

**一五七　行動有三分財氣**　《西遊記》六八回：“古人云：‘行動有三分財氣。’”《連相》梆子腔：“行動行動，自有三分財氣。”

**一五八　朋友有通財之義**　《論語·鄉黨篇》注：“朋友有通財之義，死無所歸，不得不殯。”

**一五九　有財此有用**　《大學》：“有土此有財，有財此有用。”

**一六〇　妻財子祿**　元人《冤家債主》劇：“我曾勸他早

些出家，免墮塵障，争奈何妻財子禄，一時難斷，如何是好？”

**一六一　見財起意**　見《盗賊》。

**一六二　謀財害命**　同上。

**一六三　人財兩空**　《石頭記》十六回：“那守備之子，聞得金哥自縊，也遂投河而死。張李兩家没趣，真是人財兩空。”

**一六四　人爲財死，鳥爲食亡**　《夢筆生花·杭州俗語·雜對》：“兵來將擋，水來土揜；人爲財死，鳥爲食亡。”爲，去聲。

**一六五　其門如市**　《綱鑑》：“太平公主，權傾人主，其門如市。”

**一六六　利市**　《易·説卦》：“爲近利市三倍。”

**一六七　招財利市**　元人《看錢奴》劇：“招財利市土地，俺這酒一缸勝似一缸。”

**一六八　燒利市**　《繡襦記》劇：“該燒利市，明日就燒。”

**一六九　發利市**　又：“我尋箇大老官來發利市。”

**一七〇　利市也不曾發**　見《時日》“大清早起”。

**一七一　揮金如土**　《繡襦記》劇：“自古好嫖子弟，揮金如土。”《比目魚》劇：“只是選揀那絶頂的大户，揮金如土的，方纔結識他。”

**一七二　揮霍**　《通俗編》：“按，《文選》張衡《西京賦》注，‘揮霍但訓疾貌’。焦竑《字學》云：‘摇手曰“揮”，反手曰“擢”。’今以恆語驗之，焦訓似得。”

**一七三　破慳**　《憐香伴》劇：“且捱幾日，等那開優劣的肥錢到了，然後破慳未遲。”慳音鉛。

**一七四　破鈔**　《通俗編》：“俚俗謂富人曰‘鈔老’，佩囊曰‘鈔囊’，費錢財曰‘破鈔’，皆仍宋、元、明用鈔時語。”鈔音糙。

**一七五　花錢费鈔**　見《飲食》“揀精揀肥”。

**一七六　花銷**　《願體集》：“向之繁文縟節，轉眼皆空。今之典借花銷，俱成實累。”

**一七七　花费**　見上“家私”。

**一七八　惠而不费**　《論語》：“因民之所利而利之，斯不亦惠而不費乎？”

**一七九　哀而不傷**　又：“子曰：‘關雎樂而不淫，哀而不傷。’”今人用爲俗語，謂錢財稍損失也。

**一八〇　吝嗇**　《説文》：“嗇，愛濇也。”段注：“《大雅》‘稼穡維寶，代食爲好’，此詩箋云‘言王不尚賢，但貴吝嗇之人，與受代食者而已’。”

**一八一　愛小**　《蕩寇志》七九回：“楊騰蛟便笑道：‘兄弟，你忒愛小，這搔頭能值幾錢！’”

**一八二　捨不得**　《侯鯖録》：“王晉卿暴得耳疾，求方於東坡。坡曰：‘兩耳堪作底用，割捨不得。限三日疾去，不去，割取兩耳。’晉卿洒然而悟。”《比目魚》劇：“他不肯喫酒也罷，拿住新郎打喜，他心上捨不得，自然會喫了。”

**一八三　一毛不拔**　見《貧富》。

**一八四　羊子身上拔根毛**　同上。

**一八五　羊毛出在羊身上**　《琵琶記》劇：“這是這箇羊毛，出在那箇羊身上。”《比目魚》劇：“浄云：‘好漢從來不喫虧，借花獻佛討便宜。’小生云：‘羊毛出在羊身上。’旦云：‘但要燒湯泡肚皮。’”

**一八六　猪子揬到板櫈上**　《通俗編·俚語集對》：“捉猪上板櫈；騎驢過紙橋。”今有嘲慳吝者云：“猪子揬到板櫈上。”言勒迫出錢財也。搇音慶。

**一八七　坐冷板櫈**　見《家族》“添人進口”。此則言開店没生意也。

**一八八　下腦箍**　見《獄訟》。

**一八九　等後溲**　《史記·倉公傳》：“不得後溲。”注云：“大便也。”《羣談採餘》：“俗以人有分而己無分，慰之者曰：‘待後溲。’蓋戲慢之辭，今訛爲搜索之搜，因不以爲憾。”今俗有“等後溲”之語。等，待也。等、待皆從寺聲也。

**一九〇　大出手**　《夢筆生花·杭州俗語·雜對》：“大出手；錯接頭。”

**一九一　拿不出手**　《荆釵記》劇：“聘禮雖有一件，只是拿不出手。”

**一九二　打偏手**　《西遊記》二五回：“既是偷了四箇，怎麼拿出三箇來？分明先就打了箇偏手。”

**一九三　打秋風**　見《天文》。

**一九四　門包**　見《朝署》。

**一九五　資斧**　《易·旅》：“六二，懷其資；九四，得其資斧。”按，《易》注，“資”字可作“資財”解，“資斧”不作“資財”解。今俗云“資斧不足”，借用耳。

**一九六　盤川**　《元典章》户部例，有長行馬斟酌盤纏條。《長生殿》劇：“老漢來到江南地方，盤川都使盡了。”又《病玉緣》劇：“盤川告罄，原是一樁不如意的事。”

**一九七　不與不取**　《孟子》：“非其義也，非其道也，一介不以與人，一介不以取諸人。”

**一九八　人棄我取**　《史記·貨殖傳》：“白圭樂觀時變，人棄我取，人取我與。”

**一九九　無功不受禄**　見《朝署》。

**二〇〇　得意不可再往**　《邵氏聞見録》："康節先生嘗誦希夷之語曰:'得便宜事,不可再作;得便宜處,不可再去。'"《通俗編》："按，鄙諺'得利不可再往'，即此意。"今人所謂"得意不可再往"是也。

**二〇一　所得不如所失**　《墨子·非攻篇》："計其所得，反不如所喪之多。"《通俗編》："今云'所得不如所失'，本此。"

**二〇二　貪得無厭**　《大學》注："溺愛者不明，貪得者無厭。"厭，平聲。

**二〇三　多多益善**　《史記·淮陰侯傳》："上問曰：'如我能將幾何？'信曰:'不過能將十萬。'上曰:'於君何如？'曰:'臣多多而益善耳。'"《清朝野史大觀》："羅森爲四川巡撫，黷貨不已，諸子從容諫曰：'大人位中丞，齒高矣，家已粗給，何必孳孳於此？'羅答曰：'汝曹何知，多多益善。'"

**二〇四　慷他人之慨**　《鐵冠圖》劇："只說聖上命我二人，同衆官商議，各要捐金助餉，攢湊三五萬銀子進獻，不免慷他人之慨便了。"

**二〇五　損人利己**　元·孟漢卿《魔合羅》劇："這廝好損人利己，不合天道。"元人《陳州糶米》劇："做的箇上梁不正，只待要損人利己惹人憎。"

**二〇六　利令智昏**　《史記·平原君傳贊》："鄙語云：'利令智昏。'"令，平聲。

**二〇七　利欲熏心**　黄庭堅《贈别李次翁》詩："利欲熏心，隨人翕張。"

**二〇八　利上起利**　《意中緣》劇："這主銀子，也要設法還他便好，不然利上起利，怎麼當得起！”

**二〇九　利上生利**　《舊五代史·梁末帝紀》：“公私債負，納利及一倍以上者，不得利上生利。”

**二一〇　放債圖利**　《尋親記》劇：“喫酒圖醉，放債圖利。”

**二一一　對合本利**　《殺狗記》劇：“把三錠鈔湊成十錠，放上十年債，對合本利算一算。”

**二一二　一本萬利**　《一文錢》劇：“一本萬利財源長，倉庫豐盈箱不空。”

**二一三　將本就利**　《通俗編》：“‘據本徵利’，見《周禮·地官·泉府》疏。今人謂之‘將本就利’，本此。”按，此條失於考據，未引四字。元人《硃砂擔》劇：“孩兒待將些小本錢，到江西南昌地面做些買賣。一來是躲難逃災，二來是將本就利。”《意中緣》劇：“將本就利，難怪你取討。”

**二一四　争名奪利**　元·馬致遠《黄粱夢》劇：“想世人争名奪利，何苦如此！”《雙官誥》劇：“要争名奪利，難比尋常。”

**二一五　於中取利**　《三國志演義》四二回：“於中取利，有何不可！”

**二一六　鷸蚌相争，漁翁得利**　《戰國策》：“趙且代燕。蘇代謂燕惠王曰：‘今日臣來過易水，蚌方出暴，而鷸啄其肉，蚌合而箝其喙。鷸曰：“今日不雨，明日不雨，即有死蚌。”蚌亦謂鷸曰：“今日不出，明日不出，即有死鷸。”兩者不肯相捨，漁者得而并擒之。’”此俗所謂“鷸蚌相争，漁翁得利”是也。鷸音立。

**二一七　加利奉還**　《雙官誥》劇：“末云：‘正是不拘

多少。’小生云：‘自當加利奉還。’”

**二一八　滿載而歸**　《蕩寇志》九六回：“大獲利息，他卻滿載而歸。”載音在。

**二一九　雜貨店**　《西遊記》六八回：“那鄭家雜貨店，憑你買多少油鹽醬醋。”

**二二〇　開小店**　《南史·劉休傳》：“休婦王氏妬，明帝聞之，令於宅後開小店，使王氏親賣皂莢、埽帚以辱之。”

**二二一　開大鋪**　李涉詩：“都市廣長開大鋪。”按，鋪，普胡切，又普故切。流俗別作“舖”，未見字書。

**二二二　典當鋪**　《後漢書·劉虞傳》：“虞所賚賞典當於夷，瓚復抄奪之。”《通俗編》：“按，俗謂質鋪曰當。”又按，當、鋪皆去聲。

**二二三　小押當**　《清朝野史大觀》：“張文祥輾轉至寧波，開小押當自給。”

**二二四　認票不認人**　《風箏誤》劇：“凈云：‘戚相公，請老實些！上門的生意，不要錯過。’生云：‘我姓韓，不姓戚。’淨云：‘我們與開典當鋪的一樣，是認票不認人的。前日風箏上，是你的筆跡，我只管尋你，不管你姓戚姓韓。’”

**二二五　貨郎擔兒**　文嘉《嚴氏書畫記》有宋·蘇漢臣《貨郎》八軸，又本朝名筆《貨郎擔》十四軸。元人《桃花女》劇：“急切裏不得貨郎擔兒來買。”擔，去聲。

**二二六　清水貨**　《元典章》：“隨路織造段匹，須要清水，夾密無藥緜粉飾，方許貨賣。”按，“緞”字古衹作“段”。“清水”即俗云“清水貨”也。

**二二七　腳貨**　《巧團圓》劇：“剩下那些腳貨來，那裏去出脫？”

**二二八　行貨**　《新方言》："《周禮·地官·司市》注曰：'物行苦，行者，粗惡之義。'"今吴越謂器物楛窳，曰"行貨"。

**二二九　一撈貨**　《通俗編》："俗謂物未檢別美惡，曰'一摘貨'，言隨手搦之也。按，摘，乃感切，今江北所謂'一撈貨'是也。"

**二三〇　一手交錢，一手交貨**　《水滸》二十回："我這裏一手交錢，一手交貨。"

**二三一　一分行貨一分錢**　《通俗編·俚語集對》："三角石頭三角澀；一分行貨一分錢。"行音杭。

**二三二　脱貨求財**　《夢筆生花·杭州俗語·雜對》："探囊取物；脱貨求財。"

**二三三　奇貨可居**　《史記·吕不韋傳》："見子楚而憐之曰：'此奇貨可居也。'"

**二三四　時值估價**　《儒林外史》五回："嚴貢生道：'你要討豬，照時值估價，拿銀子來，領了豬去。'"

**二三五　不二價**　《孟子》："從許子之道，則市賈不貳。"賈音價。《後漢書·韓康傳》："有女子從康買藥，康守價不移，女子怒曰：'公是韓休那，乃不二價乎！'"那，語尾聲。

**二三六　劃一不二，老少無欺**　《蕩寇志》一百四回："劃一不二，老少無欺。"

**二三七　欺生**　見《死喪》"詐死"。

**二三八　牢生意**　《翡翠園》劇："咳，不做這牢生意了。"

**二三九　生意茂盛**　《西遊記》八八回："原來那壁廂人家，做買做賣的，人煙湊集，生意亦甚茂盛。"

**二四〇　生意活動**　《通俗編》："《圖畫寶鑑》：'吴

道子畫人物，有八面生意活動。’按，世之商賈，習爲此言，蓋以生業訛爲生意，漫借及之。”

**二四一　一樣生意兩樣做**　《通俗編·俚語集對》：“一番生活兩番做；千般道路萬般難。”按，“一番生意兩番做”今人多云“一樣生意兩樣做”。

**二四二　上門的生意**　見上“認票不認人”。

**二四三　上門的買賣**　《西遊記》二七回：“常言道：‘上門的買賣好做。’”

**二四四　過路買賣**　《翡翠園》劇：“只算得過路買賣。”

**二四五　做買賣**　元人《桃花女》劇：“收拾些資本，着孩兒做買賣去。”元·秦簡夫《東堂老》劇：“你孩兒想來，如今待要合人，做些買賣去。”

**二四六　買賣論分毫**　《夢筆生花·杭州俗語·雜對》：“陰陽怕懵懂；買賣論分毫。”

**二四七　買的少，饒的多**　又：“空裏來，巧裏去；買的少，饒的多。”

**二四八　討饒頭**　《新方言》：“《説文》：‘饒，益也。’江寧市間買物，欲其增益曰饒。鄧廷楨説。”《説文通訓》：“今蘇俗買物請益，謂之‘討饒頭’。”

**二四九　湊口饅頭**　見《飲食》。

**二五〇　交易**　《易·繫辭》：“日中爲市，致天下之民，聚天下之貨，交易而退，各得其所。蓋取諸噬嗑。”按，易音亦，今俗讀若容易之易，沿誤已久矣。

**二五一　公平交易**　《西遊記》六八回，有“公平交易”之語。

**二五二　秤鈎子打釘，兑直**　《鳴鳳記》劇：“陷害忠良，如秤鈎打釘，拗曲作直。”《通俗編》：“今世俗有等諺語，如云：‘秤鈎打釘，曳直。’”此歇後語也，今人云：“秤鈎子打釘，兑直。”

**二五三　打蛇打到七寸子**　《王文成年譜》：“謂魏良政曰：‘以吾良知，求晦翁之説，譬如打蛇得七寸。’”今人還人物價者，每有“打蛇打到七寸子”之語。

**二五四　講盤子**　《夢筆生花·杭州俗語·雜對》：“講盤子；賣瓢兒。”按，講盤子，謂論價多寡也。

**二五五　没便宜果子**　又：“没皮果子，就口饅頭。”按，俗云“没皮果子”，今人或云“没便宜果子”。便，平聲。

**二五六　討便宜**　寒山詩：“凡事没過分，盡愛討便宜。”

**二五七　落得便宜**　《邵氏聞見録》：“康節先生誦希夷語，作詩云：‘珍重至人常有語，落便宜是得便宜。’”元人《百花亭》劇：“則著他得便宜，翻做了落便宜。”

**二五八　貴不可言**　《漢書·蒯通傳》：“通欲説韓信，令背漢。曰：‘相君之面，不過封侯；相君之背，貴不可言。’”今買物者常有此語。

**二五九　道地**　見《醫病》“道地藥材”。今人論物有“道地、不道地”之語。

**二六〇　出處不如聚處**　《通俗編》“生處不如聚處”引《管子》云：“物之所生，不若其所聚。”宋·曾幾《造姪寄建茶》詩“買應從聚處”自注云：“姪居三衢，俗言所得不如所聚。”按，今人云“出處不如聚處”是也。

**二六一　喫虧**　杜牧詩：“卻笑喫虧隋煬帝，破家亡國爲何人？”

**二六二　喫得虧**　《古謡諺》：“顧起元引諺云：‘喫得

虧，做一堆。’”

**二六三　寧可明喫虧，不可暗喫虧**　元·秦簡夫《東堂老》劇：“黑地裏交鈔，着人瞞過了。常言道‘喫明不喫暗’。”按，今人云“寧可明喫虧，不可暗喫虧”是也。

**二六四　喫甜頭**　《夢筆生花·杭州俗語·雜對》：“驚破苦膽；喫著甜頭。”

**二六五　行情**　又：“市語；行情。”行音杭。

**二六六　同行妒業**　《素書》：“同美相妒，同業相仇。”按，今人云“同行妒業”，本此。

**二六七　三十六行**　《通俗編》：“田汝成《西湖志餘》：‘杭州三百六十行，各有市語。’今有‘三十六行’之諺。”按，此引非是，自有“三十六行”之證。《玉搔頭》劇：“三十六行，行行相妒。”《巧團圓》劇：“我想三十六行生意，都要出箇招牌，使各處知道。”

**二六八　先小人，後君子**　《合縱記》劇：“去便去，只是前小人，後君子，把身價錢講一講。”《西遊記》八四回：“如今先小人，後君子，先把房錢講定，後好算帳。”

**二六九　截長補短**　《孟子》：“今滕絶長補短，將五十里也，猶可以爲善國。”注：“絶，猶截也。”

**二七〇　東手來，西手去**　見上“手不聚財”。又《比目魚》劇：“東手奪來西手去，白替瘟官作馬牛。”

**二七一　拆東天，補西天**　見《天文》。

**二七二　川流不息**　見《水火》。

**二七三　細水長流**　同上。

**二七四　水長船高**　同上。

**二七五　水底撈月**　見《天文》。

**二七六　遠水救不得近火**　見《水火》。

**二七七　老板**　《閩雜記》："市肆主人，及船中長年等，閩俗多稱老板，義不可解。按，吾鄉稱老板，義亦不可解，或係老販之訛。又按，凡開店者，各處皆稱老板，殊無取義，宜考之。"陶岳《泉貨録》："閩王審知鑄大鐵錢，五百文爲貫，俗謂之銠劻。"《通俗編》："老板似當作銠劻。又按，銠劻當作銠鈑。《正字通》：'鉼金曰鈑。'是二字並當從金，以有錢言之也。"

**二七八　火計**　《字典》："俗謂同本合謀曰夥計。"按，今所謂夥計者，合謀而不同本者也。又，夥計本作火計。《新方言》："朋輩謂之火計，此古語也。元魏時，軍人同食者稱火伴。漢時，吏民被徵詣長安者，令與計偕，故今合語爲火計。"

**二七九　水客**　《夢筆生花·杭州俗語·雜對》："水客；土娼。"

**二八〇　走江湖**　見《水火》。

**二八一　老江湖**　同上。

**二八二　同事**　《石頭記》六二回："又預備幾樣菜蔬，請幾位同事的人。"

**二八三　買辦**　又八回："獨有一箇買辦，名喚錢華的。"

**二八四　售主**　《紅拂記》劇："爲他求箇售主。"

**二八五　主顧**　《日知録》："市井人謂頻相交易爲主顧。《後漢書》有"主故"字，顧當是故之訛。"今江北人讀主顧若主課。按，故音古暮切，課音苦卧切，古、苦疊韻字，則故、課亦雙聲字也。

**二八六　合同**　《周禮·秋官·朝士》："凡有責者，有判書以治。"疏云："半分而合者，即質劑，傅别分支合同，兩家各得其一者也。”元人《合同文字》劇：“賺出了合同的一張文契。”

**二八七　經紀**　《金陵雜志》：“買賣之人不謀面，從中代爲説合而取用錢者，謂之爲‘經紀’。”

**二八八　牙行**　見《流品》。

**二八九　開天窗**　見《宫室》。俗又以夥計多開花帳者，謂之“開天窗”。

**二九〇　守老營**　《通俗編·俚語集對》：“開天窗；守老營。”俗以夥計不離店者，謂之“守老營”。

**二九一　帳目**　《北史·高恭之傳》：“秘書圖籍，多致零落，詔令道穆總集帳目。”按，“賬目”作“帳目”，故《字典》無“賬”字。

**二九二　帳碧清**　《殺狗記》劇：“算酒帳，算了該三錠鈔。生云：‘二位賢弟，今早帶了十三錠鈔出來，八錠買了羊脂白玉環，三錠還了酒錢，還有二錠。’浄、丑云：‘碧清。’”

**二九三　滚帳**　《通俗編》：“掍音滚。《説文》：‘掍，同也。’王褒《洞簫賦》：‘帶以象牙，掍其會合。’注云：‘飾象牙，掍其會合之處。’今凡服器緣邊，俗謂之滚，實當用掍。”又按，滚帳者，仍當用滚字。

**二九四　糊塗帳**　《翡翠園》劇：“這箇是一片私情糊塗帳。”《春燈謎》劇：“到底是箇糊塗帳。”

**二九五　番來覆去**　《殺狗記》劇：“番來覆去，覆去番來，算得好。”

**二九六　膏火**　《小忽雷》劇：“我等膏火之資，按月送來。”

**二九七　薪水**　《荷花蕩》劇：“不免與他説知，使他這三年薪水不缺。”

**二九八　花紅**　《居易集》：“張叔夜《招安梁山泊文》：‘有拏獲宋江者，賞錢萬萬貫，雙花紅。’”按，今人分生業餘利者，亦謂之“花紅”。

**二九九　京債**　《舊唐書·武宗紀》：“中書奏赴選官多京債，到任填還，致其貪求，罔不由此。”

**三〇〇　私債**　《通俗編》：“‘私債’，見《鹽鐵論》。”皮日休詩：“農時作私債，農畢歸官倉。”

**三〇一　賴債**　《新方言》：“揚子《方言》：‘攋，墮壞也。’曹憲音賴，負債不償曰賴債。賴者攋字。”

**三〇二　收債**　《史記·孟嘗君傳》：“問何人可收債於薛者？”

**三〇三　放債**　《容齋五筆》：“今人出本以規利，謂之放債，又名生放。”

**三〇四　放來生債**　元人《龐居士誤放來生債》劇：“正末云：‘我來到這後槽門首内。’驢、馬、牛做聲科。正末云：‘是甚麽人這般説話？我試聽咱。’驢云：‘馬哥！你當初爲甚麽來？’馬云：‘我當初少龐居士十五兩銀子，無的還他，我死之後變做馬，填還他。’驢云：‘我當初少龐居士十兩銀子，無錢還他，死後變做驢兒，與他拽磨。牛哥！你可爲甚麽來？’牛云：‘你不知道，我在生之時，借了龐居士銀子十兩，本利該二十兩，不曾還他，我如今變一隻牛，來填還他。’正末失驚科云：‘嗨！兀的不唬殺我也！我當初本做善事來，誰想弄巧成拙，兀的不都放了來生債也！’”

**三〇五　六月裏的債還得快**　見《時日》。

**三〇六　殺人償命，欠債還錢**　李之彦《東谷所見》：“諺有之：‘殺人償命，欠債還錢。’理也。”元人《合同文字》劇：“若不是親呵，道不的殺人償命，欠債還錢。”

**三〇七　冤有頭，債有主**　《五燈會元》劍門安分庵主，有“冤有頭，債有主”之語。《水滸》二五回：“小子粗疏，還曉得‘冤各有頭，債各有主’。”

**三〇八　有子萬事足，無債一身輕**　見《家族》。

**三〇九　債多不愁**　李流芳詩：“人言債多能不愁，我因爲作終夜憂。”

**三一〇　蝨多不癢，債多不愁**　《夢筆生花·杭州俗語·雜對》：“男大須婚，女大須嫁；蝨多不癢，債多不愁。”

**三一一　父債子還**　見《家族》。

**三一二　悖入悖出**　《大學》：“是故言悖而出者，亦悖而入。貨悖而入者，亦悖而出。”

**三一三　帮襯帮襯**　見《交際》。

**三一四　免開尊口**　見《言語》。

**三一五　上山擒虎易，開口告人難**　見《貧富》。

**三一六　小有小難，大有大難**　《石頭記》六回：“殊不知大有大用的艱難。”今人多云：“小有小難，大有大難。”

**三一七　有借有還，再借不難**　“再借不難”見《文事》“一學就會”。今人常云：“有借有還，再借不難。”

**三一八　金賭銀還**　《夢筆生花·杭州俗語·雜對》：“桃來李答；金賭銀還。”

**三一九　喫酒賭錢**　元人《冤家債主》劇：“老夫不知造下甚麼孽來，輪到這小的孩兒，每日只是喫酒賭錢，不成半分兒器。”《石頭記》十二回：“生怕你在外喫酒賭錢。”

**三二〇　賭錢場上無父子**　《水滸》三七回：“說甚麼閒

話，自古賭錢場上無父子。”

**三二一　上場叟兒落場湖**　《夢筆生花·杭州俗語》：“上場叟子下場湖。”注云：“叟音色。今人云‘上場叟兒落場湖’是也。”

**三二二　游湖**　見《戲玩》。

**三二三　游短命湖**　《夢筆生花·杭州俗語·雜對》：“開長生店；游短命湖。”凡好游湖者，以轉子多爲樂，否則謂之“游短命湖”。

**三二四　十糊**　見《戲玩》。

**三二五　拈頭**　宋清《博經》：“什一而取，謂之‘乞頭’。”按今人謂之“拈頭”，或云“抽頭”是也。

**三二六　一把頭**　見《盜賊》“三隻手”。今人擲骰子者，有“一把頭”之語。

**三二七　幺二三**　《日知録》：“一爲數之初，故以小名之。骰子之以一爲幺是也。”今之擲骰子者，有“幺二三”之語。

**三二八　喝彩**　陸游詩：“信手梟盧喝成彩。”

**三二九　主子**　《新方言》：“《説文》：‘鎮，博厭也。’博厭者，如今博者以物爲質，所謂鉒也。《廣雅》：‘鉒，置也。’《莊子·達生篇》作‘注’。今人猶謂賭者質物爲鉒。”按，今俗呼爲“主子”，當作“鉒”、“注”二字。

**三三〇　孤注**　《綱鑑》：“王欽若曰：‘陛下知博乎？博者輸錢欲盡，乃罄所有出之，謂之“孤注”。陛下，寇準之孤注也，斯亦危矣！’”《賓朋宴語》：“博者以勝彩累注，敗者惟有畸零，不累注，故謂之‘孤注’。”

**三三一　賠錢**　《升庵外集》：“昔高歡立法，盜私物，十備五；盜官物，十備三。”《通俗編》：“備，償補也，音裴，今作‘賠’。音義同而‘賠’字俗，從‘備’爲古。”今賭者仍用‘賠錢’字。

**三三二　攎錢**　《新方言》：“《説文》：‘攎，挐持也。’洛乎切。《廣韻》訓擄爲歛。自饒州、廣信，以至浙江，皆謂總持曰‘攎’。”今人以賭局贏錢者，謂之“攎錢”。

**三三三　囊家**　《塵史》：“世之糾率蒱博者，謂之‘公子家’，又謂之‘囊家’。”

**三三四　探囊取物**　見《什物》。

**三三五　輸贏是常事**　見《性情》“慌慌張張”。

**三三六　贏得起，輸弗起**　《十五貫》劇：“那裏曉得學生是贏得起，輸弗起的。”

**三三七　嘴裏呥呥，腰裏撥撥**　《夢筆生花·杭州俗語》：“嘴裏搭搭；腰裏扱扱。”今人多云：“嘴裏呥呥；腰裏撥撥。”呥音扎。撥音殺。

**三三八　老夫灌灌**　《詩·大雅》：“老夫灌灌，小子蹻蹻。”今人有錢可分，有不待分而徑自上腰者，人以爲“老夫灌灌”。

**三三九　脱空祖師**　見《釋道》。

**三四〇　敲竹槓**　《金陵雜志》：“敲釘鎚，一名敲竹竿，不當取之財而取之之謂。”今上海謂之“敲竹槓”是也。槓音絳。

**三四一　倒脱靴**　又：“有一種賭棍，專以賭局爲生活。或冒充巨富商人、宦家子弟，一擲千金，在所不惜。於酒肆妓院中，百般引誘，至入局後，即施翻天印、倒脱靴之術。受此騙者，莫不傾家蕩産，謂之‘圞巴’。”

# 服飾

**一　平天冠**　《容齋三筆》：“祭服之冕，自天子至於下士，執事者皆服之。特以梁數及旒之多少爲別，俗呼爲平天冠，蓋指言至尊乃得服。”

**二　紗帽圓領**　《尋親記》劇：“衣錦榮歸，紗其帽兒圓其領。”《憐香伴》劇：“紗帽軟乎其翅，圓領硬乎其襬。”

**三　青衣小帽**　《桃花扇》劇：“你青衣小帽，在此不便，請出去罷！”《蕩寇志》百二二回：“吴用道：‘我想不如青衣小帽，同戴院長偷渡過去爲穩。’”

**四　張冠李戴**　《留青日札》：“俗諺云：‘張公帽，掇在李公頭上。’有人作賦云：‘物各有主，貌貴相宜。竊張公之帽也，假李公而戴之。’按，今諺作‘張冠李戴’，蓋省語也。”今人多云“張家帽子李家戴”。

**五　喜歡戴高帽子**　《北史·熊安生傳》：“宗道暉好著高翅帽。”《通俗編》：“按，今虛自張大，冀人譽己者，曰‘好戴高帽子’，蓋因乎此。”又《俚語集對》：“好戴高帽子；怕穿濕布衫。”今俗云“歡喜戴高帽子”是也。

**六　戴不認親的帽子**　《二申野録》：“北方小民製幘，倒側其簷，自掩眉目，名曰‘不認親’。其後寇亂民散，途遇親戚，有飲泣而不敢認者，有掉臂而不欲認者，果應其言。”按，此帽製明末，果應流寇之亂。今人云“戴不認親的帽子”，蓋明末之語也。

**七　衣帽不周，朋友之過**　《通俗編》：“孔平仲詩：‘人得朋友衣冠正。’按《管子》有云：‘衣冠不正，則賓者不肅。’今俗諺云：‘衣冠不正，朋友之過。’似由此變文。”又按，今俗諺云：“衣帽不周，朋友之過。”則文之又變者也。

**八　衣裳是新的好，人是舊的好**　又：“《晏子春秋》：‘衣莫若新，人莫若故。’今俚語云：‘衣是新底好，人是舊底好。’一説，即今人云‘衣裳是新的好，人是舊的好’也。”

**九　一套衣服**　《水滸》一回：“將出一套衣服，寫了一封書簡。”

**一〇　隨身衣服**　《拜月亭記》劇：“隨身衣服着些兒。”《探親》梆子腔：“看自家女兒，就是隨身衣服，何妨？”

**一一　量體裁衣**　《南齊書·張融傳》：“太祖手詔賜融衣曰：‘今送一通故衣，是吾所著，今已裁減，稱卿之體。’”按，今人云“量體裁衣”，本此。量，當讀平聲。

**一二　衣裳糨得硬綳綳**　黄溥《閒中（古今）〔今古〕録》：“應履平《題部門》詩：‘衣裳糨得硬綳綳。’”按，糨本音强，去聲，轉音若將，俗多以“漿”字爲之。綳音崩。

**一三　漿洗漿洗**　《繡襦記》劇：“身上骯骯髒髒，也不脱下來漿洗漿洗。”

**一四　人是衣裝，佛是金裝**　《琵琶記》劇：“真正人是衣裝，佛是金裝。”《望湖亭》劇：“我想人是衣裝，佛是金裝，人的穿著，原是少不得的了。”

**一五　手長衣袖短**　《通俗編》：“‘手長衫袖短’，見《五燈會元》。”今人無錢送禮物者，每云“手長衣袖短”。

**一六　只重衣衫不重人**　《五燈會元》：“繼昌偈云：‘近來世俗多顛倒，祇重衣衫不重人。’”元人《須賈誶范叔》劇：“只敬衣衫不敬人。”又關漢卿《蝴蝶夢》劇語同。今人多云：“只重衣衫不重人。”

**一七　衣食飯碗**　見《飲食》。

**一八　衣不充身，食不充口**　同上

**一九　不愁喫，不愁穿**　同上。

**二〇　喫好的，穿好的**　同上。

**二一　不看喫的看穿的**　同上。

**二二　穿不窮，喫不窮，算計不到一世窮**　見《貧富》。

**二三　寬袍大袖**　《意中緣》劇：“寬袍大袖，飄颻似仙。”

**二四　開骻袍子**　《綱目集覽》：“開骻者名缺骻。”骻，讀夸，上聲。清朝云“開骻袍子”。

**二五　開衩袍子**　《玉篇》：“衩，衣衩也。”衩，音差，去聲。清朝又謂之“開衩袍子”。

**二六　一裹圓袍子**　《黑龍江外紀》：“官員公服，亦用一口鐘，朔望間以襲補褂，惟蟒袍終不用一口鐘。滿州謂之‘呼呼巴’，無開衩之袍也，亦名‘一裹圓’。今云‘一裹圓的袍子’是也。”

**二七　一口鐘**　見上。

**二八　一把連**　見《人事》。

**二九　襴衫**　《事物原始》：“馬周製襴衫，以爲士服。”襴音闌。

**三〇　汗衫**　《古今注》：“汗衫，蓋三代之襯衣也。”

**三一　長布衫**　《合縱記》劇：“做領長布衫穿穿。”

**三二　短打**　《夢筆生花·杭州俗語·雜對》:“短打;長吹。”今俗以不穿長衣曰“短打”。

**三三　襏子**　《新方言》:“《説文》:‘衹裯,短衣。’上都兮切,下都牢切,雙聲連語也。氏聲、周聲皆近敦。淮南謂短衣曰敦子,敦即衹裯矣。”又按,揚子《方言》:“汗襦,江淮南楚之間謂之襘,自關而西或謂之衹裯。”是襘即衹裯也。《方言》注云:“襘音甑。”今俗讀襘若頓,以短衣爲襘子,襘、頓一音之轉也。今俗又以“襏”字爲之,襏音登,雖可轉音若頓,然“襏”訓毛帶,義殊不合。是“襏子”本當作“襘子”也。

**三四　背心**　《廣雅》:“裲襠謂之袙腹。”《疏證》:“裲襠或作兩當。”鄭注《鄉射禮》云:“直心背之衣曰當。”今俗云“背心”是也。

**三五　大袂小袂**　《類篇》:“袂,衣前襟也。”按,袂音膚。今俗云“大袂小袂”是也。

**三六　衣兜**　《説文》:“襭,以衣衽扱物也。”《通訓》:“蘇俗謂之衣兜。”又《廣雅》:“篼,囊也。”《疏證》:“《説文》:‘篼,飤馬器也。’篼猶兜也,今人謂以衣盛物曰兜,義與此同。”

**三七　爪袖**　見《貨財》“找錢”。又作“𢃱袖”。《廣韻》:“𢃱音爪,𢃱頭也。”

**三八　鈕扣**　《説文》:“摳,繑也。”《通訓》:“今俗鈕扣字,以扣爲之。”

**三九　襻子**　《新方言》:“《漢書·賈誼傳》注:‘偏諸,若今之織成以爲腰襻者也。’《集韻》:‘衣系曰襻,器系曰鋬,皆普患切。’按,襻音盼。今俗所謂‘襻子’是也。”

**四〇　柳條布**　《海門物志》:“布有綦子、蘆廢、柳條、馬螘諸名。”

**四一　紫花布**　《雲間雜志》："紫木棉，色赭而淡，名紫花布。"

**四二　家機布**　《通州物産志》："布緊厚者耐著，有大布、土大布、上布、長尖諸名。其佳者曰沙布，曰家機布。范成大詩：'云是家機自織成。'"

**四三　破布衲頭**　《廣雅》："衲，補也。"《疏證》："《釋言》云：'袟，納也。'納與衲通，今俗語猶謂破布相連處曰'衲頭'。"

**四四　打補靪**　《通州志·方言》："町，補衣布角也。"按，《字典》無"町"字，"町"當作"靪"。《説文》："靪，補履下也。"《通訓》："今蘇俗猶有'打補靪'之語。靪音丁。"

**四五　藍縷**　《左傳·宣十二年》傳："篳路藍縷，以啟山林。"注云："藍縷，敝衣。"

**四六　羔兒皮**　《戒菴漫筆》："夜間穿羔兒皮。"

**四七　灰鼠皮**　《説文》："鼲鼠出丁零胡，皮可作裘。"段注："《魏志》注引《魏略》云：'丁零國，出名鼠皮：青昆子、白昆子皮。'王氏引之云：'昆子，即鼲子也。'《後漢書·鮮卑傳》云：'鮮卑有貂豽鼲子皮，毛柔軟，天下以爲名裘。'"按，今俗語通曰"灰鼠"，聲之轉也，如揮、暈皆本軍聲。

**四八　手巾**　《漢名臣奏》："王莽斥出王閎，太后憐之，親自手巾拭閎泣。"

**四九　荷包**　《通俗編》："歐陽修啟，以'紫荷垂橐'對'紅藥翻階'，讀爲芰荷之荷。今名小袷囊爲荷包，或者即因於紫荷耶？"《荊釵記》劇："這箇狀元，我是穩穩放在荷包裏的。"

**五〇　順袋**　《石頭記》四回："一面從順袋中取出一張護官符來。"

**五一　香袋兒**　又三二回："做了箇香袋兒。"

**五二　套袴**　《説文》“幝”下段注：“按，今之套袴，古之幝也。”“袴”字俗作“褲”。

**五三　裹脚**　《逸雅》：“偪，所以自偪束。今謂之行縢，所以裹脚，可以跳騰輕便者也。”

**五四　裹脚、韈子、靴**　《儒林外史》十四回：“你們原是氈韈、裹脚、靴。”今俗云“裹脚、韈子、靴”。

**五五　韈袎子**　《類篇》：“袎，韈頭也。”袎音奥，今云“韈袎子”。

**五六　靴踊子**　《新方言》：“《左傳》：‘踊貴屨賤。’踊爲刖足者所箸，貫脛而下無跗。踊之言通也。今人謂鞾，韈貫脛處，曰鞾踊。韈踊，讀如桶。”今云“靴踊子”。

**五七　鞋楦子**　《集韻》：“楥，去聲，俗作楦。”今南京有鞋楦子店，招牌作“楦”字。

**五八　鞋幫子**　《説文》：“鞔，履空也。”段注：“空腔古今字，履腔如今人言‘鞵幫’也。”“幫”或省作“幇”，俗作“帮”，非。今云“鞋幇子”是也。又按，“鞵”爲鞋之正字，“鞾”爲靴之正字。

# 飲食

**一　早飯**　白居易詩："行竈朝香炊早飯。"

**二　中飯**　李頻詩："向野聊中飯。"

**三　打中伙**　《奈何天》劇："這是打中伙的所在，大家買些酒飯，喫飽了再走。"

**四　攙腰**　姜長卿《崇川竹枝詞》："家家齊插白梅秧，手段争誇蒔上行。午飯攙腰將進酒，珍珠滴滴菜花黄。"注："芒種前插秧，謂之白梅秧。插秧時，餉午飯，謂之攙腰。"按，此説非也。農忙之際，中飯後，晚飯前，晡時之頃，還有一頓，始謂之"攙腰"。

**五　晚飯**　杜甫詩："晚飯越中行。"

**六　白飯**　《晉書・五行志》："王恭鎮京口，舉兵誅王國寶，百姓謡曰：'昔年食白飯，今年食麥麩。'"《通俗編》："有鄙語曰：'昔年食白飯，今年食麥麩。'謂白飯美而麥麩惡也。"今俗又以無肴爲"白飯"。

**七　過飯**　《齊民要術》："鯉魚脯過飯下酒，極是珍美。"

**八　下飯**　《夢粱録》："和寧門賣細色異品菜蔬，諸般下飯。"

**九　下馬飯**　《比目魚》劇："那姓錢的財主，就是陪我喫下馬飯的麽？”

**一〇　用飯**　《禮記·射義》：“先有志於所事，然後敢用穀也。”注：“飯食之謂也。”《新方言》：“《説文》：‘𩚆，用也。从亯从自，自知香臭所食也。’讀若庸。今人相謁而食，喫飯、喫茶，則曰用飯、用茶。本當作亯字。段玉裁説。”

**一一　噇飯**　見《文事》“五經四書”。寒山詩：“背後噇魚肉，人前念佛陀。”按，噇音幢，今俗讀若總。凡訶責人喫飯者，謂之“噇飯”。

**一二　一頓飯**　《世説》：“羅友少時，常伺人祠曰：‘欲乞一頓食耳！’”即俗云“一頓飯”也。

**一三　一粲飯**　《續方言》引《爾雅·釋言》郭注：“河北人呼食爲粲。”俗云“一粲飯”。

**一四　家常飯**　《獨醒雜志》：“范文正公云：‘常調官好做，家常飯好喫。’真名言也。”

**一五　現成飯**　《儒林外史》二回：“人生在世，所最難得的，是這碗現成飯。”

**一六　開鍋飯**　《夢筆生花·杭州俗語》有“開鍋飯”之語。

**一七　燒鍋煮飯**　《豔雲亭》劇：“燒燒火，煮煮飯，埽埽地，便當便當。”《巧團圓》劇：“你會燒鍋煮飯，舂米磨麫麽？”

**一八　鍋頭飯好喫，過頭話難説**　《古謡諺》：“顧起元引諺云：‘鍋頭飯好喫，過頭話難説。’”

**一九　暴殄天物**　《書·武成》：“暴殄天物，害虐烝民。”《清朝野史大觀》：“世宗憲皇帝，每燕見臣工，必言珍惜五穀，以暴殄天物爲戒。”

**二〇　靠天喫飯**　《老殘游記》：“這就叫做靠天喫飯。”

**二一　無葷弗喫飯**　《荆釵記》劇：“自家屋裏，無葷弗喫飯；到了這裏，無飯不喫葷。”

**二二　粗茶淡飯**　楊萬里詩：“粗茶淡飯終殘年。”

**二三　老米飯**　元人《神奴兒》劇：“老米飯捏殺不成團，喒可也難在一處了。”

**二四　生米煮成熟飯**　《蜃中樓》劇：“你既受了我家的聘，進了我家的門，生米煮成熟飯，説不得這句話了。”《憐香伴》劇：“生米煮成熟飯，還拗得到那裏去，不如做箇好人。”《夢筆生花·杭州俗語·雜對》：“生米煮成熟飯；饅頭大如蒸籠。”

**二五　米糝、飯糝**　《新方言》：“《説文》：‘糂，一曰粒也。’今湖北、江南、浙江，皆謂飯粒爲飯糂。”《説文通訓》：“今南人謂米糝、飯糝，謂熟者也。”按，糝與糂同，讀若鮮少之鮮。

**二六　喫現成飯**　《琵琶記》劇：“何不住在我府中，喫些現成茶飯？”《四絃秋》劇：“你看那些喫現成飯的，到飢寒時，百樣去向人求乞，有誰顧盼來？”

**二七　討飯坯**　《雪中人》劇：“想來天生是箇討飯坯。”

**二八　喫飯處**　《五代史·晉家人傳》：“耶律德光謂李太后曰：‘無憂，管取一喫飯處。’”

**二九　喫飯防噎，走路防跌**　見《身體》。

**三〇　喫酒圖醉，喫飯圖飽**　見《禍福》“有福同享，有禍同當”。

**三一　飯緣滿**　《夢筆生花·杭州俗語·雜對》：“飯緣滿；酒興豪。”

**三二　飯店裏爲蔥**　又：“糖餅上刮屑；飯店裏回蔥。”今人多云：“飯店裏爲蔥。”爲，作謀爲之爲解。

**三三　呂蒙正打齋，飯後鳴鐘**　《摭言》："王播少孤貧，客揚州木蘭院，僧厭之。後出鎮是邦，訪舊遊，向之題句'上堂已了各西東，慚愧闍黎飯後鐘'，以碧紗籠之矣。續之曰：'二十年來塵拂面，而今始得碧紗籠。'"《通俗編》："飯後鐘，《北夢瑣言》紀段文昌事，《摭言》紀王播事，今以移屬呂文穆，乃自元·馬致遠雜劇有《呂蒙正風雪飯後鐘》語。"今云"呂蒙正打齋，飯後鳴鐘"，本此。

**三四　臘八粥**　見《時日》。

**三五　巧新婦煮不出無米的粥**　《通俗編》："巧新婦做不出無麪餺飥。"《陳龍川集·答朱元晦書》引此諺。《石頭記》二四回："巧媳婦做不出没米的粥來。"今俗通語云："巧新婦煮不出無米的粥。"

**三六　有粥喫粥，有飯喫飯**　《夢筆生花·杭州俗語·雜對》："有粥喫粥，有飯喫飯；種豆得豆，種瓜得瓜。"

**三七　衣食飯碗**　元·李行道《灰闌記》劇："這是我的衣食飯碗，如何便割捨得？"

**三八　衣不充身，食不充口**　元人《看錢奴》劇："衣不充身，食不充口。"按，秦簡夫《趙禮讓肥》劇二語亦同。

**三九　好男不喫分家飯，好女不穿嫁時衣**　見《婦女》。

**四〇　不愁喫，不愁穿**　《意中緣》劇："莫説不愁喫，不愁穿，還有享不盡的榮華富貴。"

**四一　不看喫的看穿的**　元·楊景賢《劉行首》劇："不看你那喫的，且看你那穿的。"

**四二　喫好的，穿好的**　元人《桃花女》劇："你到他家裏，穿好的，喫好的，受用一世。"《金印記》劇："你看我喫好的，穿好的，在人前摇摇擺擺。"

**四三　喫他的，用他的**　《殺狗記》劇："我每喫了他的，用了他的，反要偷他的東西，忒黑心。"

**四四　喫著**　《東軒筆録》："或戲王沂公曰：'狀元試三場，一生喫著不盡。'答曰：'平生之志，不在温飽。'"著音作。

**四五　喫局**　《新方言》："《説文》：'具，供器也。'江南、浙江，言有宴集，則曰：'有喫具。'具音如局。"按，今人言"喫局"者，仍作"局"字。

**四六　喫素**　見《釋道》。

**四七　喫齋**　同上。

**四八　喫食賴食**　元人《鴛鴦被》劇："你怎的喫食諱食？你不曾見，是我見來。"今俗云"喫食賴食"是也。

**四九　喫白食**　《繡襦記》劇："夥計，撞着子喫白食的。"《金陵雜志》："有任人嘲笑而不顧者，專貪口腹，而不爲東道，謂之'喫白食'。"

**五〇　喫仙鶴**　《金陵雜志》："賭局之人而外，其與之共飲者，謂之'喫仙鶴'。"

**五一　喫獨桌**　《夢筆生花·杭州俗語》有"喫獨桌"之語。前清時，以帶枷爲"喫獨桌"。

**五二　喫西北風**　見《天文》。

**五三　喫到五穀想六穀**　《通俗編·俚語集對》："爬得千錢想萬錢；喫到五穀想六穀。"言貪得無厭也。

**五四　喫到碗裏，向到鍋裏**　《石頭記》十六回："那薛老大，也是喫着碗裏，看着鍋裏。"今人通語云"喫到碗裏，向到鍋裏"，亦言貪得無厭也。

**五五　只顧自己碗裏**　《通俗編·俚語集對》："只顧自

己碗裏滿；常怨他人井底深。”今人但云“只顧自己碗裏”，言不顧他人也。

**五六　鍋頭竈腦**　元人《神奴兒》劇：“你又多在外，少在家，一應廚頭竈腦，都是我照覷。”今人有“鍋頭竈腦”之語，本此。

**五七　喫飯屙屎**　元·吴昌齡《東坡夢》劇：“喫烏飯，屙黑屎。”屙音阿。

**五八　喫家飯，屙野屎**　《通俗編·俚語集對》：“著冬衣，搖夏扇；喫家飯，撒野矢。”按，“矢”與“屎”通。今人云“喫家飯，屙野屎”，言幫他人作事也。

**五九　喫狗屎**　《舊唐書·高仙芝傳》：“人駡仙芝曰：‘噉狗腸，高麗奴；噉狗屎，高麗奴。’”即俗駡人“喫狗屎”是也。

**六〇　替狗打食**　《比目魚》劇：“末云：‘老爺從省下回來，訪得有這件事，所以來提銀子。’丑背氣介：‘只當替狗奪食，白白的歡喜一場。’”今俗所謂“替狗打食”是也。

**六一　喫箇蝨子留隻腳**　宋玉《小言賦》：“烹蝨脛，切蟣肝。會九族而同嚌，猶委餘而不殫。”《通俗編》：“按，俗誚細小者曰‘喫蝨留大腿’，本此。今俗又謂分食者曰‘喫箇蝨子留隻腳’，與《小言賦》意同。”

**六二　瞎子喫蟹，隻隻好的**　《夢筆生花·杭州俗語》：“叫化子喫蟹，隻隻好的。”今江北人云“瞎子喫蟹，隻隻好的”，言不辨美惡也。

**六三　拚死喫河豚**　《楓窗小牘》：“東坡謂食河魨，值得一死。’《本草綱目》有‘捨命喫河豚’語。”《本草綱目·鱗部·河豚》注：“李時珍曰：‘吴人言其血有毒，脂令舌麻，子令腹脹，眼令目花，有“油麻子脹眼睛花”之語。江陰人鹽其子，糟其白，埋過治食，此俚言所謂“捨命喫河豚”者耶？’”今俗所謂“拚死喫河豚”也。

**六四　癩蝦蟆想喫天鵝肉**　《蕩寇志》四七回：“希真看看衙内，笑道：‘你癩蝦蟆想喫天鵝肉。’”

**六五　中看不中喫**　見《頭面》。

**六六　省喫儉用**　《儒林外史》四七回：“虞華軒在家，省喫儉用，積起幾兩銀子來了。”

**六七　好喫懶做**　《石頭記》二回：“又怨他不善過活，一味好喫懶做等語。”好，去聲。

**六八　坐喫山空**　元·秦簡夫《東堂老》劇：“那錢物只有出去的，無有進來的，便好道：‘坐喫山空，立喫地陷。’”《桃花扇》劇：“趁這晴天，到嶺頭澗底，取些松柴，給早晚炊飯之用，不强如坐喫山空麽？”《連相》梆子腔：“坐喫山空，出門便是活計。”

**六九　靠山喫山，靠水喫水**　《鳳求凰》劇：“自古道：‘看山喫山，看水喫水。’”《金鎖記》劇：“靠山喫山，靠水喫水。”又《鸞釵記》劇語同。

**七〇　不喫煙火食**　王直方《詩話》：“張文潛來飲予家，作長句，後東坡來讀之曰：‘此不是喫煙火食人道底言語。’”

**七一　掩到耳頭喫炒米**　見《頭面》。

**七二　蜻蜓喫尾巴，自喫自**　《殺狗記》劇：“上下使用，弄了出來，可不枉費了錢財，分明蜻蜓喫尾自喫自。”今人有“蜻蜓喫尾巴，自喫自”之語。

**七三　開葷**　《表異録》：“東昏侯喪潘妃之女，閹豎共營肴羞，曰：‘爲天子解菜。’”解菜，猶今云“開葷”也。

**七四　那箇貓兒不喫葷**　元·張國寶《合汗衫》劇："長老詩云：'近寺人家不重僧，遠來和尚好看經。莫道出家便受戒，那箇貓兒不喫腥。'"今人則云"那箇貓兒不喫葷"。

**七五　偷嘴貓兒不得改**　《雜纂二續》有改不得十三事，偷嘴貓兒改不得，此其一也。今人多云"偷嘴貓兒不得改"。

**七六　爲嘴傷身**　《夢筆生花·杭州俗語·雜對》："以耳爲目；爲嘴傷身。"爲，去聲。

**七七　嘴裏呐呐，腰裏掇掇**　見《貨財》。

**七八　口裏的食**　《意中緣》劇："若還做得成，都是你口裏的食了。"

**七九　養家活口**　《占花魁》劇："你做經紀的人，積下銀子，何不留下養家活口？"

**八〇　一身一口**　《漁家樂》劇："只是我一身一口，尚且難支，怎又添箇喫飯的人麼？"

**八一　分身減口**　見《家族》。

**八二　餬口**　《左傳》："寡人有弟，不能和協，而使餬其口於四方。"

**八三　過口**　《水滸》三一回："將一碟熟菜，與他過口。"

**八四　合口**　《漢書·揚雄傳》："美味合口。"

**八五　開口货**　見《家族》。

**八六　胃口倒**　見《醫病》。

**八七　嗷嗷待哺**　《詩·小雅》："鴻雁于飛，哀鳴嗷嗷。"《夢筆生花·杭州俗語·雜對》："嗷嗷待哺；聒聒惟談。"

**八八　草根樹皮**　《三國志演義》十三回："剥樹皮，掘草根食之。"《琵琶記》劇："外云：'糠怎麼喫得？'旦云：'也强如草根樹皮。'"此與見《醫病》不同。

**八九　養兒防老，積穀防飢**　見《家族》。

**九〇　畫餅充飢**　《傳燈録》："智閑被潙山問，尋一句酬對不得，自歎曰：'畫餅不可充飢。'"元·吴昌齡《風花雪月》劇："你敢要攀月桂，諧連理，可不是畫餅待充飢。"《水滸》五十回："正是教俺望梅止渴，畫餅充飢。"

**九一　飽漢不知餓漢飢**　《通俗編》："元人《凍蘇秦》、《玉壺春》等曲，俱有'坐兒不覺立兒飢'語。"按，元人《百花亭》劇亦有此語。今人襲其詞曰："飽漢不知餓漢飢。"

**九二　飽暖生淫慾**　元·賈仲名《玉梳記》劇："這厮只因飽暖生淫慾。"

**九三　飢者易爲食**　《孟子》："飢者易爲食，渴者易爲飲。"

**九四　不知飢飽**　《朱子語録》："王荆公喫物，不知飢飽。"《蜃中樓》劇："喫飯不知飢飽。"

**九五　食飽無滋味**　《通俗編》："《五燈會元》義青、善孜皆有'美食不中飽人喫'之語。今人云'食飽無滋味'，本此。"

**九六　食之無味，棄之可惜**　《三國志演義》七十回："楊修曰：'夫雞肋者，食之無味，棄之可惜。'"

**九七　食而不知其味**　《大學》："心不在焉，視而不見，聽而不聞，食而不知其味。"

**九八　淡而無味**　《朱子語類》："淡而不厭，簡而文，温而理，皆是收斂近裏，知遠之近，知風之自，知微之顯。一句緊一句，先生再三誦此三言，曰：'此工夫似淡而無味，然做時卻自有可樂。'"

**九九　珍羞百味**　元·喬孟符《金錢記》劇："諸般餚饌，

百味珍羞。”《雪擁》梆子腔：“享榮華，受富貴，曾把珍羞百味飡。”

**一〇〇　五味調和**　《戰國策》：“齊桓公夜半不嗛，易牙乃煎熬燔炙，和調五味而進之。”

**一〇一　味道**　《説文》：“甘，美也。从口含一。一，道也。”段注：“食物不一而道則一，所謂‘味道之腴’也。”《新方言》：“《説文》：‘嘾，含深也。徒感切。’含深曰嘾，所含曰覃。《説文》：‘覃，長味也。’雙聲對轉，字變作道。覃之爲道，若禫服作導服。今人通謂味爲‘味道’，本‘味覃’也。”

**一〇二　火候**　蘇軾《食猪肉》詩：“慢著火，少著水，火候足時他自美。”

**一〇三　膏粱子弟**　《三國志演義》九二回：“夏侯楙乃膏粱子弟。”《風筝誤》劇：“怎奈他是箇膏粱子弟，只喜鬬雞走狗，蹴踘呼盧。”

**一〇四　徒餔啜也**　《桃花扇》劇：“不過是遊戲江湖，圖哺啜耳！”按《孟子·離婁篇》：“孟子謂樂正子曰：‘子之從於子敖來，徒餔啜也。我不意子學古之道而以餔啜也。’”餔音逋。

**一〇五　眼不見爲浄**　《五燈會元》：“西臺其辨師云：‘眼不見爲浄。’”《奈何天》劇：“俗語説得好，‘眼不見爲浄’。”今人疑食物不潔者，往往有是語。

**一〇六　婪多嚼不碎**　《石頭記》六九回：“如今秋桐等輩人，皆恨老爺貪多嚼不爛。”按，喻衆妾多也。今人語云：“貪多嚼不碎。”婪，貪也，音闌，俗讀若欒。

**一〇七　有偏**　《偷雞》梆子腔：“二位哥不喫這麽，我得罪，有偏了。”

**一〇八　過費**　《通俗編》：“《韓詩外傳》：‘子夏過曾子，曾子曰：“入食。”子夏曰：“不爲公費乎？”曾子曰：“君子有三費，飲食不在其中。”’按，世之謝款宴者曰‘過費’，本此。”

**一〇九　八大八小**　明·沈德符《野獲編》：“先大王父終養歸後，入補官，時嚴分宜當國，故舊識也。以一紗二扇謁之，嚴欣然款待，受扇而卻紗。蓋嚴雖黷貨，自是暮夜所入，其尋常交際，當時皆然，不以爲怪也。二十年來，即平交亦用二幣，至於四，至於六，今且八幣，而以他物如數侑之，謂之‘八大八小’。”按，今八大八小之筵席，其名實由於此，可見習俗由儉日趨於奢。

**一一〇　一飲一啄，莫非前定**　《通俗編》：“《玉堂閒話》引諺云：‘一飲一啄，繫之於分。’此言雖小，亦不徒然。”今言“一飲一啄，莫非前定”，本此。《西遊記》三一回：“一飲一啄，莫非前定。”

**一一一　飲食起居**　《石頭記》六八回：“也不過是在那飲食起居、穿脱衣服冷熱上加些小心就是了。”

**一一二　殺雞宰鵝**　《水滸》三五回：“殺雞宰鵝，置酒相待。”《蕩寇志》七六回：“分付厨房殺雞宰鵝，準備酒饌。”

**一一三　殺猪宰羊**　《水滸》三四回：“一面店裏殺猪宰羊。”

**一一四　羊羔美酒**　《殺狗記》劇：“我哥哥如今在紅爐煖榻，羊羔美酒，淺斟低唱。”

**一一五　羊肉不曾喫，惹到一身羶**　《拜月亭記》劇：“我與娘子一路同行到此，便是三歲孩童，也説一對好夫妻。正是羊肉饅頭不喫得，空教惹卻一身羶。”按，今人每有此喻，錢財亦然。或曰：“羊肉不曾喫，惹到一身羶。”俗讀羶若仙。

**一一六　燕窩**　清·梁章鉅《浪蹟續談》：“燕窩出廣東，陽江縣最多。或云，海燕採小魚營巢，故名燕窩。或云，海燕啄食螺肉，肉化而筋不化，並精液吐出，結爲小窩，銜飛過海，倦則漂水上暫息，少頃，又銜以飛。人依時拾之。”《閩小記》云：“燕窩有烏、白、红三種，红者最難得，可治小兒痘疹；白者愈痰。今閩廣入貢者，鮮白無纖翳，云係人力折製所成，非天然如此也。”窩，讀阿。

**一一七　海參**　《閩小記》：“閩中海參，色多白，類撐以竹簽，大如掌，與膠遼海所出異，味亦淡劣。有醫云：‘生於土者爲人參，生於海者爲海參，故海參以遼海産者爲良。’”參音深。

**一一八　貢蚶**　《唐書·元稹傳》：“徙浙東觀察。明州歲貢蚶，稹奏罷之。”按，蚶爲進貢之品，故稱曰“貢蚶”。

**一一九　淡菜**　《韓昌黎集》：“孔戣爲華州刺史，奏罷明州歲貢淡菜。”按，淡菜亦蚶之類，今以大者爲貢蚶，小者爲淡菜。

**一二〇　油膩**　《東坡集》：“情愛著人，如黐膠油膩，急手解雪，尚爲沾染。”膩，讀泥，去聲。

**一二一　肥膩**　白居易《和錢華州》詩：“自笑亦曾爲刺史，蘇州肥膩不如君。”

**一二二　揀精揀肥**　《巧團圓》劇：“省得揀精揀肥，把好的都買了去。”

**一二三　喫肉揀肥的**　元·吴昌齡《花間四友》劇：“那話兒且休提，喫肉揀肥的。”

**一二四　猪頭肉**　《儒林外史》五四回："你也還尋得幾十文錢，只買了猪頭肉。"

**一二五　小炒肉**　清·梁章鉅《歸田瑣記》："憶在京中聞一故事云：年羹堯由大將軍貶爲杭州將軍後，姬妾皆星散。有杭州秀才，適得其姬，聞係年府專司飲饌者。自云：'但專管小炒肉一味，凡將軍每飯，必於前一月呈進食單，若點到小炒肉，則我需忙得半日，但數月不過一二次，他手所不能辦，他事亦不相關也。'秀才曰：'何不爲我一試之？'姬哂曰：'酸秀才，談何容易，府中一盤肉，須一隻肥豬，任我擇其最精處用之。今君家每市肉，率以斤計，從何下手？'秀才爲之嗒然。一日，秀才喜告姬曰：'此村中每歲有賽神會，例用一豬，今年係我值首，此一豬應歸我處分，卿可以奏技矣。'姬諾之。屆期，果擡一全豬回。姬詫曰：'我在府中所用係活豬，若已死者，味當減，今無奈何，姑試之。'乃勉强割取一塊，自入厨下，令秀才先在房中煮酒以待。久之，捧進一碟，屬秀才先嘗之，而仍至厨下摒擋雜物。少頃入房，見秀才委頓於地，僅一息奄奄。細查之，肉已入喉，並舌皆吞下矣。按，吾鄉俗諺，有'每嘗美味者，必先將舌頭用線羈住'，即此故事所由來也。聞者蓋無不發一大噱云。"

**一二六　肉鬆**　《事物紺珠》："肉松，熟豬精肉焙乾，澆酒醬而揉成者。"按，"肉松"之"松"，俗多以"鬆"字爲之，或以"春"字爲之。

**一二七　香腸**　又："灌腸，細切豬肉料，拌納腸中風乾。"按，即今之"香腸"是也。

**一二八　肝腸肚肺**　《西遊記》七三回："進來煮雜碎喫，將你這裏邊的肝腸肚肺，細細的受用。"

**一二九　雜碎**　見上。又《清朝野史大觀》："李鴻章在美，思中國飲食，囑唐人埠之酒食店，進饌數次，西人問其名，華人難於具對，統名之曰'雜碎'。自此雜碎之名大噪，僅紐約一埠，雜碎館三四百家，徧於全市。"

**一三〇　骨頭骨腦**　《白兔記》劇："骨頭骨腦，剩下與廟祝吞吞。"

**一三一　炖雞蛋**　《石頭記》六一回："要碗雞蛋，炖得嫩嫩的。"炖音頓。

**一三二　醋溜魚**　《兩般秋雨盦隨筆》："西湖醋溜魚，相傳是宋五娘遺製。"

**一三三　腥顔氣**　《尋親記》劇："净云：'只要殺一箇。'丑云：'少腥顔爛氣，極少殺兩箇。'"

**一三四　喝點湯**　元人《凍蘇秦》劇："你敢也走將來，喝點湯，喝點湯。"

**一三五　麪筋**　《事物紺珠》："麪筋，梁武帝作。"《兩般秋雨盦隨筆》："濯盡柔麪，則麪筋乃見。"

**一三六　豆腐麪筋**　《老學庵筆記》："仲殊性嗜蜜，豆腐麪筋，皆用蜜漬。"《彩樓記》劇："無非是豆腐麪筋，蔴茹香蕈。"

**一三七　豆腐**　《庶物異名疏》："菽乳，豆腐也。"

**一三八　豆腐腦子**　《二關》梆子腔："丑云：'阿哥，不過我和你碰肚子。'副云：'就碰肚子，那箇打樁？'丑云：'原是你打樁。'副云：'來罷！'丑云：'來了！'碰肚，丑跌介。副云：'豆腐腦子做的麽？'"

**一三九　下飯菜**　見上"下飯"。

**一四〇　羅漢菜**　《香祖筆記》："陳友諒在南昌，喜食玉葉羹，乃以西山羅漢菜、曲江金花魚爲之。”鮮于樞詩：“童烹羅漢菜。”今人以各種葷素品，雜和而爲之者，亦謂之“羅漢菜”。

**一四一　金針菜**　清·方駿謨《徐州輿地考》：“徐州人曝鹿葱以爲蔬。”原注：“俗名‘金針菜’。”

**一四二　瓢兒菜**　《金陵雜志》：“飄兒菜，其心黄，冬日始有，與青菜另一種風味。”今江北多云“瓢兒菜”。“飄”，當是“瓢”之訛。

**一四三　大頭菜**　又：“大頭菜産於雙橋門及皇城兩處，似萊菔而辣，莖葉離披，包之以鹽。以廣東銷場爲大宗，賈客争購之。”

**一四四　孫春陽小菜**　清·梁章鉅《浪蹟續談》：“京中人講求飲饌，無不推蘇州孫春陽店之小菜爲精品，或因余官吴門久，必知其詳者。余以所聞告之曰：‘孫春陽係前明人，祖居寧波。萬曆中，始來吴門，開一小鋪，在今吴趨坊北口，其地爲唐六如讀書處。鋪中形製，學縣衙署，分爲六房，曰南貨房，曰北貨房，曰海貨房，曰醃臘房，曰蜜餞房，曰爉燭房。售者由外櫃給錢，取一小票，自往各房領貨。而總管掌其綱，一日一小結，一月一總結，一年一大結。自明至今，已二百四十餘年，子孫尚食其利，無他姓頂代者。吴門五方雜處，爲東南一大都會，羣貨萃聚，何啻數萬户。而惟孫春陽鋪爲前明舊家，著聞海内。鋪中之物，歲入貢單。其店規之嚴，選製之精，合郡所未有也。’”

**一四五　長壽麪**　見《年齒》。

**一四六　一鍋子麪爛到底**　《通俗編》引《癸辛雜志》俚語云：“喫了西湖水，打作一鍋麪。”蓋謂胡塗。今有“一鍋子麪爛到底”之語，本此。

**一四七　火到豬頭爛**　《儒林外史》十三回：“自古‘錢到公事辦，火到豬頭爛’。”

**一四八　爛熩熩兒**　《琵琶記》劇：“拿了銀子，買些肉來，白熩熩喫在肚裏。”《合縱記》劇：“爛熩豬蹄和匾食。”今人以食物極爛者謂之“爛熩熩兒”。熩音户。

**一四九　當家纔知柴米貴，養兒纔知父母恩**　見《家族》。

**一五〇　早起開門七件事，柴米油鹽醬醋茶**　《通俗編》：“《夢粱録》：‘人家每日不可缺者，柴米油鹽、酒醬醋茶。’按，今去酒一事，謂之開門七件。”元·楊景賢《劉行首》劇：“教你當家不當家，及至當家亂如麻；早起開門七件事，柴米油鹽醬醋茶。”

**一五一　裝煙倒茶**　《清朝野史大觀》：“某公督四川，其轎甚大，須夫役十六人，始能舉之。轎中有小童二人，伺候裝煙倒茶，並有冷熱點心數十百種，其侈汰如此。”

**一五二　碧螺春**　又：“洞庭東山碧螺峰石壁，歲産野茶數十株，土人稱曰‘嚇殺人’。康熙己卯，車駕幸太湖，撫臣宋犖，購此茶以進，聖祖以其名不雅馴，題之曰‘碧螺春’。自是地方有司，歲必採辦進奉矣。”戴延年《吴語》：“碧螺春，産洞庭西山，以穀雨前爲貴。”

**一五三　龍井茶**　俞樾《春在堂隨筆》：“余將從天竺至龍井山岬。至，見有寺，不知何名。有老僧以採樵爲業，是時，方揀擇新茶，因取極細者烹以供客，即龍井茶矣。”

**一五四　殺渴**　《新方言》：“《士冠禮》注：‘殺猶衰也。’《地官·廩人》注：‘殺，猶減也。’舊皆音所界反。惟《廣雅》：‘殺，減。’曹憲不出音。今人謂水漿愈渴爲殺渴，薑蒜除腥爲殺腥氣，義皆訓衰、訓減，仍讀所八反，依曹憲也。”

**一五五　望梅止渴**　《世説》：“魏武行役，失汲道，軍渴。乃令曰：‘前有大梅林，饒子甘酸，可以解渴。’士卒聞之，口皆出水。”《臨川夢》劇：“望梅思解渴，割肉借醫瘡。”元・賈仲名《玉梳記》劇：“你要我，便是望梅止渴。”

**一五六　茶當酒**　《吴志・韋曜傳》：“曜素飲酒，不過三升，初見禮異時，常爲裁減，或密賜茶荈以當酒。”白居易詩：“清景不宜昏，聊將茶當酒。”當，去聲。

**一五七　紹興酒**　清・梁章鉅《浪蹟續談》：“今紹興酒通行海内，可謂酒之正宗。而亦有横生訾議者，其於紹興酒之至佳者，實未曾到口也。世人每笑紹興有三通行，皆名過其實者，如刑名錢穀之學，本非人人皆擅絶技，而竟以此横行各直省，恰似真有秘傳；州人口音，實同鴃舌，亦竟以此通行遠邇，無一人肯習官話而不操土音者；即酒亦不過常酒，而販運竟徧寰區，且遠達於新疆絶域。平心而論，惟口音一層，萬無可解，刑錢亦究竟尚有師傳，至酒之通行，則實無他酒足以相抗。蓋山陰、會稽之間，水最宜酒，易地則不能爲良，故他府皆有紹興人如法製釀，而水既不同，味即遠遜。即紹興本地，佳酒亦不易得。惟所販愈遠則愈佳，蓋非至佳者，亦不能行遠。余嘗藩甘隴，撫桂林，所得酒皆絶美，聞嘉峪關以外則益佳。若中土近地，則非藏畜數年者，不堪入口。最佳者名女兒酒，相傳富家養女初彌月，即開釀數罈，直至此女出門，即以此酒陪嫁，則至近亦十許年。其罈率以綵繢，名曰‘花雕’。近來作僞者多，竟有用花罈裝凡酒以欺人者。凡辨酒之法，罈以輕爲貴，蓋酒愈陳則愈縮斂，甚有縮至半罐者，從罈旁以推敲之，真者其聲必清越，僞而敗者，其響必不揚。甚有以小錐刺罈，𣂷出好酒，而以水灌還之者，視其外雖依然花雕，而一文不值矣。”

**一五八　花雕**　見上。

**一五九　花露酒**　《野客叢書》：“真州郡齋，舊有酒，名‘花露’。”

**一六〇　生醅酒**　《通州物産志》：“生醅酒，村坊所酤，曰‘開生’。”

**一六一　陳雪酒**　又：“陳雪酒，釀以臘月，陳二三年，有‘扣陳’、‘老枯’諸名。”姜長卿《崇川竹枝詞》：“三白人家釀凍春，開壜便道隔年陳；桃村卅里通城市，野店青帘雪酒醇。”注：“郡中酒，以臘月釀者爲最，名‘陳雪酒’。桃村去城三十里。”

**一六二　扣陳酒**　見上。

**一六三　白甜酒**　《閩小志》：“白甜，即官白酒。”

**一六四　燒酒**　清·梁章鉅《浪蹟續談》：“燒酒之名，古無可考。始見白香山詩‘燒酒初開琥珀光’，則係赤色，非如今之白酒也。元人謂之汗酒，李忠表稱‘阿剌古酒’，作詩云‘年深始得汗酒法，以一當十味且濃’。則真今之燒酒矣。今人謂之氣酒，即汗酒也。今各地皆有燒酒，而以高粱所釀爲最正，北方之沛酒、潞酒、汾酒，皆高粱所爲，而水味不同，酒力亦因之各判。嘗聞外番人言，中國有一至寶，而人不知服食，即謂高粱燒酒也；並教人服食之法，須於每夜亥子之間，從朦朧睡夢中起，服此酒一杯，以薄肴佐之，服訖，仍復睡去，大有補益。”《通州物産志》：“燒酒有米燒、麥燒各種。米燒有木瓜、玫瑰、喬餅、葡萄、棗兒紅、竹葉青諸名，如皋蘆稼燒，尤不亞汾、沛也。”

**一六五　高粱燒酒**　見上。按《說文》：“秫，稷之黏者。”

段注：“北方謂之高粱。”今酒肆招牌，以稻粱之粱寫作糧食之糧，謬矣。

**一六六　米燒，麥燒**　同上。

**一六七　喬餅燒，蘆穄燒**　同上。穄音祭。

**一六八　棗兒紅，竹葉青**　同上。

**一六九　下酒**　見上“過飯”。

**一七〇　寡酒**　元·李文蔚《燕青博魚》劇：“酒便有了，可没些肴饌，這寡酒如何喫的？”

**一七一　水酒**　《殺狗記》劇：“特備一杯水酒接風。”

**一七二　醉翁之意不在酒**　歐陽修《醉翁亭記》：“醉翁之意不在酒，在乎山水之間也。”《慎鸞交》劇：“古人云：‘醉翁之意不在酒，在乎山水之間。’小弟這箇醉翁所志，又不在乎山水，要借山水爲名，好親近佳人的意思。”

**一七三　勸人喫酒，終無惡意**　李昌齡《樂善録》：“勸人以酒，固無惡意，然當隨人之量以勸之。”《水滸》六一回：“常言道：‘將酒勸人，本無惡意。’”元·戴善夫《風光好》劇：“豈不聞‘將酒勸人，終無惡意’。”今人多云：“勸人喫酒，終無惡意。”

**一七四　辦酒容易請客難**　《古謠諺》：“顧起元引諺曰：‘辦酒容易請客難。’”

**一七五　喫酒三年窮，不喫酒也三年窮**　“喫酒三年窮”，見《時日》“在家千日好”。今人有“喫酒三年窮，不喫酒也三年窮”之語。

**一七六　酒令**　《後漢書·賈逵傳》：“逵作《酒令》，學者宗之。”

**一七七　酒徒**　《漢書·酈食其傳》：“初見沛公，稱高陽酒徒。”

**一七八　酒鬼**　楊維楨詩：“金榼墮地非酒鬼。”

**一七九　醉鬼**　《元氏掖庭記》：“龍淑妃貪而且妬，百計千方，致人苦楚，不能飲者，强令之飲，多至十椀，是名醉鬼。”

**一八〇　醉漢**　《開元遺事》：“張曲江曰：‘李林甫議事，如醉漢腦語。’”

**一八一　酒肉朋友**　見《交際》。

**一八二　酒食徵逐**　同上。

**一八三　酒囊飯袋**　《綴白裘·雜齣》：“此腹但能囊酒袋飯，不曾見他流出文水墨汁來。”《荆湖近事》：“馬氏僭奢，諸院王子、僕從烜赫，文武之道，未嘗留意，時謂之酒囊飯袋。”

**一八四　酒色財氣**　《通俗編》：“《後漢書·楊秉傳》嘗言：‘我有三不惑，酒、色、財也。’明人更益以‘氣’爲四，今人習爲常言。”清·梁章鉅《浪蹟續談》：“今人率以酒、色、財、氣爲四戒，莫知其始。按《後漢書·楊秉傳》：“嘗從容言曰：‘我有三不惑：酒、色、財也。’”王褘《華川卮辭》云：‘財者陷身之阱，色者戕身之斧，酒者毒腸之藥，人能於斯三者致戒焉，災禍其或寡矣。’是古原止有三戒，不知何時添一‘氣’字，殆始於明人。”按，二説失於考據。“酒、色、財、氣”四字，始於元，非始於明也。元·馬致遠《黄粱夢》劇：“王婆云：‘我非凡人，乃驪山老母一化。上仙法旨，着吕巖看破了酒、色、財、氣人。’”

**一八五　酒色過度**　《北史·徐之才傳》：“武成酒色過度。”

**一八六　酒有别腸**　《五代史》：“閩主曦謂周維岳曰：‘岳身甚小，何能飲之多？’左右曰：‘酒有别腸，不必長大。’

曦命捽維岳下殿，欲剖視之。”

**一八七　酒在肚裏，事在心裏**　《古謠諺》：“顧起元引諺云：‘酒在口頭，事在心頭。’”元·楊文奎《兒女兩團圓》劇：“我醉了，酒在肚裏，事在心頭。”《意中緣》劇：“自古道：‘酒在肚裏，事在心頭。’”今人或云：“酒在肚裏，事在心裏。”

**一八八　酒逢知己千杯少**　《五燈會元》文準有“酒逢知己飲，詩向會人吟”之語。又“酒逢知己千杯少”，見《言語·話不投機半句多》。

**一八九　貪杯**　元·鄭廷玉《後庭花》劇：“自己貪杯惜醉人。”

**一九〇　三杯和萬事**　元·武漢臣《生金閣》劇：“可不道：‘三杯和萬事，一醉解千愁。’”《長生殿》劇：“別人來‘三杯和萬事’，這客官‘一氣惹千愁’。”

**一九一　來遲罰三杯**　《通俗編》引《石林燕語》云：“酒律謂酒巡一匝，末座者連飲三杯，爲藍尾”。按，此是酒來遲，非謂人來遲也。古凡罰飲之數，多限以三。《景龍文館記序》：“人題四韻，後者罰三杯。”《荆釵記》劇：“外云：‘來遲了。’丑云：‘來遲罰三鐘。’”

**一九二　倚酒三分**　《石頭記》四四回：“越發倚酒三分，逞起威風來。”

**一九三　發酒風**　元·鄭德輝《王粲登樓》劇：“蔡相云：‘王粲，你發酒風哩！’”《翠屏山》劇：“昨夜回來，是發酒風，發酒風。”

**一九四　盪風**　鄭熊《番禺記》：“廣俗，婿未見妻之父母，先飲酒一大杯，曰盪風。”《字典》：“盪，音湯，謂擋也。”今人寒日將出行，先飲酒數杯者，謂之“盪風”。

**一九五　酒喫醉了酒來解**　《通俗編》：“《後漢書·第五倫傳》：‘以貴戚廢錮，復以貴戚浣濯，猶解酲當以酒也。’今云‘酒醉酒解’，本此。”又今人所謂“酒喫醉了酒來解”是也。

**一九六　今朝有酒今朝醉**　元人《桃花女》劇：“常言道：‘今朝有酒今朝醉，明日愁生明日當。’”《鐵冠圖》劇：“正是‘今朝有酒今朝醉’，管什麽‘明日愁來明日憂’。”

**一九七　今日有錢今日醉**　《通俗編》：“唐人權審絶句‘今宵有酒今宵醉’。按，俗云‘今日有錢今日醉’，本此。”

**一九八　福水**　《留青日札》：“酒曰福水，而陶翰林名曰禍泉。”

**一九九　三酉兒**　何剡《酒爾雅》：“樂天以詩、酒、琴爲三友，今人指三友爲酒，音同之訛。”《留青日札》：“今稱酒爲三友，皆言三點水加酉也，然當作三友。”今俗亦稱酒爲“三酉兒”。

**二〇〇　海量**　《通俗編》：“《集韻》：‘盒，音海，盛酒器。’按，白居易詩：‘就花枝，移酒海，今朝不醉明朝悔。’《乾膭子》言有銀海，受酒一斗，裴宏泰一飲而盡。均即海字用之。”元·李好古《張生煮海》劇：“越顯得他寬洪海量。”

**二〇一　雅置**　《小爾雅》：“盃，音雅，杯也。又作雅。《典論》：“劉表有酒器三：大曰伯雅，次曰仲雅，小曰季雅。”《通俗編》：“按，世稱‘雅量’，謂能飲此器中酒，不及醉也。”

**二〇二　洪量**　《通俗編》引《南史》，梁元帝妃徐氏，性嗜酒，多洪醉。《在閣知新録》：“今因謂酒量大曰洪量。”

**二〇三　冷一碗，熱一碗**　元人《硃砂擔》劇：“冷一碗，熱一碗，灌的他醉了。”

**二〇四　自斟自飲**　《杏花村》劇：“待我自斟自飲。”

**二〇五　能者從之**　《孟子》：“中道而立，能者從之。”今之不强勸人酒者，往往借用此語。

**二〇六　輸東道**　《石頭記》七回：“二人輸了喫酒的東道。”

**二〇七　席面**　《容齋五筆》：“今公私宴會，稱與主人對席者，曰‘席面’，古者謂之‘賓’、謂之‘客’是已。”元人《隔江鬬智》劇：“那孫家擺的好席面。”

**二〇八　撞席**　《通俗編》：“撞席，見王子一《誤入桃源》曲。”

**二〇九　逃席**　《醉鄉日月》：“酒徒有逃席之病，棄之如脱屣。”

**二一〇　没有不散的筵席**　《鉏經堂雜志》：“凡筵宴，三杯亦散，五杯亦散，極於百杯亦散。諺云‘未有不散之筵’，吾於是有深感。”《石頭記》七二回：“俗語説：‘千里搭棚，没有箇不散的筵席。’”

**二一一　冷紅**　《通州物産志》：“穬麥，一名元麥。趕青捋取，磑爲寸縷，碧色芳香，名曰‘冷紅’。舂爲粗粒曰‘粯’，可飯可糜。”姜長卿《崇川竹枝詞》：“冷紅搓成金縷絲，新蠶豆子恰相宜；杜園竹筍珠兒菌，正是花開芍藥時。”按，“紅”字，俗讀針、整二音。

**二一二　匾食**　見上“爛熗熗兒”。又江北之俗，七月十五日祭祖者，亦謂之“匾食”。

**二一三　茶食**　《金志》：“金俗酒三行，進蜜糕，人各一盤，曰‘茶食’。”

**二一四　皮糖**　清·方駿謨《徐州輿地考》："熬飴爲餳。"原注："俗名'皮糖'。"

**二一五　薄脆**　《北史》："陸法和爲元帝使設供食，爲大薄脆餅。"《真珠船》："《武林舊事》所謂'寬焦薄脆'者，今京師但名'薄脆'。"

**二一六　棗兒糕**　見《文事》"挾書包"。

**二一七　雲片糕**　《儒林外史》五四回："捧出一盤雲片糕。"

**二一八　蜜糕**　見上"茶食"。

**二一九　蜜餞**　《通俗編》："《三國志·孫亮傳》注：'使黄門至中藏，取蜜漬梅。'按，今謂之'蜜煎'，煎音餞。或作'餞'字，非。"又，《新方言》作"濺"。

**二二〇　月餅**　《熙朝樂事》："八月十五日，民間以月餅相遺，取團圓之義。"

**二二一　麻餅**　《後趙録》："石季龍諱胡，改胡餅爲麻餅。"

**二二二　象棋餅**　《通俗編·俚語集對》："象棋餅；骨牌糕。"

**二二三　米粉餅**　《説文》："餈，稻餅也。"《通訓》："今江蘇之'米粉餅'是也。"

**二二四　春餅**　《四時寶鏡》："立春日，春餅生菜，號'春盤'。"

**二二五　燒餅**　《齊民要術》引《石經》"作燒餅法"。

**二二六　燒賣**　《閩雜記》："饅頭皮薄口開者，爲吾鄉之燒賣也。閩人則呼'開口饅頭'，亦曰'開口繭'。"按，"燒賣"或呼"燒買"。

**二二七　點心**　《兩般秋雨盦隨筆》："今以午前、午後小食曰'點心'。按《唐書》，鄭傪爲江淮留後，家人備夫人晨饌。夫人顧其弟曰：‘治粧未畢，我未及餐，爾且可點心。’此二字見記載之始。”

**二二八　弔桶底**　《儒林外史》二八回：“拿着八箇錢，買四箇弔桶底。”

**二二九　壽桃**　《正字通》：“長曰繭，斜曰桃。”按今點心之類，俗云“繭子壽桃”是也。

**二三〇　繭子**　見上。繭音翦。

**二三一　乾絲**　《金陵雜志》：“乾絲，茶社小品。取百葉乾片，縷切之。浸以醬汁，加以生薑絲，厥味清腴。南門大膺福貴人坊内，觀音菴僧善製之。”乾音干。

**二三二　餈兒**　《説文》：“餈，稻餅也。”按，餈音茨，茨即池音。今俗亦謂稻餅爲“餈兒”。

**二三三　包兒**　《燕翼貽謀録》：“宋仁宗生日，賜羣臣包子。”今俗謂之“包子”，或謂之“包兒”。

**二三四　饅頭**　《事物紀原》：“蠻地以人頭祭神，諸葛亮命以麪包肉以祭，謂之‘蠻頭’，今訛而爲‘饅頭’也。”《通俗編》：“‘饅頭’見束晳《餅賦》。《初學記》引作‘曼頭’。《夢粱録》又作‘饅飠殳’。”元·孫仲璋《勘頭巾》劇：“就是饅頭燒餅，也買幾箇來。”

**二三五　湊口饅頭**　《永團圓》劇：“老夫爲江老事體，費幾許氣力，不意反落蔡生圈套。我老賈湊口饅頭，劈手奪了去。”《奈何天》劇：“丑云：‘還要另娶一房。’副净云：‘這等不難，有兩箇湊口饅頭在那裏，任憑你喫那一箇。’”

**二三六　發酵饅頭**　《正字通》：“賈公彦以酏食爲起膠餅。”又云：“今俗蒸籠饅頭，發酵浮起者是也。”按，起膠即發酵也。酵音教，今淮南人多讀若告。

**二三七　羊肉饅頭**　見上“羊肉不曾喫，惹到一身羶”。今有“羊肉饅頭，難喫難捨”之語。

**二三八　數的和尚，蒸的饅頭**　見《釋道》。

**二三九　饊子**　《丹鉛録》：“干寶《周禮》注曰：‘祭用䊖䴵，晉呼爲“環餅”。又曰“寒具”，今曰“饊子”。’”《齊民要術》：“粔籹名‘環餅’，《廣雅》謂之‘粰𥻨’，今通名‘饊子’。”饊音傘。

**二四〇　要子**　《新方言》：“《説文》：‘約，纏束也。’江寧謂以草束物爲草約。約，讀如要。《釋名》：‘要，約也。’鄧廷楨説。今人以麪搓如草約，而以沸油煠之者，謂之‘要子’，即‘約子’也。”

**二四一　粽子**　《正韻》：“粽作糭，蘆葉裹米，角黍也。”《廣續方言》引《慧琳音義》：“粽音總。蜀人作去聲，呼‘粽子’。”

**二四二　圓子**　朱淑真有《圓子》詩。

**二四三　湯圓**　《事物紺珠》：“湯圓，周公製。”

**二四四　餛飩**　《演繁露》：“世言餛飩，是虜中渾氏、屯氏爲之。”《正字通》：“今餛飩，即餃餌。段成式食品，湯中牢丸，或謂之粉角。”北人讀角如矯，因呼餃餌，訛爲餃兒。

**二四五　餃餌**　見上。

**二四六　麻團**　《事物紺珠》：“麻團，公劉製。”

**二四七　油煠鬼兒**　《國文教科書》有“油炸燴”三字。按，《字典》無“炸”、“燴”二字。然元人雜劇有“炮聲如雷炸”語。炸音詐，《字典》遺之耳。《教科書》讀炸爲閘，非也，煠乃音閘耳。《夢筆生花·杭州俗語·雜對》：“油燥鬼；火燒兒。”又元·張國賓《大鬧相國寺》劇：“那邊賣的油煠骨朵兒，你買些來我喫。”按，骨、鬼音轉，今云“油煠鬼兒”是也。

# 戲玩

**一　把戲**　《元史·百官志》："祥和署堂雜把戲，男女一百五十人。"

**二　猴戲**　《通俗編》："《禮記·樂記》：'獶雜子女。'注云：'舞者如猴戲。'據此，則以猴爲戲，其來已久。"

**三　影戲**　《東京夢華録》："有董十五、趙七、曹保義、朱婆兒，善弄影戲。"

**四　提戲**　又："懸絲傀儡、杖頭傀儡、藥發傀儡、水傀儡、肉傀儡諸別。"《西河詞話》："杖頭傀儡，俗謂之捏腳摳；懸絲傀儡，俗謂之提線摳。"按，即今之"提戲"是也。

**五　木人戲**　《通典》："窟礧子，亦曰魁礧，作偶人以戲。本喪樂也，漢末始用之嘉禮。"按，窟礧、魁礧，即傀儡也，今之"木人戲"是也。

**六　隔壁戲**　《瑯嬛記》："絳樹一聲，能歌兩曲，二人細聽，各用一曲，一字不亂。"《通俗編》："按，今有相聲技，以一人作十餘人，捷辯而音不少雜，亦其類也。"按，即今之"隔壁戲"是也。

**七　無聲戲**　鄭厚《藝圃折中》："童齔時，與同隊行笑令，曰'無聲樂'。十數輩環立相視，笙簫鼓板，各司其一，手之所指，口之所擬，儼如其狀，瞠目禁聲，先笑者罰。”《通俗編》：“時俗每以此爲酒令。” 今之行酒令者，或以豁啞拳爲“無聲戲”。

**八　逢場作戲**　《傳燈録》：“鄧隱峰云：‘竿木隨身，逢場作戲。’”又《水滸》二十回：“他們是衝州撞府，逢場作戲。”

**九　串戲**　《通俗編》：“《輟耕録》云：‘國朝院本，用五人般演，謂之“五花爨弄”。’今學搬演者，流俗謂之‘串戲’，當是‘爨’字。”又按，般即搬字，俗作搬。《荷花蕩》劇：“訪得此間有箇名妓，唤做劉谷香，被一蔣姓商人，請去串戲去了。丑云：‘劉谷香做貂蟬，屈兄做箇王允，幫襯幫襯，如何？’生云：‘只是不該獻醜。’丑云：‘通是清客，這也何妨！’”《尋親記》劇：“讀書有何好處？不如喫酒學串戲。”

**一〇　清客串**　見上。

**一一　好嬉子**　《通俗編》：“吾子行有‘好嬉子’三字私印，見《荻樓雜抄》。”按，“好嬉子”即今云“好戲子”也。

**一二　倒好嬉子**　《書史會要》：“吾子行題管夫人畫，以‘好嬉子’私印，倒用於跋尾。松雪見之曰：‘這瞎子道婦人會作畫，“倒好嬉子”耳。’”按，“倒好嬉子”即今云“倒好戲子”也。

**一三　孛相**　《吴江志》：“俗謂嬉遊曰‘孛相’，《太倉志》作‘白相’，《嘉定志》作‘薄相’。”相，去聲。

**一四　耍子**　見《頭面》“頂搭子”。

**一五　頑頑**　陳慥《田家語》：“小婦初嫁當少寬，令伴阿姑頑過日。”自注云：“房俗謂嬉曰頑。”今俗云“頑頑”是也。

**一六　生旦丑浄**　《莊岳委談》：“元院本無所謂生、旦者。雜劇，旦有數色：謂裝旦，即今正旦也；小旦，即今副旦也；或以墨點其面，謂之花旦，今惟浄、丑爲之。”按，“墨”當爲“粉”，今惟浄、丑塗粉，花旦則搽粉不塗粉也。

**一七　正旦**　見上。

**一八　小旦**　同上。

**一九　花旦**　同上。

**二〇　真女旦**　《莊岳委談》："元雜劇多用妓樂，名妓如李嬌兒爲温柔旦，張奔爲風流旦。時旦色直以婦人爲之。"即今之"真女旦"也。

**二一　裝女旦**　《樂府雜録》："范傳康、上官唐卿、吕敬遷三人，弄假婦人，即'裝旦'矣。"即今"裝女旦"是也。

**二二　踹趫**　《新方言》："《説文》：'蹻，舉足行高也。'今舞者縛木梃於足下，謂之高蹻。去遥、其略二切皆得。"《説文》："趫，善緣木之士也。"段注："今俗謂之'踹僑'，僑即趫字。"今優伶裝小旦者，謂之"踹趫"，或作"踹蹻"，並讀若敲。

**二三　行頭**　《磨房串戲》："丑云：'你做七腳，我做八腳。'貼云：'哥哥没有行頭？'丑云：'有，那日我在看戲，偷在這裏。'貼云：'你做賊呀！快打扮起來！'"

**二四　紙糊頭**　《白羅衫》劇："我是紙糊頭金剛，瓦楞裏壁虎。"

**二五　一捧雪**　見《天文》。

**二六　孫行者大鬧天宫**　同上。

**二七　洛陽橋**　見《地理》。

**二八　文王訪賢**　見《年齒》"姜太公八十遇文王"。

**二九　桃園三結義**　見《交際》。

**三〇　關公單刀赴會**　見《武備》。

**三一　趙子龍百萬軍中救阿斗**　同上。

**三二　楊家將**　同上。

**三三　四老爺打麪缸**　見《朝署》。

**三四　魯智深醉打山門**　見《釋道》。

**三五　瘋和尚埽秦**　同上。

**三六　秋胡戲妻**　見《家族》。

**三七　孟姜女哭倒長城**　同上。

**三八　朱買臣馬前潑水**　同上。

**三九　天女散花**　見《婦女》“散花天女”。

**四〇　昭君和番**　同上。

**四一　正德戲鳳**　同上。

**四二　吕洞賓三戲白牡丹**　同上。

**四三　關公月下斬貂蟬**　同上。

**四四　崑腔**　祝永明《猥談》：“如餘姚腔、海鹽腔、崑山腔之類。”

**四五　梆子腔**　《綴白裘》序：“小結構，梆子秧腔，乃一味插科打諢，警愚之木鐸也。”

**四六　工尺**　宋《樂書》：“遼世大樂，各詞之中度曲協律，其聲凡十，曰：五、凡、工、尺、上、一、四、六、勾、合。”按，尺讀若抽。

**四七　板眼**　《丹鉛録》：“《莊子》説庖丁解牛，奏刀騞然，莫不中音，刀聲亦合樂府之板眼。俗諺所謂‘打出箇令兒來’也。”

**四八　琵琶絃子**　《繡襦記》劇：“要儕箇琵琶絃子。”

**四九　吹彈歌舞**　元・喬孟符《揚州夢》劇：“近日梨園中，討得一箇歌妓，年一十三歲，善能吹彈歌舞。”

**五〇　説白**　《菊坡叢話》：“北曲中有全賓全白，兩人對説曰賓，一人自説曰白。”

**五一　説書**　《武林舊事》：“百戲社名小説爲雄辨社。”《通俗編》：“按，今俗謂之‘説書’。‘説書’見《墨子・耕柱篇》。”

**五二　説小説**　《堯山堂外集》：“杭州瞽女，唱古今小説、評話，謂之‘陶真’。”《洗硯雜録》：“今瞽者彈琵琶，演説小説，以覓衣食，蓋自昔如是。”

**五三　唱小曲**　《文選·長笛賦》：“聽簉弄者，遥思於古昔。”注云：“簉弄，即小曲。”今云“唱小曲”是也。

**五四　唱曲子**　《繡襦記》劇：“多時弗曾唱曲子，試試喉嚨看。”

**五五　唱山歌**　《湘山野録》：“吴越王大陳鄉飲，高揭呈喉，唱山歌以見意。”

**五六　唱道情**　《病玉緣》劇：“俺從前走遍江湖，也曾學唱道情兒。”

**五七　三郎郎子郎當**　《傳信記》：“明皇幸蜀，聞雨淋鈴聲，似三郎郎當。”《香祖筆記》：“蜀道有郎當驛，即明皇雨中聞鈴處。予於丙子歲過之，題詩驛壁云：‘金雞賜帳事披猖，河朔從兹不屬唐；卻使青騾行萬里，三郎當日太郎當。’三郎郎當，黄旛綽對明皇語也。”今之唱小曲《九連環》者，有“三郎郎子郎當”之語。

**五八　攙郎郎，拽弟弟，打箇馬兒蹲地地**　《古謡諺》：“祝多男辭：‘牽郎郎，拽弟弟，踏碎瓦兒不着地。’今淮南有小兒成羣，攙手以踏歌，手打馬兒，齊蹲地下，其歌曰：‘攙郎郎，拽弟弟，打箇馬兒蹲地地。’與古歌稍異。”

**五九　駝鼊將**　《太平廣記》：“令狐楚説酒令云：‘水裹取一鼊，岸上取一駝，駝將者，駝來馱者鼊，是謂駝馱鼊。’”《通俗編》：“今小兒有‘駝馱鼊’之謡。”今人以小兒馱背上者，謂之“駝鼊將”是也。語蓋本此。

**六〇　打蓮花樂**　《五燈會元》："俞道婆常隨衆參琅邪，一日，聞丐者唱蓮花樂，大悟。"元人《舉岸齊眉》劇："可不道俺則會打蓮花樂。"樂音洛。

**六一　打連廂兒**　《新方言》："《荀子》有《成相篇》；《漢·藝文志》有《成相雜辭》十一篇；今淮南北，有蹋歌曰《打連相》。按，成从丁聲，與打同義，'成相'即'打連相'爾。"《西河詞話》："金作清樂，仿遼時大樂之製，有所謂'連廂詞'者，帶唱帶演，北人至今謂之'連廂'，曰'打連廂'、'唱連廂'。"今興化人男女踏歌，謂之"打連廂兒"是也。

**六二　打十八響**　《抱朴子》："禰衡謫爲鼓吏，縛角於柱，口就吹之，乃有異聲並舉，摇鼗擊鼓，聞者不知其一人也。"《通俗編》："按，今有打十不閑者，乃其遺風。"又今人有打十八響者，乃乞丐之流也。

**六三　打鞦韆**　《古今藝術圖》："鞦韆本山戎之戲，自齊威公北伐山戎，此戲始傳中國。一云作'千秋'字，本出漢宮祝壽詞，誤倒讀爲'秋千'耳。"今亦有鞦韆之戲，所謂"打鞦韆"是也。

**六四　打滚**　《通俗編》："《夢粱録》百戲有交輥。按，輥音滚，轉之速也。"又按，今俗作"打滚"，亦有義理。杜甫詩"不盡長江滚滚來"，亦轉之速也。

**六五　豁虎跳兒**　《雲笈七籤》："華佗作五禽之戲，一曰虎戲。虎戲者，四肢距地，前三擲，卻三擲，引腰乍起，仰天即返，距形前卻，各七遍也。"《通俗編》："按，今以引腰跳擲，曰'打虎跳'，蓋由於此。"《殺狗記》劇："拏賊不着被賊笑，賊在門前豁虎跳。"今優伶全武行中，有善於豁虎跳兒者。

**六六　翻跟頭**　崔令《教坊記》:“漢武時,於天津橋設帳殿,酺三日,教坊小兒,筋斗絶倫。”《通俗編》:“按,李氏《疑耀》云:‘跟頭戲,倒頭爲跟也。“筋斗”二字,當作“跟頭”。今作“筋斗”,二字皆誤。’此説甚似有理。”今俗亦有“翻跟頭”之戲。

**六七　翻轂轆子**　《樂府雜録》:“有骨鹿舞,又作骨碌。”《嶺表録異》諺云:“跳澗牛骨碌。”又《廣韻》:“磟轀,車聲,亦通作轂轆。”今小兒連翻跟頭者,謂之“翻轂轆子”。

**六八　翻梯子**　《通俗編》:“江北有擎梯戲,以一婦仰卧,翹雙足而植兩梯柱於足底,使一女童緣梯而舞,是緣橦遺意。”即今“翻梯子”之戲也。

**六九　捋竿子**　《文選·西京賦》:“都盧尋橦。”注引《漢書音義》:“都盧體輕善緣。”此即緣竿戲也。今俗謂之“捋竿子”。捋讀鸞入聲,竿讀若桿。

**七〇　舞獅子**　《舊唐書·音樂志》:“太平樂,後周武帝時造,綴毛爲師子,名依其方色,亦謂之‘五方師子舞’。”按,舞師子,俗作“舞獅子”。

**七一　摸水蠓子**　《通俗編》:“《瑯嬛記》:‘玄宗與玉真,恆於皎月之下,以錦帕裹目,在方丈之間,互相捉戲,謂之“捉迷藏”。’”《通俗編》:“按,今俗謂之‘捉寬躲’。”《通州志·方言》:“‘紮閃盲’,小兒迷藏也。”按,近今小兒亦有此戲,但各處大同小異。湖南謂之“捉迷子”,江西謂之“捉迷藏”,蘇州謂之“捉盲盲”,鎮江謂之“摸魚摸蝦”,江北謂之“摸水蠓子”。

**七二　踢毽子**　《帝京景物略》載京諺:“楊柳兒生,放風箏;楊柳兒死,踢毽子。”

**七三　踢毬**　《漢書·藝文志》兵伎巧類,有《蹵鞠》

二十五篇。師古曰："鞠以韋爲之，實以物，蹵踏之以爲戲也。"按即今之"踢毬"是也。

**七四　穿刀**　趙溎《因話録》："軍中有透劍門伎。"《夢粱録》："百戲、伎藝，有過刀門戲。"按，即今之"穿刀"是也。

**七五　吞劍**　《漢書·張騫傳》注："眩人，即今吐火、吞刀、植瓜、種樹、屠人、截馬之戲也。"按，"吞刀"與今之"吞劍"相同。

**七六　拉索**　《留青日札》："今小兒兩頭曳索，對挽之，强牽弱者而撲，以爲勝負，喧笑爲樂，即唐清明節拔河之戲也。"按，即今之"拉索"是也。

**七七　跳索**　《通俗編》："《酉陽雜俎》：'婆羅門八月十五日行像及透索爲戲。'按，近世有'跳白索'，即此。"

**七八　走索**　《西京賦》："走索上而相逢。"注云："繫長繩兩頭於梁，舉其中央，兩人各從一頭上，交相度，所謂'儛絙'是也。"

**七九　走馬樂邂**　《彭文憲公筆記》："五月五日，賜文武觀走驃騎於後苑，名曰'走解'。"解字于介切。《通俗編》："按，解似取邂逅之義，言其迅遽也。"俗謂"走馬樂邂"是也。樂音洛。

**八〇　顛倒走**　《通典》："擲倒伎，即倒行而舞也。晉咸康中，散騎侍郎顧臻表曰：'末代之樂，設禮外之觀，逆行連倒，足以蹈天，頭以履地，反天地之順，傷彝倫之大。'乃命太常罷之。"又按，顛、丁雙聲字，"顛倒走"，俗多讀若"丁倒走"也。

**八一　陞官圖**　《卻埽編》："彩選格，起於唐，李郃《博戲》中最爲雅馴。"《通俗編》："宋謂之'選官圖'，孔平仲有《選官圖口號》八韻，此即今之'陞官圖'也。"余幼時見家有明朝"陞官圖”，中有廷杖一條，徧覓不得，至今惜之。

**八二　臺閣**　《通俗編》：“《武林舊事》：‘有以木牀鐵（擎）〔檠〕爲仙佛〔鬼神〕之類，駕空飛動，謂之臺閣。’”按，今江浙間迎神會者，猶多用之。

**八三　馬燈**　《後漢書·郭伋傳》：“兒童騎竹馬迎拜。”《武林舊事》：“元夕舞隊，有男女竹馬。”乃爲今俗之“馬兒燈”。

**八四　走馬燈**　見《水火》。又范成大《上元節》詩：“轉影騎縱横。”自注云：“馬騎燈。”又元·郝經、郭天錫，皆有《走馬燈》詩。

**八五　下五馬兒**　《酉陽雜俎》：“小戲中，於耍局一枰，各布五子，角遲速，名蹙戎。”《言鯖》：“今兒童以黑白棋各五，共行中道，一移一步，遇敵則跳越，以先抵敵境爲勝。”今江北謂之“下五馬兒”是也。

**八六　押五音**　《金陵雜志》：“敲五音。於紙條上書古詩一句，或五言，或七言不等，將詩中除去一字，寫五字於旁，下寫一字，用紙筒掩蔽，任文人之推敲，其勝者以一得三。亦賭中之别開生面者也。”今江北亦有之，每於正月半前，設竹案於市間，任人押之，謂之“押五音”。

**八七　十糊**　又：“紙牌共一百二十五張，有葷素之别。二至八條、餅、萬，謂之素張；一至九條、餅、萬，及驢子、千子、枝花，謂之葷張；仁、義、禮、智、信謂之五星。四人賭之，輪流一人洗之，以爲休息，首家三十一張，餘均三十張。牌不圓而糊雖多，不贏；牌圓而十糊，則贏矣。”

**八八　游湖**　汪師韓《談書録》：“紙牌之戲，前人以爲起自唐之葉子格，宋之鶴格、小葉子格。然葉格戲，似兼用骰子，蓋與今之馬弔、游湖異矣。世人多謂馬弔之後，變爲游湖，二者一時並有，特馬弔先得名耳。馬弔本爲馬掉腳，後又改掉爲弔也。游湖，廣三十葉爲六十，其名自康熙間始有，然前人用三十葉，其曰看虎，一曰鬬虎，又曰扯三章、扯五章者，即游湖也。"按，上"十糊"，亦作"游十湖"。

**八九　一張二餅**　《石頭記》四七回："見賈母的牌已十全，只等一張二餅。"

**九〇　枝花**　見上"十糊"。

**九一　葉子戲**　見上"游湖"。

**九二　洗牌**　見上"十糊"。又《石頭記》四七回："連牌也不要我洗。"

**九三　紙牌**　見上"游湖"。

**九四　骨牌**　《正字通》："牙牌，今戲具，謂之'骨牌'。"

**九五　天牌地牌**　《諸事音考》："天牌二扇，二十四點；地牌二扇，四點；人牌二扇，十六點；和牌二扇，八點。"

**九六　人牌和牌**　見上。

**九七　棋逢敵手**　見《武備》。《古謠諺》："胡三省引諺云：'棋逢敵手。'"

**九八　敗棋有勝著**　《五代史·周臣傳論》："勝者所用敗者之棋也。"《通俗編》："明楊慎引諺語'敗棋有勝著'是也。"著音作。

**九九　死棋肚裏有活著**　《通俗編·俚語集對》："死棋肚裏有仙著；强將手下無弱兵。"今人或云"死棋肚裏有活著"。

# 什物

**一　東西**　《談徵》：“‘東西’，見《齊·豫章王嶷傳》。物曰東西，胡不曰南北？蓋東方木，西方金，皆有形質可以執持，與南方火、北方水不同，故謂物爲東西。”楊復吉《夢蘭瑣筆》：“市語以什物爲東西，明崇禎帝嘗問其義，周延儒對曰：‘南爲火，北爲水，水火至足，無待交易，故言東西，而不言南北也。’按，此乃附會之談，市肆所鬻四方物産，舉東西而置南北，省文耳，猶市語皆言南貨，而不言北貨也。”原注云：“翟灝《通俗編·古酒器》有‘玉東西’之語，紀昀《槐西雜記》有‘半酣笑勸玉東西’之句。”

**二　荷包裹東西**　元·馬致遠《黄粱夢》劇：“洞賓云：‘我十年苦志，一舉成名，是荷包裹的東西，拏得定的。’”

**三　物事**　《水滸》二十回：“我還有一件物事做一處。”《意中緣》劇：“小店裹的物事，再没有不好的。”

**四　手裹的物事**　元·李致遠《風雨還牢》劇：“那李孔目是我手裹的物事，搓得圓，捏的扁。”

**五　什物**　《廣續方言》引《華嚴經音義》引《三倉》：“什，聚也，雜也。吴楚間謂資生雜具爲‘什物’。”《通俗編》：“《史記·五帝紀》：‘舜作什器於壽邱。’《索隱》云：‘什，數也。

人家常用之器非一，故以什爲數，猶今云“什物”也。’”

**六　探囊取物**　《五代史·南唐世家》：“李穀謂韓熙載曰：‘中國用吾爲相，取江南，如探囊中物耳！’”

**七　暴殄天物**　見《飲食》。

**八　倘來之物**　《莊子·繕性篇》：“物之倘來，寄也。”

**九　物各有主**　蘇軾《後赤壁賦》：“且夫天地之間，物各有主，苟非我之所有，雖一毫而莫取。”《翡翠園》劇：“萬物從來各有主。”

**一〇　物歸原主**　《三國志演義》五二回：“常言道‘物必歸原主’。”

**一一　物必有偶**　《荷花蕩》劇：“我想起來，天下物必有對。”今人所謂“物必有偶”是也。

**一二　其大無外**　《中庸》注：“其大無外，其小無内。”

**一三　取諸宫中而用之**　《孟子》：“且許子何不爲陶冶，舍皆取諸其宫中而用之。”今有以私物爲公用者，每云“取諸宫中而用之”，以宫爲公也。

**一四　名堂**　《偷雞》梆子腔：“丑云：‘這是什麽東西？’副云：‘有名堂的。’”

**一五　古董**　《霏雪録》：“‘骨董’乃方言，初無定字，東坡嘗作骨董羹。……《晦菴語録》只作‘汩董’，今亦稱‘古董’。”

**一六　古董玩器**　《堂斷》梆子腔：“浄云：‘小的叫張古董。’丑云：‘你怎麽叫這渾賬名子？’浄云：‘老爺，不渾賬，小的叫古董，兄弟叫玩器。’”

**一七　七古八雜**　《探親》梆子腔：“不免將些麪窩窩，扁豆角兒，七古八雜的，拿些去罷了。”

**一八　手卷**　見《天文》“一捧雪”。

**一九　册頁**　《意中緣》劇：“小生是一方册頁。”

**二〇　帖子**　和凝詩：“鎸花帖子留題處。”

**二一　扇子**　《中華古今注》：“手把雲母扇子。”

**二二　横披**　《洞天清録》：“古畫多直，有長八尺者。横披始於米氏父子，非古也。”據此，則米氏前無有作横披者。

**二三　行樂圖**　《貞觀畫史》：“隋朝官本，有劉項畫《少年行樂圖》。”樂音洛。

**二四　春牛圖**　見《時日》。

**二五　桑皮紙**　清·方駿謨《徐州輿地考》：“蕭産佳楮，俗名‘桑皮紙’。”

**二六　拜匣**　黄宗羲《思舊録》：“沈壽國，字治先。戊寅，余至宛上，治先知之，將余襆被强搬去，拉余同入城。將行，治先發吾拜匣，空無所有，以五十金置其中，鎖如故。遲明，余始知之，謂治先曰：‘此子會銀也。凡人窘則舉會，奈何以餉余乎？’”《古今筆記》：“按，拜匣之名，見於記載者始此。又今人貧寒家，往往約親友舉會之事，不謂明末清初已然也。”又，“拜匣”見《大文》“風吹鴨蛋殻，財去人安樂”。據此，則“拜匣”二字非始於《思舊録》，元曲已見之矣。

**二七　抽匣**　《癸辛雜志》：“李仁甫爲長編，作木厨十二，每厨作抽替匣十二枚。”

**二八　文具**　《石頭記》五七回：“我看你文具裏有兩三面鏡子。”按，文具，木器，陪女妝奩之物也。

**二九　桌帷**　《意中緣》劇：“珠簾既不掛，何用桌闈懸，不如都撤去，待你看金蓮。”按，“闈”當作“帷”。

**三〇　桌子**　《正字通》：“俗呼几案曰桌。齊己《白蓮集》

有《謝人寄南榴卓子》詩。”《通雅》：“倚卓之名，見於唐宋，而小説有椅棹字。胡朝英言，‘椅爲木名，棹與櫂通，但當用‘椅卓’。”

**三一　矮櫈**　《石頭記》七一回：“皆是一色矮櫈。”

**三二　懶櫈**　《風箏誤》劇：“自家詹府管家的便是，今日等了許久，不見有甚麼差使出來，且在懶櫈上睡他一覺，再做道理。”

**三三　椅檯桌櫈**　《夢筆生花·杭州俗語·雜對》：“桌椅檯櫈；琴劍書箱。”按，“桌椅檯櫈”，今人多云“椅檯桌櫈”。

**三四　椅子、兀子**　《古今筆記》：“《老學菴筆記》：‘徐敦立言，往時士大夫家，婦女坐椅子、兀子，則人皆譏其無法度。梳洗牀、火爐牀，家家有之，今猶有高鏡臺，蓋施牀則與人面適平也。或云禁中尚有之，但外間不復用耳。’據此，宋時猶存通行椅子、兀子也。”

**三五　小杌子**　《石頭記》三五回：“方同一張小杌子上坐下。”

**三六　馬杌子**　《夢粱録》載家生動事，如桌凳、涼牀、交椅、兀子之類。按，“兀”又作“杌”。《事物紺珠》有“馬杌”二字。俗以方而大者爲馬杌子。

**三七　馬閘子**　《兩般秋雨盦隨筆》：“今人以皮爲交牀，名‘馬閘子’。官長多以自隨，以便於取挈也。按，明皇作逍遥座，遠行攜之，如摺疊椅，其即此物之權輿乎？”

**三八　拔步牀**　《荆釵記》劇：“可將冬暖夏涼描金彩漆拔步大涼牀，搬到十二間頭透明樓上。”今鄉村人尚云“拔步牀”，城市人反云“踏步牀”，非也。

**三九　腳踏兒**　《石頭記》七一回：“引枕、靠背、腳踏俱全。”

即今“腳踏兒”是也。

**四〇 行李** 《左傳正義·襄八年傳》“一介行李”杜預云：“行李，行人也。”《昭十三年傳》“行李之命”杜預云：“行李，使人。”《通俗編》：“按，行李以人言，世俗但爲資裝之稱，大非。”

**四一 行李鋪蓋** 《病玉缘》劇：“邱管家，我的行李鋪蓋預備也未？”

**四二 丁字鋪** 《拜月亭記》劇：“也依娘子一半兒鋪牀，便把來丁字鋪了。”按，下“鋪”字讀去聲。

**四三 湯婆子** 《陔餘叢考》：“今人用銅錫器盛湯，置衾中煖腳，謂之‘湯婆子’。其物見於東坡《致楊君素札》‘送煖腳銅缶一枚’，今通謂之湯壺。又范石湖有《腳婆》詩，是宋時並有腳婆之稱也。”《石頭記》五一回：“湯婆子還没拏來。”

**四四 竹夫人** 《陔除叢考》：“陸龜蒙有《竹夾膝》詩，《天禄識餘》以爲即此器也，然未有夫人之稱。其名蓋起於宋時。東坡詩云：‘留我同行木上座，贈君無語竹夫人。’又：‘聞道牀前惟竹几，夫人應不解卿卿。’自注云：‘世以竹几爲“竹夫人”也。’黄魯直《詩序》更名‘青奴’。按，‘青奴’之名，爲世所不常道。”

**四五 打轎** 《蘆浦筆記》：“世言打字尚多，如結算謂之打算，裝飾謂之打扮，沽酒謂之打酒，席地而睡謂之打鋪，畚築之間有打號，行路有打包、打轎；又有打嚏、打聽、打籬笆等語。《能改齋漫録》謂‘打’字从手从丁，蓋以手當其事也，此説得之矣。”

**四六 擡轎** 見《流品》。

**四七 轎子** 《稗編》：“古稱肩輿，即今轎子也。”

**四八　扛樓子**　《游覽志餘》：“市語之類，如擡轎子曰‘扱樓兒’。”《廣續方言》引《匡謬正俗·六》：“吴楚之俗，謂相對舉物曰‘剛’。今擡轎謂之‘剛樓子’，俗作‘扛’。”

**四九　八擡八插**　《通俗編》：“扱，楚洽切，義與插通，俗以手舁物他徙曰‘扱’，有‘八擡八扱’之諺。”今俗以高官坐轎者，謂之“八擡八插”。

**五〇　搭船**　又：“‘擬就張遷搭漢槎’有此詩句。按，俗云‘搭船’，即此‘搭’字。”

**五一　暈船**　又：“《西溪叢話》：‘今人病不善乘船，謂之“苦船”。’按，即今所謂‘暈船’。”

**五二　腳船**　又：“‘出路船爲腳’，見施肩吾詩，即今云‘腳船’也。”

**五三　划子船**　又：“《廣韻》：‘划，撥船進也。’《通雅》：‘漢有戈船將軍。’戈音華。今之‘划子船’是也。划音華。”

**五四　船不漏針**　《丹鉛録》：“鄒穆公引用諺云‘囊漏貯中’，今語則云‘船不漏針’也。”

**五五　跳板**　《正字通》：“置長板於船首，與岸接，以通往來者，俗呼艞板，讀若跳。”《春燈謎》劇：“説夜間有不知名字的秀才，誤上跳板，失足落水了。”

**五六　扶手**　《瑞筠圖》劇：“蒼頭，吩咐打扶手。”《意中緣》劇：“董老爺，陳相公到了，快打扶手。”

**五七　彈子**　《集韻》：“繵音檀，繩也。”按，牽船之索，可作“繵子”。又按，本作“彈子”。《通俗編》：“《齊東野語》：‘舟子稱牽船之索曰“彈子”，意謂俗諺，而鍾會呼捉船索爲“百丈”。’趙子注云：‘百丈者，牽船篾，内地謂之“宣”。’宣音彈。是知方言皆有所本。”

**五八　刀兒、槍兒**　《夢粱録》載小兒戲要家事：鼓兒、板兒、刀兒、槍兒、旗兒、馬兒。蓋杭州小兒口中，無一物不助以“兒”者。

**五九　當面鑼，對面鼓**　《夢筆生花·杭州俗語·雜對》：“當面鑼，對面鼓；上山素，下山葷。”

**六〇　馬上鼓**　《周禮·大司馬》：“師帥執提。”注云：“提，謂馬上鼓也。”

**六一　自鳴鐘**　清·梁章鉅《浪蹟續談》：“《楓窗小牘》云：太平興國中，蜀人張思訓製上暉儀，其製與舊儀不同，爲樓閣數層，高丈餘，以木偶爲七直人，以直七政，自能撞鐘擊鼓。又有十二神，各執一時，至其時即執辰牌，循環而出，此全與今之自鳴鐘相似。吾鄉福州鼓樓上，舊設十二辰牌，屆時自能更换，相傳此器是元時福寧陳石堂先生所製，流傳至康熙間，爲周櫟園方伯取去。則亦中土人所造巧捷之法，又豈必索之外洋人哉？今閩廣及蘇州等處，皆能製自鳴鐘。而齊梅麓太守彦槐，以精銅製天球全具，界以地平，中用鐘表之法，自能報時報刻，以測星象節候，不差毫釐。則雖以西人爲之，亦不過如此矣。”

**六二　打十番**　《元史·禮樂志》：“雲璈之制，以銅爲小鑼十三，同一木架，下有柄，左手持而右手以小槌擊之。”《通俗编》：“按，今俗稱‘雲鑼’。”《小忽雷》劇：“曾爲清客班頭，會打‘十番’響器。”《荷花蕩》劇：“我們先打一套‘十泛’去，何如？”

**六三　釘鈴鐺鋃**　《枕亞浪墨續集》：“吴語真腳本，形容聲響，曰‘釘鈴鐺鋃’。李長吉《沙路曲》云：‘珮馬釘鈴踏沙路。’又鈴鐸名‘金琅璫’，‘璫琅’蓋倒言之。唐玄宗幸蜀，至上亭驛聞鈴，左右云，若言‘三郎郎當’，亦作‘琅瑲琅瑲’。”

**六四　琵琶絃子**　見《戲玩》。

**六五　叫子**　《夢溪筆談》:“世人以竹木牙骨之類爲叫子，置人喉中吹之，能作人言。”

**六六　哨子**　《集韻》:“哨音少。”《宋史》:“懸哨家鴿。”今之放鴿與紙鳶者，皆用“哨子”是也。

**六七　喇叭**　《通俗編》:“《舊唐書·音樂志》:‘西戎有吹金者，銅角是也。長二尺，形如牛角。’蓋即今喇叭耳。”《正字通》:“喇叭，軍中吹器。”

**六八　鎖吶**　《在閣知新録》:“近樂器中有‘鎖吶’，正德時，詞曲作‘唆哪’，蓋後起之名，故字體隨人書也。”

**六九　起馬牌**　《通俗編》:“‘開先牌’，見《武林舊事》。”按此似即今所謂“起馬牌”也。

**七〇　頭行牌**　《夢筆生花·杭州俗語·雜對》:“脚踏櫈;頭行牌。”

**七一　鑾駕**　《説文通訓》:“鹵簿有四，三曰鑾駕鹵簿。”

**七二　掌扇**　《演繁露》:“今人呼乘輿所用扇曰‘掌扇’，殊無義，蓋‘障扇’之譌也。”

**七三　日照傘**　《精忠譜》劇:“一把日照傘弗見哉。”

**七四　金瓜椎**　《説文》:“瓝，小瓜也。”段注:“《爾雅》、《毛詩傳》皆作‘瓟’。交聲、勺聲，同在二部也。《隋書》‘瓟矟’，即今‘金瓜椎’。”

**七五　方天戟**　見《武備》。

**七六　百脚旗**　《説文》:“綮，一曰徽幟，信也，有齒。”《通訓》:“如今百脚旗，用以前導者，即有衣之戟，謂之棨也。”

**七七　二馬車**　《老殘游記》:“手裏捧着一枝洋白銅二

馬車的水煙袋。”

**七八　雙蝴蝶**　姜長卿《崇川竹枝詞》：“草緑長隄海角東，雙蝴蝶戲牧牛童；聲聲何處胡笳奏，放出林梢紅杏中。”注云：“風箏有大如帆者，其製有‘雙蝴蝶’、‘單蝴蝶’之名。”

**七九　走馬燈**　見《戲玩》。

**八〇　臺閣**　同上。

**八一　滿堂紅**　《通俗編》：“《暖姝由筆》：‘滿堂紅，綵絹方燈也。’按，今所謂‘滿堂紅’，其製又别，蓋自近時起矣。”

**八二　龍頭拐杖**　《西遊記》五十回：“看時乃一箇老翁，氈衣煖帽，手持一根龍頭拐杖。”

**八三　眼鏡**　張靖之《方州雜録》：“向在京師，得見宣廟賜物，加於昏目，能辨細書。近人又於孫景章參政處見一具，孫云，以良馬易於西域賈人，其名‘愛逮’。一作‘靉靆’，今謂之‘眼鏡’。是眼鏡一物，至明時始有，且極爲貴重。”

**八四　扳指**　《説文》：“韘，射決也，所以拘絃。”段注：“《鄉射禮·大射儀》云：‘決，猶闓也，以象骨爲之，箸右手巨指，以鉤絃闓體。’按，即今人之‘扳指’也。”

**八五　如意**　《通俗編》：“陳定宇有《不求人贊》云：‘雖不求人兮，未免求木奴之指。’按，《能改齋漫録》云：‘如意者，古之爪杖也。’然則不求人與如意同原，而其本名爲‘爪杖’也。”

**八六　不求人**　見上。

**八七　鑷子**　《説文》：“籋，箝也。”段注：“二字雙聲，夾取之器曰‘籋’。今人以銅鐵作之，謂之‘鑷子’。”

**八八　揞子**　《新方言》：“《説文》：‘揞，撫也，一曰循也。’揞音武巾切。今人謂循髮拭之爲‘揞’，聲如泯。”今頭店所用之“揞子”，當是此字。

**八九　攮子**　清·方駿謨《徐州輿地考》：“壯恆佩匕首。”原注：“刀不盈尺，徐人謂之‘攮子’，恆佩不去身。”攮音囊，去聲。

**九〇　小刀子**　《通俗編》：“俗呼器物多以子爲助，惟刀子與刀，似有大小之別。《南史·袁彖傳》：‘武帝在便殿，用金柄刀子削瓜。’今俗所謂‘小刀子’也。”

**九一　望子**　《山西通志》：“酒帘曰‘望子’。”

**九二　㮯子**　李氏《字學訂譌》：“平斗斛器曰‘㮯’，音盪。”即今米行之“㮯子”也。㮯又讀若燙。

**九三　笹子**　《説文》：“笹，篅也。”段注：“《廣韻》：‘笹，籧也。’”注：“按，今謂盛穀高大之器，曰‘土籧’。又作‘囤’。”按，笹音鈍，即米行之“笹子”是也。

**九四　積子**　《新方言》：“揚子《方言》：‘宛，蓄也。’《爾雅》：‘宛中、宛丘。’孫炎曰：‘中央下。’蓋中窊可積畜者爲宛，故宛亦从夗聲。《淮南》謂圈席蓄米爲宛，因名其物爲‘宛積’。宛讀若窩。”今俗讀宛若鴛。宛積者，即米行所謂“積子”也。

**九五　等子**　《字典》：“等，稱量輕重也。”《三器圖義》：“《皇祐新樂圖》有銖稱，其圖一面有星，一面繫一盤，如民間金銀‘等子’。”

**九六　秤鎚**　《通俗編》：“李氏《字學訂譌》：‘秤錘曰“鎚”，音佗。’《説文》：‘銓，稱也。’段注：‘銓爲垂之叚借。垂，古音陀，叚權爲之，俗乃作錘。’”按，“秤”字古衹作“稱”，“鎚”字古衹作“垂”，“稱垂”、“秤鎚”，此古今字之異也。

**九七　秤不離鉈**　《合縱記》劇：“自古道：‘公不離婆，

稱不離鉈。’”《夢筆生花·絃索樂府》：“水不離波，稱不離鉈。”鉈音佗。

**九八　秤鈎子打釘，兑直**　見《貨財》。

**九九　籌馬**　《通俗編》“籌馬”引《禮記·投壺篇》：“請爲勝者立馬，一馬從二馬，三馬既具，請慶多馬。”注云：“馬，勝算也。”按，俗作“碼”，非。

**一〇〇　算盤**　《劉馮事始》：“周公作算盤。”

**一〇一　羅盤**　《談徵》：“指南車，即今之羅盤也。”

**一〇二　扁擔**　《水滸》二三回：“武松引了一箇土兵，拿着條扁擔，徑來房裏。”《合縱記》劇：“外云：‘你的生意如何？’丑云：‘全靠這條扁擔。’”擔，去聲。

**一〇三　舀水瓢**　元·康進之《李逵負荆》劇：“擲碎了舀水瓢，斫折了切菜刀。”舀音擾。

**一〇四　切菜刀**　見上。

**一〇五　彎鐮刀，瓢切菜**　《意中緣》劇：“尿壺合着油瓶蓋，彎刀撞着瓢切菜。世間棄物不嫌多，酸酒也堪充醋賣。”今俗有“彎鐮刀，瓢切菜”之語。

**一〇六　合着油瓶蓋**　見上。又見《人事》。

**一〇七　漏斗**　《説文》：“䉶，抒扇也。”段注：“今賣酒家汲酒於甕中之器，名曰酒端，傾注於扇篼而注於酒瓶，是其物也。”按，“酒䉶子”、“扇篼”，今俗作“酒端子”、“漏斗”。

**一〇八　酒端子**　見上。

**一〇九　酒鼈子**　《通俗編》：“《武林舊事》載御教儀衛，有酒鼈子。蓋古有酒鼈之稱，宋時已然。”按，“鼈”亦可作“鷩”。《水南翰記》：“韻書無‘鷩’字，今人呼盛茶、酒器。據此，則茶、酒甃子，通用‘甆’、‘甃’二字。”

**一一〇　茶甆子**　見上。

**一一一　茶銚子**　《廣續方言》引《慧琳音義》五十九：“銚，余招反，山東行此音；又徒弔反，今江南行此音。”《廣雅》：“鋗謂之銚。”《新方言》：“《説文》：‘銚，温器也。’《廣雅》音大弔反。今淮南謂小釜爲‘銚子’。”按，銚音掉。今俗或以“茶甃子”爲“茶銚子”。

**一一二　茶托子**　《演繁露》：“茶托子，始於唐崔寧女，前世未有也。”按，“茶托子”，或有無底者，亦可作“茶橐子”。

**一一三　碗兒盞兒**　《儒林外史》四五回：“把碗兒、盞兒、碟兒打的粉碎。”

**一一四　海盌**　“海”字見《飲食》“海量”。又《新方言》：“揚子《方言》：‘閜，桮也。’郭璞：‘音呼雅反。’今通謂大盌爲‘閜盌’，音轉如海。”

**一一五　套杯**　《古今詩話》：“刁約使契丹，有詩云：‘餞行三匹製。’匹製以大小罌爲之。”《通雅》：“此蓋今之沓杯，俗曰‘套杯’，或五或六，外大内小。”

**一一六　碟子**　《新方言》：“揚子《方言》：‘甂、甌，陳、魏、宋、楚之間，謂之“題”。’郭璞曰：‘今河北人呼小盆爲“題子”。杜啟反。’案，今人稱盤小而厚者爲題，轉入爲狄，遂訛作碟。”《石頭記》四二回：“五寸碟子十箇，三寸碟子三十箇。”

**一一七　㮣匙**　《新方言》：“《説文》：‘匙，匕也。’湖北謂斟食、斟羹之匕曰‘匙’。”《説文》段注：“今江蘇所謂‘㮣匙’、‘湯匙’也。”按，匙音池。“㮣匙”或作“茶匙”，非也。

**一一八　調羹**　《新方言》：“今斟羹者多借瓢名，惟江南運河而東，至浙江、福建數處，謂之‘刀圭’，音如‘條耕’。或説當爲‘調羹’，非也。”按，“刀圭”，“㯓匙”也，庾信詩“量藥一刀圭”是也。“調羹”，“湯匙”也。“㯓匙”、“湯匙”並見上。

**一一九　筷兒**　《廣續方言》引戴凱之《竹譜》：“簘，江漢之間謂之簘竹。簘，苦怪反。”按，《集韻》簘音快，但訓箭竹，無筋義。俗所謂“筷兒”之“筷”，《字典》又無之，衹可作“快”。《新方言》：“《説文》：‘箸，飯攲也。’今惠、潮、嘉應之客籍，謂‘飯攲’爲‘飯隻’，其餘通謂之‘夬’，讀若快。”《儼山外集》：“民間俗諱，各處有之，而吴爲甚。如舟行諱‘住’、諱‘翻’，以箸爲‘快兒’，幡布爲‘抹布’是也。”

**一二〇　柴窰**　見《天文》“雨過天青”。

**一二一　龍泉窰**　清·梁章鉅《浪蹟續談》：“龍泉窰出龍泉縣，以緑色勻凈，裂紋隱隱，有硃砂底者爲佳。自析置龍泉入慶元縣，窰地遂屬慶元，去龍泉幾二百里，而今人遇新出之青瓷窰，仍稱龍泉，亦可笑也。青瓷窰地在琉田地方，按《龍泉舊志》載章生二嘗主琉田窰。凡瓷出生二窰者，必青瑩如玉，今鮮有存者，或一瓶一盤，動博數十金。其兄章生一窰所出之器，淺緑斷紋，號‘百圾碎’，尤難得。世稱其兄之器曰‘哥窰’，其弟之器曰‘弟窰’，或稱‘生二章’云。”

**一二二　通長璺**　元·李文蔚《燕青博魚》劇：“可早是打一條通長璺。”按，璺音問，今俗多讀若悶。

**一二三　打破沙鍋璺到底**　見《言語》。

**一二四　瓦罐不離井上破**　見《武備》。

**一二五　井落在弔桶裏**　元·楊顯之《酷寒亭》劇：“只

有弔桶常落在井裏，你若犯了事，那時井可落在弔桶裏。”《水滸》二十回：“我只道弔桶落在井裏，原來也有井落在弔桶裏。”

**一二六　笊籬**　見《貨財》“那有閒錢補笊籬”。

**一二七　藩籃**　《廣雅》：“藩，籮箕也。”《集韻》：“藩音樊，大箕也。又音般。”《説文》：“藩，箕屬。”今俗以大箕爲藩籃。藩音盤。

**一二八　簸箕**　《説文》：“箕，所以簸者也。”今人揚糠之器曰“簸箕”。簸音播。

**一二九　糞箕**　《禮記·曲禮》：“凡爲長者糞之禮，必加帚於箕上，以袂拘而退。”注云：“糞，除穢也。又作撲。”

**一三〇　苕帚**　《周禮·夏官·戎右》注：“莇，苕帚也。”《説文》：“芀，葦華也。”《通訓》：“芀，通作苕，今人取之爲帚，曰‘苕帚’是也。”苕音條。

**一三一　丢下爬兒弄掃帚**　《石頭記》四七回：“你一箇媳婦，雖然帮著，也是天天丢下爬兒弄掃帚。”

# 植物

**一　五穀豐登**　見《朝署》"加官進爵"。又《龍韜·立將篇》："風雨時節，五穀豐登。"

**二　六月不熱，五穀不結**　見《時日》。

**三　喫到五穀想六穀**　見《飲食》。

**四　養兒防老，積穀防飢**　見《家族》。

**五　青黄不接**　見《貧富》。

**六　麥秀寒**　見《時日》。

**七　不辨菽麥**　見《智愚》。

**八　元麥**　見《飲食》"冷紅"。

**九　小麥**　《羣芳譜》："小麥，來也；大麥，牟也。"《詩·周頌》："詒我來牟。"又"牟麥"，《孟子》作"麰麥"。

**一〇　大麥**　見上。

**一一　蕎麥**　《羣芳譜》："蕎麥，一名荍麥。"蕎音喬。

**一二　不稂不莠**　見《智愚》"不郎不秀"。

**一三　稗子**　見《家族》"敗子"。

**一四　穩子**　《説文》："穩，蹂穀聚也，从禾，隱省聲。"《西厢記》劇："一交跌在礲糠，到是抱穩的。"按，俗以稻麥芒屑爲"穩子"。

**一五　確糠**　見上。《説文通訓》："《爾雅·釋草》：'秠，一稃二米。'"按，稃者，米外皮。今蘇俗謂之"礲糠"。

**一六　玉米**　《海門物志》："《韻會小補》：'粟，陸種之首，米之有甲者，一名蜀黍。蜀、粟音近。'《本草》謂之玉蜀黍，今俗稱玉米。郭璞《爾雅注》：'虋，赤粱粟；芑，白粱粟。'今玉米諸色皆備。"按，玉米之玉，江北人多讀若裕。

**一七　小米**　《廣雅疏證》："粢，今人謂之小米。稷，今人謂之高粱。"《通州物産志》："穄，稷也。青黄各種，黄者良，北人所謂小米。"

**一八　高粱**　見上。又見《飲食》"燒酒"及"高粱燒酒"。

**一九　蘆穄**　《穀谱》："高粱，一名蘆穄。"《海門物志》："今高粱别種曰'蘆穄'，莖甘可食。"《韻會》："穄，音祭，稷别名。"今江北人多讀若基。

**二〇　豆角**　《種植書》："豆莢長而耑鋭如角然，故又名豆角。"

**二一　扁豆角兒**　見《什物》"七古八雜"。

**二二　藊豆**　《羣芳譜》："藊豆，一名沿籬豆。"藊音扁。俗作扁。

**二三　豇豆**　又："豇豆，一名䜬䝀。"豇音釭。

**二四　豌豆**　《博雅》："豌豆，蹓豆也。"豌音安。

**二五　脂麻**　《齊民要術》："胡麻，今人通謂之'脂麻'。"《羣芳譜》："脂麻，俗作芝蔴者非。"

**二六　諸葛菜**　《羣芳譜》："蔓菁，一名諸葛菜。"

**二七　黄花菜**　《野菜譜》："黄花菜，俗或謂之'黄瓜菜'。"

**二八　菠菜**　《羣芳譜》："菠菜，一名菠稜菜。"菠音波。

**二九　菾菜**　《玉篇》："菾，菜名。"《本草注》："菾通甜，因其味微甜也。”

**三〇　菜蕻子**　《唐韻》：“蕻音閧，菜心長也。”今俗謂之“菜蕻子”。

**三一　馬齒莧**　《程子易傳》：“莧陸夬夬。陸，馬齒莧也。”《羣芳譜》：“馬齒莧，葉大者名‘㹠耳’。”

**三二　馬蘭頭**　《新方言》：“《爾雅》：‘葴，馬蘭。’今人摘食其葉，謂之‘馬蘭頭’。”

**三三　茼蒿**　《正字通》：“茼嵩，香，可茹。”《本草》：“同蒿，一名蓬蒿。”

**三四　蘘荷**　《説文》：“蘘，蘘荷也。一名葍葙。”《廣雅》：“蘘荷，蒪苴也。”《疏證》：“蒪苴與《説文》‘葍葙’同。”蘘音穰。

**三五　蒝荽**　《博物志》：“張騫使西域，得胡荽，俗呼爲蒝荽。”蒝荽音原綏。

**三六　鹽荽**　《鄴中記》：“石勒改胡荽爲香荽，今呼爲鹽荽。”

**三七　茭手**　《羣芳谱》：“菰，一名茭草，一名蔣草，蒲類也。江湖陂池中皆有之。春末生白芽如筍，名菰菜，又名茭白，一名蘧蔬，味清脆，生熟皆可啖。其中心白薹，如小兒臂，軟白中有黑脈，名‘菰手’。作‘首’者非。”

**三八　蘑菇**　《野蔬品》：“蘑菇作羹，美不可言，或作蔴姑。”蘑音摩。

**三九　慈姑**　《羣芳譜》：“慈姑，一歲根生十二子，如慈姑之乳衆子，故名慈姑。或作茨菰。”

**四〇　百合**　《八閩志》：“强瞿，百合也，俗呼‘倒仙’。”

**四一　倒仙**　見上。

**四二　山藥**　《負暄雜録》："山藥，本名薯蕷。"

**四三　番芋**　《説文通訓》："閩中出薯蕷，土人單呼爲薯，即蘇俗所云'山芋'也。"《通州物産志》："甘藷，红薯也，俗名番芋。"

**四四　甘露子**　《本草》："甘露子，一名地蠶。"

**四五　天目筍**　《羣芳譜》："天目筍，出天目山。"

**四六　福橘**　又："閩中相橘，以漳州爲最，福州次之。"

**四七　蜜橘**　又："蜜橘其味最甘。"

**四八　香櫞**　《果疏》："香櫞，花香實大。"櫞音緣。

**四九　文蛋**　《羣芳譜》："又有名文蛋者，亦柚類也。"今俗或讀蛋若膽。

**五〇　金彈子**　《彙苑》："金橘小如彈丸，黄如金。"楊萬里詩："仙客偶移金彈子。"彈，去聲。

**五一　圓眼**　《羣芳譜》："龍眼，一名益智，一名比目，一名圓眼，一名蜜脾，一名燕卵。"

**五二　巴旦杏**　又："巴旦杏，出回回地，皮薄而仁濇，甘鮮者尤味美。"

**五三　毛桃**　又："毛桃，即《爾雅》所謂褫桃，小而多毛者也。"

**五四　蟠桃**　《客燕雜記》："京師中佳果，有紅桃、白銀桃、小桃、蟠桃。"

**五五　水蜜桃**　《羣芳譜》："水蜜桃，獨上海有之，而顧尚竇西園所出尤佳。"

**五六　葡萄**　又："葡萄，古作蒲桃，又作蒲陶。紫葡萄，黑色，有大小二種，有酸甜二味；水晶葡萄，暈色帶白，如著粉形，大而長，味亦甚甘。"

**五七　甘蔗**　《廣續方言》引玄應《音義》十四，引《廣志》："甘蔗，今蜀人謂之'竿蔗'。"又《神異經》作"肝𥳇"。

**五八　香蕉**　《羣芳譜》："黄蕉，色葉似芭蕉而微小，花如蓮而繁，日放一瓣，放後即萎而結子，名蕉黄，味甘可食。"《霏雪録》云："蕉黄味香美。"

**五九　青果**　《齊東野語》："橄欖，一名青果，一名諫果，一名忠果。"《學齋佔嗶》："東坡《橄欖》詩云：'紛紛青子落紅鹽。'"

**六〇　白果**　《羣芳譜》："銀杏，一名白果，一名鴨腳子，《本草》云'葉似鴨腳'，因以爲名。宋初始入貢，改呼銀杏，因其形似杏而核色白也。今呼白果。"

**六一　山樝果**　又："山樝，一名山裹果，一名茅樝，一名猴樝，一名鼠樝。"樝音遮。

**六二　頻果**　又："柰，一名頻婆，與林檎一類而二種。林檎，一名來禽，一名蜜果，一名文林郎果。"《事物紺珠》："林檎，俗名花紅，大者名沙果。"《學圃餘疏》："花紅，即古林檎。"

**六三　沙果**　見上。

**六四　花紅**　同上。

**六五　人參果**　見《地理》"火燄山"。

**六六　長生果**　《海門物志》："《羣芳譜》：'落花生，花落即生，故名。'俗名長生果，亦名花生。"

**六七　葧薺**　《説文》："芍，鳧茈也。"《通訓》："今人謂之葧臍，即鳧茈之轉語。"《本草》："小者葧薺，大者地栗。"或作荸薺，江北人音轉，如别基。

**六八　枇杷**　《周禮·地官·場人》注："珍異，葡萄、枇杷之屬。"按，《唐韻》枇音皮，杷音爬。柳宗元詩"夏首薦枇杷”，此正音也；白居易詩“況對東溪野枇杷”，此“枇”字轉入聲也；顧瑛詩“枇杷花開如雪白”，此二字皆轉入聲也。故枇杷音如别薄。

**六九　蓮蓬**　《事物原始》：“蓮肉，吴人呼爲蓮蓬。”

**七〇　並頭蓮**　《荆釵記》劇：“枕方做得能好，是倸箇花？旦云：‘是並頭蓮。’”

**七一　藕斷絲連**　見《婦女》“瓜熟蒂落”。

**七二　望梅止渴**　見《飲食》。

**七三　齦瓜皮，説大話**　見《言語》。

**七四　欺不得冬瓜鉋瓠子**　見《善惡》。

**七五　冬瓜**　《羣芳譜》：“冬瓜，一名白瓜，或呼東瓜者，非。”

**七六　西瓜**　《事物紀原》：“中國初無西瓜，洪忠宣使金，貶遞陰山，得食之。其大如斗，絶甘冷，可蠲暑疾。”

**七七　香瓜**　《通州物産志》：“香瓜，有桂髓、蜜罐子、薊州青、月下白、烏龍蛋、金鵝蛋、圭瓜諸種。”

**七八　菜瓜**　《學圃餘疏》：“瓜之不堪生食，而堪醬食者，謂之菜瓜。”

**七九　南瓜**　《羣芳譜》：“南瓜附地蔓生，形横圓而竪扁。又有番南瓜，實之紋如南瓜，形似葫蘆。二瓜皆不可生食。”又《通州物産志》：“番瓜肉厚味甜。”

**八〇　番瓜**　見上。

**八一　瓜熟蒂落**　見《婦女》。

**八二　有瓜葛**　見《親戚》。

**八三　黄連樹下彈琴，苦中作樂**　見《性情》。

**八四　啞子喫黄連，説不出的苦**　見《言語》。

**八五　口裏甜如蜜，心裏似黄連**　同上。

**八六　藥裏位甘草**　見《醫病》。

**八七　道地藥材**　同上。

**八八　草根樹皮**　同上。又見《飲食》。

**八九　倒樹尋根**　見《言語》。

**九〇　打柴**　《爛柯山》劇："兄弟楊孝先，每日同我入山打柴。"

**九一　獨木不成林**　《通俗編》："《崔駰達旨》：'高樹靡陰，獨木不林。'今云'獨木不成林'，本此。"

**九二　人來投人，鳥來投林**　見《交際》。

**九三　多見樹木少見人**　見《地理》。

**九四　前人栽樹，後人乘涼**　見《人事》。

**九五　怕樹葉子打破頭**　見《頭面》。

**九六　麤枝大葉**　見《性情》。

**九七　青枝緑葉**　《西遊記》二五回："復得青枝緑葉，與舊相同。"

**九八　同氣連枝**　見《家族》。

**九九　節外生枝**　見《人事》。

**一〇〇　枝枝節節而爲之**　見《文事》。

**一〇一　一枝動，百枝摇**　見《人事》。

**一〇二　竹頭木屑**　同上。

**一〇三　胸有成竹**　見《心意》。

**一〇四　勢如破竹**　見《武備》。

**一〇五　竹夫人**　見《什物》。

**一〇六　羅漢松**　《通州物産志》："松有茸針、纓絡、羅漢諸名。州北鐘秀山，又西山有纓絡，狀如膽瓶，大蔭天井。"

**一〇七　茸針**　見上。茸音戎。

**一〇八　纓絡**　同上。

**一〇九　觀音柳**　《羣芳譜》:“檉柳，一名河柳，一名人柳，一名三眠柳，一名觀音柳，一名長壽仙人柳，今俗稱三春柳也。”

**一一〇　有意栽花花不發，無心插柳柳成陰**　見《心意》。

**一一一　鐵樹開花**　見《人事》。

**一一二　錦上添花**　見《交際》。

**一一三　茶花**　《羣芳譜》:“山茶花，一名曼陀羅。”按，今俗但謂之茶花。

**一一四　茉莉花**　《通俗編》:“《翻譯名義集》:‘頻婆，此云相思果；末利，此云鬘華。’按，花果之中，惟此二者獨以梵語著名。”《羣芳譜》:“茉莉，一名抹厲，一名没利，一名末利，一名末麗，一名抹麗，佛書名鬘華。”

**一一五　玉蘭花**　《羣芳譜》:“玉蘭花九瓣，色白微碧，香味似蘭，故名。”

**一一六　玉簪花**　又:“玉簪花未開時，正如白玉搔頭簪形，開時甚清而香。”

**一一七　金盞花**　又:“金盞花，一名長春花。”

**一一八　長春花**　見上。

**一一九　鳳仙花染指甲**　見《婦女》。

**一二〇　散花天女**　同上。

**一二一　借花獻佛**　見《仙佛》。

**一二二　説得天花亂墜**　見《言語》。

**一二三　人無千日好，花無百日紅**　見《交際》。

**一二四　三月三，遂菜花兒賽牡丹**　見《時日》。

**一二五　多買胭脂畫牡丹**　《續書畫題跋記》:“李唐詩曰:

‘雪裏烟村雨裏灘，爲之容易作之難；早知不入時人眼，多買胭脂畫牡丹。’”

**一二六　牡丹雖好，緑葉扶持**　見《交際》。

**一二七　牡丹花下死，做鬼也風流**　見《鬼神》。

**一二八　六月初四，荷花生日**　見《時日》。

**一二九　一團茅草亂蓬蓬**　《許彦周詩話》：“有人題嵩山詩云：‘一團茅草亂蓬蓬，驀地燒天驀地空；争似滿爐煨榾柮，漫騰騰地煖烘烘。’”

**一三〇　風吹草動**　見《天文》。

**一三一　斬草除根**　見《禍福》。

**一三二　打草驚蛇**　見《動物》。

**一三三　人無横財不發，馬無夜草不肥**　見《貨財》。

**一三四　好馬不喫回頭草**　見《人事》。

**一三五　兔兒不喫窠邊草**　見《動物》。

**一三六　穰草**　《廣雅》：“稻穰謂之稈。”《疏證》：“今江淮間，謂稻稈爲穰草。”穰，讀讓，平聲。

**一三七　豆稭草**　《廣雅疏證》：“稭爲禾稈之稱。”《廣韻》：“藒，麻稈也，古諧切。或作稭是也。”今江淮之間，則又通呼秫莖爲秫稭，豆莖爲豆稭，麥莖爲麥稭，聲正如皆矣。今俗云“豆稭草”是也。

**一三八　鬭百草**　《歲華紀要》：“端午結廬蓄藥，鬭百草。”

**一三九　骨牌草**　清·梁章鉅《浪蹟續談》：“骨牌之戲，自宋有之。《宣和譜》以三牌爲率，三牌凡六面，即骰子之變也。近時天九之戲，見於明·潘之恆《續葉子譜》，云‘近叢睦好事家，變此牌爲三十二葉，可執而行’，則即今骨牌㨃湖之濫觴也。今張氏如園中有骨牌草，春深時，叢生各地，草葉狹而長，其葉尾各有點子浮起，略似骨牌之式，天牌及地牌最多，惟虎頭略少。余在揚州時，即聞有此草，若得三十二葉點子皆全者，可治血症，而實未曾目見此草。今乃於如園中親手摘視，未知先有此草而後有骨牌，抑先有骨牌而後有此草？不可得而詳矣。”

**一四〇　翠雲草**　《羣芳譜》：“翠雲草，性喜陰，色蒼翠可愛，細葉柔莖，重重碎蹙，儼若翠鈿。其根遇土便佳，見日則消。栽於虎刺、芭蕉、秋海棠下，極佳。”

**一四一　魚腥草**　《説文》：“蕺，菜也。”《段注》：“《廣雅》：‘蕺，蘵也。’《説文》無‘蘵’字，即今魚腥草也。凶年，人掘食之。”

**一四二　虎耳草**　《本草》：“虎耳草，一名石荷葉，生陰濕處，人亦栽於石上。”

**一四三　馬絆草**　《清稗類鈔》：“左文襄公，體胖而腹大，嘗自捧其腹，笑曰：‘將軍不負腹，腹亦不負將軍。’一日，顧左右曰：‘汝等知我腹中貯何物乎？’或曰‘文章’，或曰‘經綸’，文襄皆曰：‘否，否。’忽有一小校出而大聲曰：‘大帥腹中無他物，皆矢耳。’文襄有喜色，曰：‘斯言近之矣。’言未已，又有一小校曰：‘將軍之腹，滿貯馬絆筋耳。’文襄拍案大贊曰：‘是！是！’蓋馬絆筋，草名，湘人呼牛所食之草爲馬絆筋。文襄素以牛爲任重致遠，嘗以己爲牽牛星轉世，寓自負之意也。”

**一四四　牛舌頭草**　《詩·采采芣苢》傳：“芣苢，馬舄。馬舄，車前也。”《爾雅正義》引《義疏》云：“馬舄，一名車前，一名當道，喜在牛跡中生，故曰車前、當道也。幽州人謂之牛舌草。”今淮南謂之牛舌頭草。

**一四五　巴山虎**　《丹鉛録》：“《楚辭》‘披薜荔兮帶女蘿’注：‘薜荔無根，緣物而生。’不明言爲何物也。據《本草》：‘絡石也，在石曰石鯪，在地曰地錦，繞長木曰長春籐，又曰龍鱗薜荔，又曰扶芳籐。’今京師人家假山上種巴山虎是也。”

**一四六　佛指甲**　《本草》：“佛指甲，夏開黄花，經霜則枯。人多栽於石山瓦牆上，呼爲佛指甲。”

**一四七　萬年青**　《農圃六書》：“萬年青，一名千年藍。”《客座贅語》：“金陵人家行納幣禮，或用萬年青、吉祥草。”

**一四八　夜來香**　《兒孫福》劇：“茉莉花，夜來香。”《通州物産志》：“有夜來香草。”

# 動物

一　**龍生龍，鳳生鳳**　《傳燈録》：“丹霞然云：‘龍生龍子，鳳生鳳兒。’”《普燈録》：“已庵深云：‘龍生龍，鳳生鳳，老鼠養兒沿屋棟。’”

二　**龍鳳呈祥**　《孔叢子》：“天子布德，將欲太平，則麟鳳龜龍，先爲之呈祥。”

三　**百鳥朝鳳**　文嘉《嚴氏書畫記》有孫龍《百鳥朝凰圖》。《奈何天》劇：“咱擺的是百鳥朝凰陣。”朝音潮。

四　**喫仙鶴**　見《飲食》。

五　**若鴉**　“老哇”，見《時日》“今朝”。又按，淮南謂之老鴉。鴉，讀丫叉之丫。

六　**丫雀**　同上。又按，淮南謂喜鵲爲丫雀。丫，亦讀丫叉之丫。

七　**鴉飛雀亂**　《夢筆生花·杭州俗語·雜對》：“鴉飛雀亂；兔死狐悲。”

八　**麻雀兒生鵝蛋**　見《言語》。

九　**喜鵲叫，有人到**　見《禍福》。又《墨客揮犀》：“鵲聲吉多而凶少，故俗呼喜鵲。”《廣雅》：“鳱鵲，鵲也。”《疏證》：“乾鵲噪而行人至，今人則通呼喜鵲。”

**一〇　八哥**　《陔餘叢考》:“宋陳櫄《負暄雜録》云:‘南唐李後主諱煜,改鸜鴿爲八哥。’八哥之名始此。”《通俗編》:“按,《廣韻》謂鸜鴿爲‘哵哵鳥’,八哥之八,似宜用‘哵’字。”

**一一　紅嘴緑鸚哥**　《本草》:“鸚鵡大者爲鸚䳇,小者爲鸚哥。”《夢筆生花·絃索樂府》:“膝褲紅鞋子,好像紅嘴緑鸚哥。”

**一二　蠟嘴**　《本草》:“桑扈,一名蠟嘴,《山堂肆考》:‘蠟嘴生於象山,似雀而大,嘴如黄臘。’”

**一三　畫眉**　《潛確類書》:“畫眉似鶯而小,黄黑色,其眉如畫,巧於作聲。”

**一四　十二紅**　《通州物産志》:“十二紅鳥,來自外洋,尾有紅點與黄點者,名十二紅。”

**一五　翠鳥**　《説文》:“鷸,翠鳥也。”《爾雅》:“鴗,天狗。”郭注:“小鳥也,青似翠,食魚,江東呼爲‘水狗’。”

**一六　壽帶鳥**　《禽經》:“練鵲,俗名壽帶鳥。”《海門物志》:“羽族有綬帶。”

**一七　九頭鳥**　《本草》:“鶬鴰,一名鬼車,一名車載板,一名九頭鳥,晦冥則飛鳴。俗云十首,一被犬噬,今猶帶血。”

**一八　江狗**　《海門物志》:“一種怪鳥名江狗,俗尤惡之。”

**一九　鵟子**　《集韻》:“鵟音沃。水鳥。”今俗呼“鵟子”是也。

**二〇　燕子銜食**　見《家族》。

**二一　燕子銜泥空費力,長大毛衣各自飛**　《清風亭趕子》劇:“燕子銜泥空費力,長大毛乾各自飛。”長,上聲。“毛乾”

俗語作“毛衣”，謂兒子長大成人也。

**二二　白鴿子往旺處飛**　見《禍福》。

**二三　鷂子翻身**　《蕩寇志》七六回:“麗卿得了勢,趁分際,一個鷂子翻身，捲進中三路。”

**二四　鷂鷹**　《說文通訓》：“鷹，今江蘇俗呼鷂鷹。”

**二五　踏兔子放鷹**　《五燈會元》：“見兔放鷹，遇獐發箭。”《通俗編·俚語集對》：“將蝦兒釣鼈；見兔子放鷹。”今人多云“踏兔子放鷹”，言謀得彼事，始捨去此事也。

**二六　椒雞**　姜長卿《崇川竹枝詞》注：“椒雞出吕四，八九月間,北風起,自南山來,集樹間,土人刺之以市,味極香脆。”

**二七　野雞**　韓愈《諱辨》：“漢諱吕后，名雉爲野雞。”

**二八　瞎眼猫兒拖雞**　《夢筆生花·杭州俗語·雜對》:“蓬頭獅子；瞎眼貓兒。”又《絃索樂府》：“瞎貓拖雞不放他。”

**二九　嫁雞逐雞，嫁狗逐狗**　見《婦女》。

**三〇　家雞打得騰騰轉，野雞打得著地飛**　見《家族》。

**三一　偷雞賊**　見《盜賊》。

**三二　手無縛雞之力**　見《身體》。

**三三　雞子不撒尿**　見《言語》“獅子大開口”。按“雞兒不撒尿”，今俗云“雞子不撒尿，各有去處”，言暗費錢財也。

**三四　千里送鵝毛，禮輕人意重**　見《交際》。

**三五　開籠放鳥**　《雪中人》劇：“問因誰渡蟻編橋，卻是你開籠放鳥。”《病玉緣》劇：“嘔盡你丹心碧血，不虧你開籠放鳥；打草驚蛇，安得文姬譜胡笳？”

**三六　夫妻本是同林鳥**　見《家族》。

**三七　人來投人，鳥來投林**　見《交際》。

**三八　人爲財死，鳥爲食亡**　見《貨財》。

**三九　扁毛畜生**　《西遊記》八一回："卻不知那扁毛畜生，從那裏飛來？"畜音促。

**四〇　衆生好度人難度**　見《仙佛》。

**四一　牲口**　《陔餘叢考》："生口，本軍前生擒之人。《漢書·蘇武傳》：'李陵爲言，捕得生口，言太守以下皆白服。'《王莽傳》：陳歆言'捕虜生口，知犯邊者，皆單于子角所爲。'《後漢書·袁安傳》：'和親以來，有得邊生口者，輒以歸漢。'《魏略》：'太祖賜楊沛生口十人。'皆謂捕獲生人也。今北方人乃謂牛馬之類爲生口，此亦有所本。《魏志·王昶傳》注：'任嘏常與人共買生口，各僱八匹，後生口家來贖，時價值六十匹，嘏仍止取價八匹。'則以牛馬爲生口，三國時已有此語矣。"按今俗多作"牲口"。

**四二　飛禽走獸**　《西遊記》七一回："不是飛禽走獸。"

**四三　衣冠禽獸**　《永團圓》劇："這等狂徒，敢來淩虐先達？衆云：'甚麽先達？你是箇衣冠禽獸。'"

**四四　人面獸心**　見《頭面》。

**四五　麒麟送子**　見《家族》。

**四六　蓬頭獅子**　見《頭面》。

**四七　河東獅子吼**　見《家族》。

**四八　鄉下獅子鄉下舞**　見《地理》。

**四九　獅子大開口**　見《言語》。

**五〇　獅子滚繡毬**　見《仙佛》"八仙過海"。又《花鼓》梆子腔："貼云：'上邊有兩箇哈叭狗兒。'浄云：'這是獅子滚繡毬。'"

**五一　麞頭鼠目**　見《頭面》。

**五二　未知鹿死誰手**　崔鴻《後趙録》："石勒曰：'朕

若遇光武，當並驅中原，未知鹿死誰手。’”

**五三　狼子野心**　見《心意》。

**五四　豺狼虎豹**　《問路》梆子腔：“只見豺狼虎豹，四下裏相圍困。”

**五五　骨瘦如豺**　見《醫病》。

**五六　大蟲**　《肘後經》：“名虎曰大蟲。”

**五七　母大蟲**　見《婦女》。

**五八　張牙舞爪**　《雷峰塔》劇：“這青龍張牙舞爪，打得你原形出現。”《蕩寇志》七七回：“一百八大蟲，依舊張牙舞爪。”

**五九　虎視眈眈**　《易·頤卦》：“虎視眈眈，其欲逐逐。”《蕩寇志》百二二回：“劉廣在兗州，虎視眈眈。”眈音丹。

**六〇　虎頭蛇尾**　見《頭面》。

**六一　虎父無犬子**　見《家族》。

**六二　虎生三子，必有一豹**　《通俗編》：“‘虎生三子，必有一彪’，《癸辛雜志》引諺也。今俗以彪爲豹。”

**六三　虎毒不喫兒**　見《家族》。

**六四　嬰兒不畏虎**　見《年齒》。

**六五　如狼似虎**　見《善惡》。

**六六　騎虎不下**　見《人事》。

**六七　畫虎不成**　見《智愚》。

**六八　畫虎畫皮難畫骨，知人知面不知心**　見《心意》。

**六九　兩虎相鬬，必有一傷**　見《善惡》。

**七〇　調虎離山**　《西遊記》七六回：“正中我調虎離山之計。”調，去聲。

**七一　放虎歸山**　見《善惡》。

**七二　上山擒虎易，開口告人難**　見《貧富》。

**七三　捉虎容易放虎難**　見《善惡》。

**七四　不入虎穴，焉得虎子**　見《武備》。

**七五　老虎口裏**　見《善惡》。

**七六　羊落虎口**　元人《孟良盜骨》劇：“俺家姓楊，被番兵陷在虎口交牙峪，這叫做羊落虎口，正犯了兵家所忌。”

**七七　狐假虎威**　見《朝署》。

**七八　狐貍精露尾巴**　見《智愚》。

**七九　妲己狐貍精**　見《婦女》。

**八〇　九尾狐貍**　同上。

**八一　騎高頭馬**　《蕩寇志》七一回：“騎着高頭大馬。”

**八二　騎兩頭馬**　見《智愚》。

**八三　没籠頭的馬**　見《性情》。

**八四　千軍萬馬**　見《武備》。

**八五　招兵買馬**　同上。

**八六　指鹿爲馬**　《史記·秦始皇紀》：“趙高欲爲亂，恐羣臣不聽，乃先設驗，持鹿獻於二世，曰：‘馬也。’二世笑曰：‘丞相誤耶？謂鹿爲馬。’”《憐香伴》劇：“你說的話，雖不是指鹿爲馬，卻也是以羊易牛。”

**八七　塞翁失馬，焉知非福**　見《禍福》。

**八八　馬不停蹄**　《蕩寇志》百十四回：“端的馬不停蹄，一氣奔趕。”

**八九　馬失前蹄**　見《武備》。

**九〇　馬到功成**　同上。

**九一　馬有夜眼**　《本草拾遺》：“馬無夜眼者毒。其眼在足膝上，馬有此，能夜行，故名。”

**九二　人無橫財不發，馬無夜草不肥**　見《貨財》。

**九三　走馬看花**　見《頭面》。

**九四　走馬樂邂**　見《戲玩》。

**九五　一言既出，駟馬難追**　見《言語》。

**九六　君子一言，快馬一鞭**　同上。

**九七　露出馬腳來**　見《智愚》。

**九八　好馬不配雙鞍子**　見《婦女》。

**九九　好馬不喫回頭草**　見《人事》。

**一〇〇　匹馬單槍**　見《武備》。

**一〇一　汗馬功勞**　同上。

**一〇二　上馬一提金，下馬一提銀**　同上。

**一〇三　下馬威**　同上。

**一〇四　拍馬屁**　見《交際》。

**一〇五　四馬拴蹄**　《西遊記》七六回："衆妖將獃子四馬拴蹄綑住。"

**一〇六　大家馬兒大家騎**　見《人事》。

**一〇七　別人騎馬我騎驢**　《兩般秋雨盦隨筆》載無名氏《行路歌》云："別人騎馬我騎驢，仔細思量我不如；回頭只一看，又有挑腳漢。"言雖俚淺，足以醒世。

**一〇八　驢前馬後**　見《流品》。

**一〇九　驢頭不對馬嘴**　見《言語》。

**一一〇　變牛馬還債**　見《貨財》"放來生債"。

**一一一　兒孫自有兒孫福，莫與兒孫作馬牛**　見《家族》。

**一一二　別人偷牛我摸椿**　見《智愚》。

**一一三　對牛彈琴**　又同上。

**一一四　兔兒不喫窠邊草**　《通俗編》："'鸕鷀不打腳

下塘’，《全唐詩》録唐諺云‘兔兒不喫窠邊草’，義與之同。”

**一一五　兔死狐悲**　見《死喪》。

**一一六　順手牽羊**　見《人事》。

**一一七　羊子攻籬笆**　見《智愚》。

**一一八　羊子身上拔根毛**　見《貧富》。

**一一九　羊毛出在羊身上**　見《貨財》。

**一二〇　只顧羊卵子，不顧羊性命**　《儒林外史》三四回：“金東崖道：‘俗語説：“只顧羊卵子，不顧羊性命。”’”

**一二一　猪子捻到板櫈上**　見《貨財》。

**一二二　猪顛風**　《西遊記》二七回：“八戒急跑了箇猪顛風。”

**一二三　猪尿泡**　《還魂記》有“猪尿泡”之語。

**一二四　猪來窮，狗來富**　見《貧富》。

**一二五　狗口裏那有象牙吐**　見《言語》。

**一二六　狗咬吕洞賓，不識好人心**　見《心意》。

**一二七　狗彘不如**　《荀子·榮辱篇》：“乳彘觸虎，乳狗不遠遊，不忘其親也。小人内忘其親，上忘其君，則是人也，而曾狗彘之不若也。”今人有駡人“狗彘不如”者，本此。

**一二八　狗子夾尾巴**　見《智愚》。

**一二九　狗臉親家公**　見《親戚》。

**一三〇　六月六，狗子洗澡**　見《時日》。

**一三一　塞狗洞**　見《宫室》。

**一三二　喫狗屎**　見《飲食》。

**一三三　打狗看主面**　見《交際》。

**一三四　癩狗當路坐**　《韓詩外傳》：“晏子曰：‘左右者爲社鼠，當事者爲惡狗，此國之大患也。’”《通俗編》引作“惡狗當路”。今俗又有“好狗不闌路，癩狗當路坐”之諺。

**一三五　蟹[illegible]狗兒**　“哈叭狗兒”見上“獅子滚繡毬”。又《通俗編》：“《通雅》、《説文》：‘趽，曲脛馬也。讀與彭同。’《長箋》曰：‘今亦謂曲脛小犬曰矮趽狗，又曰蟹趽狗。’”今俗謂之“蟹趽狗兒”。趽，讀若旁，彭、旁一聲之轉也。

**一三六　騲狗**　《玉篇》：“騲，牝畜之通稱。”《新方言》：“《爾雅》：‘牝曰騇。’郭璞曰：‘牝馬名。’今北方通謂牝馬曰草馬，牝驢曰草驢，湖北移以言猪，謂牝猪爲草猪。”按，江北則專稱狗，謂牝狗爲騲狗。

**一三七　青豻狗**　《説文》：“豻，胡地野狗也。五旰切。”今俗以大黑狗爲青豻狗。豻，讀若汗。

**一三八　獅子狗**　《談徵》：“番狗，毛若獅子，與京城獅子狗同。”

**一三九　獶獅狗**　《通俗編》：“《説文》：‘獶，犬惡毛也。’奴刀切。按，俗所謂獶獅狗者，字當用此。”獶音猱。

**一四〇　看家狗**　《夢筆生花·杭州俗語·雜對》：“看家狗；煨竈貓。”

**一四一　朝餧貓，夜餧狗**　《陔餘叢考》：“朝餧貓，夜餧狗。”原注：“見《月令廣義》。”餧音畏。

**一四二　貓兒狗子**　《北夢瑣言》：“盧廷讓言，平生投謁公卿，不意得力於貓兒狗子。”

**一四三　三脚貓兒**　見《人事》。

**一四四　依貓兒畫貓兒**　同上。

**一四五　烏雲蓋雪的貓兒**　《儒林外史》五三回：“抱了烏雲蓋雪的貓兒，往上一撲，那棋就亂了。”

**一四六　那箇貓兒不喫葷**　見《飲食》。

**一四七　偷嘴貓兒不得改**　同上。

**一四八　死貓兒當活貓兒醫**　見《醫病》。

**一四九　貓兒哭老鼠，假慈悲**　見《死喪》。

**一五〇　地老鼠，水老鼠**　見《水火》。

**一五一　剥皮老鼠**　同上。

**一五二　老鼠偷油**　《十五貫》劇："外云：'這家人家可是姓尢麽？'丑云：'你那裹曉得？'外云：'老鼠久慣偷油，故爾曉得。'丑背云：'弗是測字先生，直是活神仙哉！'"

**一五三　賣老鼠藥**　元·關漢卿《竇娥冤》劇："趁早兒關上藥鋪，到涿州賣老鼠藥去也。"

**一五四　金蟲**　《説文》："蛢，蟠蝗也。"《通訓》："按，蘇俗謂之金烏蟲，長寸許，金碧熒然，婦人以爲首飾。"按，江北但謂之"金蟲"。

**一五五　銀蟲**　《廣雅》："白魚，蛃魚也。"《疏證》："《爾雅翼》云：'衣書中蟲，始則黄色，既老而身有粉，視之如銀，故名曰白魚。'"今俗謂之"銀蟲"，當作"蟫蟲"。《正韻》："蟫音浮。"按，即"蠹魚"是也。

**一五六　磕頭蟲**　《異苑》："有小蟲，形如大豆，咒令叩頭，即從所教，俗呼叩頭蟲。"傅咸賦："何兹蟲之多畏，人纔觸而叩頭。"今俗謂之"磕頭蟲"。

**一五七　蓑衣蟲**　《廣雅》："蚨螋，蛷蚨也。"《疏證》："《説文》：'蚨，多足蟲也。'《本草拾遺》云：'今揚州人謂之蓑衣蟲，順天人謂之錢龍。'"

**一五八　梁山伯與祝英臺**　清·金武祥《粟香四筆》："余閱《宜興荆溪新志》邵金彪《祝英臺小傳》云：'祝英臺，小字九娘，上虞富家女，生無兄弟，才貌雙絶。父母欲爲擇偶，英臺曰：“兒當出外遊學，得賢士而事之耳！”因爲男裝，改稱九官，遇會稽梁山伯，遂偕至義興善權山碧鮮巖，築庵讀書。同居同宿三年，而梁不知其爲女子。臨別約曰，某月某日可相訪，將告父母，以妹妻君，實則以身許之也。梁自以家貧，羞澀畏行，遂致愆期。父母以英臺字馬氏。後梁爲鄞令，過祝家，詢九官，家僮曰：“吾家但有九娘，無九官也。”梁驚悟，以同學之誼，乞一見。英臺羅扇障面出，一揖而已。梁悔恨成疾卒，遺言葬清道山下。明年，英臺將歸馬氏，命舟子迂道過其處。至則風濤大作，遂停泊。英臺乃造梁墓前，失聲慟哭。地忽開裂，墮入塋中。繡裙綺襦，化蝶飛去。丞相謝安聞其事於朝，封爲義婦。此東晉永和時事也。’”《寧波志》：“吴中胡蜨，今土人呼黑而有彩者，曰梁山伯；純黃色者，曰祝英臺。”

**一五九　蝴蝶兒**　元·喬孟符《金錢記》劇：“蝴蝶兒，我怕你怯春寒，花内宿；蜜蜂兒，又只怕遲了你，日暮樹邊銜。”

**一六〇　蜜蜂兒**　見上。

**一六一　羅蜂**　《石藥爾雅》：“蜂，一名羅叉。”

**一六二　羅蜂叮瘌黎**　見《頭面》。

**一六三　癩子頭上拍蒼蠅**　同上。

**一六四　没頭蒼蠅**　《蕩寇志》九七回：“姓烏，小名阿有，與那箇没頭蒼蠅牛信曾相認識。”

**一六五　蜻虰**　《新方言》：“《爾雅》：‘虰蛵，負勞。’郭璞曰：‘即蜻蛉也。江東呼狐梨，今通謂之蜻蜓。’《正字通》：‘蜻蛉，俗讀星廷，因譌作蜻字。’”今俗謂之“蜻虰”是也。

**一六六　蜻蜓點水**　見《水火》“點水蜻蜓”。

**一六七　蜻蜓喫尾巴，自喫自**　見《飲食》。

**一六八　蚚蜋**　《集韻》：“螳蜋，一名蚚蜋，又同蟅。”

《正韻》："蟅，音柘。"又《説文》："蜋，堂蜋也，一名斫父。"段注："因堂蜋臂有斧，故名斫父。"《爾雅》注云："江東呼爲石蜋。'石即斫，今江東呼爲斫硠。"

**一六九　飛蛾投火自燒身**　見《禍福》。

**一七〇　螞蟥叮了鷺鷥腳**　元·楊顯之《酷寒亭》劇："恰便似螞蝗釘了鷺鷥飛，寸步不教離。"按，"蝗"當作"蟥"。今人多云"螞蟥叮了鷺鷥腳"。

**一七一　虴蜢子**　《物類相感志》："阜螽，如蝗蟲，江東人呼爲蚱蜢。"按，即《詩》云"趯趯阜螽"也。《爾雅·釋蟲》："土螽，蠰谿。"郭注："今謂之土蠑。"疏云："江南呼虴蜢，又名虴蜢，形似蝗而小，善跳。"按，虴音窄，蜢音陌。淮南所謂"虴蜢子"是也。

**一七二　叫驢子**　《詩》"喓喓草蟲"傳："草蟲，常羊也。"《爾雅·釋蟲》："草螽，負蠜。"郭注："謂常羊也。"疏引陸機云："奇音青色，好在茅草中。"《説文通訓》："按，蘇俗謂之'叫哥哥'。"《通州物産志》："侉驢，即'哥哥兒'。今淮南謂之'叫驢子'是也。"

**一七三　蜻蛚子**　《新方言》："《爾雅》：'蟋蟀，蛬。'郭璞曰：'今促織也，一名蜻蛚。'今人以小蟲能鳴者，稱爲蜻蛚子，音如蜻鈴子。"按，此蟲似促織而小，绿色，其聲微若振鈴然。

**一七四　札兒**　《説文通訓》："《爾雅》：'草螽，負蠜。'即《詩》之草蟲，大小如蝗而色青。今蘇俗謂之'叫哥哥'及'札兒'者是也。"按，"札兒"即"蚻兒"也。此蟲小於"叫哥哥"，淮南謂之"蚻兒"。

**一七五　馬蟻**　《新方言》："古人於大物，輒冠馬字，如馬蘭、馬蓼、馬蠭、馬蜩、馬蚿是也。今淮南、山東謂大棗爲馬棗，廣東謂大豆爲馬豆，通言謂大蟻爲馬蟻。”《戒菴漫筆》：“蟻謂之馬蟻，形如馬也。”《爾雅》郭注：“齊人呼螘爲蛘。”蛘音米。按，螘與蟻同。

**一七六　馬蟻上熱鍋**　見《心意》。

**一七七　癩革巴**　《浣紗記》劇：“驀得是箇三腳癩革巴。”

**一七八　三隻腳的蝦蟆**　《五燈會元》：“楊大年與石霜圓參證，楊曰：‘三腳蝦蟆跳上天。’圓曰：‘一任踍跳。’”今俗有“三隻腳的蝦蟆”之語。按，蝦蟆音遐麻。

**一七九　癩蝦蟆想喫天鵝肉**　見《飲食》。

**一八〇　癩蝦蟆跳等盤，自稱**　見《言語》。

**一八一　骨裏蛆**　《蕩寇志》九六回：“那戴春好似蛆蟲鑽入骨裏。”蛆音區。

**一八二　蟔蠔**　《新方言》：“《説文》：‘蟺，夗蟺也。’《廣雅》：‘蚯蚓，蜿蟺也。’今通謂蚓爲‘曲蟺’。”《廣續方言》引《廣韻》十九隱：“螼，蚯蚓也。吴楚呼爲寒螼。”按，今作“蟔蠔”。《篇海》：“蟔蠔，蚯蚓也。”蟔蠔音寒憲。

**一八三　蜈蚣**　《爾雅》：“蒺藜，蝍蛆。”《廣雅》：“吴公也。”按，“吴公”即“蜈蚣”。《説文通訓》：“蜈蚣，蘇俗謂之百腳。”今淮南多以大者爲蜈蚣，小者爲百腳。

**一八四　蛇蟲百腳**　《白兔記》劇：“趕開了蛇蟲百腳，好坐。”

**一八五　蛇無頭而不行**　見《頭面》。

**一八六　畫蛇添足**　見《智愚》。

**一八七　打蛇打到七寸子**　見《貨財》。

**一八八　打草驚蛇**　《蕩寇志》七四回：“須要機密，不可打草驚蛇。”

**一八九　倒拔蛇**　《瑣碎録》：“倒拖蛇不出，以針劄其尾，即出。”《蕩寇志》百十八回：“此時泰安已陷，我兵後到，已成倒拔蛇之勢。”

**一九〇　搭蛇**　《通俗編》：“髂，枯駕切。《五燈會元》金山穎偈，有‘勸人放開髂蛇手’句。按，《玉篇》本訓髂爲腰骨，與捕捉略無關係。此但以同音借之，不顧義理。《集韻》自有“搭”字，訓持也，音與髂同。”

**一九一　强龍難敵地頭蛇**　見《地理》。

**一九二　獨眼龍**　見《頭面》。

**一九三　九條龍**　見《水火》。

**一九四　五爪金龍**　《白兔記》劇：“正是二三十年，弗曾看見儕箇五爪金龍。”

**一九五　十一龍治水**　王鞏《甲申雜記》：“老人言歷日，載幾龍治水，惟少爲雨多，以其龍數多，即雨少也。卻大不然，崇寧乙酉，凡十一龍治水，自春及夏秋，皆大雨水。”

**一九六　海龍王家少寶**　見《貨財》。

**一九七　二月二，龍擡頭**　見《時日》。

**一九八　龍多主旱**　同上。

**一九九　龍能大能小**　《説苑》：“龍能爲大，能爲小，能爲短，能爲長。”

**二〇〇　龍生九子，各有所好**　見《性情》。

**二〇一　金魚**　《七修類稿》：“杭自明世宗嘉靖二十七年戊申時，生有一種金鯽魚，名以火魚，以其色至赤故也。人無有不好，家無有不蓄，競相射利，交相争尚，多者十餘甌。金魚不載於諸書，載埴《鼠璞》以爲惟六和塔寺池有之，故蘇子美《六合塔》詩云：‘沿橋待金魚，竟日獨遲留。’東坡亦曰：‘我識南屏金鲫魚。’南渡後則衆盛也。據此則金魚之蓄，始於宋之杭州。”

**二〇二　銀魚**　姜長卿《崇川竹枝詞》：“白小魚兒二寸多，銀條潑剌起春波；扣舷處處聲相和，都泊城東寶塔河。”

**二〇三　鰣魚**　《歸田瑣記》：“居揚州日，偶以江鰣二尾，獻阮雲臺師，師以手柬報之曰：‘此鰣魚，即《爾雅》之鮥、當魱，曾考之否？’”按，《説文》“鮥，當互”，《爾雅》作“當魱”。《集韻》“魱”字注云：“吴人以爲珍，即今鰣魚，或作鰣。”《廣韻》亦曰：“鰣魚似魴，肥美，江東四月有之。”

**二〇四　鰳魚**　《通州物産志》：“鰳，一名梅魚，或省作鰳。”姜長卿《崇川竹枝詞》：“鶴城一水運鹽河，金色梅魚上市多；南北亭場近堤處，荼蘼花謝賣泥螺。”注云：“鶴城，即吕四；梅魚，黄梅時出；泥螺，吐鐵也。”

**二〇五　鰳魚**　《正字通》：“鰳魚狀如鰣魚，小首而細鱗者。”按，鰳音勒，今俗轉去聲若論。

**二〇六　冰鮮鰳魚**　《養魚經》：“鰳魚，海人以冰養之，而鬻於諸郡，謂之冰鮮。”

**二〇七　遥網鰳魚**　《通州物産志》：“鰳生沿海諸場，鹹者有摇網、開艙、淌鹵諸名。”又按，摇網、開艙，皆冰鮮也；淌鹵，乃鹹者也。姜長卿《崇川竹枝詞》：“穀雨開洋遥網市，鰳魚打得海船裝；進鮮百尾須頭信，未獻君王不敢嘗。”注云：“遥網船，以穀雨時放洋，只打鰳魚。明初，漁人顧原六，獻鰳魚百尾於太祖，太祖問如何味，對以不敢嘗。後進魚，必賜一尾。”

**二〇八　頭信鰳魚**　見上。

**二〇九　餐魚**　《廣雅》：“鮆，鰷也。”《疏證》：“《埤雅》云：‘鰷魚形狹而長，江淮之間謂之餐魚。’”

**二一〇 旁皮魚** 《爾雅》：“鱊鮬、鱖鯞。”注：“似鮒子而黑，俗呼‘魚婢’，今蘇人謂之‘旁皮魚’。”

**二一一 回魚** 《爾雅》郭注：“鱯似鮎而大，白色。”按，今江中多有之，俗訛爲“回魚”，聲之誤也。

**二一二 鯚魚** 《正字通》：“鯽，俗呼鯚魚。”

**二一三 帶魚** 《五雜俎》：“閩有帶魚，長丈餘，無鱗而腥。”

**二一四 板魚** 《後漢書·邊讓傳》注：“比目魚，一名鰈，今江東呼爲板魚。”

**二一五 姜太公釣魚** 《夢筆生花·杭州俗語·雜對》：“關老爺賣馬；姜太公釣魚。”

**二一六 城門失火，殃及池魚** 見《水火》。又見《禍福》。

**二一七 鷸蚌相爭，漁翁得利** 見《貨財》。

**二一八 烏龜** 《通俗編》引《雞肋編》云：“天下方俗，各有所諱。楚州人諱烏龜頭，言郡城象龜形；常被攻，而術者教以擊首而破也。”此宋時諱龜之證，亦無關於帷薄不修之事。惟《輟耕録》載《嘲廢家子孫》詩：“宅眷皆爲撐目兔，舍人總作縮頭龜。”然則以龜子目倡伎之夫，肇端在元世耳。

**二一九 烏龜縮頭** 見上。又見《頭面》。

**二二〇 烏龜𧿒牀腳** 《史記·龜筴傳》：“南方老人，以龜搘牀足，行二十年，移牀，龜尚生，能行氣導引若此。”今人云“烏龜𧿒牀腳”，本此。𧿒音殿，支不平也。

**二二一 划水烏龜** 《夢筆生花·杭州俗語·雜對》：“潑湯老鼠；划水烏龜。”划音華。

**二二二 多年嫖客變成龜** 見《婦女》。

**二二三　蓑衣龜**　《借妻》梆子腔："本縣寫張告示，貼在你門上，說張古董不是真烏龜，是箇披蓑衣的烏龜罷！"

**二二四　落雨落雪，凍殺老鼈**　見《天文》。

**二二五　螃蟹**　《周禮·梓人》疏："蟹謂之螃蟹，以其側行者也。"

**二二六　蠘蟹**　《閩中海錯疏》："蠘似蟹而大，螯有棱鋸。"《通州物産志》："蠘蟹出海中，殼尖而鋭。"蠘音截。

**二二七　關公蟹**　《閩小記》："閩中虎蟳，蟹之别派，質粗味劣，無足取。獨其殼類人家户上所繪虎頭，色亦殷紅斑駁。"通州、如皋亦有之，俗呼"關公蟹"。

**二二八　瞎子喫蟹，隻隻好的**　見《飲食》。

**二二九　蝦兵蟹將**　見《武備》。

**二三〇　蝦荒蟹亂**　見《禍福》。

**二三一　昌蛾**　《正字通》："車螯，俗訛呼爲昌娥。"按，"娥"當作"蛾"。

**二三二　沙筍**　《閩小記》："予在閩常食土筍，味甚鮮異，形類蚯蚓，終不識作何物。後閱《寧波志》，乃知予所食者即沙噀也。閩人誤呼爲'沙筍'，樂清人呼爲'沙蒜'。"

**二三三　泥螺**　《海門物志》："《爾雅》'蠃，小者蜬'，今澤中小蠃，俗名'田蠃'，即蜬也。一種細而長，俗名'海獅'；一種吐鐵，俗名'泥蠃'。"按，"蠃"即"螺"字。

**二三四　海獅**　見上。又《琵琶記》劇："淨云'賣海獅'，我聽錯了，只道拿拐子，倒嚇我這麼一跳。"

**二三五　蜆子**　《海門物志》："蜆，俗名蜆子。蜆即《說文》之螊，螊、蜆亦聲轉。"蜆音顯，小蛤也。

**二三六　瓦楞子**　《廣續方言》引《嶺表録異》："瓦屋

子，蓋蚌、蛤之類也，南中舊呼爲蚶子。”《説文通訓》：“蚶，即今之瓦楞子。”楞音棱。

# 索 引

## A



## B

## C

# D

# E

F

## G

# H

## J

## K

## L

# M

# N

# Q

# R

## S

## T

W

# X

# Y

## Z